王朝风云 之

大清王朝

DAQING WANGCHAO

李 楠 —— 编著

历史度尽劫波
文明生生不息

中国文史出版社

图书在版编目（CIP）数据

大清王朝 / 李楠编著 . -- 北京：中国文史出版社，
2021.1

（王朝风云；15）

ISBN 978-7-5205-2268-7

Ⅰ.①大… Ⅱ.①李… Ⅲ.①中国历史—清代—通俗
读物 Ⅳ.① K249.09

中国版本图书馆 CIP 数据核字 (2020) 第 174223 号

责任编辑：詹红旗　戴小璇

出版发行：中国文史出版社

社　　址：北京市海淀区西八里庄 69 号院　邮编：100142

电　　话：010- 81136606　81136602　81136603(发行部)

传　　真：010-81136655

印　　装：廊坊市海涛印刷有限公司

经　　销：全国新华书店

开　　本：1/16

印　　张：22

字　　数：338 千字

版　　次：2021 年 3 月北京第 1 版

印　　次：2021 年 3 月第 1 次印刷

定　　价：66.00 元

　　"凤凰台上凤凰游，凤去台空江自流。吴宫花草埋幽径，晋代衣冠成古丘。"李白一首《登金陵凤凰台》，可生动反映中国历代王朝的没落与沧桑。

　　中国是一个拥有 5000 年悠久历史的文明古国，王朝众多，更迭频繁。其间上演过无数令人感慨的悲喜剧，也创造了举世瞩目的中华文明。

　　这套《王朝风云》丛书，旨在全景展现中华民族从原始社会、奴隶社会到封建社会的历史跨越，以真实丰富的史料，鲜活生动的叙述，让一个个风格迥异的王朝如戏剧般轮番登场，上演从夏商周到晚清近代历史的荣光与波折。使读者从王朝演变的故事中深刻地体味历史的魅力，领悟中华文明博大精深的文化内涵。

　　丛书着重讲历史脉络，以历代政权更迭及政治、军事斗争为主，努力把中国历史中最精彩、最生动的内容奉献给广大读者。同时，为增强系统性，一定程度地反映历朝历代的掌故、习俗、科技、文化等内容。

　　《王朝风云》丛书共 15 部，此为第十五部《大清王朝》，主要讲的是自 1616 年努尔哈赤建立后金、1636 年皇太极建立大清到 1912 年初清帝退位近 300 年间中国历史上发生的那些丰富多彩的故事。

　　清朝是中国历史上第二个由少数民族入主中原并建立的大一统政权，是中国历史上最后一个封建君主专制王朝，历经 12 帝。

其前身是 1616 年由努尔哈赤建立的后金政权，1636 年皇太极将国号改为大清。1644 年，多尔衮迎顺治帝入关，迁都北京，其后统治中国近 300 年。300 年间，有金戈铁马、王朝霸业，也有乱世奢豪、阉宦壮行。这一时期，统治者开疆拓土，巩固了中国多民族国家的统一，奠定了现代中国版图的基础。

这一时期，发生了或正史记载的，或民间流传的，或众说不一的，或争论不休的一系列故事：有改朝换代的血腥战争、尔虞我诈的宫廷斗争、兴盛实用的思想文化、此起彼伏的农民起义，伴随着西方列强的侵略压迫、开明人士的救亡图存、异域文化的西学东渐、维新人士的改良尝试……它达到了封建王朝的顶峰，却也成为 2000 多年来中国专制帝制统治的终结。

从中，我们可看到一个帝国的兴衰、疆土的得失、生灵的聚散……感慨之余悲叹不已。

了解历史，反思历史，是为了更好地借鉴历史、把握未来。

目录

第一编　帝国残阳

第二编　风云人物

第一章　将帅风云

第二章　爱国名将

第 三 章　帝国名臣

第 四 章　权阉忠宦

第三编　封建余晖

第一编

帝国残阳

　　17世纪初，明王朝衰落，东北女真族崛起。建州女真首领努尔哈赤统一女真各部，于明万历四十四年（1616年）建立后金国。努尔哈赤死后，第八子皇太极继承汗位。北伐蒙古、南征朝鲜，并于明崇祯九年（1636年）称帝，国号清，建元崇德，奠都盛京，与明朝遥相对峙。明崇祯十七年（1644年）李自成领导的农民军攻占北京，崇祯皇帝缢死煤山。镇守山海关的明将吴三桂，叛明投清，于是清军入关，逐鹿中原，李自成的大顺政权在清军追击下土崩瓦解。

　　长达268年的清王朝主宰中国命运时期，营造了中国封建社会的夕阳辉煌。清朝入关以后，开疆拓土，外御强敌，奠定了今日中国版图的基础，清朝的皇帝真正实现了一人决断、总揽朝纲的极端皇权威严。

创业的艰难、守业的不易、败业的感伤，演绎着历史和人生的现实与残酷。尤其是皇室的争权和臣子的夺利，紫禁城中的惨烈搏击，颇能扣人心弦。

第一章 / 末朝帝王

一、崛于建州起衰微，勇武睿智开国主

清太祖武皇帝爱新觉罗·努尔哈赤（1559—1626 年），女真族（即后来的满族），赫图阿拉（今辽宁省新宾县境内）人。清朝的奠基者，后金开国之君。杰出的政治家和军事家。

努尔哈赤出生在一个女真族奴隶主家庭。他早年丧母，分居自立，以采摘人参、松子维持生活。后因生活所迫，离家从戎，投到明辽东总兵李成梁部下。在明军，努尔哈赤不仅勇敢作战，而且还学会了汉族语言和文字，喜欢读汉文书籍，特别酷爱《三国演义》和《水浒传》，这对他提高政治军事才能，影响极大。

明万历十一年（1583 年），努尔哈赤离开李成梁部，回到建州承袭父职，任建州左卫都指挥使。同年五月，他用战场遗弃的 13 副甲胄武装了自己的少数部众，率领他们投入了武力统一东北女真各部的斗争。在作战中，努尔哈赤身先士卒，奋勇杀敌，以少胜多，以智取胜。到万历四十三年（1615 年），努尔哈赤整整用了 30 多年的时间，先后统一了建州、海西女真的全部和东海、黑龙江女真大部分，基本结束了女真社会长期分裂与动荡不安的局面。万历四十四年（1616 年），努尔哈赤在赫图阿拉称"覆育列国英明汗"，国号"大金"（史称后金），成为后金大汗，年号天命。在统一东北女真各部后，努尔哈赤又率领八旗军队开始了反抗明朝压迫的战争。

明万历四十六年（1618 年）的萨尔浒之战，是努尔哈赤指挥八旗军队对明朝军队的第一次大战。是年四月，努尔哈赤公布了发动对明战争的"七

努尔哈赤

大恨"，接着率领大军2万人分两路向南进军，很快攻占了抚顺、清河等城和500多个明军堡寨。努尔哈赤旗开得胜，大大震撼了明朝统治者。五月，明万历皇帝决定从全国调兵遣将，对后金军发动一场大规模的进攻。明朝派兵部侍郎杨镐为辽东经略，调集8.8万多明军集中于沈阳，同时还胁迫朝鲜和叶赫兵参战，总计11万人。

万历四十七年（1619年）二月，明军出动，以赫图阿拉为主要目标，确定了四路出兵、分进合击的作战方针。其部署是：第一路以山海关总兵杜松率军3万人为主力，由沈阳出抚顺关，入苏子河谷，进攻赫城西北；第二路由辽东兵李如柏率领2.5万人出清河攻赫城西南；第三路由开原总兵马林率领明军及叶赫兵1.5万人，出开原，入浑河上游向赫城方向卷击；第四路由辽阳总兵刘绖率明军和朝鲜军共约2万人，经宽甸，沿佟家江进攻赫城之背。杨镐坐镇沈阳，统一指挥。

这时，努尔哈赤亦有军队10万余人。面对明军大兵压境，他毫无惧色，沉着应战。努尔哈赤分析了明军作战布局后，当机立断，确定了"任他几路来，我只一路去"的作战方针，决定采取集中兵力，各个击破的战法打败明军。

三月初一，努尔哈赤以部分军队牵制东路刘绖军，而亲率八旗精锐向西开进，迎击杜松军。当抵达铁背山时，发现杜松军已分为两股。其主力驻扎萨尔浒另一部由杜松带领，渡过苏子河、经吉林崖进攻界凡城。努尔哈赤对左右将领说："先破萨尔浒山所驻兵，此兵破，则界凡之众，自丧胆矣。"便派出两旗兵马监视界凡方向，而自己则亲率六旗4.5万人，飞骑猛进，突袭守萨尔浒的明军。明军突遭强敌进攻，溃不成军，伤亡惨重。逃兵又被后金兵追及，全部被歼。首战告捷后，努尔哈赤立即回兵，将进攻界凡城的杜松军团团围住。杜松军听说萨尔浒大营失陷，已经惊慌失措，又遭到后金主力围攻，斗志全无，未战几时即全军覆没，杜松等主要将领全部战死。

后金军歼灭了中路明军，同时将明军南北两路分割开来，为其各个击破打下了基础。初二，努尔哈赤集中八旗兵力，以迅雷不及掩耳之势，扑向进抵尚间崖的马林军。马林未战先逃，其部下大部被歼。初三，击败马林军，努尔哈赤又挥兵南下，截击刘绖军。东路刘绖军尚不知萨尔浒失败消息，正沿原定路线，向赫图阿拉缓慢开进。初四，努尔哈赤先在其进路上设置伏兵，然后以少数降卒拿着杜松令箭，假报杜军已逼近敌城，催促刘绖赶快前进。刘绖军快速深入，中了后金的埋伏，大败战死。明经略杨镐在沈阳听到三路失败的报告，急忙传令李如柏一路撤兵，此路军队才幸免于难。

努尔哈赤仅用4天时间，全部打垮了明军的进攻，取得了萨尔浒之战的重大胜利。这一胜利，从根本上改变了辽东的形势，从此，明朝由进攻转入防御，后金由防御转入进攻。后来乾隆皇帝曾说："萨尔浒一战，明之国势益削，我之武烈益扬，遂乃克辽东，取沈阳，王基开，帝业定。"把萨尔浒之战看成后来清朝入关的基石，是很有道理的。

萨尔浒大战后，努尔哈赤率军乘胜前进。初五，攻克开原，斩杀明军马林等人；初七，攻取铁岭，并于城外歼灭喀尔喀兵万余人。天命五年（1620年）三月，攻占沈阳、辽阳，歼灭明军7万余人，明军辽东经略袁应泰自杀。几个月的时间，连克辽东70余城。天命六年（1621年），努尔哈赤迁都辽阳，兴建东京城。天命七年（1622年），努尔哈赤大败辽东经略熊廷弼和辽东巡抚王化贞，夺取明辽西重镇广宁（今辽宁北镇市）。紧接着后金连陷义州、锦州、大凌河等辽西40余城堡。熊廷弼、王化贞率明军残部与数十万流民往山海关而去。天命十年（1625年）三月，努尔哈赤迁都沈阳。

天命十一年（1626年）一月，努尔哈赤发起宁远之战，被明朝守将袁崇焕以葡萄牙制的红夷大炮击败，兵退盛京（沈阳）。同年四月，努尔哈赤又亲率大军，征蒙古喀尔喀，"进略西拉木伦，获其牲畜"。五月，明将毛文龙进攻鞍山，努尔哈赤回师盛京。五月二十一日，努尔哈赤出城迎接前来沈阳的科尔沁部奥巴贝勒。七月中旬，努尔哈赤身患毒疽，二十三日前往清河汤泉疗养。八月初，病势转危，遂决定乘船顺太子河返回沈阳。十一日，乘船顺太子河而下，病死于叆福陵隆恩门鸡堡（今沈阳市于洪区翟家乡大挨金堡村），终年68岁。后葬于沈阳清福陵。清朝建立后，皇太极在崇德年间追尊努尔哈赤为太祖武皇帝，历史上称他为清太祖。

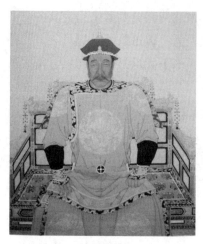

努尔哈赤

政治方面，努尔哈赤制定了厚待功臣的重要国策。在用人问题上，努尔哈赤强调了六项原则：一是必须任用贤人。二为不论亲疏门第，公正举人，"勿论根基，见其心术正大者而荐之。莫拘血缘，见有才者即举为大臣"。三系不拘一格，用其所长，"有临阵英勇者，用以治军。有益于国政之忠良者，用以辅理国政"。四乃举贤贬奸，因"善良公正之人不举不升，则贤者何由而进。不肖者不贬不杀，则不肖者何由而惩"。五是奖惩分明，功必赏，过必罚，"有善行者，虽系仇敌，亦不计较，而以有功升之。有罪者，虽亲不贳，必杀之"。六为赏赐效劳官将，视其所需，赐予马、牛、阿哈、食谷、衣服、财帛和妻室。

对于早年来投、率军征战、尽忠效劳的"开国元勋"，如费英东、额亦都、何和理、扈尔汉、安费扬古等"五大臣"及杨古利、冷格里等人，给予特别礼遇和优待，赐给大量人畜财帛，任为高官，封授爵职，联姻婚娶，荣辱与共。当这些功臣出了差错时，他着重指出"贫时得铁，犹胜于金"，常以其功而从轻处治。努尔哈赤招徕了许多有才之人，他们献计献策，多次进入大明掠夺，使女真部逐渐"民殷国富"，为建立和壮大后金国奠定了牢固的基础。

军事方面，努尔哈赤戎马生涯长达44年，史称他"用兵如神"，是一位优秀的军事统帅，在军事谋略上，在指挥艺术上，集中兵力、各个击破、围城攻坚、里应外合、铁骑驰突、速战速决，体现了高超的智慧。

随着努尔哈赤兵马越来越多，万历二十九年（1601年），努尔哈赤在吞并乌拉以后对属下人马进行了一次整编，以300人为一牛录，设置一牛录额真（后称佐领）管理，并以黄、白、红、蓝四色为四旗。万历四十三年（1615年）十一月，再进行整编，以五牛录为一甲喇，设一甲喇额真（后称参领）；五甲喇为一固山（旗），设一固山额真（后称都统），以梅勒额真（后称副都统）二人副之；固山额真之上则由努尔哈赤之子侄分别担任旗主贝勒，共议国政。旗的数目又在原有四旗基础上再增镶黄、镶白、镶红、镶

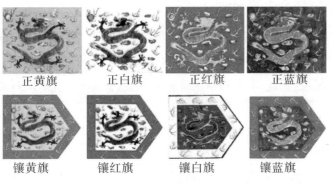

| 正黄旗 | 正白旗 | 正红旗 | 正蓝旗 |
| 镶黄旗 | 镶红旗 | 镶白旗 | 镶蓝旗 |

八 旗

蓝四旗为八旗，分长甲、短甲、巴雅喇三兵种，分别是清朝时期前锋、骁骑和护军营的前身。此后随着势力的进一步扩张，接下来的几代统治者对旗制又有所改进，但八旗这一数目未再有任何变动。

除了军事外，八旗制度还兼有行政、生产、司法、宗族诸职能。努尔哈赤创制八旗，使来自不同地区、凝聚力涣散的女真部民整合为一组织纪律性很强的社会整体，增强了军队战斗力的同时也成了努尔哈赤成就霸业的一把利刃。

文化方面，努尔哈赤主持创制和颁行了满文，使其治下部民相互交流、书写公文、记载政事、翻译汉籍等方面更为便利。翻译而成的大量汉籍也使努尔哈赤本人及其后世统治者在中原历代王朝的历史中吸取了大量经验。

二、揽辔秋风听野歌，雄图开辟太宗多

清太宗文武皇帝爱新觉罗·皇太极（1592—1643年），清太祖爱新觉罗·努尔哈赤第八子，清初杰出的军事家、政治家，后金第二位大汗，兼任蒙古大汗。清朝开国皇帝。

皇太极是太祖努尔哈赤的第八个儿子，生母叶赫那拉氏是叶赫部酋长杨吉砮的女儿，不仅美丽动人，而且待人宽厚，处事稳重，很受努尔哈赤的恩宠。子以母贵，她所生的儿子也得到了努尔哈赤的疼爱。努尔哈赤家中有教育子女的专门教师，皇太极从小便受到了一定的文化教育。

明万历四十年（1612年）秋，年方21岁的皇太极就开始跟随父兄出征作战，皇太极出色的军事才干，就是在和父兄一起征战的戎马生涯中逐

渐磨砺而成的。

努尔哈赤的长子褚英是一员疆场骁将，但褚英心胸狭窄，拥权自重，对自己的兄弟和群臣百般欺凌。皇太极等人忍受不过，禀报了努尔哈赤，努尔哈赤大为愤怒，下令监禁了褚英，后来又因有人告发他有篡位行为努尔哈赤将其处死。

褚英失势后，年轻的皇太极成为父亲的得力助手而不断受到重用。努尔哈赤于万历四十四年（1616 年）称汗后在 10 多个子侄中，选定皇太极与次子代善、侄子阿敏、五子莽古尔泰为四大贝勒，佐理国家政务。皇太极没有辜负父亲对他的期望，积极参与政务、军事的谋划和决策。在进兵攻打抚顺时，向父亲巧献妙计，结果一举拿下了抚顺。在萨尔浒之战中，皇太极身先士卒，指挥若定，俨然一位智勇双全、部署有方的战将了。

战场上骁勇非常，处理政事时，皇太极更是头脑冷静、果断机敏，颇有全局观念。在努尔哈赤虑事不周之时，皇太极时常提出建议，把事情处置得更妥帖。

天命十一年（1626 年）八月，68 岁的努尔哈赤去世。经过诸兄弟子侄的共同协商，公推 35 岁的皇太极继汗位。皇太极推让再三后接受了众议，于九月初一登上了后金汗位，并决定从次年改元天聪。

清太宗常服袍褂像

后金东邻朝鲜，北接蒙古，西南面则是明朝。后金的积极扩张对明朝、蒙古和朝鲜都构成了直接威胁，使得它们对后金抱有很深的敌意。因此后金的政权也是四面受敌。皇太极继承汗位时，曾对当时面临的形势进行了分析：明王朝是皇太极最主要的敌人，但他考虑到明王朝的强大，采取议和的策略，先争取时间，再图大举；蒙古和朝鲜则是内顾之忧，必须先加以解决。

天聪元年（1627 年）一月，皇太极乘朝鲜发生内乱之机，派遣阿敏统率 3 万军队出征朝鲜，俘获了朝鲜王妃、王子和宗室大臣。朝鲜君主李棕走投无路，只得出城投降，与皇太极签订了城下之盟。朝鲜向清称臣，成为清的属国。接着，皇太极又发兵攻取了皮岛，全歼驻岛明军。至此，朝鲜完全控制在皇太极的手中。

蒙古部落众多，其中漠南蒙古地处明朝与后金之间，位置尤为重要，成为明与后金争夺的重点。皇太极对蒙古各部则采取软硬兼施的两手策略，以强大的武力为后盾，积极争取蒙古各部归属自己。对于归顺各部首领，皇太极一律予以优厚的待遇。漠南蒙古察哈尔部首领林丹汗恃强自傲，依仗明朝在政治、经济上的支持，坚决与后金为敌。后来，属下联合起兵反抗林丹汗的残暴统治，皇太极借此机会，召集漠南蒙古部落的一些代表在沈阳会盟宣誓，决定联合出兵，打败了察哈尔部。然后皇太极以盟主的身份征调科尔沁、喀喇沁、敖汉等部兵马，向西一直追击到阿尔泰山方才收兵。为了加强对归附的蒙古各部的控制，皇太极在这次西征后向各部颁布了从征军令，严申军纪，从而加强了军队的战斗力。

天聪六年（1632年），皇太极在昭乌达（今昭乌达盟）会集蒙古各部首领，再次调集蒙古各部兵马同八旗军一道大举西征。天聪八年（1634年），多尔衮率部剿灭了林丹汗的残部。从此，漠南蒙古完全被皇太极所控制，明朝在蒙古一线受到了严重威胁。

朝鲜、蒙古归服后，皇太极的目标就是明王朝了。1627年，明天启帝死，明崇祯帝上台，皇太极认为攻击削弱明王朝的时机已经来到，因此立即率领大军绕过了明军防御坚强的宁锦防线，取道蒙古南下。大军从喜峰口越过了长城，一直打到北京城下。回援的袁崇焕边军与皇太极在北京城下展开了激战，互有伤亡。皇太极在激战中施展反间计，多疑的明崇祯帝果真逮捕了袁崇焕，并于第二年将他凌迟处死。皇太极并没有攻下北京城，他知道明朝国力尚未倾颓，只有加紧整顿军队，等待时机。他安排了永平、迁安等四城的防守，然后率军返回了沈阳。

为了消耗明王朝的有生力量，最终取而代之，皇太极采取边打边谈的政策。1634—1638年，皇太极又先后四次出兵进入明朝内地。由于明朝统治腐败，后金兵在历次征战中往来驰骋，如入无人之境。许多城池遭到了清军的洗劫，尸首狼藉，甚至连水井中也填满了尸体。虽然皇太极曾多次申明军纪，但他发动战争的目的之一就是要掠夺损毁明朝的财物人口，最终达到极力削弱明王朝的目的。

1636 年，皇太极称帝，改国号为大清，建元崇德。

在皇太极称帝前后，朝鲜、蒙古的威胁已经被解除，后金政权的机体已经变得强健起来。在有利的形势面前，皇太极因势利导，最终抛弃了对明朝议和的幌子而转为力主征伐。明王朝也不甘心坐以待毙，一场双方酝酿已久的决战开始了。

皇太极腰刀

崇德四年（1639 年），下定决心的皇太极首先对松山发动了强攻，在明军的顽强抵抗下清军攻势受挫，尔后，皇太极又陆续增调人马逼近锦州，在城外挖掘深壕，将锦州城团团围困起来。明朝蓟辽总督洪承畴奉旨率领 13 万大军前来解锦州之围。洪承畴采取稳扎稳打、步步为营的策略，徐徐向锦州靠拢，多尔衮等人与明军几次交战，人马损失了很多。这时，锦州城中的明军乘机反扑，夺回了外城。皇太极得知这些消息，心急如焚。他拖着病体，亲自率领大军驰援前线，要与明军决一死战。

皇太极首先切断了明军的粮饷供应，把松山城和城外的明军一并包围起来。明军很快因军粮匮乏而军心动摇，许多将领都想突围奔回宁远。洪承畴别无他策，也只得孤注一掷，下令全军突围，伤亡极为惨重，松山城中的明朝副将夏承德降清，松山城失陷，洪承畴被俘。经过皇太极极力劝降，洪承畴最终在孝庄皇后的美貌和规劝之下，叩首归降了大清。接着，锦州守将祖大寿也献城出降。皇太极取得了历时两年多的松锦战役决定性的胜利，明朝的精兵良将已经所剩无几，皇太极完全控制了关外的局势。

多年操劳政务和四处征战，耗尽了皇太极的精力，崇德八年（1643 年）八月的一个夜晚，皇太极在清宁宫内离开了人世，谥号"文皇帝"。葬于沈阳昭陵。

皇太极前后在位 17 年。他在位期间，实行满汉一体，保护汉人，减轻农民负担，发展生产，增强兵力，不断对明朝作战，为下阶段清王朝迅速扩展入主中原，打下了坚实的基础。

皇太极继位之初,后金面临的形势十分严峻。外部处境孤立,受到明朝、蒙古、朝鲜的包围。内部由于贵族分权势力的矛盾,冲突日益严重。皇太极逐步建立国家统治机构,取代八旗制度行使国家权力。

(1)满汉一体。

天命十一年（1626年）,皇太极继位后颁布《满汉别居令》,提出"治国之要,莫先安民"的主张,宣布"满汉一体毋致异同",实行"编户为民"政策,下令将大多数汉民庄丁由庄田抽出,"分屯别居,编为民户"。汉民由农奴恢复为民户,即原有封建自由民身份,从而缓解了民族矛盾,社会逐渐安定。

(2)发展农业。

后金进入辽沈以后,不仅当地汉人从事农业,连满族也把农业作为本业了。皇太极爱惜民力,停止修城筑墙,为的是"专勤南亩,以重本务"。他下令,所有村庄田土,八旗既已稳定,以后就不要变更了。对庄民的财产及所养牛羊鸡猪等,都不准任意妄取。经过努力,农业有了较大发展,粮食基本上能够自给,社会矛盾得到缓和。

(3)完善机构。

天命、天聪年间没有监察机关,崇德年间皇太极成立了都察院,给他们稽查一切官员的大权。有清一代,满蒙的结合,早比满汉更紧密。为了处理蒙古事务曾设蒙古衙门,崇德三年（1638年）六月又改为理藩院。合原有的六部、都察院,构成了有名的八衙门。皇太极任命满洲、蒙古、汉人担任承政,每部3人,以下皆参政。崇德三年（1638年）七月更定八衙门官制,每衙门只设满洲承政1人,以下酌设左右参政、理事、副理事、主事等官,由二等变成五等。这就强化了以他为首的国家统治权力。

清兵入关前没有内阁的名称。但是皇太极统治下的清朝有已初具内阁性质的内三院。天聪十年（1636年）三月,皇太极改文馆为内国史院、内秘书院、内弘文院。从文馆到内三院,虽任职者均为大学士、学士,但分工更明确了,有的负责编考历史,有的起草敕谕及注释古今政事得失,还有的向皇帝进讲。崇德以后内三院的大学士、学士们对皇太极的决策有了更大的影响。

(4)军事建设。

皇太极在国内大力实行改革时,并没有放弃父汗努尔哈赤对外扩张的政策。他命令军队建造具杀伤威力的武器红衣大炮,并且将单一的骑兵兵

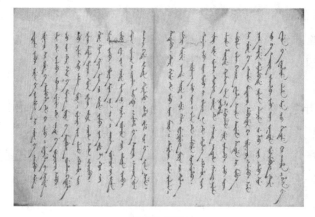

新满文书法

种，改建成一支骑兵、炮兵与步兵多兵种的军队。皇太极十分重视汉族地主知识分子和明朝降官降将的作用，对他们采取招降收买政策。不仅通过考试儒生，网罗了200余名汉族文人，而且此后又多次举行考试，分别优劣，量才录用。对大批降将赐以庄田、奴仆、马匹，并委以官职。对明大将孔有德、耿仲明、尚可喜、沈志祥等纷纷自愿来投的行为封王封侯，宠荣备至。随着蒙古的臣服，明朝将领的降顺，皇太极逐步建立蒙古八旗和汉军八旗，大大增强了军事力量。

（5）发展文教。

皇太极已认识到发展文教对治理国家的重要性，说不能认为不读书不会误事。规定从天聪六年（1632年）起，凡贝勒大臣子弟年15岁以下、8岁以上，俱令读书。皇太极还非常重视吸收汉族的先进文化。至天聪六年（1632年）七月达海逝世时，经他手已翻译成帙的汉籍有《刑部会典》《素书》《三略》《万宝全书》，及正在翻译中的《资治通鉴》《六韬》《孟子》《三国志》等。后来又命达海之子继续学习汉书。天聪九年（1635年）后金的文馆诸臣翻译了辽金宋元四代史书。

（6）创新满文。

万历二十七年（1599年），清太祖努尔哈赤为文书往来及记注政事的需要，命巴克什额尔德尼等人以蒙古字母为基础，结合女真语音，而创制了满文，这种由蒙文脱胎而来的初期满文，是没有圈点的满文，叫作老满文。

天聪六年（1632年），皇太极命巴克什达海将老满文在字旁加置圈点，使满文的语音、形体更臻完善，这种加置圈点的满文，叫作新满文。

三、朕乃山河大地主，忧国忧民事转繁

清世祖顺治帝爱新觉罗·福临（1638—1661年），清太宗第九子，生

母为孝庄文皇后博尔济吉特氏。清朝第三位皇帝（1643—1661年在位），清朝定都北京的首位皇帝。因其年号为顺治，故又称其为顺治帝。

顺治帝出生于沈阳故宫永福宫。传说孝庄文皇后怀孕后，红光照身，盘旋如龙形。分娩前夜曾梦见神人抱着一个婴儿放入自己腹内，并告知是统一华夏之主。孩子生出来后，满室红光，并散发出奇异的香气，经久不散，孩子的头发也不是趴在头顶上，而是直立着。但这毕竟是传说，没有科学根据。

顺治帝小时候天资聪颖，读书勤奋，爱好绘画，他画的小幅山水"写林峦向背，水石明晦之状"颇为时人称道，他的手指螺纹墨画《渡水牛图》意态自然，有笔墨烘染所不能到处，堪称一绝。他尤其擅长人物速写，有一次，他路见中书大臣盛际斯，忽然命令盛际斯跪下，盛际斯吓出一身冷汗。福临对盛际斯凝目熟视片刻后，取笔草就一帧盛际斯的小像，递给左右诸臣传阅，盛际斯转惊为喜，请福临将小像赐给自己，福临笑而不答，随手将小像付之一炬。

崇德八年（1643年）八月初九，清太宗皇太极突然病死。由于他没有立下诏书，所以由谁继承皇位成为各位朝臣争论的焦点。有些人赞成让皇太极的长子肃亲王豪格继位，而有些人则赞成由皇太极的弟弟睿亲王多尔衮继承，一时间争得不可开交。最后时为睿亲王的多尔衮提出拥立爱新觉罗·福临继位，此事才得到圆满解决。

崇德八年（1643年）八月二十六日，爱新觉罗·福临在沈阳继位，由其叔父多尔衮辅政。顺治元年（1644年）四月二十二日，多尔衮乘明将吴三桂和起义军李自成有矛盾之机，在明将吴三桂指引下，乘明亡之乱率清军进入山海关，击败了李自成的农民军，将清都迁往了北京。但不久，多尔衮因出塞射猎而死于塞外，14岁的顺治帝提前亲政。

顺治八年（1651年）二月二十一日，顺治帝颁谕追论多尔衮罪状昭示中外，罢黜追封、撤掉庙享，对他的恩赦也废除。

多尔衮虽遭身后之罚，但其势力仍在。消除其影响，收回被分散削弱的皇权，确

顺治帝

实很费周折。顺治帝亲政之初,为处理纷繁的日常政务,曾下令"复用诸王"于部院。其中被多尔衮严重打击的郑亲王济尔哈朗开始握有重权。但这时顺治帝的注意力集中于如何剪除多尔衮的亲信余党上。闰二月他下令处死谄附多尔衮而握有实权的大学士刚林、祁充格,八月杀掉固山额真、吏部尚书谭泰,十月令阿济格自尽,这一系列的措施沉重打击并消除了多尔衮派的势力。大权集于一身,顺治帝当上名副其实的皇帝。

顺治帝亲政后,因不晓汉文汉语,在阅读诸臣奏章时,总是茫然不解。为此他发愤读书,很快就使自己的汉文水平得到了提高。在研读典籍中,他对孔子、朱元璋以及朱由检发生极大兴趣。从这几位人物的思想活动中,悟得了治国安民的道理,形成了他的治国思想。

顺治帝很想有一番作为,但由于这时处于明亡的一个乱世时期,所以全国出现了新的抗清高潮。

在争取汉人地主,提高汉官权力、重用汉官方面,顺治帝进行了大胆的尝试和努力。他已感觉到满汉的和谐对维系统治的重要,决心改变各衙门奏事,只有满臣没有汉臣的现象,于顺治十年(1653年)正月谕内三院,"以后凡是进奏章,要满汉侍郎一起参酌公同来奏",以达到满汉的同心同德。尽管实际上难以完全做到,顺治帝对汉官的态度也总有反复,但他提高汉官权力的思想却有所发展。顺治十六年(1659年)十月,顺治帝下令印信掌管不必分满人汉人。

顺治帝对汉人地主的上层人物,也极力笼络。顺治帝以皇太极第十四女下嫁吴三桂之子吴应熊,以示优宠。大学士党崇雅告老还籍时,顺治帝两次破格召见。顺治十五年(1658年)状元、翰林院修撰孙承恩英年早逝,顺治帝深切悼念,赐白金300两让他回家安葬。对洪承畴的重用,更突出地反映了顺治帝争取汉人的勇气。洪承畴原是皇太极时降清的明朝著名将领,他在建议清朝大军入关和招抚江南中立了大功,后遭满将猜疑被召回京,任大学士而无实权。

顺治十年(1653年)五月,顺治帝特升洪承畴为经略,经略湖广、广东、广西、云南、贵州等处地方总理军务兼理粮饷,破格授予便宜之权。但洪承畴却有负委任,因而引起朝臣不满。后来洪承畴一再请求解任,顺治帝也一再下旨劝服挽留,表示了对洪承畴的不动摇的信任。后来,就在洪承畴难以为继,准备回京调理之时,大西军发生内讧,孙可望到洪承畴军前投降，终使洪承畴收到了以守为战的招抚之功。顺治帝福临对洪承畴的坚决一贯的信任，作用巨大。

顺治帝对汉人官员的信任政策，确实反映了他的勇气与魄力，但他始终也未改变清朝"首崇满洲"的既定国策，一再重申要坚持满洲的衣冠服饰。他将主张部院大臣专用汉人不用满人及建议修改逃人法的言官如李呈祥等流放满洲，甚至于顺治十一年（1654年）四月下令将主张"留发复衣冠"的内翰林院大学士陈名夏处绞。正因为这种政治上的偏袒，使他对不少重大问题不了了之。

为了能安定全国，顺治帝采取抚重于剿的策略。他采纳范文程等人的建议，设立兴屯道厅，推行屯田，并积极鼓励地主、乡绅招民垦荒；对地方官员制定《垦荒考成则例》，按垦荒实绩，分别予以奖惩。同年，编成《赋役全书》，颁布天下。这些措施使濒于绝境的农业生产开始有了转机。

顺治帝还对整顿吏治甚为关注，派监察御史巡视各地，惩治了一批贪官污吏。为了提高官僚机构的办事效能，他比较注意发挥汉官的作用。顺治十四年（1657年）十一月，命吴三桂、赵布泰、罗托统领大军，向贵州、云南进发。很快，全国除地处东南沿海的郑成功之外，抗清武装力量基本被平定。

顺治帝还积极吸收了先进的汉文化，审时度势，对成法祖制有所更张，且不顾满洲亲贵大臣的反对，倚重汉官。为了使新兴的统治基业长治久安，他以明之兴亡为借鉴，警惕宦官朋党为祸，重视整饬吏治，推行与民生息的政策，为稳定社会、恢复经济、巩固清王朝统治政权做出了贡献。

但他少年气盛，刚愎自用，急躁易怒。顺治十八年（1661年）正月，顺治帝上早朝时，看起来神态还正常，身体健康。第二天早上，宫中养心殿却突然传出了他的死讯，享年24岁。

顺治帝

但还有一种说法是，顺治帝多年来一直厌恶尘世。顺治十七年（1660年）秋，他所宠爱的董鄂妃病故后，哀伤不已，毅然放弃皇位，暗中去五台山出家为僧，后来康熙帝还秘密地去看望过他。也有人说他的出家与董小宛有关。董小宛曾为冒辟疆的小妾，被洪承畴献给顺治帝为妃，后董小宛被皇太后赐死，顺治帝转而消极厌世，才去五台山出家为僧。

顺治帝驾崩后，梓宫放在了景山寿皇殿。四月十七日，由再次进京的茆溪行森执行火化仪式。火化后宝宫（骨灰罐）安葬于遵化马兰峪，是为孝陵。庙号世祖，谥号章皇帝。

四、有清一代英明主，文治武功开盛世

清圣祖康熙帝爱新觉罗·玄烨（1654—1722年），清太宗皇太极之孙，清世祖福临第三子，母为孝康章皇后佟佳氏。清朝第四位皇帝，清朝入关后第二位皇帝，在位61年，是我国封建社会杰出的君主。因其年号为康熙，故又称其为康熙帝。

顺治十八年（1661年）正月，24岁的顺治帝因天花辞世。顺治帝生前没有册立太子，临终时接受汤若望的建议，因爱新觉罗·玄烨出过天花具有免疫力而选其为继承人，以遗诏的形式册立爱新觉罗·玄烨为皇太子。正月初九（2月8日），爱新觉罗·玄烨继位，年仅8岁。顺治帝遗诏由索尼、苏克萨哈、遏必隆、鳌拜四大臣辅政，第二年改元康熙。

康熙帝亲政前，辅政的四人臣中，索尼年老多病，不甚管事。遏必隆处事圆滑，为回避鳌拜嚣张气焰，从不发表意见。苏克萨哈遇事常与鳌拜冲突，终于被鳌拜借故处死。鳌拜大权独揽，结党营私，专横跋扈，朝政日非。康熙八年（1669年），16岁的康熙帝铲除权臣鳌拜，开始亲政。

当时，平西王吴三桂、靖南王耿精忠（耿仲明之孙）和平南王尚可喜合称"三藩"。"三藩"各拥重兵，其中吴三桂兵力最强，军队不下7万人，耿精忠、尚可喜二藩合起来也有兵力两三万人。"三藩"总兵力相当于清朝八旗兵的一半，或接近一半。这对清朝中央政府是一个严重威胁。

清初对"三藩"的迁就，助长了"三藩"的嚣张气焰。"三藩"都把自己的辖区作为独立王国，强征关税，垄断盐铁，霸占土地，横行不法。他们权势日重，尾大不掉，严重威胁中央集权，康熙帝亲政后，以"三藩

及河务、漕运为三大事"，夙夜思虑，曾书而悬之于宫中柱上。可见，"三藩"已成为朝廷的心腹之患。

康熙十二年（1673年）三月，平南王尚可喜因年老多病，疏请归老辽东，提出由其子尚之信承袭王爵，继续留镇广东。康熙帝趁机令其全家迁归辽东，对其子袭爵留镇的要求，则根本不予考虑。同年七月，吴三桂、耿精忠二藩也疏请撤藩，以此向朝廷施加压力，同时也借此试探朝廷的真实意图。

康熙帝深知"三藩气焰日炽，不可不撤"，而且"撤也反，不撤也反"，于是果断下令撤藩。"撤藩"令一下，当年十一月，吴三桂便首先发动叛乱。他自称"天下都招讨兵马大元帅"，蓄发、易服发布檄文，

少年康熙帝写字图

宣称"兴明讨虏"，并迅速攻入湖南。康熙十三年（1674年），靖南王耿精忠与平南王尚可喜之子尚之信，亦据福建、广东举兵叛乱，广西将军孙延龄以及四川、陕西、襄阳等地的提督、总兵也纷纷起兵响应。一时间，战火遍及滇、黔、闽、粤、桂、湘、鄂、川、陕等省。

康熙帝根据形势，制定了打击首恶、剿抚兼施的策略，对东南和西北两个战场，以抚为主，以攻为辅；对西南腹地的吴三桂势力，坚决打击，彻底铲除。吴三桂一发动叛乱，康熙帝即下令处死在北京的吴三桂的儿子吴应熊（娶清朝公主，为额驸）、孙子吴世霖，表示对吴三桂绝无妥协的余地。同时发布诏书，分化、瓦解参加吴三桂叛乱的其他汉族军阀。

吴三桂引清兵入关，甘当清王朝的鹰犬，早就受到汉族人民的唾弃。因此，他起兵反清，得不到人民的有力支持。在战略上，他持重保守，不敢迅速渡过长江和清廷逐鹿中原，而是梦想与清王朝划江而治。这样，就让康熙帝赢得了组织反攻的宝贵时间。而且，清廷占据中原财赋重地，有雄厚的物质基础；而参加叛乱的汉族军阀，同床异梦，步调不一，首鼠两端。康熙帝运用安抚收买和军事镇压相结合的手段，使参加叛乱的耿精忠、尚

之信、王辅臣等汉族军阀先后倒戈。不久，清廷又控制了广西、广东、福建、江西、陕西等省，形势对吴三桂极为不利。

吴三桂情竭势绌，孤注一掷，于康熙十八年（1679 年）在湖南衡阳称帝，国号周，建元昭武，企图以此稳定人心，鼓舞士气。不久，吴三桂病死，其孙吴世璠继位，退据昆明，康熙二十年（1681 年），城破自杀。历时 8 年的"三藩之乱"被彻底平息。

康熙二十二年（1683 年）六月，为了消灭割据台湾的郑经势力，康熙令大将施琅率战舰 300 艘、军士 20000 人，从福建出发，在澎湖海战中消灭了郑氏集团的主力，攻占了澎湖，台湾郑氏集团"莫不解体"，郑克塽（郑经第二子）遣使乞降。八月，清军进驻台湾。郑克塽到北京后，受到康熙帝的接见，并封他和部下以官爵。康熙帝还特别下诏说郑成功、郑经不是"乱臣贼子"，可以归葬南安。

康熙二十三年（1684 年），清政府设台湾府，辖三县，隶属福建省，并在台湾驻军 8000 人，在澎湖驻军 2000 人。这些措施加强了台湾与大陆的联系，促进了台湾的开发，巩固了我国的东南沿海。

1643 年，沙俄首次派遣以波雅科夫为首的殖民侵略者侵入黑龙江流域。1650 年，以哈巴罗夫、斯捷潘诺夫为首的第二批殖民军再次侵入黑龙江流域。他们占据了雅克萨，修筑堡垒，构筑工事，作为进一步侵略我国的据点。同时，沙俄还派遣军队越过贝加尔湖向东进犯，侵占了尼布楚，在此筑城构堡作为进一步向黑龙江下游扩张的军事基地。

1683 年，康熙帝设黑龙江将军，驻军瑷珲，并派军拔掉沙俄侵略军在黑龙江下游建立的几个军事据点。这为集中打击雅克萨之敌创造了条件。

康熙帝戎装像

康熙二十四年（1685 年）春，清廷以彭春为统帅，派兵 3000 人向雅克萨开进。五月，彭春率军到达雅克萨城下，当即发炮攻城。俄军头目阿尔布津走投无路，宣布投降。清军准许他率残部退出雅克萨。当清军撤离雅克萨后，阿尔布津在得到援助后，又重返雅克萨，重新构筑工事，妄图长期固守。康熙二十五年（1686年）六月，黑龙江将军萨布素奉命率军 2000 人，再次开赴雅克萨，同俄军激战两日，匪首阿尔布津被击毙，守城俄军伤亡惨重。在这种情况下，俄国被迫同意同我国就边界问题进行谈判，清军也奉命停止攻击。

康熙二十八年（1689年）八月，中俄双方在尼布楚正式开始会谈。经多次交涉，在中方做了一定让步的情况下，九月，双方正式签订了《尼布楚条约》。这是中俄两国的第一个边界条约，是双方经过平等协商签订的。它从法律上肯定了格尔必齐河、额尔古纳河以东，外兴安岭以南，黑龙江流域、乌苏里江流域包括库页岛在内的广大地区都是中国的领土。康熙帝组织的雅克萨自卫反击战，维护了祖国领土的完整，保卫了东北边境的安全。

清初，我国西、北部居住的蒙古族共分为漠南蒙古（即内蒙古）、漠北蒙古（即外蒙古）、漠西蒙古三部分。其中，漠南蒙古早在清兵入关之前就隶属于清朝统治之下。后来，漠北蒙古和漠西蒙古也先后臣服于清王朝。

漠西蒙古的准噶尔部（原先游牧于伊犁河流域）在 17 世纪中叶逐渐强盛起来。当时，沙皇俄国正在疯狂向外侵略，他们极力想把漠西蒙古的人民及其所居土地攫为己有。为此，沙皇于康熙五年（1666年）派"使团"到准噶尔部，对其首领僧格等人威胁利诱，要其归顺俄国，遭到拒绝，阴谋未能得逞。

康熙十年（1671年），噶尔丹杀死其兄僧格，夺取了准噶尔部的统治权。噶尔丹夺得汗位后，首先征服了漠西蒙古其他几部，占据了新疆北部，然后又进攻天山南路，控制了南疆的维吾尔族地区，形成了一个拥有 60 万人口的强大封建割据势力，其势力还渗透到青海、西藏地区。噶尔丹为了实现其割据一方的野心，遂与沙俄勾结起来。

康熙二十七年（1688年）春，噶尔丹对外蒙古各部发动了突然袭击。在噶尔丹和沙俄里外夹击下，外蒙古各部很快败退下来，三部几十万人齐向漠南，请求清朝保护。康熙帝给予牲畜、茶、布等物资救济，把他们暂时安置在科尔沁地区，并命噶尔丹率众西归，退还外蒙古三部的牧地。噶尔丹不听从清朝命令，于康熙二十九年（1690年）又以追击外蒙古兵士为名，攻入内蒙古，其前锋一直到了距北京仅 900 里的乌珠穆沁。康熙帝决定分兵两路予以痛击，派裕亲王福全（康熙帝之兄）率军出古北口；派恭亲王常宁（康熙帝之弟）率军出喜峰口，最后会师乌兰布通。八月间，左翼军同噶尔丹军队在乌兰布通（今辽宁境内）发生了激烈的遭遇战。噶尔丹把 10000 多头骆驼捆住卧地，驼背上搭上箱垛，盖上浸湿的毡子，摆成一条防线，称"驼城"。主力部队从"驼城"垛隙放枪射箭，进行顽抗。清军用猛烈的炮火击破噶尔丹的"驼城阵"，噶尔丹逃出重围，幸免被擒。康熙三十四年（1695 年），噶尔丹又率领 3 万人马沿克鲁伦河大举南犯，并扬言他背后有沙俄撑腰，已经从俄国借了 6 万鸟枪兵。康熙三十五年（1696 年）春，康熙帝力排众议，决定第二次亲征。他命将军萨布素率兵出东路迎头截击，命大将军伯费扬古率兵出宁夏为西路，断绝噶尔丹的退路，自己则亲率禁旅为中路，三路约期来攻噶尔丹，务期彻底歼灭。

康熙帝亲率大军，在克鲁伦河附近同噶尔丹的军队相对扎营。当时两军相距甚近，噶尔丹望见康熙的御营和清军的威武阵营，不禁为之胆寒，立即下令拔营逃跑。康熙帝亲自率军追击到拖诺山。当噶尔丹逃到昭莫多（在乌兰布托以东）时，又同清军的西路大军相遇。在两军激战中，噶尔丹的军队几乎全军覆没，他仅率少数人死里逃生。康熙帝的第二次亲征又取得了巨大胜利。但是，噶尔丹没有死，这股叛乱势力并未根除。所以康熙帝一面分化噶尔丹控制的回部、青海、哈萨克诸部，并警告与噶尔丹狼狈为奸的西藏第巴桑结，一面限期噶尔丹到北京投降。

由于噶尔丹拒绝投降，康熙三十六年（1697 年），康熙帝又进行了第三次亲征。当时，康熙帝在各部族中的工作成效甚大。因此，噶尔丹四面楚歌，处于"居无庐，出无骑，食无粮"的地步。原先追随噶尔丹叛乱的亲信们，也慑于清军威力，望风而降。最后，噶尔丹在走投无路、众叛亲离的困境中服毒自杀。至此，康熙帝平定噶尔丹叛乱的斗争宣告结束。

恢复和发展社会经济，也是摆在康熙帝面前的又一重大社会问题。经过几十年农民战争和清朝统一战争，全国土地荒芜，人丁缺少，财政收支入不敷出。为了巩固封建政权，迫切需要安定社会秩序，恢复和发展生产。康熙帝顺应这一社会需要，采取了一些有利于恢复和发展生产的措施。

在顺治年间，清朝就命令地方官吏召集流亡，开垦荒地，将各州县卫所的无主荒地分给官兵和流民屯种，但成效不大。康熙帝继位后，继续推行这一政策，要求地方官在5年之内垦完境内荒田。招徕的流民不论原籍和别籍，都编入保甲，新开垦的荒田给以印信执照，永准为业。这样，一部分被招垦的农民获得少量土地，由佃户变成自耕农。在"开垦无主荒地"的名义下，一些农民将明代藩王的大量庄田和战争中死散地主的荒田占据垦种。清朝对这种既成事实加以法律上的承认，规定"凡地土有数年无人耕种完粮者，即系抛荒。以后如已经垦熟，不许原主复问"。并宣布明藩王庄田改为"更名田"，归耕种之人所有。占有"更名田"的农民，只缴田赋，不再缴纳地租，由过去的佃户变成占有土地的自耕农。这就提高了他们的生产热情，促进了社会经济的发展。

康熙年间，减免钱粮的次数和数量远远超过前代。在他执政的55年中，免天下钱粮3次，漕粮2次，遇有庆典、巡幸、用兵和水旱灾情，也都分别减免有关地方的钱粮。虽然，常常是官吏得到实惠，老百姓所得甚少，但对老百姓还是有好处的。除有少量土地的农民可以减免赋税外，无地农民也可以豁免本身丁钱。康熙四十九年（1710年），更明确规定：以后"凡遇捐免钱粮，合计分数，业户捐免7分，佃户捐免3分，永著为例"。康熙五十一年（1712年），宣布以上年丁额为准，以后额外增丁，不再加赋，叫"盛世滋丁，永不加赋"。这些措施在一定程度上减轻了人民群众的负担，有利于提高生产力水平，增加社会财富。

康熙帝一再向臣下宣布："朕恨贪污之吏，更过于噶尔丹。此后澄清吏治，如平噶尔丹则善矣。"他说："凡别项人犯，尚可宽恕，贪官之罪，断不可宽。"又说："治天下以惩贪奖廉为要。"在他执政期间，惩办了山西巡抚木而赛、两江总督噶礼、太原知府赵凤诏等罪名昭著的大贪污犯，对陆陇其、于成龙、彭鹏等"操守廉洁"的清官则予

康熙南巡归朝图（局部）

以奖励和提拔。

康熙六十一年（1722年）十一月十三日，康熙帝病逝，享年69岁。庙号圣祖，谥号仁皇帝，葬于景陵。

康熙帝是中国历史上在位时间最长的皇帝，在统一国家、捍卫主权、发展生产、提倡文化等方面，都做出了卓越的贡献。他取得了对三藩、沙俄的战争胜利，消灭台湾的明郑政权，显示了康熙帝的军事指挥才能。另一方面，康熙帝少年时就挫败了政治对手鳌拜，年老时利用"文字狱"打击汉族异议人士。康熙帝举行"多伦会盟"取代战争，怀柔蒙古各部；意图以条约确保清朝政府在黑龙江的领土控制。他开创了"康乾盛世"的局面，是一位英明的君主、伟大的政治家，部分人甚至称之为"千古一帝"。

五、朝乾夕惕勤天下，好名图治功在国

清世宗雍正帝爱新觉罗·胤禛（1678—1735年），康熙帝第四子，母为孝恭仁皇后。清朝第五位皇帝，定都北京后第三位皇帝，蒙古尊称为纳伊拉尔图托布汗。因其年号为雍正，故又称其为雍正帝。

胤禛出生于北京紫禁城永和宫，生母为德妃乌雅氏。由于乌雅氏出身低微，不能给胤禛带来皇子中的特殊地位；此外，清初时后宫也不允许生母抚育自己的儿子，因此胤禛满月后由孝懿仁皇后佟佳氏抚养。孝懿仁皇后是一等公佟国维之女，孝康章皇后的侄女。孝懿仁皇后没有生过皇子，只有一个公主还早年殇逝，故而养育德妃之子。

康熙二十二年（1683年），胤禛6岁进尚书房，跟从张英学习四书五经，向徐元梦学习满文。稍长，便跟随康熙帝四出巡幸，并奉命办理一些政事。

康熙三十五年（1696年），19岁的胤禛随从康熙帝征讨噶尔丹，掌管正红旗大营。康熙三十七年（1698年），21岁的胤禛受封为贝勒。康熙三十九年（1700年），胤禛侍从康熙帝视察永定河工地，检验工程质量。

康熙四十七年（1708年）夏，康熙帝第一次罢黜了太子爱新觉罗·胤礽。在推选新太子的过程中，胤禛支持复立胤礽，同时与八皇子胤禩也保持良好的关系。康熙四十八年（1709年），复立胤礽为太子。同年封胤禛为和硕雍亲王。其间诸皇子为谋求储位，各结私党，钩心斗角极为

激烈。

胤礽再立后，为巩固储位又进行了一些非法活动，引起康熙帝的不快，于康熙五十年（1711年）再次将他废黜。以后不断有朝臣为他复位奔忙，均遭康熙帝处罚。胤礽被遗弃了，但他留下的皇太子的空位，康熙帝却未令人替补，惹得诸皇子为之大动心机。八皇子胤禩继续活动，又一次受到父皇斥责。十四皇子胤禵"虚贤下士"，联络各方人士，"颇有所图"。康熙五十七年（1718年），胤禵受命为抚远大将军，出征西北，指挥两路清军入藏，送六世达赖至拉萨，驱逐了一度盘踞在西藏的准噶尔人的势力，稳定了西藏局势。胤禵的声誉日高，有可能成为储君。三皇子诚亲王胤祉受命开蒙养斋馆，身边聚集着一群学人，也"希冀储位"，以至胤礽再废后，竟"以储君自命"。

少年胤禛行乐图

胤禛善于治国，懂得韬光养晦。他尊释教道学，自称"天下第一闲人"，与诸兄弟维持和气，与年羹尧和隆科多交往密切，同时向父亲康熙帝表现诚孝，画西藏于版图，赢得康熙帝的信赖。康熙六十年（1721年），是康熙帝登基60周年大庆，胤禛奉命往盛京祭告祖陵，回京参加贡士会试试卷复查事务，冬至时遵命代康熙帝南郊祭天。次年，胤禛清查京、通两仓，又秉命冬至祭天。胤禛的这些活动，对他来说有两重意义：一是由于他多次随从巡幸、外出代办政务，足迹遍于中国主要地区，使他有机会了解各地的经济物产、山川水利、民间风俗、宗教信仰、历史问题，取得了关于民事的第一手资料；二是观察了康熙帝处理政事，考查了地方行政和吏治，锻炼了处理某些政事的能力，获得了从政的一些经验。这两个方面的因素，对胤禛日后治理国事都有很大的实践意义。

胤禛的才能和务实精神取得了一些人的支持，他的属人戴铎曾向大学士李光地称道其主子："才德兼全，且恩威并施，大有作为。"事实上，在争夺皇储的斗争中，雍正帝提出整顿积习的振作有为的政治方针，与八皇

子胤禔的仁义方针相对立，以争取人心。

康熙六十一年（1722年）十一月十三日，被康熙在世时认为"人品贵重，深肖朕躬，必能克承大统"的皇四子爱新觉罗·胤禛登基继皇帝位。雍正帝登基时已经44岁，在位不满13年。尽管他的政绩不如父、子，但他仍不失为封建社会中一位智勇超群、长于谋略、颇有作为的君主。他承先启后，安邦治国，为"康乾盛世"谱写了自己的篇章。

雍正帝继位后开始着手整治朝臣朋党，两个重要目标是年羹尧和隆科多。当年，雍正内靠舅舅、一等侍卫、理藩院尚书、步军统领隆科多的威势，外恃定西将军、川陕总督年羹尧的兵力，继承了皇位，年羹尧、隆科多二人可称功高盖世。可后来他们以此为资本，专权骄纵，私名公行，朋比结党，肆意任用亲信，经年羹尧和隆科多任用的官吏被时人称为"年选""佟选"，而且妄自尊大，权力炙手，这是雍正帝绝对不能容忍的。雍正三年（1725年）十二月，定年羹尧大逆罪、欺罔罪、僭越罪、狂悖罪、专擅罪、忌刻罪、残忍罪、贪黜罪、侵蚀罪，共92款，将其赐死。雍正五年（1727年），定隆科多大不敬罪、欺罔罪、紊乱朝政罪、党奸罪、不法罪、贪婪罪，共42款，将其"永远禁锢"。次年六月，隆科多死于禁所。

雍正帝对官场上的种种弊端有较多的了解，曾下决心予以整治。雍正元年正月初一，他并没有沉溺于喜庆欢乐之中，而是连续颁布11道谕旨，告诫各朝廷命官廉洁自律，严禁文武官吏逢迎意旨、暗通贿赂、侵渔克扣、营伍废弛、库银亏空、舍利废法等弊端。不仅如此，他拿出自己的招数，整治贪官污吏，从严治官。他继位仅一个月，就通过户部下达了全面清查钱粮的命令，并在中央设立了稽查钱粮和主持报销的机构——会考府。凡经清查"出入之数"不相符的，限期三年内如数补足，不得苛派民间，如期不完全补足，重治不宥。经过这次大规模的清查，查出一批案件，惩办了一

青年胤禛读书像

批贪官污吏。如户部库银亏空达 250 万两，涉及世族和高级官僚。雍正帝毫不留情，给予严惩。康熙帝十二子胤祹曾主管内务府，因为亏空，雍正帝同样责令其变卖家产偿还。内务府官员李英等人，冒支正项钱粮百余万两，也被抄家。一时因追归赃银而抄家籍没的事屡屡相见，因此，时人送雍正帝一个"抄家皇帝"的雅号。

雍正帝崇尚、信奉君权至上，"愿以一人治天下，不以天下奉一人"。他独揽朝纲，按照有利于高度集权的目的，改革行政机构，建立新制，把中国封建君主专制推上了顶峰。

雍正帝推行所谓"台省合一"的改革，把"传达纶音，稽考庶政"的谏官六科给事中交给督察院掌管。这样一来，六科给事中要整天奔波于巡视城、漕、盐、仓等，便无暇行使其"封还奏章"的职权。这就削弱了给事中"稽考庶政"的职权，使皇帝之命即所谓"纶音"能得到绝对尊崇。

扩大密奏范围，这是雍正帝为强化君主专制权力而推行的又一项新奇的措施。奏折本是封建君主与臣民之间的带有书信性质的往来文件。雍正帝上台后，觉得奏折可以进一步改造成为皇帝控制官员的一种手段。

雍正六年（1728 年），雍正帝下令各省督抚大员可以密上奏折，后来又给提督以至学政密上奏折的权力，并特许一些低级官员以及与他关系亲近的人密奏权。随着密折范围的扩大，便形成了一套皇帝与奏折人直线联系的严密的行文制度。密奏内容大小事都有，主要是君臣筹商政务、官吏的考察与评价、地方绅民情况、提拔处分官员等。通过这种方式，雍正帝可以直接处理庶务，极大地强化了专制权力；可以更有效地控制内外官员，使他们相互之间各存戒心，互相牵制，不敢妄为。

雍正帝将临时性机构——军机房改为军机处，并使它成为一个超越内阁和议政王大臣会议的常设机构。军机处设军机大臣，下有秘书军机章京，人数及资历不限，主要看和雍正帝的亲密程度。雍正帝每天面授机宜，由军机大臣、军机章京写成文字，转发各地。其内容不仅限于战事军务和八旗事务，后来几乎涉及所有机要政务。而且，凡属军机处所寄东西，不经内阁审议，由朝廷直接寄出，封口处盖军机处印，保密性极强，投递速度也特别快。而军机大臣起的不过是皇上的传话筒的作用，天下庶务全部取决于雍正帝一人。这就进一步加强了皇权，也提高了行政效率。

雍正帝搞乾纲独断，天下庶务咸归一人，需要以坚强的毅力和充沛的精力作代价。雍正帝亲政勤政，日理万机，废寝忘食，而且精力过人，在中国封建帝王中实属罕见。他常常"以勤慎自勉"，也常常向他的臣僚们宣扬自己如何惜时如金，励精图治。他白天御殿听政，接见大小官员，批览奏章；晚上批阅各地密报，而且每一份奏折，他都要亲自启封，从头到尾仔细阅读，并加以详细的指示，然后亲自密封上锁。

雍正帝继承其皇考康熙帝对边疆其他民族采取的恩威并举的政策，为维护国家统一做出了自己的努力。

雍正元年（1723年），青海罗卜藏丹津发动叛乱，西北骚动。第二年正月，四川提督岳钟琪率兵讨伐，攻占了青海湖周围的地区。二月从西宁向西进军，奇袭驻守在腾吉里克（今青海柴达木河下游）的丹津。当时丹津还睡在被窝里，得知清军到来，"人不及衣，马不及鞍"，惊慌中穿了一身女人衣服，只身逃奔准噶尔，青海遂告平定。

接着，清廷即派使臣至准噶尔，要求引渡丹津，其首领策妄阿拉布坦拒绝交出丹津。雍正五年（1727年），策妄阿拉布坦死，他的儿子噶尔丹策零继立。策零年少好战，不仅不交出丹津，而且还领兵出击，杀害屯田新疆的清兵。雍正九年（1731年）五月，清靖边将军傅尔丹率兵讨伐策零，结果兵败和通伯（今新疆富蕴县东北），损失惨重。第二年七月，策零袭击清驸马和硕亲王策凌在塔米尔河（今蒙古国鄂尔浑河上游）的驻地。策凌率蒙古兵3万，袭击驻扎在光显寺（今蒙古国哈尔和林）的准噶尔军，策零梦中惊起，率部向西奔溃，逃回新疆。之后，又多次被清军打败，策零被迫讲和，西北边疆平定下来。

故宫军机处内景

雍正帝先农坛耕作图

雍正四年（1726 年），在西南云贵地区，雍正帝采纳云贵总督鄂尔泰废除世袭土司、改派流官治理的建议，改革自元、明以来在西南少数民族聚居地推行的土司制度，改任用流官，设立府县制，这就是"改土归流"。至雍正九年（1731 年）"改土归流"的地区已达 309 处，"蛮悉改流，苗亦归化"，建置了许多府州县。这一措施适应了民族杂居扩大和民族融合发展的客观趋势，有利于巩固统一的多民族国家西南地区的疆域。

雍正十三年（1735 年），雍正帝暴毙于圆明园，时年 58 岁。庙号世宗，谥号宪皇帝，葬清西陵之泰陵。

雍正帝是有作为的、对中国历史发展做出贡献的君主。雍正朝上承康熙、下启乾隆之治，使康、雍、乾三朝持续发展，成为清朝的鼎盛时期。

六、"十全老人"乾隆帝，天道昌隆文武功

清高宗乾隆帝爱新觉罗·弘历（1711—1799 年），雍正皇帝第四个儿子，母亲孝圣宪皇后钮祜禄氏。清朝第六位皇帝，入关之后的第四位皇帝。因其年号为乾隆，故又称其为乾隆帝。

乾隆皇帝同他的祖父康熙皇帝一样，既是一个传奇式的人物，也是我国封建社会中很有建树的皇帝之一，还是我国封建帝王史上享年最高的皇帝。他继位时，清王朝经过康熙、雍正两朝 70 余年的治理，经济上出现了繁荣的景象。在此基础上，经过乾隆皇帝的努力，使清朝达到了强盛的极点。

乾隆中叶，全国的耕地面积已达到 700 万顷，比顺治末年增加了 1/3；人口也空前增加，到乾隆末期已经超过 3 亿。较为突出的是商业和城市日趋兴盛，资本主义开始萌芽。据史料记载，乾隆年间，扬州的商业十分发达，聚集了全国的商业大贾。乾隆南巡扬州时，曾有"广陵风物久繁华"和"广陵繁华今倍昔"的诗句，描绘了扬州的生意兴隆。

在武功方面，乾隆统治时期也极为强盛。乾隆皇帝先后两次平定准噶尔叛乱，一次回部叛乱，两次大小金川叛乱，并镇压了一次林爽文领导的

台湾人民起义；与廓尔喀作战 2 次，其中缅甸、安南各 1 次。通过武功，使其都向清朝上表纳贡。为此，乾隆帝曾志骄意满地夸耀自己"十全武功"，自称"十全老人"。

乾隆皇帝继位后，便组织文人从乾隆三十八年（1773 年）到乾隆四十七年（1782 年），编辑了中国封建时代空前绝后的《四库全书》。"四库"二字，最早是唐朝魏征提出来的。乾隆皇帝一向贪大求全，亲自给这部书取名《四库全书》。

为编好这部书，朝廷开设四库全书馆。乾隆皇帝任命皇室郡王及大学士为总裁，六部尚书及侍郎为副总裁。实际上主要的校纂者是总纂官纪昀、陆锡熊和总校官陆费墀，而以纪昀出力居多。为了编写《四库全书》，乾隆帝组织了 360 余名文人，其中不少是当时著名的学者，如戴震、邵晋涵、姚鼐、朱筠、王念孙等。

在编写中，他们把过去的敕撰本、内府本、永乐大典本、各省采购采访本、私人进献本及国内一些通行的流传本，统统集中起来重新校勘，按经、史、子、集四部，分门别类加以整理汇编，该刻印的刻印，该抄存的抄存。明、清两朝政府编辑的实录、正史、政书、会典、方略、方志、目录、诗文总集等各种图书，大部分也收入《四库全书》，总计收入 3503 种（也有的说是 3461 种），79337 卷，装订成 36275 册；存目 6766 种，9355 卷；仅抄写人员就有 1500 人之多。

我国图书典籍非常丰富，真可说是汗牛充栋，浩如烟海。《四库全书》虽然不可能将天下的书籍一一尽收，但朝廷不惜工本，聚集相当的人力从

十全老人之宝

事规模巨大的编纂工作，将各种已刊未刊的书籍，尽力搜集，其中有不少珍本秘籍。它对我国古代图书的保存，学术文化的发展，是很有功绩的。

乾隆帝推行有刚有柔的治国之道，安定了社会秩序，进一步巩固了统治地位。在经济方面，他认为"民为邦本，食为民天"，"务本足国、首重农桑"。历史的经验也使他深

知，年景丰歉，粮价涨落，不仅关系到社会秩序的好坏，也直接关系到其统治地位能否巩固。

为此，他把发展和保护农业生产，作为治理国家的根本之道。首先，乾隆皇帝为发展生产，比较关心民众的疾苦。如哪里受了灾，他便亲临灾区踏勘，减免灾区的赋税，及时下令开仓赈济等。其次，乾隆帝提倡开垦荒地，免其"升科"。最后，乾隆帝注意提高耕作技术，要求民众植树造林，以保水土，训勉各地官员不误农时。同时，他还重视兴修水利，特别注意治理黄河，以预防水灾的发生。所有这些，对促进农业生产的发展，都产生了重大作用。

乾隆皇帝之所以自称文治武功为古今第一人，是因为他不但在治国之道上卓有成效，而且在"武功"方面，即在平定叛乱、安边固防上也有重大功绩。他先后有两次平定准噶尔之役，回疆之役，大、小金川之役，两次廓尔喀之役和缅甸、安南之役等，计10余次。这10余次战役，对国内边境少数民族的平叛战争，都取得了胜利，对外战争也都以邻国请和而结束。

清初的几个皇帝，一方面重视、笼络知识分子，另一方面对不利于其统治地位的思想文化，则严加禁锢。因此，早从康熙、雍正时起，就开始搞起文字狱来，到了乾隆时期，竟兴了70余次文字狱。所谓文字狱，就是统治者由于挑剔文字上的过错而兴起的大狱，即捕风捉影地罗织罪名，滥杀无辜。

此外，乾隆皇帝还多次颁布禁令，派人四处搜求遗书，对于那些不利于清朝统治的"异端邪说"，一律加以查禁、销毁，私藏禁书者重罚。据统计，仅从乾隆三十九年（1774年）至四十七年（1782年）的8年中，全国毁书24次，538种，13862部。乾隆帝大兴文字狱的目的是为维护其统治地位，但它起着禁锢思想、钳制言论、摧残人才的恶劣作用，其后果是严重的，造成了政治上和学术上的窒息局面。

乾隆帝

乾隆皇帝尽管是个有道之君，但也不可避免地带有其他封建帝王挥霍淫逸的本质。乾隆皇帝为了追求享受，大修避暑山庄，所费亿万；大修圆明园，也不下亿万。乾隆皇帝6次南巡，又5次巡幸五台山，5次告祭曲阜，7次东谒三陵，2次巡游天津，1次登嵩山，1次游览正定，多次避暑热河，加之"十全"用兵，又耗费12000万两以上。

有人说，乾隆皇帝好像一个纨绔子弟，得了先人的遗产，穷奢极欲，富丽堂皇，成了清朝由盛转衰的枢纽。实际上，到乾隆帝末年，多年丰盈的库府几乎挥霍一空，形势急转直下，使盛极一时的清王朝开始走下坡路了。

乾隆皇帝在位之初，就曾焚香告天，发誓"若得60年，即当传位于嗣子"。乾隆帝一共三次密定储位。前两次，所定皇子都夭折了；第三次，密立的是第十五子嘉亲王颙琰。乾隆六十年（1795年），乾隆当了60年皇帝后，于九月宣布明年退位。第二年正月，乾隆皇帝举行了内禅之典，让位给颙琰，即嘉庆皇帝，这就是清仁宗。乾隆帝从此自称太上皇，于嘉庆四年（1799年）病逝，享年89岁。庙号高宗，谥号法天隆运至诚先觉体元立极敷文奋武钦明孝慈神圣纯皇帝，葬于清东陵之裕陵。

乾隆帝是中国封建社会一位赫赫有名的皇帝。乾隆帝在位60年，禅位后又继续训政，实际行使最高权力长达63年零4个月，是中国历史上实际执掌国家最高权力时间最长的皇帝，也是最长寿的皇帝。乾隆帝在位期间清朝达到了康乾盛世以来的最高峰，他在康熙、雍正两朝文治武功的基础上，进一步完成了多民族国家的统一，社会经济文化有了进一步发展。乾隆帝重视社会的稳定，关心百姓，五次普免天下钱粮，二兔八省漕粮，减轻了农民的负担，起到了保护农业生产的作用，使得清朝国库日渐充实。乾隆时期武功繁盛，在平定边疆地区叛乱方面做出了巨大成绩，并且完善了对西藏的统治，正式将新疆纳入中国版图，清朝的版图由此达到了最大化，近代中国的版图也由此正式奠定。乾隆帝在位期间，实行"因俗而治"的民族政策。汉学得到了很大的发展，开博学鸿词科，修《四库全书》；同时民间艺术有很大发展，如京剧就开始形成于乾隆年间。但是后期吏治有所败坏，多地爆发起义。严格抵制英国、俄国的侵略性行为，但闭关锁国政策拉大了和西方的差距，中国正处于近代的前夜。

乾隆帝也是中国历史上最大的专制者，严重压抑了民众甚至官僚阶层的主动性和创造性，强化了同时也僵化了专制体制，给以后的发展制造了巨大障碍。乾隆帝是中国历史上文字狱制造者之一。乾隆年间的文网之密、文祸之多，是中国历史上文字狱的顶峰。

七、武力不竞纪纲坏，由盛转衰开危局

清仁宗，嘉庆帝爱新觉罗·颙琰（1760—1820 年），乾隆皇帝第十五子，生母孝仪纯皇后魏佳氏。清朝第七位皇帝，入关后第五位皇帝。在位二十五年（1796—1820 年在位），因其年号为嘉庆，故又称其为嘉庆帝。

幼年时颙琰生活在乾隆盛世中，享受了皇家所有的幸福。本来他是不会被立为太子的，只是因为在乾隆的皇子中，不是年纪轻轻死去，就是对皇位不感兴趣，还有的怕招来杀身之祸而不愿接受皇位的继承。

当初，在雍正皇帝在位期间，乾隆皇帝的第二子出生了，这个婴儿是乾隆帝嫡福晋所生。由于清代以前的皇帝没有一位是嫡长子，所以雍正皇帝非常重视这个孙子，并亲自赐名永琏，暗示在乾隆之后立他为皇帝。乾隆皇帝继位后，马上将传位永琏的诏书放在了正大光明匾后，谁知永琏没有当皇帝的命，只活了 9 年就离开了人世。

其后不久，皇后又生下了皇七子永琮，一心完成祖先遗愿的乾隆皇帝，马上决定立这位嫡子为太子。谁知传位永琮的诏书刚放到正大光明匾后，2 岁的永琮也离开了人间。连丧两子的乾隆皇帝，再也不敢立嫡子为太子，更不敢将传位诏书放在正大光明匾后了。

就这样，乾隆皇帝只得在庶出的皇子中选择了忠厚老实的颙琰，而且，为了不让老天夺走他这个儿子，乾隆帝一直没敢宣布立他为太子。直到即将禅位的前一年，才正式公之于众。乾隆六十年（1795 年）底，乾隆将皇位禅让给皇太子颙琰，史称"嘉庆帝"。

嘉庆帝继位后，政事仍由乾隆帝决定，嘉庆四年（1799 年）乾隆帝病死后，他才开始了亲政道路。亲政后的第六天，他就逮捕了和珅，抄了和珅的家。从和珅家抄出家财约白银 10 亿两，不久便将和珅处死。

为了能够解决乾隆帝后期的种种弊政，他想通过改革来达到解决的目的，然而由于这时的土地高度集中在大地主大官僚的手中，农民大都沦为佃农、雇农，再加上吏治腐败，贿赂公行，武备废弛，军无斗志，各地农民起义纷纷爆发，使得嘉庆帝无法实行他的政治构想。仅嘉庆元年（1796年），今四川、湖北地区爆发白莲教起义就历时 9 年，其面积遍及四川、湖北、

嘉庆帝

陕西、甘肃、河南五省，虽然得到了平息，但耗资近2亿两白银，相当于清政府四年的财政收入，使得清王朝的元气大伤。同年，又有黔、湘地区的苗民起义，嘉庆十八年（1813年），天理教组织京师、河南、山东等地教众起义，京师一支并曾攻入紫禁城，京师为之震动。嘉庆十九年（1814年），陕西三才峡木工因失业乏食，也发动起义。另外，东南海上也有蔡、朱等领导的反清起义，使得嘉庆帝统治时期社会特别混乱。

到了嘉庆帝后期，由于实行闭关锁国政策，使得英国为改变对华贸易的不利局面，相继派出马戛尔尼使团和阿美士德使团来进行对话。由于礼节问题而没有进行，此后，英国利用鸦片贸易来抵消贸易逆差。嘉庆帝觉察到鸦片的危害，于嘉庆五年（1800年）禁止鸦片进口，以后又不断采取禁烟措施。但因禁令不严，鸦片贩子又通过贿赂和走私手段，一些与鸦片利益有关的官员加以阻挠，鸦片输入反而连年激增，从而给中国人民和中国社会造成严重灾难。

嘉庆帝一生，曾经遭逢两次宫变。嘉庆八年（1803年）闰二月二日，嘉庆帝从圆明园返回大内，将进顺贞门，突然有一汉子冲出行刺，嘉庆帝的随从100多人一时被惊呆，亏得在场的几个亲王卖命格斗，才将刺客擒住。原来，他叫陈德，是个平民，因贫困无告，愤恨统治阶级的压榨，才舍身潜入皇宫，准备刺杀皇帝。事后，陈德一家被残杀。

嘉庆十八年（1813年）九月，嘉庆帝离宫北去木兰狩猎。这时京郊林清领导的一支天理教农民起义军，决定乘清朝的王公大臣外出迎接嘉庆帝回宫，宫中空虚之日，攻占皇宫，推翻清王朝。九月十四日，起义军扮成商贩，暗藏武器，混进京城，和皇宫内的部分太监取得联系后，于十五日中午发动起义，冲入西华门，沿皇道直扑隆宗门。皇宫护卫军忙关闭大门。起义军转而从养心门对面南墙外，攀缘树木，爬上墙头，被皇次子旻宁率领清军用火枪击败。事后，嘉庆心有余悸，下令将宫内树木全部伐掉。后代皇帝从祖训，也不重新种植树木，致使今日故宫古树罕见。

嘉庆二十五年（1820年）七月，嘉庆帝再次去木兰游猎，住于避暑山庄。先是头痛发热，之后病情日益严重。嘉庆帝知道不好，连忙宣召大臣赛冲阿、托津等入室，宣布立即传位于皇次子旻宁，二十五日死于避暑山庄，享年61岁。庙号仁宗，谥号受天兴运敷化绥猷崇文经武光裕孝恭勤俭端敏英哲睿皇帝，葬于清西陵之昌陵。

总的来说，嘉庆帝与他的父、祖相比，是一位既没有政治胆略又缺乏革新精神，既没有理政才能又缺乏勇于作为品格的平庸天子。面对乾隆末年危机四伏的政局，嘉庆帝打出"咸与维新"的旗号，整饬内政，整肃纲纪。诛杀权臣和珅，罢黜、囚禁和珅亲信死党。诏求直言，广开言路，祛邪扶正，褒奖起复乾隆朝以言获罪的官员。诏罢贡献，黜奢崇俭。要求地方官员对民隐民情"纤悉无隐"，据实陈报，力戒欺隐、粉饰、怠惰之风。但其对内政的有限整顿，未能从根本上扭转清朝政局的颓败。终嘉庆一朝，贪污问题不仅没有解决，反倒更加严重。

他在位期间正值世界工业革命兴起的时期，也是清朝由盛转衰的时期。这时期发生了白莲教之乱，八旗生计、河道漕运等问题也日益凸显，鸦片亦流入中国，清朝出现了中衰。

然而，嘉庆帝的平庸，并不是他的性情所致，而是历史的必然，在乾隆晚期，清朝已经出现了衰败的迹象，白莲教的起义，再加上乾隆帝晚年举办寿宴过度的奢华，使得嘉庆初期国库空虚，所以说乾隆帝实际上是留下了个烂摊子给嘉庆帝。嘉庆朝是清朝由盛转衰的时代：上承"励精图治、开拓疆宇、四征不庭、揆文奋武"的"康乾盛世"，下启鸦片战争、南京签约、联军入京、帝后出逃的"道咸衰世"。清朝社会的固有矛盾已经积累了180年，嘉庆皇帝扮演了大清帝国由极盛而转为衰败的历史角色。

嘉庆帝龙袍

八、循规蹈矩勤俭德，内忧外患签辱约

清宣宗道光帝爱新觉罗·旻宁（1782—1850年），原名绵宁，继位后改为旻宁。嘉庆皇帝第二子，母为孝淑睿皇后喜塔腊氏。清朝第八位皇帝，清朝定都北京后的第六位皇帝，也是清朝唯一以嫡长子身份继承皇位的皇帝。因其年号为道光，故又称其为道光帝。

乾隆四十七年（1782年）八月初十，爱新觉罗·旻宁生于紫禁城撷芳殿。他是嘉庆帝嫡出的皇次子，出生时父亲嘉庆帝颙琰尚为普通的皇子，母喜塔腊氏为颙琰福晋（嫡妻）。由于长子早夭，所以他是事实上的嫡长子。清朝不立储君，康熙帝曾一度学习汉人立嫡长子为皇太子，不久即废。雍正帝创设秘密立储之法，也不是立嫡立长。但嫡长子在继承皇位上，还是具有一定的优势。

旻宁6岁开始读书，授读的是翰林院编修秦承业和检讨万承风。成年以后，旻宁又与礼部右侍郎汪廷珍、翰林院侍读学士徐颋"朝夕讲论"。汪氏为嘉庆、道光年间名臣，史传称其"风裁严峻，立朝无所亲附"，"多闻渊博"。旻宁对其十分敬重，称其讲学"非法不道，使朕通经义、辨邪正，受益良多"，"于师道、臣道可谓兼备"。旻宁所受的传统教育是十分严格而系统的，而且似乎也颇以此自诩。在他当上皇帝之后，在文华殿的经筵上常常是侃侃而论儒家经典。

乾隆五十六年（1791年）八月，10岁的旻宁跟随祖父乾隆皇帝打猎获鹿，乾隆帝大喜，赐黄马褂、花翎。

嘉庆帝继位时，旻宁已14岁。嘉庆元年（1796年），旻宁大婚，娶满洲镶黄旗布彦达赉之女钮祜禄氏。十一月奉嘉庆帝赐册，立为皇子绵宁的嫡福晋。长大成人的旻宁，"颀身隆准，玉理珠衡"，仪表高贵，举止得体。他既有祖父的真心宠爱，又有父亲的着意栽培，由他来承继爱新觉罗氏的帝统，实在是顺理成章的事。嘉庆四年（1799年）四月初十，嘉庆帝根据密建皇储的家法，亲自写上旻宁的名字，藏在乾清宫正大光明匾额的锦匣之内。嘉庆十三年（1808年）正月，原配嫡福晋钮祜禄氏薨，继娶佟佳氏为嫡福晋。

嘉庆十八年（1813年）九月，旻宁随其父巡狩木兰，因连天阴雨绵绵，故先期回到京师。他这一回来，正赶上一件震惊朝野的大事变。嘉道年间，

北方地区的白莲教诸门派活动频繁，统治者虽然采取了残酷的剿灭手段，但始终未能平息，甚至京畿重地的百姓也纷纷传习。这一年，久居京郊的天理教坎卦教主林清策动了一次起事，准备在内廷信教太监的接应下，攻入皇宫，一举推翻清帝的统治。九月十四日，林清教徒 200 余人潜入京城，翌日在太监的引导下，分为两路，由西华门、东华门攻入紫禁城。时旻宁正在上书房读书，闻讯即命侍者携鸟枪入，并下令看好四门，敦促官兵入内剿捕。攻入西华门的一支义军，已杀到隆宗门，并翻墙进入皇城。旻宁立于养心殿阶下，以鸟枪击中两名已经爬上房顶的教众。此时清廷上下乱作一团，但义军准备不足，组织很差，起事终于失败。这一事变，使得旻宁在内廷

旻宁读书像

上下人等心目中威望大增。嘉庆帝在回京途中得到奏报，即封旻宁为智亲王，增俸银 1.2 万两，连他所使用的那支枪也命名"威烈"。事后，旻宁上奏着实自谦了一番，声称自己当时"事不由己"，"事后愈思愈恐"，所以一切奖励均不敢当。此后，旻宁备受嘉庆帝器重，嘉庆帝称赞他"忠孝兼备"。

嘉庆二十五年（1820 年）七月，嘉庆帝亲赴热河秋狝，旻宁跟随父皇前往。此时嘉庆帝病重，御前大臣赛冲阿、索特纳木多布斋，军机大臣托津、戴均元、卢荫溥、文孚，总管内务府禧恩、和世泰等人当众开启乾清宫正大光明匾后的匣子，宣布嘉庆四年（1799 年）时候的诏书，立旻宁为皇太子。嘉庆皇帝驾崩后，当日就护送嘉庆帝的灵枢回北京。八月二十七日，旻宁正式继位于太和殿，颁诏天下，改明年为道光元年，成为清朝入关后的第六位皇帝。

道光元年（1821 年）三月，道光帝加封托津、曹振镛为太子太傅。四月，授予伯麟为体仁阁大学士，曹振镛为武英殿大学士；封阮福咬为越南国王；封松筠为兵部尚书，庆惠为热河都统。

新入值军机的是大学士曹振镛、吏部尚书英和礼部尚书黄钺三人，其中曹振镛因"小心谨慎，一守文法"而"最被倚任"。曹振镛是安徽歙县人，

乾隆年间任职翰林院，嘉庆年间屡屡升迁，官至体仁阁大学士。曹振镛历官三朝，在三个很难侍候的皇帝手下当差，居然没有犯下什么过失，在道光朝充军机首辅10余年，备受信任，屡有褒奖，被称为"股肱心膂之臣"。曹振镛抱定"多磕头，少说话"的做官要诀，处处小心老成，事事不逾旧制，这与以"守成"为指归的道光帝是极为相契的。

不过道光帝继位之初，也颇有一番振刷朝纲的宏愿。道光帝执政仅半月，即于九月十一日下诏清查陋规，诏书中称："箕敛盘剥之风日甚一日，而民间之储藏概耗于官司之胺削，因此民生困极。与其私取，不如明给"，"各省的陋规，如舟车行户、火耗平余、杂税存剩、盐当规礼，其名不一。有此地有而彼地无者，有彼处可以裁革而此处断不能裁者。虽然明令禁止，照样巧取豪夺，上司借此恐吓属员，小民为此控告官吏。不如明立章程，加以限制。只是各省情形不同，令各地督抚将所属地区陋规逐一清查，应存者存，应革者革"。此后再有搜刮者，一经查出，即从重治罪。

陋规是清朝官场的一大弊端。清代官员俸禄过低，又无必要的行政经费支出，故"办公"之类费用莫不取给于陋规。陋规名目繁多，各地征收地丁赋税中提取的"火耗""银耗"为其大宗，余下的就是各种行贿受贿的代名词。如地方官员向中央官员的馈赠，夏有"冰敬"，冬有"炭敬"；京城官员出差路过地方，索取"程仪"；地方官署办差，有津贴、月费等开支；水师巡洋，商贾渔民要孝敬"水礼"，等等。雍正年间曾对陋规有

道光皇帝喜溢秋庭图

过一番整顿，"耗羡归公"，划为养廉，但并未从根本上解决问题。陋规之妙，就在于它表面上是不合法的，但实际上成为官僚机器正常运转的润滑剂；表面上是违反道德准则的，但实际上是官场中人的一种非正式收入，谁也离不开它。清代官场贪污受贿，上下其手，风气腐败，黑幕重重。要整顿吏治，首先必须整顿陋规，但整顿必须和整个官僚体制的改革结合起来，方能收到成效。这样的改革一旦付诸实施，必然引起大小官僚的极大震动，以道光帝的胆量和见识，他是万万下不了这种决心的。新皇帝要整顿的虽然只是地方钱粮征收中的一些陋规，还不包括其他，但谕令一下，立即引起官场一片混乱，遭到齐声反对。在官场的一片反对声中，道光帝只好屈从。十二月十三日，他明发上谕，说自己"于天下吏治民生情形未悉"，"此事不但无益于民生，抑且有伤于国体"，"著即明白宣示各督抚，停止查办"。对反对此议甚力的臣属，他温言褒奖，呼为"净臣"，交部议叙；而倡议此事的英和，则以"冒昧建言"的过失令其退出军机处。

道光帝执政 30 年，问题成堆，积重难返，他虽然痛下决心施行"实政"，收效却不明显，这常常使他困惑。他对朝政不可谓不认真，成天忙忙碌碌，却总是顾此失彼。他感到各级官员在蒙骗他，不肯求实，不肯认真，却从不在自己身上找原因。他在起用新人时总是满怀希望，指望他们能一举廓清积弊，求得国泰民安，但最后带给他的大多是失望，甚而是痛苦。他虽然感到祖宗留下的这份"家业"已经破旧，但总想依据"祖制"修修补补，从不思考另觅新法。所以，他只得在各种现实问题的矛盾中苦苦周旋，日复一日，年复一年，眼睁睁地看着清王朝衰落下去。

嘉庆二十五年（1820 年）九月初七，道光帝正式登基才十来天，就传来了西北边陲发生动乱的消息，这是扰及道光帝执政最初十年间边疆骚动的先声。

事端是由当地大和卓博罗尼都的后裔张格尔纠集闹事挑起的。博氏在乾隆朝曾经参与发动反清叛乱，事败被杀。其子萨木克逃匿浩罕，生有三子，张格尔为其次子。张格尔的玛赫杜米家族曾长期统治天山南麓广大地区，在政治上、宗教上都有广泛的影响。清廷统一天山南北后，玛赫杜米家族的后裔逃亡至浩罕，他们时时刻刻都在策划恢复失去的天堂。张格尔的闹事，得到浩罕统治者的支持。浩罕利用清廷争取边境地区安宁的愿望，不断在贸易特权等问题上纠缠，要求得不到满足，就放出了一直声称要打

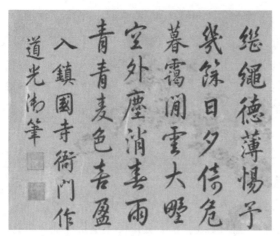

道光帝书法

一场"圣战"的张格尔，以收渔人之利。张格尔闹事的背后还有英国殖民主义者活动的影子，其队伍的装备和训练都与英国人有关。而清廷地方官员的腐败和荒淫，正好为民族分裂叛乱的发生埋下了祸根。

八月间，张格尔率300余人骚扰边卡，领队大臣色普征额带领清军很快将其击溃，待张格尔狼狈逃回浩罕时，仅剩残兵败将二三十人。道光帝接到边疆滋事的奏报后，最初的反应是"勿妄杀戮，以安众心而靖边围"，希望地方官员能稳妥谨慎地处理。所以，他在听到参赞大臣斌静已将擒获的俘虏一概处死的消息后，心里就起了疑惑，即令伊犁将军庆祥前往调查。

不久，斌静等人种种腐败不法的行为陆续被揭露出来，道光帝遂于道光元年（1821年）二月将其革职，发往黑龙江效力。对张格尔叛乱的严重性，他没有给予足够的重视，只是认为他们"实因穷苦起意抢掠"，朝廷既然已经严办了失职的官员，事端大约就可以平息了。

道光帝很快就为自己的这种轻敌思想付出了代价。已经继承了宗教首领身份的张格尔没有停止活动，他依然"以诵经祈福传食部落"，积蓄力量，以图再起。道光四年（1824年）、道光五年（1825年）间，他脱离了浩罕的控制，不断组织布鲁特（柯尔克孜人）前来骚扰，而清军的无能也逐渐暴露。

道光四年（1824年）十月，回部匪酋张格尔率兵进入乌鲁克卡伦，清军围剿失利，侍卫花山布等阵亡。后巴彦巴图等率兵剿张格尔，大败张格尔，张格尔奔喀拉提锦。

道光六年（1826年）七月，张格尔纠结安集延、布鲁特的回部部众进入清军哨卡，喀什噶尔的回部部众也为之响应。道光帝命杨遇春为钦差大臣率兵进剿张格尔。不久，张格尔攻陷和阗城。道光帝命长龄为扬威将军，命武隆阿作为钦差大臣，与杨遇春一起协助管理军务。八月，回部匪酋巴布顶等人攻陷英吉沙尔；张格尔攻陷喀什噶尔城，然后接着攻陷叶尔羌。

道光七年（1827年）正月，和阗地区的回部部众投降，但是不久又被张格尔攻陷。道光帝任命惠显为驻藏大臣。四月，长龄等人攻克喀什噶尔，张格尔逃走未能将其捉拿。

道光八年（1828年）五月，抓获匪首张格尔，并且行献俘礼。道光帝亲临午门受俘，亲自宣布张格尔的罪恶，将其处以极刑。

这次西北用兵实际上已经暴露出清廷对边疆地区的统治及清军作战、应变能力的诸多弊病。为了对付张格尔一伙乌合之众，清廷动用了近4万人的军队，花费了1000多万两银子，并且前后折腾了7年。

道光十年（1830年）九月，回匪安集延等人再次攻陷喀什噶尔，围喀什噶尔城，道光帝命玉麟前往新疆围剿。十二月，喀什噶尔、英吉沙尔的回匪被清军平定。

此时，一个更为棘手的问题——如何对付汹涌而来的鸦片烟毒，已经悄悄地但十分严重地摆在他的面前。鸦片原产于南欧和小亚细亚，自古被视作药材，用于麻醉和镇痛。大约从唐代以后传入中国，在明代医书中已有记载。明清之际，鸦片的吸食法由爪哇传入台湾，又由台湾传入福建，逐渐流毒社会。英国殖民机构东印度公司垄断印度的鸦片生产和专卖后，这种毒品销往中国获得极大利润，并成为中国的一大社会问题。

清廷禁止吸食鸦片，至迟在雍正七年（1729年）已有明确规定，当时每年进口不超过200箱（每箱重为50~60千克）。乾隆四十五年（1780年），又明确禁止药用以外的鸦片输入与贩卖，此时每年进口数增至1000余箱。到了嘉庆元年，清政府宣布完全禁止鸦片输入，但鸦片走私有增无减，每年输入已在4000箱以上了。道光帝继位之初，重申了嘉庆时的禁令，把注意力更多地放在严查海口、禁止运入方面。广州方面的鸦片贸易一度吃紧，中外鸦片贩子在澳门的囤积和黄埔的买卖均感受到威胁，于是，烟贩设趸船于零丁洋。为了督饬各级官员厉行禁烟，道光帝于道光三年（1823年）下令吏、兵二部制定了《失察鸦片条例》，上谕称："鸦片烟一项，流毒甚炽，总由地方官查拿不力所致。"在这以后，由于河工吃紧，漕运危急，加上西北用兵，道光帝几乎没有时间来过问这个问题，鸦片走私入口的数量很快就突破了1万箱。道光初政时的禁烟活动没有收到成效。

随着鸦片走私数量剧增，白银外流的问题引起了清朝统治集团的注意。早在道光二年（1822年），御史黄中模就提出过鸦片"耗财伤生，莫此为甚"，道光九年（1829年）正月御史章沅则报告说，鸦片"每年易银至数百万两之多"，吸食者"渐染十数省之广"。道光帝即令广东方面的大员李鸿宾、卢坤等妥议章程，结果订立了《查禁官银出洋及私货入口章程》，道光十年（1830年）五月又订立了《查禁纹银偷漏及鸦片分销章程》，将打击矛头对准各地走私烟贩以及包庇他们的书役兵丁。道光帝认为："鸦片流毒内地，较纹银出口为尤甚"，警告制定章程的广东官员"无得视为文告故事，日久又致有名无实"。六月，御史邵正笏奏称内地多有种卖鸦片事，有台浆、葵浆、建浆、广浆、芙蓉膏等名目。此折引起道光帝的注意，他下令各省督抚确查严惩，妥议章程，在全国范围查禁鸦片种卖。他所提出的办法是地方官于抽查保甲时随时稽查，由道府出具印结，督抚每年年终具奏一次。从这年十月到次年二月，各地官员多有复奏。

道光十一年（1831年），广东的黎族乱匪作乱，道光帝命李鸿宾派兵进剿；并且以在广东贸易的英国人违反禁令之名，命李鸿宾等人彻查办理。六月，申明颁布官民购买并吸食鸦片的罪责。

道光十二年（1832年）八月，陶澍上奏英国的商船再次进入中国海域，并且有时不遵守约束，应当严惩。道光帝认为他是挑起事端将其驳斥。九月，英国的商船再次进入中国的主权海域，道光帝命沿海省份整饬水师。

道光十四年（1834年）六月，英国第一任驻华商务监督律劳卑抵达广州，在要求与两广总督会见直接磋商贸易事务被拒绝后，率军舰炮击虎门。

道光十五年（1835年）四月，两广总督卢坤、水师提督关天培奏请增修广州炮台，广东定《防范洋人贸易章程》。

道光十八年（1838年）四月，鸿胪寺卿黄爵滋疏陈鸦片为害之烈，主张严禁。十二月，道光帝命林则徐为钦差大臣，派往广东禁烟。

道光十九年（1839年）四月，道光帝命林则徐以禁贩鸦片檄谕英国及各国在粤洋商，于虎门销烟。五月，英水手杀村民林维喜，英领事义律拒交凶犯，侵犯中国法律主权，史称"林维喜事件"。九月，英舰在虎门外穿鼻洋挑衅，水师提督关天培率部迎击。十二月，清廷停止与英人贸易，以林则徐为两广总督。

道光二十年（1840年）五月，英舰队在广东海面集结，第一次鸦片战争爆发。林则徐严密设防，英军无隙可乘。六月，英军北犯定海，疯狂屠杀，占领定海。七月，英军直抵天津，直隶总督琦善与义律在大沽口会谈，向英人妥协。道光帝迫于英军气焰，竟将林则徐、邓廷桢交军机处严加议处。九月，林则徐、邓廷桢被革职，以琦善署两广总督。十二月，琦善擅自与义律订定《穿鼻草约》，私许割让香港，开放广州，赔偿烟价。

道光二十一年（1841年）正月，英军攻陷虎门沙角、大角炮台，道光帝被迫下诏向英军宣战，派奕山为靖逆将军，赴广东主持战事。二月，英军进犯广东虎门，引起虎门海战，关天培力战殉职。因与英人交涉中妥协退让，道光帝夺琦善大学士职，逮捕讯问，抄没其家。五月，《广州和约》的签订，激起广州人民义愤填膺，广州三元里人民奋起抗英。

道光二十二年（1842年）五月，英军攻陷长江吴淞炮台，江南提督陈化成力战牺牲，上海失陷。七月，英军舰侵入南京江面，钦差大臣耆英与英驻华全权公使璞鼎查在南京江面英舰上谈判，答应英国一方提出的全部条款。道光帝批准中英《江宁条约》（即《南京条约》），答应割地、赔款、五口通商。中国从此步入半封建半殖民地社会，步入近代，道光帝也就成为唯一的跨古代和近代的皇帝。

道光二十三年（1843年）三月，英国女王颁布香港皇家殖民地宪章（即《英王制诰》），以璞鼎查为首任总督兼驻港英军总司令。八月，耆英与璞鼎查在虎门签订《五口通商章程》。九月，上海开埠。

道光二十四年（1844年）五月，耆英与美国代表顾盛签订不平等的《中美望厦条约》。九月，耆英与法国代表签订不平等的《中法黄埔条约》。

道光二十五年（1845年）六月，耆英照会比利时来华谈判专使兰纳，准许比利时按五口通商章程办法通商。十一月，上海道台宫慕久公布了与英国驻租界地之先河。十二月，广州人民反对英人入城，数千人众冲入府署。

道光二十七年（1847年）二月，耆英与瑞典、挪

道光帝

威签订《五口通商章程》。

道光二十八年（1848年）正月，重申不准法人擅入内地传教。五月，拒绝俄罗斯在新疆通商贸易。十二月，英驻沪领事阿利国上书香港总督文翰，建议对中国再次发动战争，以便获得更多利益。

道光二十九年（1849年）二月，葡萄牙澳门总管亚马勒非法宣布澳门为自由港，停征关税，并下令封闭粤海关衙门。

道光帝在鸦片战争中立场动摇，指挥失败，使中国蒙受耻辱，实在可悲。但更为可悲的是在此事件之后他没有反思，没有任何振兴王朝的举措。

道光帝素以节俭著称。作为一代帝王，这方面表现出来的品德，是难能可贵的。在民间有关清朝皇帝的传说中，他从来没有风流艳事。私家记载他的一些逸闻，几乎都与"节俭"有关。力崇节俭，为道光帝个人德行赢得了声誉，但也仅此而已。他这种值得尊敬的品行，对现实生活似乎没有什么影响。

道光二十九年（1849年）十二月十一日，嘉庆皇帝的遗孀孝和皇后钮祜禄氏去世。道光帝15岁时生母即病故，故对这位继母十分尊敬，她的去世，给道光帝的精神打击颇大。在料理皇太后的丧事之后，他也病倒了。道光三十年（1850年）正月十四日，病势加重，遂召宗人府宗令载铨，御前大臣怡亲王载垣、郑亲王端华、科尔沁王僧格林沁，军机大臣穆彰阿、赛尚阿、何汝霖、陈孚恩、季芝昌和内务府大臣文庆"入内"，宣示御书"皇四子立为皇太子""封皇六子奕䜣为恭亲王"。随后死于他的寝宫圆明园慎德堂，终年69岁。四月上谥号为"成"，庙号宣宗。咸丰二年（1852年）二月，葬于慕陵。

道光帝在位期间，整顿吏治，整厘盐政，通海运，平定张格尔叛乱，严禁鸦片，力行节俭，勤于政务，但其才略有限，社会弊端积重难返。道光二十年（1840年）中英鸦片战争爆发，中国战败，被迫于道光二十二年（1842年）签订丧权辱国的《南京条约》。此后8年，道光帝苟安姑息、拒绝变革，而内忧外患日益严重，太平天国运动也已在酝酿之中，清王朝陷入危机。

九、呕心沥血逢时变，应对失策难回天

清文宗咸丰帝爱新觉罗·奕詝（1831—1861 年），清宣宗道光帝第四子（原为庶子，后成嫡子），生母孝全成皇后钮祜禄氏。清朝第九位皇帝，定都北京后的第七位皇帝，清朝以及中国历史上最后一位有实际统治权的皇帝，也是清朝最后一位通过秘密立储继位的皇帝。因其年号为咸丰，故又称其为咸丰帝。

道光十一年（1831 年）七月十七日，奕詝生于京师圆明园澄静斋，生母为孝全成皇后钮祜禄氏。钮祜禄氏是二等侍卫颐龄之女，家境寒素。她入宫之初，封为嫔。但她聪慧漂亮，妩媚动人，很讨道光帝的喜欢，晋封为贵妃。钮祜禄氏生子两年后，孝慎皇后佟佳氏病死。她时来运转，晋封为皇贵妃，统摄六宫之事。翌年，被册为皇后。钮祜禄氏虽身为皇后，但渐因色衰而爱弛，郁郁寡欢，得了大病。道光二十年（1840 年）正月病死，年 33 岁。奕詝当时只有 10 岁。

奕詝是道光帝旻宁的第四子，但他生逢其时。道光帝所生的前三个皇子奕纬、奕纲、奕继先后夭折，因此奕詝虽是四皇子，但实际上处于皇长子的地位。奕詝生母过世后，交由静贵妃抚育。静贵妃是刑部员外郎花郎阿之女。静贵妃膝下只有六皇子奕䜣，奕䜣比奕詝小一岁。静贵妃便将失去生母的奕詝收在膝下抚育，奕詝孝敬静贵妃如同生母，视奕䜣如同胞弟。而后来同奕詝争夺皇储最有力者，就是他视作同胞的六弟奕䜣。

道光在连丧三位皇后——孝穆成皇后、孝慎成皇后、孝全成皇后的悲伤之余，没有再册立皇后，使册静贵妃为皇贵妃，摄六宫事。奕䜣和奕詝，都在上书房读书，年龄相近，关系密切，并无嫌猜。但他的来世，好像是一个兆头，皇子接连诞生。皇子众多，使道光帝日后的立储问题变得复杂起来。

道光帝时有五子，七皇子、八皇子、九皇子年龄太小，难

清文宗读书像

以入选。四皇子、五皇子、六皇子年龄相近，但五皇子既不聪明，也不老成，生母又不为道光帝所喜，也不能入选。入承大统只能在四皇子和六皇子之间抉择。就聪明才智和胸怀为人，奕䜣略胜一筹，而奕詝还是个跛子。在封建社会，皇太子被视为国本，关系甚大，因此，道光帝在两人之间长期犹豫不决。皇子们虽觊觎皇位，但绝不能显露出来。兄弟争夺，既非悌友之道，更非君王之道。道光帝也不能听任康熙朝故事重演。

道光二十六年（1846年），道光帝用立储家法，书名缄藏。道光三十年（1850年）正月十四日清晨，道光帝已将垂死，特召数位重臣至寝宫慎德堂,宣示建储"御书"：四皇子立为皇太子,封六皇子奕䜣为恭亲王。未久，道光帝便死去了。

当日起，奕詝即开始听政。正月二十六日，他在清宫太和殿行登基大典，王公百官朝贺如仪，改明年为咸丰元年。此时他尚不满19岁。

年轻的咸丰帝继位，颇有振作之心。咸丰帝继位之后的主要措施一是清洗军机处，任用改革派官员革新弊政；二是大举提拔汉族士绅官僚，镇压太平天国叛乱。从《清文宗实录》中看，他此时的工作极为勤奋，每天都有许多谕旨下达，其中不少是亲笔写的朱批、朱谕，不劳军机大臣动手。咸丰帝在上台后的八个月，就罢免了道光朝的军机大臣穆彰阿。随后又罢免了主和派的耆英等。而且咸丰帝初年为了缓和与恭亲王奕䜣的政治矛盾，任命其为军机大臣；但是不久罢免了奕䜣的职务，巩固了皇权。

咸丰帝罢免了道光朝的主和派大臣之后，重新安排了军机大臣的人选。咸丰帝开始任用肃顺等改革派官员，对之前的政治局面实行整顿。肃顺掌权后，以铁腕的方式面对自乾隆末期以来的官场腐败，严厉打击贪污腐败，严惩渎职失职，整肃官场政风。其果断处理"戊午科场案"，将一品大员柏葰处斩，使得清王朝此后几十年间官场风气，特别是自乾隆后期愈演愈烈的贪腐风气有了很大改观。咸丰帝继位初年，因太平天国起义，户部库房匮乏，于是清廷决定由户部设立宝钞处和官钱总局发行大量钞票。滥发官钞非但没有纾解财政，反倒致使通货膨胀、物价飞腾，而官商乘机勾结，"侵占挪用""拒收买抵"，从中牟取暴利，将币制改革失败的恶果转嫁于百姓头上，当时"五城内外兵民不下数百万户，各粮行抬价居奇，小民每日所得钱文，竟不能供一日之饱"。咸丰八年（1858年）底，肃顺改任户部尚书，决心整顿财政积弊。肃顺从调查五宇官号账目入手，刨根究底，

咸丰帝御批奏折

涉案人员几百人，抄没户部司员、商户及满洲宗室数十家，一定程度上压制了官场贪贿公行的风气。

咸丰帝临朝理政的第一天，遇到的第一项政务，就是广西巡抚郑祖琛报告湖南天地会李沅发起义部众进至广西的奏折，他指示命郑祖琛率领文武"分路兜剿"，擒拿李沅发。历时四个月，李沅发起义终于被镇压下去，咸丰帝满心欢喜，向有功大臣颁赏加衔。

这时，更大的起义爆发了。首先是广西、广东的天地会众纷纷起事，占州据县10余座，势力大张。咸丰元年（1851年）元月，爆发了太平天国起义。对于太平天国起义，咸丰帝一开始是不清楚的，只是看见广西地方不靖，"匪"势猖獗，于是他三次诏令广西巡抚郑祖琛实力剿捕。随后，他见郑祖琛镇压不力，便改派最受信任的两广总督徐广缙前往广西剿办，并调镇压李沅发起义有功的湖南提督向荣为广西提督。不久他又起用林则徐为钦差大臣，命驰赴广西督理军务，镇压拜上帝会，并调湘、黔、滇兵弁各2000入桂。林则徐在广东潮州途中病卒的消息传到北京，他再派前两江总督李星沅为钦差大臣，办理广西军务。接到了李星沅等人的奏报后，他才朦胧地了解太平天国的情况。在两年的时间里，太平军先后攻取了汉阳、岳州、汉口、南京等南方重镇，威胁清朝中部腹地，于咸丰三年（1853年）定都南京。咸丰帝于三年初命令大江南北各省在籍官绅举办团练，组织地主武装。曾国藩所办湘军，就是其中之一。他以罗泽南的湘勇为基础，"别树一帜，改弦更张"。由于太平军没有集中力量全力进行北伐以及咸丰六年（1856年）太平天国内部的"天京事变"使清廷获得了喘息的机会。咸丰帝依靠汉族地主曾国藩、左宗棠、李鸿章等人勾结外国势力，合力扑灭太平天国运动。

就在清王朝与太平军进行长期战争的同时，全国各地民众亦纷纷揭竿而起，其中规模较大者有：

（1）捻军。嘉庆初在安徽、河南、江苏、山东等省的私盐贩夫、贫苦农民和无业游民中存在着分散的秘密组织，称为"捻"。咸丰元年起，皖北、豫的"捻"党纷纷起事，其中最大的为由张乐行领导的在安徽雉河集起事的一股。咸丰五年（1855年）秋，豫皖边地区的捻军各首领在雉河集"会盟"，推张乐行为盟主，建立了五旗军制。咸丰七年（1857年），捻军接受太平天国封号，此后，活跃于淮河两岸，并进击豫东、苏北，兵力达10万以上，坚持斗争18年。

（2）天地会。天地会是南方各省的民间秘密组织，始创于乾隆年间，内称"洪门"，有小刀会、红钱会等支派。咸丰三年（1853年）起，各地天地会起义进入高潮，最著名的有：黄德美领导的福建小刀会起义，曾占漳州、厦门等地，后退海上；林俊领导的福建红钱会起义，有会众数万，曾占德化等10余县；刘丽川领导的上海小刀会起义，有会众数万，曾据上海、嘉定等县城；何六、陈开、李文茂领导的广东天地会起义，号召会众10万，称"红巾"，围攻广州半年，后退入广西桂平，号"大成国"，曾占柳州、梧州、南宁；朱洪英、胡有禄领导的广西天地会起义，曾占灌阳等地，号"升平天国"，聚众数万，活跃于湘、桂、黔三省边区。

这些起义，配合了太平天国，形成了全国规模的"造反"浪潮。18行省中，已有14行省战火正炽，相比之下，稍稍平静一些的直隶、山西、陕西、甘肃也不时爆发一些小规模的聚众抗官的事件。"造反"！"造反"！咸丰帝的脚下，再也没有一片平静的土地。这是清朝立国以来前所未有的"混战"局面。

仅仅是一个太平天国，就使咸丰帝无以应付；面对着如此众伙的"逆贼"，咸丰帝的负担更加沉重了。他已经非常倦怠，也确实无此心力。他常常想到天意，曾多次祈天求神，但局势总是那么坏，只得愁绪满怀，真正感到自己无力回天了。

就在咸丰帝一筹莫展，消极应付局势的时候，清王朝的一些官员由下而上地办起两件大事：一为厘金；二为湘军。

太平军兴，使咸丰帝最为头痛的就是无钱。无钱即不能调兵，不能募勇，不能继续作战。他多方筹措，开捐输，清家底，挪闲款，迫令各省交钱。

他甚至还下令将内府所藏的乾隆年间御制的三口大金钟（分别重 400 千克、350 千克、290 千克）熔化，取金以充军需。这些方法用了 3 年，到这时已无法再维持下去了。太平军兴至咸丰三年（1853 年）六月，咸丰帝共拨军费银将近 3000 万两，而户部库存正项待支银仅 22 万两，就连京城官兵的俸饷也开不出来了。为了解救财政危机，咸丰帝批准通行官票，后又批准印制钱票（又称宝钞、钱钞），又以纸代银、钱。同时，他又批准铸造当十、当五十、当百、当二百、当三百、当四百、当五百、当千大钱。咸丰四年（1854 年），他因铸大钱的铜料不足，还批准了铸造当一、当五、当十的铁大钱，甚至批准铸造铅钱。此类票、钱顿时引起金融市场的极大混乱，严重地破坏了社会经济。咸丰帝对这些后果事先完全清楚，为了挽救财政困局，筹措军费，他不得不这样做。即使如此，中央财政仍然处于无银可放的困境。咸丰三年（1853 年），户部曾奏请停发在京官兵俸饷，咸丰帝考虑再三，认为王公大臣，收入素优，可以停发，其他官兵不能断饷，遂决定：文职四品以下，武职三品以下仍发春季俸饷。户部无银，他发内帑 50 万两以应急需。咸丰四年（1854 年），户部奏准官兵的俸饷，以银两改折钱、票，不再以白银充兵饷了；而各衙门的公费等项银两，改折银、票对半。清朝的货币由此大乱。

自咸丰三年（1853 年）下半年起，各军统兵大员（僧格林沁一路除外），再也收不到中央财政拨发下来的银、钱，只是收到咸丰帝指省拨款的命令。各省奉旨指拨也往往不能如数如期照解。统兵大员只得自想办法。他们一方面裁减兵勇，以节其费；另一方面自筹款项，起初主要靠捐输。负责琦善军营粮饷的帮办江北军务刑部侍郎雷以諴，根据幕客钱江的建议，在扬州创办厘金，以济军需。厘金是对各类商品抽取百分之一的税，初办时对米行、店铺征抽，称为"坐厘"，后又在各交通要道设关置卡，抽收厘金，称为"行厘"。咸丰四年（1854 年）三月，雷以諴扩大厘金范围，向里下河各州县征抽，同时上奏以闻。咸丰帝据此命令江苏省筹办厘金。是年底，咸丰帝又根据户部的建议，下令用兵各省推行，尔后遍于全国。厘金制度的实行，为清政府筹措了大量的军费。据不完全统计，清政府为镇压太平天国共耗军费银 1.7 亿两以上，若无厘金的支持是绝不可想象的。

湘军的组建，是在太平军围攻武昌时，咸丰帝命丁忧在籍的前礼部右侍郎曾国藩办理湖南团练事宜开始的。此后，咸丰帝四次任命免官在籍的三品以上大员共43人，办理安徽、江苏、河南、直隶、山东、浙江、江西、贵州、福建等省团练。团练是一种地方性的地主武装，任务是护卫乡里身家，无事仍为民，有警则为兵，不远行征调。团练的经费由当地绅耆筹办掌管。曾国藩一眼看出此种武装对付太平军完全无效，他在办团练的谕旨后面放手大干，编练出一支完全不同的军队——湘军。

咸丰三年（1853年）八月，曾国藩督湘军攻陷武汉，咸丰帝喜出望外，在曾国藩的奏折上朱批："览奏感慰实深，获此大胜殊非意料所及"，即命曾国藩署理湖北巡抚。他对军机大臣们说，军兴以来，出征将帅连战皆败，而曾国藩以一书生竟能建此奇功，对曾国藩颇为赞许。军机中有人言，曾国藩以侍郎在籍，犹如匹夫，匹夫居乡里振臂一呼，从之者万余人，恐非国家之福。咸丰帝闻之立即变脸，对曾国藩由嘉许变为疑虑。不久，他不再让曾国藩署理鄂抚，改予兵部侍郎的空衔。曾国藩在接到署鄂抚之命后，照例以丁忧请辞，而咸丰帝竟以谢辞的奏折未书官衔为由，下令"严行申饬"。曾国藩"闻之黯然"，"怆叹久之"。湘军非经制兵（国家正式军队），曾国藩兵权在握，做皇帝的自然放心不下；而太平军威胁未除，下令解散湘军又无兵以对付"长毛"。咸丰帝两相为难。后来，尽管军机中有人常提到遣散湘军，以防尾大不掉，咸丰帝一直未从；同时他对曾国藩长期不加信任，不予实缺。咸丰七年（1857年），曾国藩以丁父忧请辞，并怕咸丰帝不明其意，后又上了《沥陈办事艰难仍恳终制折》，以退为进，要挟咸丰帝给一巡抚官职。咸丰帝也装聋卖傻，非但不夺情，就连兵部侍郎的底缺也开革了。次年，太平军进入浙江，咸丰帝不得已才命其复出，一直到咸丰十年（1860年）才授曾国藩为两江总督、钦差大臣的官职。尽管如此，曾国藩所统湘军，兵力不断扩张，后来发展至10余万，出现了胡林翼、左宗棠等谋勇俱全的统帅，成为清王朝镇压太平天国的主力，也是清王朝最有战斗力的部队。

厘金和湘军，是咸丰一朝的两大变局。银与兵，是咸丰帝当政初期日夜焦虑耗尽心

"御赏"和"同道堂"章

力的两件事。厘金与湘军正应朝廷之急而生，可以说它们挽救了清王朝的危亡。可是，财权和兵权这两项封建王朝极为重要的权力渐渐地落在地方督抚的手中，朝廷的权力也慢慢只剩下了任官命将一项（这一项权力后来也受到了很大的侵蚀）。厘金和湘军开始了晚清中央权轻、地方权重的新格局，封建的统治秩序从内部开始变异。

正在咸丰帝镇压太平天国之时，英、法等国再次染指中国。咸丰四年（1854年），英、美、法三国向清廷提出修约等要求，遭到咸丰帝拒绝，故而导致英、法两国于咸丰六年（1856年）再次对清廷宣战，英国借口"亚罗号事件"，攻占广州，但被击退。咸丰八年（1858年）三月，英法联军以及英、法、美、俄四国公使抵达天津大沽口外，要求所谓"修约"。咸丰帝谕令直隶总督谭廷襄"以夷制夷"，对俄示好，对美设法羁縻，对法进行劝诱，对英国则严词质问。谭廷襄奉旨行事，但是没有成功。英法舰队攻陷大沽炮台，进迫天津。咸丰派桂良、花沙纳往天津议和，与英、美、法、俄分别签订《中英天津条约》《中美天津条约》《中法天津条约》和《中俄天津条约》。条约样本奏上，咸丰帝十分愤怒，但是不得不批准。列强不满足于《天津条约》规定的权利，蓄意重新挑起战争，咸丰帝命清军加强大沽口防务。咸丰九年（1859年），在英国蓄意挑起的大沽口冲突中，英、法侵略军被击败。咸丰帝见大沽口获胜，尽毁《天津条约》。而后，英、法调兵遣将，准备新的侵略。

咸丰十年（1860年）春，英、法两国再次组成侵华联军，大举入侵。六月，向大沽口进攻，咸丰帝谕旨："天下根本，不在海口，而在京师。"七月，英、法联军进攻北塘，咸丰帝和战不定，痛失歼敌的良机。在清军与英、法联军激战之时，竟令清军统帅离营撤退，大沽再次沦陷。八月初一，英、法两国舰队又一次抵达天津外海，为了避免纠缠，联军干脆在大沽以北的北塘登岸。僧格林沁为保存实力，下令南岸守军撤往通州。次日，英国舰队安然驶入白河。英、法联军攻占天津，随即向北京进犯。咸丰帝派遣怡亲王载垣、兵部尚书穆荫为钦差大臣，往通州与英、法议和。英、法联军以和谈为掩护，继续组织对北京的进攻，在通州八里桥之战击败清军后，进攻北京，史称"庚申虏变"。

英、法联军进逼北京，咸丰帝以"木兰秋狝"为名自圆明园仓皇逃往热河（今承德市），命恭亲王奕䜣留京议和。奕䜣代表清政府与英、法、俄签订了《中英北京条约》《中法北京条约》《中俄北京条约》，并批准了中英、中法《天津条约》。在《中俄北京条约》中，承认了咸丰八年（1858年）沙俄迫使清黑龙江将军奕山签订的《瑷珲条约》。咸丰十年（1860年）十月初六，英法联军攻占圆明园，总管园务大臣文丰投福海自尽。次日，圆明园遭到抢劫之后被焚毁殆尽。冲天大火数日不熄，耗银上亿两的东方名园一毁而尽。只剩下那些烧不掉的石头记载着侵略者的暴行和中华民族的耻辱；铭刻着咸丰帝未能整军经武保卫国防的大罪和企图以夷制夷保全颜面的外交的失败。

咸丰帝继位后，仍用老皇帝留下的军机班底。是年底，他经过准备后罢免首席军机穆彰阿。军机中以赛尚阿、祁寯藻为领班。对于国家大政及大臣进退，咸丰帝仍先询杜受田而后行。因此，杜氏虽未入军机，职权却重于军机。穆彰阿、耆英两相罢斥，林则徐、周天爵等人起用，向荣兵败后获保全，以及黄河堤决发漕米60万石赈灾等事，无不反映出杜氏的胸襟和政治头脑。杜受田虽不是聪颖过人，但也老成持重，朝野中颇得崇信。

咸丰二年（1852年），杜受田亡故，咸丰帝痛失良师干臣。赛尚阿已赴广西督师，军机中以祁寯藻领枢务。祁氏为朴学之士，兼通义理和训诂，一时被士大夫推为儒宗。他为政尚属清廉，但遇事不免迂腐，尤其是对湘军及曾国藩多加诋毁，更见其不能办事识人。咸丰此期政务不能显达，与他不无关系。咸丰四年（1854年），祁氏称病求退，咸丰帝允之。按例，大学士病退、丁忧，其位暂空一月，表示对老臣的慰抚。而祁退的当天，咸丰帝即授贾桢为大学士。此种特例，亦可见咸丰帝对祁氏的态度。

接替祁寯藻领枢务的是奕䜣，但在咸丰五年（1855年）因兄弟嫌猜而罢斥。咸丰命文庆继任。文庆曾在道光朝两次入军机，四次受黜。咸丰帝登位后复出，由五品顶戴擢至尚书。他办事方式，一反祁寯藻，不重虚名，推崇实在。他虽为满人，但主张重用汉人，保全曾国藩，荐举胡林翼，重用袁甲三。在他管理户部时，特别看重主事阎敬铭（正六品，司官中最低一级，后官至大学士、军机大臣），有事不耻下问。文庆为相时期，正遇咸丰帝倦怠政务，他为咸丰帝排忧解难，颇费心力。

咸丰六年（1856年）底，文庆卒。军机处以彭蕴章为首揆。彭氏以军机章京入值，以资深为领班。他为人廉谨小心，无大志向亦无大建树，但对湘军集团颇多微词。若按彭氏之意办理，湘军早被裁撤，清朝亦被断送。

而在此时，肃顺已经崛起。

肃顺是郑亲王乌尔泰阿第六子，于咸丰初年入值内廷。他以卑微之身与咸丰帝谈论军国大事，知无不言，直抒己见，显示了其机敏聪颖的才能和勇于任事的性格，因而颇得咸丰帝的赏识。肃顺由此官运亨通，历内阁学士、侍郎、都统、尚书、协办大学士等职。但他更重要的职务，却是御前侍卫（咸丰四年，1854 年）、御前大臣（咸丰八年，1858 年）、署理领侍卫内大臣（咸丰十一年，1861 年）。此类内廷职务，本属带领引见，随护宫跸的差使，并不负实际政治责任，却给肃顺经常与咸丰帝接近的机会。

肃顺虽出身于皇族，但十分轻视庸碌无为的满人。他十分推崇湘军将帅，主张让汉人执掌兵符。咸丰八年（1858 年），钦差大臣湖广总督官文指使下属参劾湘军将领左宗棠。咸丰帝密谕官文："如左宗棠果有不法情事，可即就地正法。"肃顺得讯，嘱幕客外泄，授意他人上疏援救。咸丰帝询问肃顺时，他历数左宗棠的功绩，将其保全。咸丰十年（1860 年），太平军东征苏常，两江总督何桂清获罪革职。咸丰帝欲调湖北巡抚胡林翼督两江，询问肃顺。他称胡氏在鄂举措尽善，未可轻动，不如用曾国藩，长江上下游皆得人。对于汉人的态度，肃顺与文庆相同，而他们两人皆为满人。祁寯藻、彭蕴章虽为汉人，却多维护满人，加害汉人。

肃顺办事，敢于用险着，大胆泼辣，雷厉风行。咸丰初年，财政困窘，他主张发钞票，铸大钱，裁减八旗俸饷，并将之强制推行。对于外患，他主张持强硬态度。对于当时吏治的败坏，他又主张用严刑峻法以挽颓风。在他的谋划下，咸丰朝兴起两桩大狱：一是轰动一时的"戊午科场案"，二是著名的"户部宝钞案"。"科场""宝钞"案，反映出肃顺锐意求治，不惜求助于严刑峻法；其中又有铲除异己、张扬权势之用意。肃顺因此积怨甚重，人必欲去之而后快。他仍毫不顾忌，上恃帝宠，下结党人，为所欲为。

咸丰十年（1860 年）八月，咸丰帝出逃热河，载垣、端华、肃顺为内廷大臣，随驾前往。军机处五大臣中（穆荫、匡源、文祥、杜翰、焦佑瀛）除文祥留京，协助奕䜣办理和局外，其余皆随侍。但是，京师的六部九卿几十个衙门无法搬至热河，仍留京办事。清政府分成了两半，头脑在热河，身体却在京师。在热河，是清一色的肃党，他们挟天子以令诸侯。在京师，又出现了新的格局，奕䜣再度崛起。清代的一切权力均出于皇帝。热河那头，拥天子自重，权势自然占有压倒的优势。据敬事房档案，咸丰十一年（1861年）大年初一，咸丰帝净面冠服在前殿升座，"章京希绷阿用楠木樱奶茶碗呈送奶茶，肃中堂揭碗盖"。"亲揭碗盖"这一举止，可见肃顺与咸丰帝关系之密切，可见肃顺一党权势之熏灼。在京师的这派政治力量，为了使咸丰帝能摆脱肃顺等人的暗中控制，也为了使封建王朝的统治秩序能恢复常态，多次奏请咸丰帝返回北京。咸丰十年（1860年）十月，咸丰帝对奕䜣等人的奏请予以驳责，称驻京公使"请递国书"一事尚未完全罢议，恐有纠缠；又称"天气渐居严寒"，决定"暂缓回銮"，"明岁再降谕旨"。在递交国书、天气严寒的理由的背后，可以看出肃顺的阻挠。在热河，咸丰帝身边全是其党人，回銮北京后，他们就不能完全独占局面。热河与京师之间，京师处于下风。

咸丰帝17岁为皇子时，娶克达萨氏为福晋。未久，克达萨氏去世。登位后，他立钮祜禄氏为皇后（即后来的慈安太后、东太后）。他有妃嫔贵人共19人，答应、常在以下，人数不可考。其中，咸丰帝所喜欢者有懿贵妃叶赫那拉氏（即后来的慈禧太后、西太后）、丽妃他他拉氏、祺嫔佟佳氏、婉嫔索绰络氏、玫嫔徐佳氏。宫内格局，在清代的皇帝中，属正常现象。

咸丰帝当政初年尚能注重政事，召对批章，从不间断。皇后钮祜禄氏，颇符封建的"妇德"，见咸丰帝偶尔游宴，婉言进谏；外省军报及廷臣奏疏至寝宫，促其即刻省览，咸丰帝初时也无不相从。

太平军兴，英法联军之役起，时政艰难，咸丰帝绞尽心力以求治，而天下局势却越来越坏。他束手无策，中夜彷徨，不能自已，于是转向醇酒、妇人来排遣愁闷。早年的优美英发之姿，至此时转变为风流滑稽之态。对于他的荒淫生活，野史中有一些反映。

其一，贪美色。在避暑山庄，他依旧不问窗外风雨，今朝有酒今朝醉，只图自己逍遥快活。据书中记载：奕䜣置兵败于不顾，携妃嫔游行园中，寄情于声色既聊以自娱，又自我麻醉。野史记载，山西籍孀妇曹氏，风流姝丽，脚甚纤小，喜欢在鞋履上缀以明珠。咸丰帝诏入宫中，最为眷爱。国难当头，他却依然沉浸于美色，不思进取。

其二，贪丝竹。他把一个戏班挪到承德，上午唱叫"花唱"，下午要"清唱"，天冷在屋子里演，夏天在"如意洲"演出。每天乐不思蜀。咸丰逃往热河避祸时，还不忘在行宫召集戏班为他演唱。有一次，他在演出中当众训诫演员称有一字读错。当演员表示旧的戏谱子上就是如此标注时，他答："旧谱错了！"

其三，贪美酒。咸丰贪杯，一饮即醉，而且大耍酒疯。野史记载："文宗嗜饮，每醉必盛怒。每怒必有一二内侍或宫女遭殃，其甚则虽所宠爱者，亦遭戮辱。幸免于死者，及醒而悔，必宠爱有加，多有赏赐，以偿其苦痛。然未几而醉，则故态复萌矣。"

其四，贪鸦片。咸丰即位不久，违背祖训，吸上鸦片，并美其名曰"益寿如意膏"。而且咸丰在热河期间常常吸食鸦片来刺激自己、麻醉自己。

咸丰十一年（1861年）七月十五日，咸丰帝在热河行宫病重。十六日，咸丰帝在烟波致爽殿寝宫，召见怡亲王载垣、郑亲王端华、肃顺、景寿、穆荫、匡源、杜翰、焦佑瀛等。咸丰帝下谕："立皇长子载淳为皇太子。"又谕："皇长子载淳现为皇太子，着派载垣、端华、景寿、肃顺、穆荫、匡源、杜翰、焦佑瀛，尽心辅弼，赞襄一切政务。"以上就是历史上著名的"顾命八大臣"或"赞襄政务八大臣"。载垣等请咸丰帝朱笔亲写，以昭郑重。而咸丰帝此时已经病重，不能握管，遂命廷臣承写朱谕。咸丰帝在病逝前，授予皇后钮祜禄氏"御赏"印章，授予皇子载淳"同道堂"印章（由懿贵妃掌管）。十七日清晨，咸丰帝病逝。庙号文宗，谥号显皇帝，其后

避暑山庄烟波致爽殿

葬于清东陵定陵。

咸丰帝即位后便勤于政事，大手笔地对朝政改革。为了挽救统治危机，咸丰帝颇思除弊求治。他任贤去邪，企图重振纲纪。重用汉族官僚曾国藩，依靠其训练指挥的汉族地主武装镇压太平天国和捻军起义。提拔敢于任事的肃顺，支持肃顺等革除弊政。同时，罢斥了道光朝军机大臣穆彰阿、耆英等。但此时的大清帝国内忧外患不断，最后以签订一系列不平等条约收场。从政治角度来看，咸丰帝虽说是呕心沥血，用力改革，可还是没有挽回败局；再加上他下了很多错误的抉择，所以清朝还是那样千疮百孔。他的大变革没有太大的作用。政治腐败，国库空亏，民生凋敝，兵将腐朽一个也没解决。他的疏忽太多了，他的最大的疏忽竟然可以灭亡一个国家——他没有阻止慈禧篡政，还加速了慈禧的篡政。

十、清穆宗亲政两载，开洋务同治中兴

清穆宗同治帝爱新觉罗·载淳（1856—1875年），为清文宗咸丰帝长子，生母为孝钦显皇后叶赫那拉氏。清朝第十位皇帝，清定都北京后第八位皇帝。因其年号为同治，故又称其为同治帝。

载淳的生母叶赫那拉氏于咸丰二年（1852年）五月入宫，赐号兰贵人。咸丰四年（1854年）晋升为懿嫔。咸丰六年（1856年）生载淳于储秀宫，母以子贵，分娩的当天就晋升为懿妃。咸丰七年（1857年），再晋升为懿贵妃。咸丰十年（1860年），英法联军攻陷天津，直接威逼京师，载淳随其父母仓皇逃到热河承德避暑山庄。咸丰十一年（1861年）七月，奕詝在承德病危，召怡亲王载垣、郑亲王端华、御前大臣景寿、协办大学士肃顺、军机大臣穆荫、吏部侍郎匡源、署礼部右侍郎杜翰、太仆寺卿焦佑瀛等至榻前，宣布立载淳为皇太子，命载垣等八大臣赞襄政务。同时规定以"御赏""同道堂"两颗印章为日后下达诏谕的符信，"御赏"章为印起，"同道堂"章为印讫。将"御赏"章交皇后钮祜禄氏掌管，"同道堂"章由皇太子载淳掌管。载淳年幼，实际上是由其生母叶赫那拉氏掌管。奕詝的决策就是在他死后由皇后钮祜禄氏、懿贵妃叶赫那拉氏及八大臣联合执政，而钮祜禄氏、叶赫那拉氏的权力更大于八大臣，她们均拥有对一切军国大事的否决权。她们只要不盖印章，一切诏谕就不算合法，概不能生效。

咸丰十一年（1861年）七月十七日，咸丰帝病死于避暑山庄。二十六日，

新皇帝载淳建元年号奉旨用"祺祥"二字。宫廷的权力之争迅速达到白热化的程度。八月初一，皇弟恭亲王奕䜣从北京赶到承德，钮祜禄氏、叶赫那拉氏立即召见，他们密谋发动政变，商定了计划，决心从赞襄政务王大臣手中夺取清朝统治大权。次日，兵部侍郎胜保明知清廷已下达谕旨不准许各地统兵大臣赴热河吊丧，仍然奏请到热河去"哭奠"，甚至不待清廷批准，径自率兵经冀州、河间、雄县一带兼程北上。

正在这个关键时刻，山东道监察御史董元醇呈递奏折"奏请皇太后权理朝政并另简亲王辅政"。此折递上后，初日并未发下，说是叶赫那拉氏留阅。次日，皇太后钮祜禄氏、叶赫那拉氏抱着

同治帝

同治帝召见载垣、端华、肃顺等赞襄政务王大臣，会议董元醇"垂帘听政"的请求。皇太后与八大臣发生了激烈的舌战。八大臣方面"哓哓置辩，无人臣礼"，咸丰帝的师傅杜受田之子杜翰"尤肆言无忌"，"声震殿陛"。叶赫那拉氏气得手颤不已，同治帝惊怖太甚，小便失禁，将皇太后的衣服都尿湿了。叶赫那拉氏当时斗不过八大臣，不得不同意发出切责董元醇的上谕："我朝圣圣相承，向无皇太后垂帘听政之礼。"九月二十三日，按照清代礼制同治帝在避暑山庄丽正门外跪送咸丰帝奕詝的灵柩启程回京，然后即随皇太后钮祜禄氏、叶赫那拉氏间道先行。因为灵柩既大且重，行进十分迟缓；同治帝等以快班轿夫兼程返京，所以提前四天抵达。这就为叶赫那拉氏发动政变赢得了时间，准备了条件。在叶赫那拉氏和奕䜣的精心策划下，九月二十九日，同治帝等回到京师，次日就爆发了震惊中外的"祺祥政变"。大学士管理兵部事务贾桢、大学士管理户部事务周祖培、户部尚书沈兆霖、刑部尚书赵光等在奕䜣的"风示"之下，联名奏请皇太后亲操政权以振纲纪。叶赫那拉氏立刻颁发谕旨一道，着王、大臣等妥议皇太后亲理大政并另简近支亲王辅政。又颁一道上谕，正式宣布"载垣、端华、肃顺着即解任，

景寿、穆荫、匡源、杜翰、焦佑瀛着退出军机处"。接着，将载垣、端华、肃顺拿问治罪，任命恭亲王奕䜣为议政王，在军机处行走。大学士桂良、户中尚书沈兆霖、户部右侍郎宝筠等在军机大臣上行走，鸿胪寺少卿曹毓瑛着在军机大臣上学习行走，户部右侍郎文祥着仍在军机大臣上行走。朝廷要害部门的人事安排就绪，叶赫那拉氏把清王朝的最高统治权全部攫取到自己手里。十月初六，载垣、端华、肃顺分别被处死。原来准备改元使用的"祺祥"二字改为"同治"。十月初九，同治帝继位于太和殿。尊称钮祜禄氏为母后皇太后（或慈安皇太后），尊称叶赫那拉氏为圣母皇太后（或慈禧皇太后）。

十月十六日，礼亲王世铎等会议奏准《垂帘章程》。十一月初一，载淳与慈安皇太后、慈禧皇太后同在养心殿开始"垂帘听政"，王爵以下大学士、六部九卿等官员在养心殿门外行跪拜礼。从此，两宫皇太后日日召见军机大臣，对于内外臣工的奏章亦复一一加以批阅。

钮祜禄氏和叶赫那拉氏垂帘听政，由于钮祜禄氏的作风"和易，少思虑"，"见大臣讷讷如无语者……或竟月不决一事"，实际上叶赫那拉氏独揽大权。同治帝虽然年幼无知，仍然必须每日临朝，召见文武官员，在皇帝宝座上正襟危坐。他对王公大臣奏对的军国大事一概不懂，也就感到索然乏味，又不得不力加克制，以防稍微放肆随便，有失"人君"之仪度。此外，每年正月初一，还必须率王公大臣至慈宁宫向慈安、慈禧两位太后行礼；十二月，还要到抚辰殿向蒙古王公赐宴。这些都是一些使他不得不拘谨从事的礼仪。

同治帝在做应景皇帝的同时，每天还要用半天时间读书。咸丰帝对于同治帝的教育原本十分重视，早在咸丰十年（1860年）的时候，已经调河南学政李鸿藻来京，专教同治帝读书。李鸿藻随载淳至承德。咸丰十一年（1861年）三月初八，咸丰帝决定载淳于四月初七正式入学读书，特派翰林院编修李鸿藻为大阿哥师傅，礼部侍郎伊精阿为大阿哥谙达。谙达专授满文，地位在师傅之下。同治帝随其母慈禧太后回京后，慈禧为了加强对爱子的教育，又于同治元年二月（1862年）初二发出上谕：派礼部尚书前大学士祁寯藻、管理工部事务前大学士翁心存、工部尚书倭仁、翰林院编修李鸿藻均在弘德殿授皇帝读书，礼部尚书倭什珲部为总谙达，与礼部左侍郎伊精阿、兵部尚书爱仁均在弘德殿教习满文。惠亲王绵愉在弘德殿常川照料，专司督责，其子奕详在弘德殿伴读。恭亲王奕䜣总司稽查。载淳日常作息时间及功课内容，已经奕䜣先期奏准：每日至书房，先拉弓，次习蒙古语，读满文书籍，然后读汉文书籍。先系半功课，至8岁时改为整功课。既有诵读，又有讨论。3年后练习步射。10岁后练习打枪。自入学后，每隔5日，于下书房后即在宫中长街学习骑马，令是日教读满文书籍之御前大臣1人压马，大臣三四人进行教习。

同治元年（1862年）正月，下谕命曾国藩、左宗棠保住衢州并且进而解徽州之围，命曾国藩调兵遣将保卫上海不受太平军的侵扰，调蒋益澧部赴左宗棠军。不久太平军进逼上海，薛焕上书英、法各国将派兵协同清军围剿太平军，同治帝表示嘉奖。捻军侵扰沭阳，载淳下谕僧格林沁要南北兼顾进行驻防，清军克复莘县。不久李世忠的军队攻克了江浦、浦口。鲍超被提升为浙江提督，冯子材被提升为广西提督。闰八月，庆端军克复缙云，多隆阿军克复了荆紫关。各地军队也势如破竹，鄂军克复了竹山、竹溪、黔军克复了天柱、邛水、太平军逃窜到了老河口。

同治二年（1863年）二月，左宗棠率军克复浙江的金华、汤溪、龙游、兰溪等地。川军在四川大渡河围剿太平军的石达开，将其击破。六月，清朝终于平定了太平天国的叛乱。七月，平定太平天国后进行封赏，晋封议政王恭亲王之子载澄为贝勒，载浚不入八分辅国公，载滢不入八分镇国公，加军机大臣文祥太子太保衔，宝鋆、李棠阶太子少保衔。

同治四年（1865年）二月，四川西阳县人民不堪教会欺凌，数百人奋起捣毁教堂，即西阳教案。四月，赖文光等指挥捻军在山东歼灭僧格林沁统率的清军主力，僧格林沁突围时被杀。五月，李鸿章在上海设立江南制造总局，成为洋务派创办新式军事工业的开始。闰五月，起用沈葆桢督办江西防剿的事务。

同治七年（1868年）二月，退役驻华公使蒲安臣率"中国使团"出访美国、英国、俄国、法国、普鲁士

出洋留学生

等国，是为中国使团首次出访国外。

同治九年（1870年）正月，滇军克复禄丰，甘陕的回匪攻陷定边。二月，刘松山督剿金积堡的回匪时中炮身亡，载淳赏道员刘锦棠为三品卿衔，接管刘松山的部众；派遣与俄国谈判商界的使臣前往齐齐哈尔、吉林进行会谈，命富明阿、德英据约率军防守，不能对俄国让步。五月，命崇实前往贵州会同曾璧光查办教案。六月，命彭玉麟赴江南，会同沿江督抚整顿长江水师。

同治十年（1871年）二月，刘锦棠等率军攻克金积堡，甘陕回乱的匪首马化龙等被杀，清廷加左宗棠一等轻骑都尉之职，赏刘锦棠云骑尉、黄马褂。同治帝调江苏按察使应宝时到天津，筹办与日本通商的事务。并且命瑞常为大学士，文祥为协办大学士。三月，金顺等军占领宁夏，匪首马万选被杀，滇军攻克澄江，攻入江那土城，匪首马和等被杀。

同治帝年龄渐长，选后婚娶、亲临朝政已经提上了日程。在选后的过程中，同治帝与其生母慈禧太后又发生了冲突。因为慈禧太后喜欢员外郎凤秀之女富察氏，慈安太后喜欢侍讲崇绮之女阿鲁特氏，无法定议，乃令同治帝自定，载淳选中了崇绮之女阿鲁特氏。同治十一年（1872年）九月十四日，同治帝大婚，正式册立阿鲁特氏为皇后。同一天，册封富察氏为慧妃。

同治十二年（1873年）正月，载淳亲政，时年18岁。这一天，在各口岸的中国船只有史以来第一次在桅杆上挂起龙旗，以示庆贺。

同治帝亲政以后，也办了一些事情。例如，外交方面，在他亲政的第二天，俄、德、美、英、法等国公使即联衔照会总理各国事务衙门，请求觐见，面达庆忱。总理衙门复称俟总署大臣文祥病愈面谈。二月初七，俄、德、美、英、法等国公使再行照会总理衙门，请求定期会议觐见之事。二月十三日，文祥赴俄国使馆与俄、德、美、英、法等国公使会商觐见问题，坚持见皇帝必须行跪拜礼，各国公使只答应行免冠五鞠躬礼。同治帝命李鸿章妥议觐见之礼仪，李鸿章认为各国使臣觐见应宽其小节，示以大度，于是，决定免除使臣跪拜。六月初五是星期日，各国公使在五点半于"北堂"会合。六点，由崇厚引导前往皇城的福华门，在那里受到了文祥的接待，款以茶点。八点半钟，他们又被引到一个行幄中，受到恭亲王奕䜣的接见。九点整，同治帝在紫光阁升上宝座，当时作为唯一的特派大使日本副岛种臣首先被单独接见。然后全权公使和代办按照他们到达北京的日期先后为序，一同进入，有俄国公使倭良嘎哩、美国公使镂斐迪、英国公使威妥玛、法国公使热福理、荷兰公使费果荪。他们由作为翻译的俾士麦陪同。俾士麦既是使馆中资格最老的翻译官，也是暂时缺席的德国公使的代表。倭良嘎哩以外交使团团长的身份代表各国使节致贺词。接着，每位公使依次将该国国书呈递在同治帝面前的案上。同治帝通过恭亲王奕䜣的口，对使臣们所代表的国家元首表达了亲睦之谊。联合觐见一共用了半小时。

在内政方面，主要是镇压农民起义。同治十二年（1873年）正月，云贵总督刘岳昭、云南巡抚岑毓英等攻陷大理，回民起义领袖杜文秀、杨荣、蔡廷栋等兵败身亡。同年闰六月，刘岳昭等又攻陷腾越。载淳都分别论功行赏。为了缓和尖锐的阶级矛盾，他还下诏免去同治十一年（1872年）以前云南全省的积欠粮赋，并永远停征济军厘谷。命刘岳昭慎选牧令，察吏安民。除云南外，清军左宗棠等部正在西北地区镇压回民起义。二月，刘锦棠部攻陷大通向阳堡。金顺部开抵肃州与回民起义军作战。三月，杀西宁回民领袖马桂源。四月，攻陷肃州塔尔湾。六月，陷循化，杀马玉连等多人。八月，清军至哈密、巴里坤等地作战，为了加强领导，特调锡纶为乌鲁木齐领队大臣，以明春为哈密帮办大臣。十月，清军攻陷肃州，杀回民领袖马文禄。同治帝十分高兴，特意到慈安太后、慈禧太后住处分别贺捷。

这时，宫廷中的权力之争，也波澜起伏，几起几落。第一回合是同治帝母子与恭亲王奕䜣的较量。同治四年（1865年）三月，慈禧太后为了打击奕䜣，指使署日讲官还不满一月的蔡寿祺出面弹劾，要奕䜣罢官引退。随后，恭亲王奕䜣即被罢去了一切职务。但是，当天即有诸王大臣纷纷上疏求情。无奈，慈禧太后乃另下上谕，使奕䜣仍在内廷行走，仍管理各国事务衙门。奕䜣谢恩召见，伏地痛哭，乃又恢复军机大臣职务。慈禧太后母子与奕䜣这场斗争，经过了39天的折冲起伏，才算告一段落，最终只是解除了奕䜣的"议政王"的职位。

同治八年（1869年）七月，又发生了安德海案。安德海为慈禧太后的亲信太监，祺祥政变之前，慈禧太后拉拢侍卫荣禄为己用，为之通消息者即安德海；慈禧太后密召奕䜣，为之通消息者，亦安德海。垂帘之后，安德海恃宠渔利，为慈禧太后造戏园，取得她的宠幸。慈禧太后尝着戏装游于西苑，走到哪里，安德海都随侍在侧。安德海既得势，声势煊赫。同治八年（1869年）夏，他受慈禧太后指派，到南方织办龙衣，一路耀武扬威，毫无顾忌。按清朝家法规定，太监不许擅出皇城，违者格杀勿论。安德海公然出远门，沿途骚扰地方，引起朝廷内外大臣强烈不满。安德海一行抵达山东，巡抚丁宝桢援引国家大法，发兵追捕，并请示朝廷严惩。奕䜣、文祥、李鸿藻力主严办，办务府大臣中有为安德海缓颊者，慈禧太后碍于祖宗成法，也只好表示："此曹如此，'该杀'二字。"八月初七，丁宝桢将安德海等20余人在济南正法。这一次是奕䜣抓住了慈禧太后的把柄，暂时占了上风。

同治十二年（1873年）九月，同治帝秉承慈禧太后的意旨下令重修圆明园。同治亲政只有一年多的时间，这是他亲自主持经办的一件大事。慈禧太后退帘后，想到宫外游冶愉悦，回忆起当年的圆明园生活，她懿旨重修圆明园。这是重大的工程，至少要花几千万两白银。九月，载淳发布上谕：兴修圆明园以为两宫太后居住和皇帝听政之所，让王公以下京内外大小官员量力捐修。朝廷震动，反对重修圆明园。七月十八日，恭亲王奕䜣、大学士文祥等10人联衔疏奏，请停止圆明园工程。两宫太后见事情闹大，只好出面调解，谕修葺西苑三海工程。慈禧母子与奕䜣的政治权力之争，再次告一段落。

此后不久，同治帝即生病，病情迅速恶化。同治十三年十二月初五（1875年1月12日），载淳逝于养心殿，享年19岁。两宫太后召醇亲王奕譞的儿子载湉入承大统，为嗣皇帝。赐奕譞以亲王世袭罔替，并免朝会行礼。王大臣等以遗诏迎载湉于太平湖醇亲王邸，与慈安太后居钟粹宫；慈禧太后居住在长春宫；两宫太后垂帘听政。诏停三海工程。以第二年为光绪元年。上大行皇帝谥为"毅"，庙号穆宗。光绪五年（1879年）三月，同治帝与孝哲毅皇后阿鲁特氏合葬于清东陵的惠陵。

纵观清朝十二帝，同治帝确是去世年龄最小的一位。13年的皇帝，19年的人生，世人皆叹载淳可悲可怜，短暂一生无所作为。其实同治帝并不真是无所作为，在其在位期间，两宫太后垂帘听政、议政王奕䜣主持政务，互相配合，推行新政，出现了短暂中兴时期。

总理事务衙门

十一、庚子风云硝烟漫，维新宏图空余恨

清德宗光绪帝爱新觉罗·载湉（1871—1908 年），父亲醇亲王奕谭是道光帝旻宁第七子，生母叶赫那拉·婉贞为慈禧皇太后亲妹。清朝第十一位皇帝，定都北京后的第九位皇帝。在位年号光绪，史称光绪帝。

载湉于同治十年六月二十八日（1871 年 8 月 14 日）出生于北京宣武门太平湖畔醇王府的槐荫斋。同治十三年（1874 年）十二月初五，同治帝去世。同治帝没有留下子女，并且同治帝是咸丰帝的独子，他去世后，咸丰一系也随之绝嗣。同治皇帝驾崩仅仅两个小时，事关清朝国运的紧急会议就在养心殿西暖阁按时召开了。参加会议的有同治皇帝的五叔惇亲王奕誴、六叔恭亲王奕䜣、七叔醇亲王奕谭、八叔钟郡王奕詥、九叔孚郡王奕譓，还有奕劻、景寿等大臣。首先有人请为同治皇帝立嗣，并且提到了溥侃、溥伦两位人选。惇亲王奕誴就反对，他说了四个字："疏属不可"。慈禧太后不失时机地表示首肯说："溥字辈无当立者。"此时军机大臣跟慈禧太后发生了争执。慈禧太后说："此后垂帘如何？"军机大臣中有人说："宗社为重，请择贤而立，然后恳乞垂帘。"此后军机大臣为奕䜣的儿子载澄争取机会，但是慈禧太后为了能名正言顺地把持朝政，在选嗣君时，亲自指定醇亲王奕谭的次子，也是自己妹妹的亲生子，过继于咸丰帝，登基为帝。慈禧太后话音刚落，醇亲王奕谭一声哀号，瘫倒在地，大哭不止。亲贵纷纷伸手相搀，但谁也拉不动。年仅 4 岁的载湉被选定继承皇位，第二年改年号为"光绪"。

半夜时分，紫禁城的全部正门次第打开，孚郡王奕譓率领内务府官员前往宣武门内太平湖东岸的醇王府，迎接新君主载湉进宫。初六，就是慈禧太后宣布载湉嗣承皇位的第二天，载湉由醇亲王府邸乘轿前往皇宫，进了午门，到养心殿。向两宫皇太后请安，并在大行皇帝同

光绪帝读书像

治帝灵前祭奠后，便"剪发成服"，入继大统，做了皇帝。初七，载湉奉慈安太后居住在东六宫的钟粹宫，俗称慈安太后为"东太后"；奉慈禧太后居住在西六宫的长春宫，俗称慈禧太后为"西太后"。载湉住在养心殿。慈安太后与慈禧太后实行垂帘听政。皇帝训谕称"谕旨"，皇太后训谕称"懿旨"。醇亲王王府原位于西城太平湖，载湉登位后，王府成为皇帝的潜邸（后称南府）。所以清廷另赐醇亲王王府，位于后海北沿（又称北府）。光绪元年（1875年）正月二十日，两宫皇太后懿旨载湉在太和殿举行继位大礼，并告祭天、地、庙、社。载湉继位后，到乾清宫向同治帝御容（画像）行礼，又到钟粹宫向慈安太后行礼，再到长春宫向慈禧太后行礼，复到储秀宫向孝哲毅皇后（同治皇后）行礼。

光绪二年（1876年）四月二十一日，载湉开始在毓庆宫读书。毓庆宫在东六宫东侧斋宫与奉先殿之间。师傅为署侍郎、内阁学士翁同龢和侍郎夏同善。翁同龢与夏同善为同榜进士。翁同龢主要教载湉读书，夏同善主要教载湉写仿格（写字）。御前大臣教习满语文、蒙古语文和骑射。载湉读书很用功，慈禧太后夸赞他："非常爱好学习，坐着、站着、躺着都在朗诵诗书。"他把读书同做国君相联系。载湉有父亲奕譞在毓庆宫照料自己读书，但君臣之礼，取代父子之情。载湉在毓庆宫的读书学习长达10余年。

光绪帝继位的时候，清王朝已经是内外交困、百孔千疮。幼年的光绪帝在毓庆宫所受的教育与熏陶，与他一生的事业和坎坷的命运都结下了不解之缘。

帝德教育是毓庆宫的必修课。在光绪帝早期思想中，"民唯邦本，兢兢求治"的思想占有十分重要的地位。他批评历代帝王"或耽于安逸，或习于奢侈，纵耳目之娱而忘腹心之位者"，是造成水覆舟的重要原因。他认为，当皇帝的只有爱民，国家才会长治久安，人君只有孜孜求治，才会使天下臻于太平。从这种认识出发，光绪帝很厌恶官吏巧立名目，对人民实行盘剥。他反对"用度奢靡，漏卮不塞"，认为"剥民以奉君，犹割肉以充腹"。他十分强调节用民力与藏富于民。

除了爱民求治思想外，光绪帝在毓庆宫还树立了"求贤若渴，破格用人"的观念。在选用人才问题上，他认为，天下之大，绝非一人所能治，"必得贤人而共治之"，他不主张把一切权力都集中在皇帝一个人手里，而是认为"权者，人君所执以治天下者也。人君无权，则天下不可得而治，然使权尽归于人君，而其臣皆无权，则天下亦不可得而治"。这种认识虽然与西方的民主思想还不是一回事，但是他反对权力过于集中，把选贤任能当作关乎国家长治久安、兴衰存亡的头等大事，无疑是正确的。光绪一反论资排辈、循资提升和以门户取人的陈腐观点，极力主张循名责实，破格拔擢和唯才是举。他非常精辟地指出："用人之道，不拘资格，唯其贤而已矣。其人贤，即少年新进，亦不妨拔举之；其人不贤，既阅历已久，安得不除去之？此朝廷用人之权衡也。"他对于当时的大臣尸位，骄居自喜，却千方百计地压抑新生力量非常不满。他还认为，作为人君，最重要的职责就是知人善任；主张通过实践，"明试以功"来进行考察。光绪帝不但自己重视人才，他也希望大小臣工都能做发现人才、起用人才的伯乐，尽快把天下的人才发掘出来，广为罗致，共图大业。

光绪帝在毓庆宫所受的教育是多方面的，翁同龢等人在毓庆宫 10 多年，向光绪帝传授了大量知识和行政经验，尽管这些知识与经验有许多不足之处，有不少脱离实际的空洞教条，但是，与同治朝相比，无疑是取得了很大的成功。这些知识给年轻的皇帝插上了双翅，他雄心勃勃，踌躇满志，决心要搏击云天，一显身手。

光绪十二年（1886 年），载湉虚龄 16 岁时，即中国传统观念认为已为成人之际，据称就已具备了"披阅章奏，论断古今，剖决是非"的能力。慈禧太后手腕圆滑，权欲极强。眼看光绪已长大成人，而朝政仍不欲下移。光绪帝想要施展自己的政治抱负，首先要通过慈禧太后这一关。当初两宫皇太后立载湉为帝、再度垂帘听政之时，曾把听政解释为"一时权宜"之举，保证"一俟嗣皇帝典学有成，即行归政"。光绪十二年（1886 年）六月初十，慈禧太后在"懿旨"中重申了前面所说的话，并宣布"着钦天监选择吉期，于明年举行亲政典礼"。表面看来，慈禧太后是在信守诺言，而实际上幼帝长大后迟早都要面对亲政的问题，慈禧太后早做预谋，目的是在无可奈何地让光绪帝亲政后她仍然能够找到一个新的方式操纵清廷大权。对于她的这个用意，醇亲王奕𫍽是心领神会的。奕𫍽在两年前的"甲申易枢"中取代了恭亲王奕䜣在朝廷的地位而成为慈禧太后的心腹。他在慈禧太后准备让光绪帝亲政的"懿旨"颁布后仅五天，就上奏称与各位王大臣审时度势，合词恳请慈禧太后"训政"，并表示皇帝"将来大婚后，一切典礼规模，咸赖训教饬诫"。他提出的训政模式为："必须永照现在规制，一切事件，

光绪帝

先请懿旨，再于皇帝前奏闻。"慈禧太后顺水推舟，表示接受奕谟的训政请求。这年十月，礼亲王世铎就训政的细则奏报慈禧太后允准，其中"凡遇召见引见，皇太后升座训政"一条，实质上与垂帘听政并没有什么区别。

光绪十三年（1887年）正月，载湉始亲政。这与其说是光绪帝亲政的开始，倒不如说是慈禧太后通过训政的方式为其日后归政于光绪帝而铺平了一条能够长期对皇帝加以控制的通道。而且，为了进一步加强对光绪帝的控制，慈禧太后还强行将自己弟弟、都统桂祥的女儿立为光绪帝的皇后，即后来的隆裕太后。这样做，"一则于宫闱之间，可刺探皇帝之动作；一则为将来母族秉政张本"。即使有一天光绪帝"乾纲独断"了，而他的一举一动仍将归于慈禧太后的耳目监督之下。

光绪十五年（1889年）正月二十六日册封皇后，二十七日大婚。二月初三，慈禧太后归政。此时，慈禧太后没有打破幼帝一经大婚便要亲理朝政的祖宗之法，只好搬出皇宫到颐和园去"颐养天年"。但这并不意味着她已甘心地去让光绪帝行使皇权，而是在归政前后搞了一连串的活动，以便对亲政后的光绪帝加以控制，继续操纵清廷大权。为加强对朝廷的控制，她在文武官员的安排任命上多用对其效忠之人，以致光绪帝亲政之时所面对的几乎尽是太后听政与训政时期的重臣。为便于把握光绪帝的动向，她决定将光绪帝读书的书房由毓庆宫改在颐和园附近的西苑，要求光绪帝每日到颐和园向她请安，亲政后的光绪帝必须将朝中大事向她"禀白而后行"。显然，慈禧太后为光绪帝亲政设置了重重路障。光绪帝的亲政历程由酝酿到开始经过了两年多时间，并且是一波多折。但是，已长大成人且渐渐成熟的光绪帝一经正式亲政，其所作所为则是慈禧太后始料不及的。尽管慈禧太后仍不断以各种方式钳制着他，然而作为一个年轻的皇帝，他总还要施展一下自己的政治抱负，他与慈禧太后之间的矛盾与冲突已经不可避免。

大婚后不几天，慈禧太后便颁布懿旨，宣布将政权交给光绪帝，但是，就在二月初三（3月4日）举行亲政典礼前夕，慈禧太后还同光绪的父亲奕譞暗中达成了另一项协议。据礼亲王世铎等人所上《酌拟归政事宜折》奏称：光绪帝亲政后，在京各衙门每日具奏折件，拟请查照醇亲王条奏，皇上披阅传旨后，发交军机大臣另缮清单，恭呈皇太后慈览；每日外省折报，皇上朱批发下后，根据醇亲王意见，由军机大臣摘录事由，及所奉批旨，另缮清单，恭呈皇太后慈览；简放一般官员，由皇上裁决；其简放大员，及各项要差，拟请查照醇亲王条奏，由军机大臣请旨裁定后再由"皇上奏明皇太后，次日再颁谕旨"。

这件至关重要的奏折，军机大臣们于光绪十四年十月初十（1888年11月13日）递上，并声称是事先已"与醇亲王面商，意见相同"。慈禧太后于十五日批示"依议"，并交军机处在《要事存记档》中注明，应"永远登记"。奏折没有说到何日终止实行，实际上是只要皇太后还活在世上，就永远有效。它清清楚楚地显示了慈禧太后虽然允诺光绪帝亲政，但对于朝廷的用人行政仍具有最终的裁决权力。醇亲王的这一举措使慈禧太后的干政举动制度化、合法化。这个章程像一条无形的绳索，把光绪帝的手脚紧紧地捆住了。该退位的不退位，对于在毓庆宫受了多年教育，饱读诗书，满腹经纶的光绪帝来说，不能眼看着这种状况长期存在下去。他要起来做一定程度的抗争，尤其是在光绪帝17岁时，醇亲王奕譞郁郁死去，他的这种念头与日俱增，终于在甲午战争中酿成了轰动一时的帝后之争。

早在甲午战争爆发之前，日本侵略者已经制定了先征服朝鲜，然后再侵略中国的战略决策。光绪二十年（1894年）朝鲜半岛上掀起了"东学党"起义的浪潮，日本政府以狡猾的手段，一面竭力怂恿清政府派兵赴朝镇压"东学党"起义，一面又以保护日本使馆与侨民和协助朝鲜平乱为口实，先后派遣了大批军队自仁川登陆，四五月间，日军兵力已远在清军之上。因此在"东学党"起义被平息之后，清廷以乱事敉平，照会日本同时撤兵。日本非但不予理会，又以改革朝鲜内政为理由，要求长期赖在朝鲜，并且不断地进行挑衅，滋生事端，处心积虑地点燃战火。

对于日本所要挑起的战争，光绪帝主张予以严厉回击。光绪帝多次下诏令直隶总督兼北洋大臣李鸿章筹备战守事宜，并命南洋各督抚大臣预为筹备，反对李鸿章恳求列强出面调停的做法。光绪帝于六月十三日下令派翁同龢和礼部尚书李鸿藻参与军机处事宜，与诸军机大臣会商中日朝鲜争端。在会上，翁同龢、李鸿藻二人提出备战御敌的方策，得到认可。会后第二天，与会诸臣联衔向光绪帝递上《复陈会议朝鲜事宜折》，折中采纳了翁同龢、李鸿藻的主战见解。对此，光绪帝于六月十六日再次下诏令李鸿章抓紧军事部署。但在此之前，日本早已做好了发动战争的准备，正当高升号轮船于六月二十三日在北洋海军"济远""广乙"舰护卫下运兵行至丰岛海面时，蓄谋已久的日本海军突然发动袭击，击沉"高升"号轮船，即高升号事件，悍然挑起丰岛海战。面对日本已发动侵略战争的事实，朝野上下要求主战御敌的呼声日趋高涨，光绪帝也毅然决定对日宣战。七月初一，清廷发布对日宣战的"上谕"。光绪帝认为："日本首先挑起事端，侵略挟制朝鲜，如今导致事情很难收场，那我们自然应该出兵讨伐。"七月二十四日，他又谕示李鸿章不要贻误军机。他直接命令朝鲜牙山南路叶志超与进入朝鲜北部的清军夹击侵朝日军。他多次下令加兵筹饷，停止慈禧太后挪用海军军费修建颐和园，但是李鸿章没有听取载湉的谕旨。在后来的战役中，中国初于牙山战役失利，继于平壤之战中战败。鸭绿江江防之战失利，日本乘势发起辽东战役，连陷九连、凤凰诸城。大连、旅顺相继失守，复据威海卫、刘公岛。在威海卫战役中，中国海军覆丧殆尽。

　　光绪二十一年（1895年）三月二十三日，李鸿章在日本抱着"宗社为

光绪帝大婚图

重，边徼为轻"的宗旨，与日方草签了《马关条约》。由于该约内容苛刻，光绪帝以割地太多为由，表示对该约"不允"，拒绝签字用宝。此时，爱国官员的谏诤和举人的上书活动风起云涌，光绪帝怀着通过迁都而与日本周旋的想法到颐和园请求慈禧太后接受这唯一可行之策，结果遭到拒绝。四月初八，军机大臣孙毓汶拿着李鸿章从天津送来的和约稿本与奕䜣等人共同逼迫光绪帝签字，慈禧太后在这时也指令必须批准和约，光绪帝"绕殿急步约时许，乃顿足流涕"，被迫在《马关条约》上签了字，第二天"和约用宝"。四月，康有为联合在北京参加会试的1300名举子，上书都察院要求拒和、迁都、变法，史称"公车上书"。接着，康有为又撰写了上清帝第三书，呈递都察院。五月十一日，这份上书送到了光绪帝的手中。此时，正在为甲午丧师痛感不安、为签约用宝深怀内疚的光绪帝，急切需要的是怎样雪耻自强之方，康有为这份上书中所详细陈述的"富国""养民""教民""练兵"等实施变法的具体内容，所申明的必须"及时变法"，"求人才而慎左右，通下情而图自强，以雪国耻，而保疆圉"的剀切之言，引起了他的共鸣，对上书"览而喜之"，立即命令再抄录副本4件，以1件呈送慈禧太后，1件留存军机待日后发交各省督抚讨论，1件存放乾清宫南窗小匮，1件存勤政殿以备随时"览观"。六月，康有为与梁启超在北京组织"强学会"。十月，俄、德、法三国干涉，迫使日本放弃对中国辽东半岛的主权要求，此为"三国干涉还辽"。

光绪二十三年十月（1897年11月），德国侵略军借口山东巨野发生的教案，悍然出兵侵占了胶州湾。这是一个危险的信号，沙俄的军舰紧急动员，开足马力向旅顺海面驶来。英、法、日等国无不虎视眈眈地注视着事态的发展。列强已张开血盆大口，等待时机一旦成熟，就要将偌大的神州瓜分吞食。正是在此局面下，康有为再度来到北京。他在向光绪帝的上书中警告说，当前的局面已是"地雷四伏，药线交通，一处火燃，四面皆应"，如若再高卧不醒，不图变法，"恐自尔之后，皇上与诸臣，虽欲苟安旦夕，歌舞湖山而不可得矣，且恐皇上与诸臣求为长安布衣而不可得矣"。这份措辞尖锐的上书，由于守旧朝臣的阻挠未能递到光绪皇帝的手里。康有为还试图发动台谏官员联合起来伏阙吁请清廷变法，可惜响应者寥寥。

光绪二十四年（1898年）正月初三，康有为被请到总理衙门西花厅问话。参与问话的翁同龢把康有为在问话时所陈言的有关变法的重要性、内

光绪帝与梁启超、康有为

容及步骤向光绪帝汇报后，光绪帝命令臣属今后对康有为递上的条陈，要即日进呈，不得阻拦或积压。于是，康有为在问话后的第五天，向光绪帝上第六书，提出了下诏定国事的要求，强调中国变法"莫如取鉴日本之维新"，要义有三点："一曰大誓群臣以革旧维新"；"二曰开制度局于宫中"；"三曰设待诏所"。光绪帝读了这份上书后颇以为然，坚定了变法的决心。二月二十日，康有为第七次向光绪帝上书，要求光绪帝以俄国彼得大帝为榜样，以君权厉行变法。三月二十七日，康有为等人组织了保国会，由御史李盛铎领首。守旧大臣攻击该会"名为保国，势必乱国"，甚至要追究入会之人。光绪帝则指出："会为保国，岂不甚善！"有力打击了顽固势力的气焰，支持了维新派。

四月，选派宗室王公出洋游历，光绪帝亲选亲王、贝勒，公以下闲散人员由宗人府保荐；召见康有为，命充总理各国事务衙门章京；颁布"定国是诏"，开始百日维新。五月，载湉诏立京师大学堂；陆军改练洋操；自下科始，乡、会、岁科各试，改试策论；诏八旗两翼诸营，均以其半改习洋枪。六月，诏改定科举新章。七月，诏裁詹事府、通政司、大理、光禄、太仆、鸿胪诸寺，归并其事于内阁，礼、兵、刑部兼理之。赏内阁侍读杨锐、中书林旭、刑部主事刘光第、江苏知府谭嗣同并加四品卿衔，参与新政。召袁世凯来京。维新派于上海创办《时务报》，以汪康年为总理，梁启超为总主笔。

这些改革措施，虽然带有一定的局限性，但从北京紫禁城发出的一道接一道的新政诏令，毕竟是光绪帝革旧图新决心的体现，毕竟使维新派的变法愿望得到部分实现，这就在文教上打击了旧学，提倡了新学，经济上有利于资本主义的近代化，政治上给人们某些言论、出版、结社的权利，因而具有进步作用。新政诏令却遭到封建守旧势力的抵制和反对，许多顽固大臣引慈禧太后为奥援，唯"懿旨"是尊，不把光绪帝放在眼里，甚至明目张胆地阻挠新政，致使光绪帝的变法诏书大多成了一纸空文。

百日维新期间，光绪帝在康有为进呈的《日本变政考》《列国政要比较表》以及《波兰分灭记》等书的影响下，了解到在"大地既通，各国争雄竞长"的时代，欧美列强相争进逼，日进无已，中国经济如不尽快振兴，必然会败亡立至。尤其是康有为把中外经济分项列表进行比较，更使光绪帝阅后毛骨悚然，增添了"民生之不易，祸至之无日"的紧迫感和危机感。明定国是诏书颁布的第二天，光绪帝即下令各省整顿商务矿务、广开利源；尔后又在京师设立了农工商总局、铁路矿务局。为了培养人才，广开风气，劝励工艺，奖募创新，他还颁布了振兴工艺给奖章程，对各省士民著有新书及创行新法，制成新器，果系堪资实用者，悬赏奖励；量其才能，或授以实职，或赐以章服，表以殊荣。所制新器，颁给执照，准其专利售卖。他甚至不惜触动旗人的寄生特权，让他们自食其力，准许自谋生计，废除以前的计口授田成案。为了富强至计，光绪帝日夜焦思，千方百计促使中国经济繁荣，保其固有之利权不被掠夺。在这一系列政策感召下，中国的民族资本主义经济获得了长足进展。

进入农历七月之后，光绪帝变法的步骤比以前有明显的加快。他不顾守旧官僚的强烈反对，下令对叠床架屋的官僚体制进行大刀阔斧的改革，将詹事府、通政司、光禄寺、鸿胪寺、太仆寺、大理寺等京内各衙门进行裁撤；并对各地的行政官员，候补捐纳的冗员及通同佐贰等闲员下令要在一月之内裁汰净尽，不得借口体制攸关，进行阻格；并不得以无可再裁，敷衍了事。这些严厉的措施在中央和地方遇到了前所未有的阻力。守旧派官员群起出动，与新政为敌，他们造谣说："皇帝吃了康有为的迷魂药"；有的直接上书，请光绪帝诛杀康有为、梁启超，以平息"民愤"，保全国体。有的不顾利害，摆出"誓死以殉"的架势。光绪帝见到折后十分生气，他不但不加罪康有为、梁启超，还怕慈禧太后看见，令谭嗣同将其折逐条驳斥，竭尽全力保全维新力量。

政治改革的深入与新旧两党的尖锐冲突同步进行。新政诏令颁布始，以慈禧太后为首的顽固守旧势力就预谋着对政局的控制。在翁同龢被开缺回籍的谕令发布当天，慈禧太后又胁迫光绪帝宣布以后凡授任新职的二品以上官员，须到颐和园向她谢恩。同日，任命慈禧太后的亲信大臣荣禄署理直隶总督，以控制京津一带的兵权。光绪帝也未一味示弱，进入戊戌七月之后，光绪帝深知守旧大臣与自己势不两立，于是益发放手办事。他不理睬守旧大臣的反对，而将谭嗣同、林旭等四人拔擢为军机章京，赏给四品卿衔，参加新政。

这一行为触怒了慈禧太后。七月二十日，光绪帝又任命维新派重要人物江苏候补知府谭嗣同、刑部候补主事刘光第、内阁候补侍读杨锐、内阁候补中书林旭担任四品衔章京，处理新政事宜。后来维新派又企图聘请当时已经下野的日本前首相伊藤博文担任顾问，在慈禧太后干涉下未能实现。与此同时又有众多利益受到侵犯的顽固势力聚集到慈禧太后身边，请求她出面制止变法。七月二十二日，把阻挠新政的李鸿章逐出总理衙门。光绪帝的这些反击措施，进一步引起慈禧太后的忌恨，她不断派人去天津与荣禄密谋策划，京津一带也盛传秋季慈禧太后偕光绪帝去天津阅兵时将废掉光绪帝。

随着天津阅兵日期的迫近，光绪帝惊慌不安，于七月二十八日交给杨锐一道密诏，称："朕维时局艰难，非变法不足以救中国，非去守旧衰谬之大臣，而用通达英勇之士，不能变法。而皇太后不以为然，朕屡次几谏，太后更怒。今朕位几不保，汝康有为、杨锐、林旭、谭嗣同、刘光第等，可妥速密筹，设法相救，朕十分焦灼，不胜企望之至。"光绪帝这种置自身命运于度外的精神使康有为等人大为感动，但他们在捧诏痛哭之后，却是束手无策，最后只好把希望寄托于东交民巷的公使馆和曾参加过强学会并握有新建陆军的袁世凯身上。各国公使只是虚表"同情"，不愿干预。康有为等人便策划了兵围颐和园捕杀慈禧太后的行动；一方面敦请光绪帝于八月初一召见袁世凯并破格重赏侍郎候补；一方面物色湖南会党首领毕永年为捕杀慈禧太后的人选；又一方面则是由谭嗣同在八月初三夜访袁世凯，鼓动袁世凯先诛荣禄，再兵围颐和园。毕永年进京与康有为交谈，认为袁世凯不可靠，此事不可恃，便径赴日本。袁世凯表面上答应了谭嗣同，却在八月初五再次受到光绪帝召见后，于当日赶到天津向荣禄告了密。荣禄便连夜驰奔京城，向慈禧太后密报。

慈禧太后闻讯，深夜从颐和园还宫。八月初六晨，慈禧太后宣布重新训政，下令缉捕康有为等维新派人士，戊戌政变发生。康有为在政变发生的前一天逃离北京，谭嗣同、杨锐、林旭、刘光第、康广仁、杨深秀"六君子"于八月十三日被杀于北京菜市口。慈禧太后在八月初八举行临朝训政礼后，囚光绪帝于中南海瀛台涵元殿。轰动一时的"百日维新"被慈禧太后为代表的顽固守旧势力所扼杀。

在三个多月大刀阔斧的改革失败之后，光绪帝的生涯大部分是在瀛台度过的。他用西法来挽救中国的宏图已变为泡影。他曾对别人说过："朕不自惜，死生听天，汝等肯激发天良，顾全祖宗基业，保全新政，朕死无憾"，充分流露了他眷恋新政，不忘变法的意愿。

在光绪帝被囚禁的岁月里，慈禧太后耿耿于怀，几次欲废掉光绪帝的帝位，但因为内外势力的反对，因而只是在光绪二十五年（1899年）冬演出了一场"己亥建储"的丑剧，将顽固派载漪之子溥俊立为"大阿哥"，以俟时机成熟再行废立。然而，后党的这些举动遭到了英、法等列强的抵制与反对，这就使得在慈禧太后当权势力与列强之间的矛盾更趋尖锐。慈禧太后、荣禄一伙极力推行排外政策，并企图利用正在兴起的义和团运动达到其独揽政权的目的。

光绪二十五年（1899年）五月间，京津义和团如火如荼，守旧的当权势力利令智昏，他们一面策动义和团众围攻使馆，一面掀起了一股排外的狂潮。光绪二十六年（1900年）八国联军侵华战争时，清廷必须在和与战问题上作出抉择。当时围绕要不要对列强宣战，清廷连续召开数次御前会议进行讨论。光绪帝虽已处于无权的地位，却在会上力陈使馆不可攻，洋人不应加害，并极力反对向列强宣战。他认为："战非不可言，顾中国积弱，兵又不足恃，用乱民以求一逞，宁有幸乎？"并反驳顽固派散布的义和团有神术，枪炮不入等谬说，称："乱民皆乌合，能以血肉相搏耶？且人心徒空言耳，奈何以民命为儿戏"，千方百计地阻止同时向诸国宣战的愚蠢做法。

光绪帝将义和团称作"乱民"，固然暴露了他仇视民众运动的立场，但是，他对形势的分析显然比顽固派高明得多，他反对以国家命运作为儿戏，无疑有其正确的一面。可惜他的这些正确的呼声都被掌权的顽固派置若罔闻，在慈禧太后排外政策指导下，中国变成了一架发狂的机器，有的顽固派大臣公然叫嚷，要杀掉中国境内的一切洋人，以为从此会天下太平。

光绪帝的囚禁地，中南海瀛台

联军于八月十四日攻破北京，光绪帝于八月十五日在慈禧太后的带领下逃往西安，直到丧权辱国的《辛丑条约》签订后返回北京，才结束了这种流亡生活。

从西安行在回銮之后，慈禧太后似乎有些感觉到戊戌年光绪帝所推行的新政，对于大清王朝的基业巩固不无裨益；而"戊戌政变"带来的后果几乎都与灾难相连，于是又挂出了新政的招牌，废除科举，大兴学堂，仿行宪政……这些举措甚至比戊戌年更要激进些。无奈大势已去，人心已散，收效极微。在这些重大事件中，发布上谕的虽说还是光绪帝，但他只是傀儡而已，真正的主宰是慈禧太后。

光绪帝返京后，不再被囚于瀛台，而是常常临朝，恢复到以往的帝位生活，但慈禧太后对他仍严加控制。此时的清廷固然仍在推行着自光绪二十六年十二月初十（1901年1月29日）开始下诏变法所实行的新政，似乎是把戊戌变法时期的新政措施又一步步恢复，然而光绪帝在颁发新政诏令时却不得不服从慈禧太后的旨意"先自骂两句"，说"康有为之变法，非变法也，乃乱法也"。他在对德龄公主的自白中表达了苦衷："我有意振兴中国，但你知道我不能做主，不能如我的志。"

光绪三十四年（1908年）十月，光绪帝生病卧床。这时慈禧也生病了。光绪帝在日记中写道："我病得很重，但是我心觉得老佛爷（指慈禧太后）一定会死在我之前。如果这样，我要下令斩杀袁世凯和李莲英。"不料这段日记被李莲英获悉，他立即报告了慈禧太后，说："皇上想死在老佛爷之后呢！"慈禧太后听了，恨恨地说："我不能死在他之前！"

光绪三十四年（1908年）冬，光绪帝病重，慈禧太后下令将溥仪养育在宫中。溥仪是醇贤亲王奕𝌱之孙，摄政王载沣之子。十一月十四日，光绪帝身故，终年38岁。庙号德宗，谥号景皇帝。1913年，葬入河北易县清西陵中的崇陵。

光绪帝是个充满悲剧色彩的皇帝，他的一生始终笼罩在慈禧太后的权力和淫威之中。在甲午战后，国家面临危机之秋，载湉的思想受到刺激，逐渐在封建主义思想营垒中发生了动摇，对他们统治人民的"祖宗之法"产生了一定的怀疑，也开始睁开眼睛看世界了。他力图探索新的统治妙方——学习外国，"发愤为雄"，对他们统治下的中国进行一些改革以求振作，逐步成了他思想中的一个新趋向。光绪帝在清廷统治集团内部，旗帜鲜明地表示支持变法维新。在推行变法新政期间，光绪帝依据康有为、梁启超等改良派人士的意见和要求，通过发布上谕的方式，在政治、经济、军事、文化诸方面都进行了程度不同的改革。这对促进中国民族资本主义经济的发展，特别是对促进人们的思想解放，具有历史性的进步意义。

十二、关外犹怜辞庙日，终古衣冠笑沐猴

清末帝宣统帝爱新觉罗·溥仪（1906—1967年），字浩然。道光帝旻宁的曾孙、醇贤亲王奕谟之孙、摄政王载沣长子，母亲苏完瓜尔佳·幼兰是荣禄之女。清朝末代皇帝，也是中国历史上最后一个皇帝，也称清废帝或宣统帝。1909年到1912年、1917年7月1日到1917年7月12日两次在位。

光绪三十四年（1908年）十月二十一日，光绪帝身故，慈禧太后同时病笃，决定立溥仪为嗣皇帝，承继同治帝载淳，兼祧光绪。消息传来，醇王府顿时发生一场大乱。溥仪的祖母老福晋刘佳氏刚听完载沣带回来的懿旨就昏厥过去。未来的皇帝溥仪连哭带打不让内监抱走。溥仪的乳母王焦氏用奶水止住了3岁孩子的哭叫，并由她抱着一起进宫，再交内监抱去见太后。溥仪被阴森森的帏帐和慈禧太后的那张病脸吓得直打哆嗦，掩面大哭。慈禧太后吩咐拿串糖葫芦来哄哄，却被溥仪一把摔在地上，嚷着要乳母，使重病在身的慈禧太后很不痛快。第二天，慈禧太后去世。

一个月后，溥仪登基，做了清皇朝入关后第十位皇帝，改元宣统。其父载沣监国摄政。光绪三十四年十二月初二（1908年12月24日），在紫禁城太和殿内，文武百官三跪九叩，朝贺坐在又高又大的宝座上的小皇帝溥仪。这里正在举行新皇帝的登基大典。刚刚年满3岁的小皇帝哭喊着要回家；其父摄政王载沣急得汗滴淋漓，双手扶稳他哄着说："别哭，快完了。"典礼匆忙结束，文武百官忧心忡忡，都觉得这是不祥之兆。的确，这不是一次留名青史的隆盛帝业的开端，而是统治中国长达200多年的爱新觉罗氏王朝帝位更替的最后一幕。

早在光绪二十年（1894年）十一月，孙中山便组织了兴中会，倡言反满。光绪三十一年（1905年）孙中山又成立同盟会，以"驱除鞑虏，恢复中华，创立民国，平均地权"为宗旨，接连发动武装起义，屡败屡起，奋斗

摄政王载沣与其子溥仪、溥杰（怀中）

不止。溥仪登基后，全国革命潮流更加高涨。宣统元年（1909年）各地群众反抗斗争149次，宣统二年跃升到266次。这年四月湖南长沙饥民风潮，数万人焚烧抚署和洋行。五月，山东莱阳农民抗捐，五六万人围困县城。震动全国的收回利权运动，逐渐发展为粤、湘、鄂、川四省保路运动。武昌起义前夕，清四川总督屠杀请愿民众，造成血案。全川人民组织保路同志军发动起义，20万人围攻成都。清廷从湖北调兵入川镇压，造成武昌空虚，革命呈一触即发之势。

面对风起云涌的革命斗争，清廷在慈禧太后去世前，从光绪三十二年（1906年）起便下诏"预备立宪"，其目的是为了消弭革命，应付舆论，以达到"皇位永固"。清廷借改革官制之机把政权集中在满族贵族手中。溥仪继位后，载沣继续加强亲贵集权，罢斥了北洋军统帅袁世凯，理由是让他回河南彰德治脚病。载沣自任代理陆海军大元帅，其弟载洵为海军大臣，载涛为军谘大臣（相当于参谋总长），弟兄三人总揽军政大权。立宪派先后发动三次请愿，要求速开国会，遭到清廷镇压。1911年5月，清廷颁布内阁官制并公布内阁成员名单。内阁只对皇帝负责，议院无权监督内阁。包括总理奕劻在内的阁员13人中，满蒙贵族占9人，其中皇族又占9人，实际上是皇族内阁。汉族官僚、军阀和立宪派强烈不满。清朝亲贵统治集团完全孤立了。

溥仪登基不到3年，辛亥革命就爆发了。1911年10月10日湖北新军中革命党人在武昌发动起义，成立军政府，由新军协统黎元洪出任湖北军政府都督。各省纷纷宣告独立。一个月后，除直隶、河南、山东、东三省尚能由清政府控制外，民军已"三分天下而有其二"。各省谘议局的立宪党人包括一些旧官僚，也都卷入了革命浪潮。

武昌起义消息传来，清廷一片慌乱，溥仪下《罪己诏》。清廷派陆军大臣荫昌率北洋军队两镇南下，同时命海军驶入武汉江面配合陆军作战。

但荫昌指挥不动北洋陆军。在彰德"养病"的袁世凯，一直密切注视局势的变化，同在北京官场和北洋陆军中的心腹徐世昌、段祺瑞等保持着联系，对政局了如指掌。武昌起义的胜利，引起帝国主义的仇视，各国公使一致促请清廷起用袁世凯。清廷不得已任命袁世凯为湖广总督，令其督师南下。袁世凯以脚病未好为借口，不肯应命，暗中却操纵北洋军怠战，并提出组织责任内阁，给他指挥水陆各军的全权等条件，要挟清廷。清廷被迫召荫昌回京，任命袁世凯为内阁总理大臣和节制水陆各军。袁世凯在彰德"遥领圣旨"，下令北洋军向革命军进攻。11 月 2 日攻下汉口后，即按兵不动，而后带卫队抵京。16 日组成责任内阁，迫使载沣辞去监国摄政王职务，袁世凯总揽政府大权，接着便下令北洋军猛攻汉阳，炮击武昌。

这时，光复各省代表经过多次磋商，选举孙中山为中华民国临时大总统。1912 年 1 月 1 日，孙中山在南京宣誓就职，成立临时政府，以这年为民国元年。南京临时政府制定和颁布了一系列政令和措施，要求全国统一，反对民族压迫与民族分裂，扫除专制弊病和发展资本主义等。南京临时政府颁布的《临时约法》，使民主共和国的观念从此深入人心。但是，由于立宪党人、旧官僚的加入，南京临时政府从一开始就极不牢固。

英国害怕战火危及它在长江流域的利益，便由英驻华公使出面与袁世凯商定，利用革命军暂时受挫，诱迫革命党人向袁世凯妥协。英驻汉口领事建议双方停战。接着，南北双方代表伍廷芳和唐绍仪在汉口举行"和议"（后移上海）。

南北和议前夕，英、美、日、俄、德、法六国公使举行会议，决定一致对革命党人施加压力，促其向袁世凯妥协。革命党人在和议过程中一味退让。孙中山虽曾力主北伐，反对和议，但在帝国主义和袁世凯的威胁下，抵不住革命营垒内部的妥协压力。1912 年 1 月 13 日，孙中山表示：如清帝退位，即宣布辞职，推袁世凯为总统。

狡猾的袁世凯左右逢源，一面用清朝的武力要挟革命党人议和妥协，一面又借革命势力逼迫清帝退位。在连续召开的御前会议上，光绪帝的皇后隆裕太后只是抱着溥仪大哭。与会者意见纷纭，战和不定。不久，坚决反对议和、顽固维护帝位的宗社党总头目良弼被革命党人彭家珍炸死，皇室亲贵为之丧胆。主战最有力的恭亲王溥伟、肃亲王善耆此时也噤若寒蝉，离开北京。袁世凯在得到革命党人交出政权的保证后，便掉转头来对清廷进行逼宫。在这以前，他授意驻外公使联合致电清廷，要求清帝退位。1月26日、2月6日，他又指使段祺瑞等47名前敌将领，一反以前反对共和的腔调，突然从前线发来电报，要求清帝退位，"立定共和政体"，并声言要率军入京"与王公痛陈利害"。袁世凯一面施加压力，一面提出优待条件作为诱饵。南北和议代表先后举行了五次会议。除讨论军队停战和政权体制问题，还议定了清帝退位的优待条件。经多次磋商，双方达成优待清室条件八条：清室退位后暂居宫中，日后移居颐和园；仍用皇帝尊号，民国政府以外国君主之礼相待；每年提供400万两的费用；特别保护皇家私有财产，等等。宣统三年十二月二十五日（1912年2月12日）隆裕皇太后带着6岁的溥仪，在养心殿举行清王朝的最后一次朝仪，正式宣告退位。退位诏书是状元公张謇的手笔，内中说："今全国人民心理，多倾向共和"，"人心所向，天命可知。予亦何忍因一姓之尊荣，拂兆民之好恶"，"特率皇帝将统治权公诸全国，定为立宪共和国体，近慰海内厌乱望治之心，远协古圣天下为公之义"。溥仪懵懵懂懂地当了3年末代皇帝，也是中国历史上最后一个君主。他的退位，结束了统治中国长达2000多年的封建君主专制制度。

2月13日，孙中山宣布辞职，推荐袁世凯为临时大总统，并请他在南京就职。袁世凯口头上应诺南下就职，暗中却唆使曹锟等于2月29日发动兵变，以此为借口实现迁都北京的目的。3月10日，袁世凯在北京宣誓就职，组成北洋军阀政府，窃取了辛亥革命成果。溥仪和他的皇室按清室优待条件，开始了小朝廷的生活。这时，紫禁城里的太和殿、中和殿、保和殿等三大殿已划归民国。挂着皇帝空名的溥仪，只能把他的小朝廷设在养心殿了。

1912年9月10日，隆裕太后为6岁的溥仪请了师傅，开始读书。书房先设在中南海瀛台补桐书屋。这里三面环水，风景秀丽，曾是慈禧太后软禁光绪皇帝的地方。后来将书房移到紫禁城斋宫右侧的毓庆宫。众多的师傅中，陆润庠、徐坊、陈宝琛、朱益藩和梁鼎芬先后教汉文，伊克坦教满文。在读书的六七年里，溥仪学的主要是十三经、古诗、古文以及《大学衍义》《朱子家训》《庭训格言》《圣谕广训》《御批通鉴辑览》之类，没有学过算术，也没有学过地理、历史。从14岁开始向庄士敦学习英文。

溥仪读书极不用功，除经常生病不上学外，还不时让太监传谕老师放假。老师们对于这个学生无可奈何，只好采用权宜办法，每天早晨起来后，由总管太监张谦和站在卧室外，把昨天的课文大声诵读几遍给溥仪听；在溥仪到太后面前请安时，则以"见面礼"让他在太后面前把书从头念一遍，促使他记忆。这样，学了几年，当然背不出几篇文章。满文学得更糟，连字母都没学会，随着师傅伊克坦的去世而彻底了结了这门功课。

宣统帝

老师们为促进溥仪学习，想了个伴读的办法。伴读的学生每月可以拿到 80 两银子的酬赏，另外还赏"紫禁城骑马"，即从东华门、西华门进宫以后还可以在宫内骑一段路程再下马，这是朝廷对臣下的一种特殊恩典和荣誉。先是由贝子溥伦之子毓崇伴读汉文，后来又增加溥仪的弟弟、醇亲王次子溥杰伴读汉文。这时溥仪稍有长进，当着老师的面能在书房里坐住凳子；老师对溥仪的过失也可以用训斥伴读生的办法加以规劝、训诫。

对溥仪影响最深的老师是陈宝琛和庄士敦。

陈宝琛，福建闽县人，有"福建才子"之称。同治朝进士，20 岁点翰林，清末曾任内阁学士和礼部侍郎。入阁后以敢于向太后进谏出名，与张之洞等人同被称为清流党。光绪十七年（1891 年）被借口没有办好南洋事务连降五级，从此回家赋闲。辛亥革命前夕才被起用，原放山西巡抚，未到任，就留下做溥仪的启蒙老师。他为人稳健谨慎，反对太监们给溥仪讲"怪力乱神"故事，对溥仪学习比较尽心。每天除教读书、念圣训外，还给溥仪讲历代帝王为政得失，要他自幼立志读书，奋发有为。他敌视民国和革命，终不忘遗臣之志，为溥仪求签，卜测清室和溥仪的未来命运。陈宝琛教溥仪的时间最长，所以溥仪很信任他，事无巨细都要问一问这位智囊。皇室给陈宝琛待遇优厚，每月有 1000 圆（折银 720 两）酬金，还经常赏赐古董字画、御笔联匾。

庄士敦，是英国苏格兰人，牛津大学文学硕士。到亚洲 20 多年，曾任香港总督府秘书、威海卫行政长官等职，走遍中国内地各省，通晓中国历史，对儒、墨、释、老都有研究，特别欣赏中国古诗。庄士敦经洋务派李鸿章之子李经迈推荐，由徐世昌代向英国公使交涉，正式被清室聘为溥仪的英文老师。1919年3月，庄士敦到养性斋开始教授英文。庄士敦教溥仪英文，同时也注意向他灌输西方文明，使他潜移默化，培养其绅士的气质。庄士敦给溥仪起了一个英国人的名字叫亨利。他常常带外国画报给溥仪阅看，给他讲坦克、飞机，给他品尝带水果香味的外国糖果，同时给他解释如何用化学方法制造香精，如何用机器生产漂亮包装的糖果，也讲如何穿着西服、注意仪表、参加茶会等。这些，溥仪虽然不能完全理解，但不能不说是已经成功地渗入他的心田。随着时间的推移，庄士敦在溥仪心目中占有更重要的位置。庄士敦和溥仪经常谈论各国政体国情，第一次世界大战后的列强实力，世界各地风光，英国王室生活，中国内战局势，中国"五四"新文化运动和西方文明的关系，甚至还谈到复辟的可能性和不可靠的军阀态度，等等。经庄士敦介绍，溥仪在紫禁城里接见过英国海军司令、香港总督。受庄士敦的影响，溥仪醉心于生活欧化，不惜违反祖宗家法，剪去曾经象征清王朝统治的长辫，轰动了整个宫内。他像庄士敦一样穿西服、吃西餐、骑自行车、打网球、戴眼镜、安电话，甚至在和伴读生交谈时还模仿庄士敦那种中英文夹杂着说的方式。庄士敦的熏陶，也使溥仪产生了赴英留学的念头和逃离紫禁城去西方漫游的幻想。

小朝廷对外的联系，主要还是同袁世凯。袁世凯出于不可告人的目的，对清室也极尽安抚手段。1913年元旦，袁世凯派礼官朱启钤给溥仪拜年。临到溥仪生日2月7日这天，袁世凯又派礼官祝贺如仪。2月15日隆裕太后寿日，袁世凯派总统府秘书长梁士诒入宫致贺，呈上写着"大中华民国大总统致书大清隆裕皇太后陛下"的国书，国务总理赵秉钧率领全体国务员进宫行礼。2月22日，隆裕太后去世，袁世凯通电吊唁，称为"国丧"，要全国下半旗一天致哀，文武官员服丧27天，并派全体国务员到紫禁城致祭。接着，在太和殿举行国民哀悼大会，由参议院议长吴景濂主祭；军界也举行全国陆军哀悼大会，由陆军部总长段祺瑞主持。但是所有这一切并没有引起溥仪对袁世凯的任何好感。

1917年6月14日，前清遗臣张勋以调解段祺瑞代表的国务院与黎元洪代表的总统府之间的矛盾为名，率定武军4000人入京，把黎元洪赶下台。7月1日，张勋兵变，宣统复辟，年仅12岁的溥仪又坐上龙椅，大封群臣：封赠黎元洪为一等公，任命张勋、王士珍、陈宝琛、梁敦彦等为内阁议政大臣，万绳式、胡嗣瑗为内阁阁丞，梁敦彦、王士珍、张镇芳、雷震春、萨镇冰、朱家宝、詹天佑、沈曾植、劳乃宣、李盛铎、贡桑诺尔布为外务、参谋、度支、陆军、海军、民政、邮船、传、学、法、农工商、理藩等部大臣，徐世昌、康有为为弼德院正副院长，还任命了各部尚书和督抚。7月3日，段祺瑞出兵讨伐，逆军于12日进逼北京，张勋逃往荷兰使馆，康有为逃往美国使馆。溥仪这一次仅做了12天皇帝。

1922年12月1日，溥仪"大婚"，娶了一后一妃。"皇后"叫郭布罗·婉容，字慕鸿，年方17岁，与溥仪同年。婉容是出身高贵的大家闺秀，旗人中有名的美女。其父荣源，其母爱新觉罗·恒馨，是皇族贝勒毓朗的次女。早在1921年，溥仪16岁，大臣们就聚议说"皇上春秋已盛，宜早定中宫"，在取得溥仪和太妃的同意后进行选后活动，各方玉照雪片似飞来，经过几番淘汰，最后只剩荣源和端恭两家。荣源的女儿婉容得到载涛的推荐和端康太妃的支持，端恭12岁的女儿文绣得到载洵的推荐和敬懿太后的支持，双方势均力敌，明争暗斗，各不相让。一直拖到第二年春天无法再拖，只好请溥仪"圣裁"，最后是立婉容为后，文绣为妃。于是荣宅便升格为"荣公府"，荣源被封为"承恩公"，婉容的两个兄弟润良和润麒得赏护军参领。

当溥仪穿着龙袍，仍按皇帝身份举行"大婚"典礼时，民国大总统黎元洪及外省大吏都遣使送礼致贺，各国驻华使节也都进宫庆贺，盛况仍旧可观，好像大清帝国犹存一般。北京城里热闹了好一阵，报纸杂志天天都有新闻花絮。

对于溥仪的婚礼，黎元洪不但亲自送了8件礼物，红帖子上写了"中华民国大总统黎元洪赠宣统大皇帝"，还让财政部特意从关税款内拨出10万元以助大婚，其中两万元算作民国贺礼。民国政府派出大批军、宪、警为之护卫。溥仪小朝廷对此实是喜出望外。

婉容入宫不久便延聘英国人教授英文，后来不但能用英语讲话，还能用英文写信，同每天相见的溥仪互通音问，落款是用溥仪给她取的与英国女王相同的名字伊丽莎白。在婉容的熏陶下，溥仪也学会了吃西餐，当时被称作"洋饭"。

然而新婚生活并没有消除溥仪早已形成的对宫中狭隘生活环境的厌倦情绪。溥仪虽然用读书、吟诗、作画、弹琴消磨时间，但更吸引他的是走出紫禁城，接触高墙外边的天地。溥仪想，结婚已是成人的标志，别人再不能把他当作孩子那样管束。不久，他终于找到一个"探问师病"的理由，尝到了坐汽车逛大街的滋味。从此便一步步扩大访问范围，今天看父亲，明天看叔叔，甚至到颐和园、玉泉山等地游玩。每次出门，一列小汽车队，浩浩荡荡，威风十足，支出的费用自然惊人。这时，溥仪的生活既古怪又荒唐。他有时还能认真读书，也记一点日记，但更多的是在宫中捏泥人、玩石头、骑马、养狗、养鹿。单是中外各种名狗就有100多条，请专门医生给狗看病，每月花狗食费就达300多元。为了养鹿，在御花园中单辟了鹿苑。他还经常颁赐巨额犒赏。小朝廷挥霍无度，1915年开支279万余两，1918年后逐年减少，最低数仍达189万多两。1924年溥仪用1.2万多元在北京亨茂洋行买了3辆最新式的小轿车，未及使用，他便被驱逐出宫。

溥仪的心中，郁积着一股出洋的冲动。庄士敦认为时机不相宜，他就耐下性子等待时机，暗中进行私逃的准备。忠心帮助他的是弟弟溥杰。他们的第一步行动是筹措经费，溥仪以赏赐溥杰为名，把宫里最值钱的字画和古籍一批批运出宫外，存到天津英租界原为溥仪万一必要时准备安身的一所房子里去。盗运活动连续干了半年多。第二步计划是秘密逃出紫禁城，进入外国公使馆。庄士敦叫溥仪先和公使团的首席公使荷兰的欧登科联系，使其事先有所准备。溥仪通过电话并让溥杰前往联络，同欧登科约定了具体行动日期（1923年2月25日）和方法。后来由于走漏消息，没有走成。1923年春夏之间，在曹锟操纵下，直系军阀、政客通过策动内阁辞职、军警索饷请愿，围困黎元洪住宅、断水断电等手段，把二次当上总统的黎元洪逼下台。接着，曹锟又以每人500元贿买议员的肮脏办法，于10月5日当选为"总统"。小朝廷对曹锟的恐惧感消失了，并开始对声望日高的直系首领吴佩孚发生兴趣。陈宝琛的同乡，并为陈宝琛和庄士敦所推崇的郑孝胥，来到溥仪身边不久便向溥仪献策说，吴佩孚素以关羽自居，且心存大清社稷，最有希望，大可前去游说。经溥仪允许，郑孝胥带了一份厚礼，给在洛阳做50寿诞的吴佩孚拜寿。吴佩孚的态度若即若离。

溥仪因见时局不靖，特意订了上海、广州、京内外文言白话报10余种，逐日按次阅读。不过，他兴趣最浓的还是那些野史、小说等，摆满了养心殿后面称作燕喜堂的小书房。

不守祖制、行为乖张的溥仪，越来越使王公大臣们惴惴不安。私逃不成，接受庄士敦"励精图治"的建议，溥仪下令整顿小朝廷内部，清查财务。这一举动，尤其使臣下心惊肉跳。宫内表面平静，内里腐败不堪。总管太监阮进寿招摇纳贿，吸食鸦片，每月膳费竟多至 3000 元。上行下效，宫中盗窃、赌博、放火，乃至行凶杀人，接踵而起。明清两代帝王数百年收集的珍宝文物，被宫中上下人等大批盗走。庄士敦告诉溥仪，地安门街头开几处古玩铺，店主多是太监、内务府官员或其亲戚。大婚刚过，婉容凤冠上的珠宝全被换成赝品，溥仪价值 3 万元的一粒钻石也不翼而飞。清点古玩开始不久，宫中突发大火，烧毁珍宝无数，纵火者为的是焚库灭迹。火灾过后，

溥仪戎装像

又发生太监行凶刺伤告发人的案件。溥仪吓得让婉容坐在床边为他守夜。

溥仪感到太监偷盗、杀人行凶的可恶，更感到这些被他任意打骂凌辱的奴隶对他有人身威胁，不顾太妃们反对，主张驱逐太监出宫。1923 年 7 月 16 日，溥仪下令除留 175 名太监在太妃等处侍候以外，其余太监全部遣散。那天正值大雨泥泞，被逐太监被内务府大臣绍英带领军队押在神武门外，其状十分凄惨。

清帝退位以后，小朝廷宫内执事人员照旧不变。皇室经费有限，入不敷出，开支困难；且内务府官员贪污中饱，营私舞弊，内外尽知，于是溥仪在 1914 年 7 月 9 日下了一道"谕旨"，决定裁减内务府的官员。任命贝子溥伦等负责裁减事宜，首先将上驷院、武备院、奉宸苑裁归内务府堂管理，圆明园裁归颐和园管理。因小朝廷生活挥霍，民国政府又逐年减少供给经费，溥仪不得不在 1922 年 7 月再次下令将内务府官员裁减一半。

溥仪为了维持他的小朝廷，不惜大肆拍卖和抵押宫藏珍贵古物。1922 年曾公开用投标的办法拍卖古物。1923 年清室向银行借款，一次就抵押 80 件金器制品，最后无力赎回，只好估价卖给汇丰银行。溥仪虽然几次裁减官员，但是机构仍然臃肿，官员照拿俸饷。1924 年 7 月溥仪决定将内务府七司三院裁为总务、文书、会计、采办四个科，然而改革不久，溥仪便

被驱逐出宫。

1924 年 11 月 5 日，冯玉祥派北京卫戍总司令鹿钟麟、警察总监张璧带着 20 人的手枪队，闯进宫内，要溥仪在"从即日起永远废除皇帝尊号"的修改了的优待条件上签字，并限 3 小时内全部搬出紫禁城。溥仪一行丧魂落魄地被国民军赶出宫后，到了后海醇王府，发现载沣的惊慌比他更甚。庄士敦在傍晚时分带来的消息，稍稍缓和了紧张气氛。庄士敦说经他奔走，公使团首席公使荷兰的欧科登、英国公使麻克类、日本公使芳泽已经向摄政内阁外交总长王正廷提出抗议，王正廷向他们保证溥仪生命财产的安全。接着郑孝胥和东交民巷的竹本多吉大佐定计，由竹本的副官中平常松大尉穿上便衣，带一位医生，假装送溥仪进医院，把他带出醇王府，送进日本兵营。因为太冒险，被载沣等人禁止。在挨过惶恐不宁的日夜后，由庄士敦、陈宝琛和溥仪商定了一个脱逃之计。12 月 10 日，溥仪由陈宝琛、庄士敦陪同，出醇王府到东交民巷乌利文洋行购物，借口有病避进德国医院。随后，在郑孝胥与日本使馆安排下，由医院逃入日本使馆。1925 年 2 月 23 日，在罗振玉和日本使馆策划下，由池田书记官和几名日本便衣警察护送，溥仪秘密地转移到了天津张园。

原来打算出洋的溥仪，结果在天津一住 7 年。在遗老们的包围下，梦想复辟的溥仪，与日本帝国主义者相勾结而越陷越深，终于被日本侵略者玩弄于股掌之中，平添了一段罪恶史。1931 年，溥仪在侵华日军策划下被挟持至东北。1932 年 3 月，出任日本傀儡政权"满洲国"执政。1934 年 3 月 1 日改称"满洲帝国""皇帝"，年号康德。1945 年 8 月 15 日日本投降后退位，16 日被苏联军队俘获，转入伯力监狱。1950 年 8 月移交给中华人民共和国政府，被监禁于抚顺。1959 年 12 月特赦释放。1963 年起任全国政协文史资料研究委员会专员。1964 年任中国人民政治协商会议第四届全国委员会委员。1967 年 10 月 17 日在北京病逝，终年 62 岁。

长期以来，人们对中国的末代皇帝溥仪的称呼都是宣统帝或者清废帝、末代皇帝、逊帝等，因为他没有庙号和谥号。他去世时是平民身份，所以没有谥号。但爱新觉罗家族在台湾的后裔于 1967 年给溥仪上了庙号"宪宗"，谥号襄皇帝。但溥仪所谓的谥号、庙号是家族内定的，未获国民认可，并不能算是正式的谥号、庙号。

宣统冲龄登极，成为大清末帝。末代皇帝溥仪无疑是一位重要的历史人物，是人类历史上拥有非凡经历和传奇命运的特殊人物。然而，他身为皇帝却没有掌握过一天国家政权；长期处于政治旋涡中却未发挥关键的作用。中国自公元前 221 年秦始皇称皇帝以降，到 1912 年宣统皇帝退位，历经 2132 年。溥仪不仅是清朝最后一位皇帝，而且是中国历史上最后一位皇帝。溥仪退位，既是大清皇朝的终结，又是中华帝制的终结。

第二章 / 后宫秘史

一、呕心沥血辅三帝，屡拒垂帘誉"国母"

在清朝之中，曾出现过一位身历清初三朝，全心全意辅佐皇太极、顺治、康熙三位皇帝主政的杰出人物，被称为"清代国母"，她就是著名的孝庄文皇后。孝庄文皇后是我国古代杰出的女政治家，以其聪明才智和特殊的地位，对解决清宫内部矛盾和斗争、稳定清初政权、促进国家统一，都起到了巨大的作用。

1. 政治上初露锋芒

孝庄文皇后（1613—1688年），博尔济吉特氏，名布木布泰（亦作本布泰，意为"天降贵人"）。蒙古科尔沁部贝勒寨桑之女。

13岁时，布木布泰由她的可可吴克善护送到盛京，嫁与皇太极。

清初，满蒙联姻是一项既定国策。皇太极时期，后宫几乎全是蒙古族女子，仅科尔沁贝勒寨桑一家，有封号的就有三位——皇后博尔济吉特氏（孝庄的姑妈）、宸妃博尔济吉特氏（孝庄的姐姐）及孝庄文皇后博尔济吉特氏。

布木布泰从蒙古大草原来到盛京，先后为皇太极生下一男三女。崇德元年（1636年），皇太极称帝时，孝庄被封为永福宫庄妃，为后宫五大后妃之末。

在皇太极生前，庄妃在后宫的地位并不显赫，由她的姑妈掌管着后宫的一切，她的姐姐宸妃则受到皇太极的专宠。

崇德七年（1642年）三月，清军俘获明朝蓟辽总督洪承畴，皇太极大喜。洪承畴为明朝一位极为有影响力的封疆大吏，降伏他等同于收揽汉族有志之士之心，对瓦解明朝统治具有非常积极的意义。皇太极下令把洪承畴押至盛京，派汉臣范文程等轮番劝说，洪承畴"延颈承刀，始终不屈"，为此皇太极伤透了脑筋，食不甘味。孝庄皇后见况，毛遂自荐，亲自前去劝说。她化装为一名侍女，带上一壶人参汁，前去洪承畴处，温言婉语，让他喝下人参汁，对他动之以情，晓之以理，经过数天的不懈努力，终于说服洪承畴投清。但这也仅仅是个野史，没有任何史料可以佐证。

皇太极在位时期，孝庄皇后就经常留意一些清廷的政治活动，她的政治素质和才能由此得到磨炼与提高。当重大政治事件突然爆发之时，这种才能就能明显地表现出来了。

孝庄文皇后

2. 终成圣母皇太后

崇德八年（1643年）八月初九，皇太极病逝。但皇太极生前并没有指定皇位继承人，此时，朝中出现权力真空，造成诸王争位的混乱局势，最终立庄妃之子、年仅6岁的福临为帝。八月二十六日，福临登基，是为顺治皇帝。

皇太极崩逝，作为一国之尊当是中宫皇后哲哲，她也是庄妃的姑姑。出于本能，她一定会为维护母家科尔沁的利益而推举庄妃所生的福临，这样庄妃与皇后就站在了同一条战线上。史料记载给人的印象是，由于皇太极长子肃亲王豪格与皇太极十四弟睿亲王多尔衮两个争位的人势均力敌，所以才鹬蚌相争，渔翁得利——庄妃之子福临登上了皇位。其实，这只是事情的一个方面。从庄妃以后的作为及当时两黄旗大臣态度微妙的变化，还是可以推断出庄妃在福临即位的问题上不遗余力地展示了其卓越的政治才能。

最初两位黄旗大臣拥立豪格是在肃亲王王府盟过誓的，但召开议政王大臣会议讨论由谁继承皇位时，两黄旗大臣却只提立皇子不提立豪格；而此前雄心勃勃要与多尔衮一争高下的豪格在态度上也来了一个大转弯，称自己福小命薄，难当重任并离席而去。这不是豪格表面上所做的一种姿态，离席而去是弃权的表示，哪里有一点与多尔衮势均力敌的样子。但是多尔衮却并未当上皇帝，因为就在此时，大政殿内的两黄旗大臣都抽出佩剑上前，誓死要立皇子，大政殿外两黄旗护军侍卫刀出鞘、箭上弦，紧紧包围了议政会议所在地。大家想象一下，如果此时不让福临即位哪个能活着出宫？在皇宫中舞刀弄枪，没有中宫皇后哲哲及庄妃的默许是无人敢为的。应该说，庄妃的对手多尔衮也是位政治家。权衡之下，他选择了拥立幼子福临而自己做摄政王，为其于顺治初年独揽朝纲做了铺垫。福临即位登基，改年号为顺治，庄妃被尊为"圣母皇太后"。

多尔衮对皇位垂涎已久，但为何在关键时刻选择主动放弃呢？是缺乏与豪格抗衡的力量吗？不一定。或许是多尔衮为大局考虑，为避免内乱而作退让。但促成此事的，还有一个重要的因素——孝庄太后的幕后活动。

作为大清皇族中的一员，孝庄太后心里明白内乱会造成什么危害。若使双方的对立缓和，只有异中求同；若双方的要求都得到满足——既要满足大臣立皇子的要求，又要使多尔衮的权力欲望不致落空，解决此问题的唯一办法是扶立幼主；当时的小皇子有四五位，谁来继承大统呢？孝庄太后施展政治手腕，笼络多尔衮，使多尔衮采纳了她的方案，把她的儿子福临抱上了皇帝的御座。

3. 太后下嫁摄政王

事实上，多尔衮对皇位心向往之。但由于他在早先倡立福临为帝，话一说出，便很难推翻前议了。尽管他高居摄政王之位，掌握大清军政大权，一人之下，万人之上，但未畅其所愿，还是一种遗憾。因此，在激烈动荡的戎马生涯中，他的精神时常陷入一种矛盾自责的痛苦之中。随着他功业的日渐累进，他对权力的欲望日渐强烈。偷用御用器皿、私造皇帝龙袍、对镜自赏等均是他的可笑之举。当年阻止他获得皇位的豪格，在顺治元年就被罗织罪名，被贬为庶人，最终致死。与他同居辅政王之位的济尔哈朗，尽管开始就很知趣地退避三舍，拱手让出权力，但终因曾依附过豪格，被贬为郡王。多尔衮命史官按帝王之制为他撰写起居注，并营建规模超逾帝王的府第。实际上，多尔衮掌握着一切权力。孝庄太后在多尔衮的步步进逼下，采取了退让、隐忍、委曲求全的态度。她不断给多尔衮戴高帽、加封号，为的是不让多尔衮废帝自立。顺治四年（1647 年），停止多尔衮御前跪拜。同年，孝庄太后下嫁给摄政王，顺治帝称多尔衮为皇父，诸臣上疏称皇父摄政王。遇元旦或庆贺大礼，多尔衮与皇帝一起，接受文武百官朝拜。

太后下嫁摄政王一事，史学界尚有争议。有的小说家试图从爱情角度去解释这桩婚姻，这未免有点理想主义。多尔衮生活放纵，拘豪格之妻，又擅娶朝鲜国王族女，这是官书明载的事情。太后下嫁，迫于时势，何谈爱情。更何况，尽管孝庄太后再三退让，最后屈身下嫁，多尔衮对皇位的觊觎并未丝毫退减。福临继位后，诸臣多次提出给皇帝延师典学，多尔衮对此置之不理，有意让福临荒于教育，做一

年轻时期的孝庄文皇后

个"傻皇帝"，致使福临 14 岁亲政时，对诸臣奏章依然茫然不解。

顺治七年（1650 年），多尔衮死于出猎，被追封为"诚敬义皇帝"，用皇帝丧仪。福临亲政不到两个月，就宣布多尔衮"谋篡大位"等种种罪状，削爵毁墓并撤去太庙牌位，籍没家产，多尔衮的党羽也受到牵连。和硕郑亲王济尔哈朗更是取而代之，成了一个新的权力集中点。孝庄太后敏锐地发现了这一苗头，防微杜渐，让福临发布上谕，宣布一切章奏悉进皇帝亲览，不必启奏济尔哈朗，消除了可能产生的隐患。少主在太后的教导下，如饥似渴地吸收汉文化，大胆使用大汉整顿吏治等方面的治国之道，为清初政治开创了一个新局面。

4. 皇家矛盾的旋涡

政治斗争刚刚平息，孝庄太后又陷入了家庭矛盾的旋涡之中。大清帝国的建立，蒙古八旗立下汗马功劳，蒙古王公在清廷政治生活中，一直是一股倚为股肱的力量。因此，清太祖在位时就定下了一大国策——满蒙联姻。为了确保这种关系代代相传，也为了确保自己家族的特殊地位，福临继位不久，孝庄太后就册立自己的侄女、蒙古科尔沁贝勒吴克善的女儿博尔济吉特氏为皇后。顺治皇帝亲政的同一年就举行大婚，以正中宫之位。自古帝王婚姻，总是带有一些政治色彩，而福临恰恰缺乏这种胸怀，他更

多以自己的好恶来对待这其中的关系。皇后博尔济吉特氏聪明、漂亮，但喜奢侈，且易妒。作为一个出身贵族的女子，有这些缺点无可厚非，但顺治帝却不能容忍，坚决要求废后另立。顺治帝生性执拗，尽管大臣们屡次谏阻，但仍坚持己见，不作退让。顺治十年（1653年），孝庄太后见其依然坚持废后，就只好同意，皇后被降为静妃，移居侧宫。为了避免旁生事端，孝庄太后又选择蒙古科尔沁多罗贝勒之女博尔济锦氏进宫为妃。但顺治帝似乎对这位蒙古草原来的姑娘同样不喜欢，反而如痴如醉地恋上了同父异母的弟弟博穆博果尔的福晋董鄂氏。董鄂氏隶属满洲正白旗，其父鄂硕任内大臣，封三等伯。董鄂氏不但通诗文，且性格温顺，仪表端庄，举止言语有大家风范。顺治十年（1653年），应秀女之选，嫁与博穆博果尔。博穆博果尔时常从军出征，董鄂氏出入宫苑侍候后妃，与福临相识并双双坠入情网。孝庄太后察觉到了这件事的危险性，便立刻采取措施，宣布停止命妇入侍的旧例，同时抓紧为儿子完婚，博尔济锦氏随即成为第二任顺治皇后。然而，这一切并不能阻止顺治帝对董鄂氏的迷恋。为了获得更多接近董鄂氏的机会，顺治十二年（1655年），顺治帝封博穆博果尔为和硕襄亲王，以示优宠。顺治十三年（1656年）七月，博穆博果尔得悉其中内情，愤怒地训斥董鄂氏，被顺治帝获悉后打了弟弟一耳光，弟弟博穆博果尔羞愤自杀。而此事也只是一个猜测，没有任何史料可以佐证。

宫中发生了这种事情，传扬出去皇家颜面全无，孝庄太后悄悄地处理了这件事：博穆博果尔按亲王体例发表，27天丧服期满，董鄂氏被接入宫中，封为贤妃。一个月后，又按儿子的意愿，晋封她为皇贵妃。

皇贵妃在后宫的地位仅次于皇后，不过顺治帝对董鄂氏的感情，已到了无以复加的地步。他认为董鄂氏有德有才，正是理想的皇后人选，因此准备二次废后。假如顺治帝再度废后，改立董鄂氏，蒙古女人失去中宫主子之位，势必影响满蒙关系，倾动大清帝国的立国之基，孝庄太后毫不犹豫地对儿子的举动进行了抑制。结果，母子间出现隔阂，顺治皇帝甚至公然下令抠去太庙匾额上的蒙古文字。而那位生活在感情荒漠中的蒙古皇后，对于安排自己命运的同族婆婆并无丝毫感激；相反，把不幸和怨恨统统归集到太后身上，连太后病倒，也不去问候一声。对于这一切，孝庄太后都忍受了。这种微妙紧张的母子婆媳关系维持了五六年，幸而孝庄太后有多年的政治经验和坚毅的性格，清帝国的基业才不致因后宫的倾动而发生动摇。孝庄太后这种苦心，顺治帝与皇后恐怕都不理解，倒是通达人情的董鄂氏能够体谅孝庄太后的苦衷，她主动周旋于皇后与皇帝之间，缓和调节双方矛盾，有时起到孝庄太后所难以达到的作用。唯其如此，孝庄太后有什么事总是找董鄂氏商量，有什么话总是找这个儿媳妇说，以至于到后来，婆婆对儿媳几乎到了不能离开的地步。

顺治十四年（1657年）十月，董鄂氏诞下一子，4个月后不幸夭折。丧子之痛使她积郁成疾，深宫矛盾的精神重负让她原来有病的身体更加虚弱。顺治十七年（1660年）八月，董鄂氏病故。顺治十八年（1661年），顺治帝病逝。

5. 祖孙同心治天下

顺治帝临终时，原属意亲王岳乐继承大统。但是孝庄太后属意的却是玄烨，因此说玄烨是孝庄太后一手扶立起来的。玄烨8岁即位，10岁时生母佟佳氏亡故，照看他的是祖母孝庄太皇太后，因此祖孙二人感情十分融洽。孝庄太后不仅关心他的饮食起居，而且对他的言谈举止，都立下规矩，严格要求，稍有逾越，便对其严厉批评，不稍宽纵与假贷。在孝庄太后的教导下，玄烨健康成长。一个未来杰出帝王的特质和才具，在少年时期便打下了根基。铲除鳌拜集团后，孝庄太后还政于康熙，自己则在一旁对他督促提醒，让他在实践中得到锻炼，告诉他用人之道，提醒他安勿忘危，勤修武备等。对于祖母的谆谆教诲康熙帝非常尊重，重大事情无不先一一征求祖母的意见。在祖孙二人的携手努力下，清王朝于动乱中稳定了下来，经济也从萧条走向了繁荣，为平三藩、统一台湾和边疆用兵等大规模战争奠定了物质基础。

清王朝在康熙时期走向了它的第一个黄金时代，与孝庄太后的功劳和心血是密不可分的。在

康熙皇帝写给孝庄皇太后的福字碑

生活中，孝庄太后俭朴，不喜奢华，平定三藩时，把宫廷节省下的银两捐出犒赏出征士兵。每逢荒年歉岁，她总是把宫中积蓄拿出来赈济，全力配合、支持孙子的事业。她的表率行为，更使皇帝增加十二分敬意。康熙二十一年（1682年）春，皇帝出巡盛京，沿途几乎每天派人驰书问候起居，报告自己的行踪，并且把自己在河里捕抓的鲢鱼、鲫鱼脂封，派人送京给老祖母尝鲜；康熙二十二年（1683年）秋，康熙帝陪祖母巡幸五台山，一到道路坎坷之地，康熙帝就下轿亲自为祖母扶辇保护。孝庄太后与皇帝这种亲密和谐的关系，反映了她的为人，与200年后同样经历三朝、对中国政治产生重大影响的慈禧太后是截然不同的。

康熙二十六年（1687年），孝庄太后终因年事已高病倒。康熙皇帝见祖母病重，心急如焚，他昼夜守在慈宁宫里，衣不解带，睡不安寝，所有的药品及食物亲自调理，送至祖母唇边。祖母安睡时，他也不肯离去，隔着幔帐静候，席地而坐。一听到皇太后的声息，立即上到榻前，凡是祖母所需，便亲手奉上。在孝庄太后病重的一个多月里，康熙帝一刻不离开祖母的病榻；而孝庄太后疼爱孙儿，常劝其回宫内休息，但康熙皇帝都不肯离开。见祖母的病情越来越重，康熙帝每日至佛堂祷告，在佛前许愿：如果能让祖母身体康复，情愿用自己的寿命换祖母的寿命。其情其景，催人泪下。

然而自然规律是无法抗拒的，同月二十五日，孝庄太后走完了她的人生旅程，以75岁的高寿安然离开了人世。康熙皇帝给祖母上了尊崇的谥号——孝庄仁宣诚宪恭懿至德纯徽翊天启圣文皇后。

综观孝庄文皇后的一生，她历经三朝，辅佐了两位幼主建功立业，为清朝立国和江山巩固立下卓越功勋。她是一位伟大的女性，更是一位伟大的母亲。清王朝在康熙朝形成第一个黄金时代，其中包含了孝庄文皇后的一份功劳和心血。

二、三次垂帘役兆姓，一手遮天"老佛爷"

1. 兰儿进宫封贵妃

奇女子热面善结人缘一手遮天，风风雨雨控驭中国多至半个世纪；

妖妇人冷手暗含杀机三次垂帘，忽忽喇喇奴役臣民将近四亿人口。

这副对联是一代女皇慈禧太后的人生的真实写照。

慈禧太后（1835—1908年），即孝钦显皇后，叶赫那拉氏，咸丰帝的妃嫔，同治帝的生母，又称"西太后"。晚清重要政治人物，清朝晚期的实际统治者。

道光十五年（1835年），慈禧太后出生于满洲镶蓝旗的一个官宦世家，乳名兰儿。父亲惠征是一个八品文官，在吏部任笔帖式。兰儿从小就聪慧伶俐，特别是具有普通孩子难得的谋略和远见，在兰儿14岁那一年，她家里出了一件大事：兰儿的曾祖父吉郎阿在担任户部员外郎时负责中央金库。但就在他卸任十几年后，朝廷查到了库银亏空几十万两，道光帝异常气愤，下旨不管是谁不管什么时期凡是在银库的工作人员都要一查到底。但经过反复的调查最后竟查不出个结果，后来道光帝又下令从亏损的那一年一直到现在所有工作人员平摊这些亏空的银两，已经去世的由他的儿子孙子偿还。这样就把兰儿的祖父给抓了起来。事情一出家里立时乱了，年少的兰儿此时却表现得非常镇静，她劝自己的父亲惠征将家里仅有的一点银两拿出来交了出去，又让父亲带着她去亲戚和朋友家借了一些银两。但她没有让父亲将这些银两全部交上去，而是用这些钱去上下通融。因为兰儿的祖父景瑞曾任刑部员外郎，认识很多政府官员，她的父亲时任安徽的候补道台，也有很多朋友关系，正是在年少的兰儿的指点下，惠征打通了上下关系，很快将父亲营救了出来。兰儿也因此受到了当时她所接触的那些满族贵族特别是她的父母的偏爱。由此可见，她具有一般女子所没有的远见、胆识、机智、谋略和手腕。

在那些满族贵族的偏爱下，咸丰元年（1851年）17岁的兰儿以秀女身份被选入宫，是为懿贵人。因得咸丰皇帝宠幸，咸丰四年（1854年）进封懿嫔。咸丰六年（1856年）生子载淳。次年进位为懿贵妃。

当时的清廷内有"南长毛、北捻子"之忧，外有列强重起战端之患。最高官员为此产生了严重分歧，从而导致了其政治势力的重新分解组合。因为太平天国农民起义猛烈发展，咸丰皇帝把决策权由"军机处"转移到几位御前大臣手中，其核心人物为怡亲王载垣、郑亲王端华、户部尚书肃顺。端肃集团对内主张坚决镇压农民起义，为此他们一方面力除积弊，但对汉人又心存疑虑。他们是排外的，这样就使列强的政治经济触角向中国更广更深地方伸展时受到阻碍。恭亲王奕䜣曾是王位的有力竞争者，根基是地主阶级与列强的支持。而奕䜣为改变受制于人的局面，在清政府签订了《北京条约》后，曾请咸丰帝回朝，想借洋人之力钳制咸丰帝，但未能成功。

2. 辛酉政变初垂帘

咸丰十一年（1861 年）八月，咸丰帝病死于热河。遗诏上立长子载淳继承皇位，任命怡亲王载垣、郑亲王端华、户部尚书肃顺等八人为"赞襄政务王大臣"辅政。同时授予皇后钮祜禄氏"御赏"印章，授予皇子载淳"同道堂"印章（由生母慈禧太后掌管）。顾命大臣拟旨后要盖"御赏"和"同道堂"印章。慈禧太后取得代子钤印权力后，便理所当然地成为皇权的代表，因而干预朝政也就成为顺理成章的事。

咸丰帝之死使本已复杂的权力之争变得更加复杂。权欲极强的慈禧太后对八大臣大权独揽政权极为不满，决意要从他们手中分权。她与恭亲王奕䜣合流秘密发动"辛酉政变"，这次政变因载淳登基后拟定年号为祺祥，故称"祺祥政变"；又因政变发生在北京，而称为"北京政变"。结果年轻的帝后势力战胜了老迈的宗室顾命大臣，慈禧太后开始垂帘听政。

辛酉政变体现了两宫皇太后和恭亲王的聪明才智，是君权与相权的一次大的冲突。否定了"赞襄政务"大臣，由两宫太后垂帘听政，是一次重大的改制。辛酉政变后，恭亲王为议政王，这是当年睿亲王多尔衮辅政的再现。但有一点不同，既由帝胤贵族担任议政王、军机大臣，又由两宫太后垂帘听政。皇权便出现了二元化：议政王总揽朝政，皇太后总裁懿定。这个体制最大的特征是皇太后与恭亲王联合主政，后来逐渐演变为慈禧太后独揽朝政的局面。辛酉政变的意义不仅在于它完成了清政府最高权力由"顾命八大臣"到慈禧太后的权力转移，更重要的还在于它改变了清廷的内外政策，将其政权从濒于死亡的境地挽救出来，对晚清政治具有深远的影响。

慈禧太后垂帘听政一言九鼎，她的性格、心态以及见识对这场改革运动的进程和结局关系重大。这位宫廷头号女人不能不使出浑身解数，以撑持风雨飘摇的清朝帝国。

通过政变登上政治舞台的慈禧太后，为摆脱危机而施行了新的内外政策：

对外执行议和外交，以取得"中外相安"并讨得列强对其政权的支持。为此她采取了主动而积极的态度以博得列强对其的欢心。

慈禧太后

突出的事例就是在宣布端肃等罪状时，就把"不能尽心议和，徒以诱获英国使臣以塞已责，以致失信于各国"列为首要罪状。从此列强对华政策由主要是"打"而变成"中立"。中外反动势力通过政变达成了默契，出现了"中外和好"的局面。

对内实行满汉合流。太平军的作战能力很强，八旗兵和绿营都不堪一击，湘军成了能和太平军相抗衡的唯一力量。为尽早将太平天国革命镇压下去，慈禧太后注意调整同曾国藩等人的关系，给他们以更多更大的权力。咸丰十一年（1861年）十一月即慈禧太后操权的当月，就令曾国藩统辖苏浙皖赣四省军务，所有四省巡抚、提督以下文武官员悉归节制；不久，又加其太子少保衔和协办大学士，又加权于左宗棠、李鸿章，曾国藩集团成为地主阶级当权派中最大势力集团。这与咸丰朝对汉族地主的猜忌、压制恰恰形成鲜明对比，满汉地主阶级为镇压农民起义，密切地合作起来。在中外反动势力联合绞杀下，太平天国农民起义被镇压，清政权在风雨飘摇中得到了暂时的喘息机会。

政变的另一结果是慈禧太后调整了权力布局，这集中地表现为她实行垂帘听政，这种统治形式实质上是她个人独裁专政，故此在她统治的48年的时间里，始终不惜以各种政治手腕竭力维护垂帘听政式的政治局面。权力布局的改变还体现在清政府的权力格局由"内重外轻"变成"内轻外重"，慈禧太后采取在地方实力派中扶植一派抗衡另一派的手法，使他们之间相互制约，以利于她居间调节。

3. 洋务运动图自强

慈禧太后发动政变后，以"自强""求富"为宗旨的洋务运动迅即拉开序幕。现在看来如果没有慈禧太后的支持，洋务运动不可能在强大的守旧势力的阻挠下延续那么多年。如今一些史学家称慈禧太后为"顽固势力的总代表"，说她"一贯顽固守旧"，却不知慈禧太后掌权正值国事衰微之际，她也并不缺乏改革进取之心。清朝回光返照的"同治中兴"正是在慈禧太后当政期间发生，而洋务运动作为中国走向现代化的第一次努力，和慈禧太后大量信任、起用洋务派有着必然的关系。

洋务派招致顽固派和清流党的攻讦，朝廷上无一日安宁。慈禧太后巧妙地施展其政治手腕，逐渐地减少来自他们的阻力。同治五年（1866年），洋务派在同文馆加设天文、算学馆，选派科甲正途出身的人进馆学习。文渊阁大学士、理学大师倭仁以中国之大，不患无才，"何必师事洋人"首倡反对。慈禧太后即令他保举数员精通自然科学的中国教师，另行设馆授徒，以与同文馆的洋教习相比试。倭仁见慈禧太后动了真格，赶快申辩，说所谓中国"不患无才"，不过是自己"以理度之"，为想当然之事，"应请不必另行设馆由奴才督饬办理。况奴才并无精于天文、算学之人，不敢妄保"。倭仁受此挫抑，后竟郁闷成疾，请求开缺休养。

清流派代表人物张佩纶也曾经领教过慈禧太后的厉害。中法战争期间，张佩纶放言高论，以谈兵事为能，对洋务派的军事外交政策不屑一顾。慈禧太后顺水推舟，任命张佩纶为福建海疆大臣，到前线指挥作战。张佩纶临事茫然，暗中却叫苦不迭。张佩纶的色厉内荏，慈禧太后的治人之术，于此可见一斑。

慈禧太后一面应付顽固派、清流党的讧闹，一面给备受委屈的洋务派打气。慈禧太后不仅对曾国藩、左宗棠等洋务运动的"老班子"念念不忘，而且颇有后继乏人之虑。郭嵩焘作为洋务运动的新锐，是中国首任驻英法大使。他极力主张向西方学习，动辄与老臣们争论，得罪了许多人。在顽固派眼中，郭嵩焘被看成士林败类，名教罪人。"出乎其类，拔乎其萃，不容于尧舜之世；不能事人，焉能事鬼，何必去父母之邦。"这首刻薄的对联便是顽固派送给郭嵩焘的礼物。慈禧太后说他"挨这些人的骂也挨够了"，实际上在为郭嵩焘鸣不平，同时对曾纪泽也是一种激励。

慈禧太后无疑是支持改革的，但处在一个社会大变革的时代，她与一个最高统治者应有的知识素养和精神面貌又有一定的差距。她没有主动吸纳新知识的渴求和行动，因而在不少问题上表现出惊人的无知，如认为修铁路破坏风水，火车要用驴马来牵引等；她贪图安荣享乐，不惜挪用海军军费修造颐和园。无知和私欲，直接影响到她所支持的洋务运动的实绩。更为重要的是，她对事态的严重性、

慈禧太后在御花园

改革的进程和目标从未有过足够的心理准备和通盘考虑，而是在外力的刺激下被动地调整政策，这也表明慈禧太后仍然不够一个卓越政治家的前瞻视野。

4. 二次垂帘废维新

同治十二年（1873年），载淳成年，慈禧太后宣布归政，但仍把持朝柄。

同治十三年（1874年），载淳病死，慈禧太后立宗室载湉为帝，年号"光绪"，第二次垂帘听政。

光绪十五年（1889年），载湉大婚成年，慈禧太后第二次宣布还政，退居颐和园，但朝内一切用人行政仍出其手，光绪皇帝实际为傀儡皇帝。

光绪二十四年（1898年），由光绪皇帝主持的戊戌变法是慈禧太后一手镇压下去的，史家认为是慈禧太后阻碍了旧中国的改革进步。然而慈禧太后并非一贯就反对变法维新。光绪二十一年（1895年）的甲午战争失败后，光绪皇帝愤于战败割台，决心变法，想要振作精神改革政治。慈禧太后即对亲政的光绪皇帝说："变法乃素志，同治初即纳曾国藩议，派子弟出洋留学，造船制械，以图富强也。"又说"苟可致富强者，儿自为之，吾不内制也"。光绪帝抑郁顿释，也就大胆行动起来，光绪二十四年（1898年）六月发布"明定国是上谕"，实行变法。无奈欲速则不达，维新运动得罪了大批既得利益者，也渐渐超过了慈禧太后所能容忍的限度，以致吞下血腥政变的恶果。

慈禧太后的不满大概有两个方面。其一是维新派有针对她的兵变计划直接威胁到她的地位和生命。在权力之争中，慈禧太后比较心狠手毒。如果改革要以牺牲她的权力为代价那是万万不行的。其二是光绪帝和维新派的急进变革主张造成整个社会的强烈震荡，使许多与现存社会有利害关系的集团势力觉得受到了威胁。百日维新期间上谕达110多件，令人目不暇接，各地方官员都怨声载道，光绪帝严惩阻挠变法的官员又树敌太多；至于废除八股改革科举制度，又在庞大士人群体中引起普遍恐慌。慈禧太后担心全线出击造成大厦倾覆，只好出面干涉稳定政局。九月，慈禧太后发动政变囚禁光绪皇帝于瀛台，开始第三次垂帘听政。

戊戌变法运动虽被镇压，可那只是宫廷内的权力斗争，改革毕竟已是大势所趋，关键在于由谁主持改革以及如何进行改革。精明的慈禧太后通过戊戌政变确保了自己的地位之后，立即主动发出继续改革的信息："前因中外积弊过深不得不因时制宜力加整顿。而宵小之徒窃变法之说为煽乱之谋。业经严拿惩治以遏横流。至一切政治有关国计民生者无论新旧均须次第推行，不得因噎废食。"慈禧太后的这一举动，给政变后万马齐喑的局面注入了兴奋剂，使主张变法维新的社会力量重燃希望之火，这实为她政治上的高明之处。

5. 扶清灭洋义和团

正当慈禧太后意欲缓进地推行改革时义和团运动爆发。义和团运动打着"扶清灭洋"的口号，对于痛恨洋人的慈禧太后而言一开始就颇对胃口。然而在如何对待义和团的政策上是经过了激烈的争论的，其间还夹杂着列强的干涉。光绪二十六年（1900年）初，义和团的主力转进直隶，逼近京畿。慈禧太后派刑部尚书赵舒翘、大学士刚毅先后去涿州调查情况。慈禧太后之所以对义和团采取慎重的态度，主要是义和团在痛恨洋人方面和慈禧太后有相似之处。

义和团提出"保护中原、驱逐洋寇"，他们因为教会"勾结洋人，祸乱中华"而焚烧教堂。慈禧太后在光绪二十四年（1898年）之后痛恨洋人，其根源在于她发动政变废光绪、另立新君的举措遭到洋人的极力干涉。其次是英人庇护康有为事件使慈禧太后愤怒。当慈禧太后发现义和团从底层开始烧教堂、杀洋人的时候其心态是复杂的：一方面她得到刚毅等的复命，言义民无他心可以依靠；另一方面她感到处处受洋人的"气"，又找不到报复的机会。

慈禧太后被几种力量推动着：一是洋人对她的攻击甚至想夺她的权促使她对洋人强烈地痛恨；二是周围顽固派的火上浇油、吹风点火；三是义

圆明园

和团煽动的全面的对洋人的仇恨情绪，更给了她报仇的机会、理由和实力。这一切都使慈禧太后感到了莫大的激愤和冲动。然而慈禧太后并非真的是要倾全国之力与外敌决一死战。当这口恶气出得差不多的时候，她理性地认识到双方实力的差距也

就害怕起来。慈禧太后态度变化的一个重要事件，是六月二十五日早上，端王、庄王、瀛贝勒带领 60 余名义和团员入宫寻找二毛子，至宁寿宫门，太后尚未起床，他们大声呼噪请皇帝出来，说皇帝是洋鬼子的朋友。慈禧太后听到大怒。她这才意识到情况远比她意料的要复杂而危险，情况早已经超出了她的预料和掌控。

八月十四日慈禧太后挟光绪皇帝逃往太原、西安，十五日联军攻入北京。慈禧太后在决策时的处境，也确实比较艰难。面对无法收拾的局面，慈禧太后把客观环境当作决策的理由，摆脱了自身的罪责，归罪于义和团和办事不力的大臣。九月初七发出上谕，对义和团痛加铲除。这次打击似乎使她有所清醒，内忧外患之时清末"新政"开始了。

6. 进退维谷新政难

与戊戌变法相比较，清末"新政"实际上是一场更具现代化性质的改革。政治上清廷设立了外务部、商部、学部、巡警部、邮传部等新的政府机构，传统的六部体制不复存在；经济上首先肯定了戊戌变法时奖励工商、发展实业的各种措施，而后颁布《商人通例》《公司律》《破产律》《商会简明章程》等多种经济法规，为工商业的发展提供必要的法制保障；军事上戊戌变法时的主张为整顿团练、令八旗改练洋操，并着手改革军制，新政则致力于用现代化军队建制编练新军，军队组成、武器装备和指挥水平明显改善；文化教育上戊戌变法时提出改革科举制度、设立新式学堂、奖励游学，新政则宣布废除科举制度，大规模地开办新式学堂和派遣士人出国留学，并参照日本模式制定出中国最早的学制——《钦定学堂章程》以及《奏定学堂章程》。

作为最高统治者的慈禧太后，对新政寄予厚望。她在古稀之年，对魏源的《海国图志》、徐继畲的《瀛环志略》等介绍外国历史地理的书籍产生极为浓厚的兴趣，时常阅读以广见闻，这是以往帝王也很少有过的事情。新政推行过程中，虽有着种种弊端，但绝非无善可陈，更不是什么"假维新"。新政的推行，确实在为中国逐步积累着现代化资源，为社会的转型准备着物质和社会方面的条件。不过，当时的国内外环境没有再给中国提供一个稳健改革的机遇。光绪三十年（1904 年），日俄战争爆发，岛夷小国战胜了庞然大物俄罗斯。国内外舆论认为，这是立宪国战胜专制国的铁证，"皆谓专制之政，不足复存于天下"。于是国内立宪的呼声，由微弱转为高涨。

慈禧太后在强大舆论压力下，不得不将新政归于宪政改革。宪政改革，意味着要突破政治体制中最核心的部分。这一重大的举措，给清末改革带来功能性紊乱，也给慈禧太后招致难以承受的压力。

光绪三十二年（1906年），光绪帝奉慈禧太后谕旨，宣布"预备仿行宪政"，并以官制改革为下手处。官制改革以行政和司法相互独立为基本原则，"总使官无尸位，事有专司，以期各有责成，尽心职守"。由于官制改革牵涉权力和利益的重大调整，引起统治集团内部的躁动不安。有关官制改革的条陈如雪片般飞到慈禧太后的眼前，其意见之纷杂、斗争之激烈实属罕见，慈禧太后感觉"如此为难，还不如投湖而死"。区分清楚中央与地方的权限是官制改革中最头痛的问题之一，清政府本欲通过官制改革收取督抚的兵权和财权，哪知督抚却以设内阁、开国会相要挟，中央与地方的矛盾更形突出。官制改革陷于进退维谷的境地。

光绪三十四年（1908年），宪政编查馆颁布九年预备立宪逐年筹备事宜清单。与此同时，慈禧太后和光绪皇帝联名发布《九年预备立宪逐年推行筹备事宜谕》。上谕中指出："当此危急存亡之秋，内外臣工同受国恩，均当警觉沉迷，扫除积习……所有人民应行练学自治教育各事宜，在京由该管衙门，在外由各省督抚，督饬各属随时催办，勿任玩延。"又云："至开设议院，应以逐年筹备各事办理完竣为期，自本年起，务在第九年内将各项筹备事宜一律办齐，届时即行颁布钦定宪法，并颁布召集议员之诏。"这是慈禧太后生前颁布的最后一道谕旨，也可说是慈禧太后的政治遗嘱。

十一月十五日未时（下午2时左右），叶赫那拉氏于中南海仪鸾殿病逝，享年74岁。慈禧太后临终遗言说："此后，女人不可预闻国政。此与本朝家法相违，必须严加限制。尤须严防，不得令太监擅权。明末之事，可为殷鉴！"

宣统元年（1909年）十月，葬于河北省遵化市菩陀峪定东陵，定徽号"慈禧太后端佑康颐昭豫庄诚寿恭钦献崇熙太皇太后"，谥号"孝钦慈禧太后端佑康颐昭豫庄诚寿恭钦献崇熙配天兴圣显皇后"，简称"孝钦显皇后"。谥号共22字，长度超过清朝开国皇后孝慈与本朝孝德、孝贞两位正宫皇后，同时也超过入关后清朝所有皇帝的谥号，为清代及中国历代皇后之最。

慈禧太后逝后，权力轴心顿变虚弱，要求速开国会、速立宪法的呼声更趋高涨。立宪派的鞭策和清廷的拖延，导致两者合作的最终破裂。清朝王朝在革命派和立宪派的呼喊声中土崩瓦解，清末改革以失败而告终。

7. 是非功过后人说

慈禧太后是中国历史的帝制时代中，少数长期当政的女性，政治手腕堪称干练，尤其擅长操弄亲贵朝臣之间的权力平衡，以维系自身的绝对权威，清朝因为她的能力而续命数十年。

慈禧太后当权时期，清廷的中央集权以及中国主权面临来自内部及外国的种种威胁，她从捍卫清帝国权威及其本身权力的立场出发，所作之举措收效虽不尽成功，但放在历史脉络下做持平之论，多数允称合理。

为因应自鸦片战争以来，来自欧美列强的挑战，以及镇压太平天国等民间反抗势力，慈禧太后重用李鸿章、张之洞等汉族重臣，在地方上开办洋务运动，是中国发展近代化工业的开始。在洋务自强运动成果的支持下，清廷得以弭平内部反叛势力，在帝国体制下维系中国相对稳定的局面，并且建设近代化陆海军军备，造就"同治中兴"的气象。

慈禧太后的改革手段其实非常高明，百日维新改革速度过快，根本不可能成功。在庚子年一场大祸之后，慈禧太后意识到时局已不容她坚持帝制传统，所谓的"祖宗成法"，乃容许清廷推展多种新政措施。庚子后新政牵涉多端，其中荦荦大者包括：官制改定、准备立宪、废科举制度、禁止妇女缠足、兴办女学、新学、庚子退款建设教育事业等。

对于慈禧太后这样一位引来如此争议的人物来说，很难做出服众的公论。有人认为慈禧太后是个阴险狠毒、睚眦必报、狐貌狼心的妇人。然而在宫廷权力斗争的旋涡中没有手腕本就不能生存。当可断言：慈禧太后虽有才华而实无见识，所以晚清中国的命运，才会在她手中变得衰败没落，终致有亡国灭种之危险。但我们要知道"同治中兴"正是在慈禧太后当政期间发

清东陵慈禧太后陵墓

生，而洋务运动如果确实可以算是中国走向现代化的一次努力的话，这和慈禧太后大量信任起用洋务派有必然的关系。

平心而论，在强大的观念和制度笼罩之下，慈禧太后的才干和能力还算是杰出的。她比大部分男人刚强果断，也可以称得上有胆有识，机智精敏。在48年的统治生涯中，她始终牢牢控制着整个局面，把那些男人中的精英人物操纵在股掌之间。但从中国国家主权的角度出发，慈禧太后当政可以用"丧权辱国"来形容。光绪十一年（1885年）在对法战争中赢得镇南关大捷，并成功阻止法军登陆台湾的优势局面下，却以主动求和、签订令清帝国丧失安南宗主权的《中法天津条约》来结束战争。此外，令中国丧失重大利权的光绪二十一年（1895年）《中日马关条约》、光绪二十七年（1901年）《辛丑和约》等之缔结，肇因于光绪二十年（1894年）中日甲午战争之战败，以及光绪二十六年（1900年）庚子拳乱之大祸。慈禧太后的执政及决策，均有不可推卸的责任。

三、东宫行事众额手，大智若愚双垂帘

慈安太后（1837—1881年），钮祜禄氏，满洲镶黄旗人，广西右江道三等承恩公穆扬阿之女。嫡母为宗室觉罗，生母为姜氏（后抬入旗籍，改称姜佳氏）。咸丰帝第二任皇后。

慈安太后本姓钮祜禄，满洲镶黄旗人。依照清朝满旗籍地位和满族宗族势力，镶黄旗乃是皇帝最为亲近之旗籍，系"上三旗（镶黄旗、正黄旗和正白旗）"之首。而钮祜禄氏，乃满洲八大姓氏之一，宗族子孙遍布满洲各大旗，钮祜禄氏还有一个别称，那就是"皇后专业户"，几乎大清历代皇帝之皇后（含加封和追封）、皇贵妃都有钮钴禄氏的名字，钮祜禄氏地位之显赫可见一斑。

慈安太后

　　道光十七年七月十二日（1837 年 8 月 12 日），钮祜禄氏出生在广西柳州。道光三十年（1850 年）爱新觉罗·奕詝即位，是为文宗，史称咸丰皇帝。咸丰二年（1852 年）二月，钮祜禄氏被选秀入宫；四月二十七日进内，诏封贞嫔。五月，诏晋贞贵妃；六月，已拟为皇后，其嫔妃册封典礼均未举行；十月，立为皇后，时年 16 岁。

　　道光皇帝与钮祜禄氏都很勤俭。她过生日，朝内外的大臣官员们为了巴结皇帝和皇后，便纷纷前来献送厚礼，钮祜禄氏一概拒绝。她在对待人们送礼一事上，曾这样告诫当时尚为兰贵人的叶赫那拉氏说："我们这些人若多接受一份礼物，老百姓们就会多一份饥寒。所以，我们应该戒除这些陋习！"钮祜禄氏平时穿的都是布衣服，帷帐、罩幕与雨披等也一律不用绣品，尤其不愿用进口洋纺织物。宫中穿用的花盆底的绣鞋，鞋面上的花，她都督令宫女们绣上去，每年必定要亲手绣一双花鞋面，以此为宫中女子表率，倡导人人都干些力所能及的活。她平时的一举一动，严格遵守各种封建礼法，绝没有疏漏越轨之举。夏天天气再热，她也不露出身体来，洗澡时也从不用宫女、太监们伺候，不换上礼服就不去见皇帝，坐着时腰板挺直，走动时都是慢步徐行，从不快步疾走。对待下人，她也比较和善，从不疾言厉色。她的所作所为，使她简直成了咸丰皇帝眼中的女圣人。

　　咸丰十年（1860 年），英法联军攻占大沽，兵发天津，直逼通州，欲进犯北京。咸丰皇帝带着皇后钮祜禄氏、懿贵妃叶赫那拉氏和皇子载淳一行，仓皇逃到热河行宫（今河北承德避暑山庄）。风流皇帝在北京时，沉溺于声色之中，由于纵欲过度，致使体弱多病，钮祜禄氏本性懦弱，根本无力劝止。御医诊治后说长饮鹿血，可补肾亏阳虚之症，于是设立鹿苑养了 100 多只鹿，天天取鹿血以供其饮用。此次仓皇逃到热河，鹿自然无法带去。

　　到了热河行宫，情况与京城里自然有极大不同。据说由于行宫内外的防禁并不太严，协办大学士肃顺便经常带着皇帝偷空子出外游乐，使其更加沉溺于声色之中而无力自拔了。这样导致了他本就虚弱的身体越来越坏。咸丰十一年（1861 年）七月，咸丰帝开始大量咯血，病情急剧恶化，于当月十七日在寝宫烟波致爽殿病逝。他临终前做了三件事：一、立皇长子载淳为皇太子。二、命御前大臣载垣、端华、景寿，大学士肃顺和军机大臣穆荫、匡源、杜翰、焦佑瀛八人为赞襄政务大臣。三、授予皇后钮祜禄氏"御赏"印章代表母仪天下的权力，授予皇子载淳"同道堂"印章代表统一天下的权力，并下发"派载垣等八大臣赞襄一切政务"的上谕。

咸丰帝死的当天，钮祜禄氏皇后独自到皇帝巡前祭酒。咸丰皇帝死后，仅有6岁的皇子载淳即皇帝位，尊封钮祜禄氏为皇太后。九月，两宫回宫。十一月初一，慈安太后与慈禧太后在养心殿垂帘听政，时年25岁。同治元年（1862年）四月，上徽号"慈安皇太后""慈禧皇太后"，称慈安太后为"母后皇太后"，称慈禧太后为"圣母皇太后"。两宫太后居住的宫院，慈安太后居上首，坐东；慈禧太后居下首，坐西。后来她们共同垂帘听政，同样是慈安太后坐皇帝座上首（东面），慈禧太后从下首（西面），因此慈安太后又称东太后，慈禧太后则称西太后。

辛酉政变实质上就是一场朝廷内部的权力之争，一方是两宫皇太后和以恭亲王奕䜣为首的皇族，另一方则是咸丰帝临终任命的八位赞襄政务王大臣。这场政变的组织者、策划者和领导者是慈禧太后，其主要倚靠的骨干力量是奕䜣，但也绝对不应忽视慈安太后在其中的作用。慈安太后作为一位德高望重的名正言顺的原中宫皇后、当时的母后皇太后，具有举足轻重的作用。因此她是这场政变中决定成败的关键性人物。这一点，机敏而工于心计的慈禧太后比谁都清楚。慈禧太后更清楚自己是靠"母以子贵"才登上皇太后宝座的，声望、资历、影响力远逊于慈安太后。如果不将慈安太后争取过来，夺权、垂帘听政的目的就达不到。慈禧太后凭其如簧之舌，终于将慈安太后拉到了自己这一边。反过来，如果慈安太后旗帜鲜明地坚定拥护咸丰帝的遗命，毫无保留地支持并站在八大臣一边，辛酉政变就不会发生，这段清史就得重写。

辛酉政变之后，慈安太后、慈禧太后，在养心殿共同垂帘听政。开始的时候，由于慈安太后位居正宫，名位高于慈禧太后，因此慈禧太后不敢太张狂，大权一度由慈安太后掌握着。以慈安太后为主垂帘

奕　䜣

听政时，注重节俭自然是顺理成章的事。她常以东南太平天国未灭，国家正处多事之秋为由，驳回一些阿谀奉承的大臣奏请大兴土木重修圆明园的奏折。

同治四年（1865年），恭亲王奕訢遭到慈禧太后的暗算，被革除了议政王的头衔。此后，慈禧太后完全把持了朝政，慈安太后的"听政"，也就只是作为一种陪衬，一个摆设，节俭的那一套做法当然也就随之消失。在诛杀安德海问题上，慈安太后起了决定性的作用。太监安德海是直隶南皮（今属河北）人，人称"小安子"。同治初年，他因受慈禧太后宠幸，开始干预国政。清穆宗载淳尚未成年，但对安德海飞扬跋扈的一套非常不满，经常为一些事训斥安德海。而每次挨了训，安德海都要向慈禧太后诉委屈，慈禧太后马上便召载淳来指责一番，这样更加深了小皇帝对安德海的仇恨。

为除掉安德海，载淳曾找慈安太后密商办法，他们认为山东巡抚丁宝桢敢作敢为，因此在丁宝桢入京晋见时，令他俟机诛杀安德海，丁宝桢慨然允诺。同治八年（1869年）七月，慈禧太后命安德海到南方采办宫中用物，安德海自然非常得意。他公然打着钦差大臣的旗号乘桉船沿运河南下，一路声势浩荡，招摇纳贿。安德海进入山东德州地界时，丁宝桢得知消息，他令总兵王正启率兵追赶安德海。追到泰安，王正启抓住了安德海，并马上把他押送到济南府。

逮住安德海后，丁宝桢便飞马上奏朝廷。慈安太后得到报告，立即召见军机大臣奕訢及内务府大臣等商议处置办法。诸位大臣都说太监不得出都城之门乃是祖制，大清建立200多年来还从没有敢违犯的，如有违犯者要坚决处死不可饶恕，安德海应就地正法。慈安太后果断地以皇帝的名义降旨，在济南杀掉了安德海。当时朝野上下，人心大快。

慈安太后为人宽厚仁爱，小皇帝载淳虽不是她亲生的儿子，但她与载淳的关系和对他的照顾却远远超过载淳的生母慈禧太后。

同治十一年（1872年），同治帝已经17岁了，到了立后成婚的年龄。为同治皇帝选立皇后一事，就体现了慈安太后关心小皇帝的慈母之心。她怕载淳亲政以后，年纪太轻，不能胜任繁重的政务，所以得要一位成熟贤淑、识大体，而又能动笔墨的皇后辅助皇帝。出于这种考虑，她先同载淳商量，征得了载淳的同意，在立后问题上，明确坚持要立载淳满意的钮祜禄氏为皇后。皇帝"大婚"之后，慈安太后对皇后钮祜禄氏更是百般关照，每次皇后来问安、伺膳，她都热情接待，并屡次催促皇后早早回宫，不必过于拘礼。但由于慈禧太后的挑拨、干扰，致使帝后分居，造成了以后的悲剧。在载淳刚死后的几天里，也多亏她安慰、开导皇后，才使钮祜禄氏有了生活的勇气。

清穆宗死后，载湉被立为帝，即光绪帝。这本非出自慈安太后之愿，完全是慈禧太后的主张。由于清德宗皇帝继位时年纪尚幼，两宫皇太后二次垂帘听政。这时虽然是二人同时训政，但慈安太后已无一分权力。实权都掌握在慈禧太后手中。在光绪年间，她一心信奉佛教，在宫中天天以吃斋念佛为主要功课。这样，慈禧太后更觉无所约束，益加肆意弄权、胆大妄为了。

光绪一朝，慈安太后日益倦怠，不闻外事，而慈禧太后则日益振奋，统摄全局，大权独揽。从生活上说，慈安太后崇尚节俭，不事铺张，吃饭以素食为主，而慈禧太后却肆无忌惮地挥霍。她在体和殿每日正餐两顿，每顿饭仅主食就有 50 多种，菜肴 120 多样，每天需用猪、牛、羊、鱼、兔肉 500 多斤，鸡鸭 100 多只，前前后后要有 450 多人伺候，花费白银达千两，耗费之大，实在惊人，同慈安太后形成了鲜明的对比。

在一部分影视作品中和个别清史研究员的眼中，慈安太后虽忠厚老实，却是一个懦弱无能的傀儡太后，是一个缺乏政治才干、事事依赖慈禧太后的人，这样的看法未免太偏颇了。事实上真实的慈安太后出身于世代官宦之家，从小就受到过良好的教育，怎么可能没有丰厚的学识呢？她 16 岁入宫就被咸丰皇帝封为贞嫔，之后一路高升，在 4 个多月的时间里，迅速登上皇后宝座，其晋升速度之快，在清代历史上绝无仅有。如果没有一定能力与手腕，在斗争激烈的后宫中，这也是难以想象的。

先来看慈安太后对后宫的管理。被册封为皇后时，慈安太后年仅 16 岁，但您可别小看了这位年轻的皇后，在美女如云的后宫，在多情好色的咸丰皇帝身边，她凭借自己超凡的人品和管理能力，成功地处理了与妃嫔的关系，有效地维护了和皇帝的夫妻感情。咸丰皇帝即位后，国家内忧外患，作为一国之君，他内心无比忧闷，情绪上喜怒无常，有时候不免拿身边的妃嫔、太监、宫女等人出气。作为皇后的慈安，一方面理解皇帝内心的煎熬，不时以柔情软语加以宽解；另一方面对那些无辜受到处罚的人，她也想方设法好言安慰。史书记载,"妃嫔偶遭谴责,皆以中宫调停……"中宫,说的就是慈安皇后。第二次鸦片战争爆发后,咸丰皇帝眼见大好河山惨遭涂炭,自己又不能力挽狂澜,无奈之下写下"且乐道人"四个字,并让人悬挂在寝殿内。"且乐道人"传达出皇帝的自暴自弃,大臣和妃嫔们看到皇帝如此颓废,都心急如焚,却没有一个人敢去劝说。唯独慈安皇后听说此事后,苦口婆心地劝说咸丰皇帝,命人把字幅取了下来。

在不少人的心目中,慈安太后温文尔雅,应该是典型的淑女,不大会发脾气之人。实际上,这完全是你的错觉,慈安太后不但深谙后宫生存之道,并且牢牢掌握住后宫统治绝对权。只要有人胆敢坏了后宫规矩,慈安太后绝对严惩不贷,皇帝都不好使。

咸丰皇帝最喜欢圆明园,他的主要居住地和办公地都在那里,一个重要原因就是圆明园没有紫禁城那么多约束。尤其是男女之事,紫禁城规矩、祖制一大堆,还有监督之人的各种催促与劝诫,确实败了皇帝的兴致,所以相对自由的圆明园自然被皇帝钟爱。

某日咸丰帝与某位宠妃(其实就是侍女)高兴过了头,因贪杯致次日恋床而耽误了早朝。慈安皇后便"抓"住此事,将当夜侍寝的宠妃打个半死。咸丰帝下早朝回来不见皇后,知道要坏事,急忙跑去皇后寝宫救场,果然寝宫侍卫林立,场面十分严肃而压抑。慈安皇后见皇帝到来,便将裁断之权让给皇帝,皇帝自觉理亏,于是想蒙混过关,慈安皇后当仁不让,一顿祖宗家法搞得皇帝羞愧难当,当即承认错误并解下自己随身佩戴的御印"同道堂"赐予皇后,一是让皇后消气,二是表彰其恪守祖制的治家之道。

临了,慈安皇后还怒对宠妃:"此主子宥你,今后皇上再醉,唯汝是问。"吓得此宠妃再也不敢造次。

在《清宫遗闻》中记载:"东宫优于德,而大诛赏大举措实主之;西宫优于才,而判阅奏

清沉香木镶金寿字扳指

章，及召对时咨访利弊。"这段话的意思就是说：慈安太后虽然对权力不感兴趣，但她的政治才华毫不逊色。慈禧太后有才干，又有强烈的政治欲望，但最终只能管理一些日常生活上的小事而已，大事都轮不到她来管。慈安太后比较超脱，不喜欢政务，日常事务就放手让慈禧太后去做，她乐得轻松自在。不过，这并不意味着慈禧太后可以任意而为。在朝政大事上，还得是慈安太后说了算。因为虽然都是太后，但慈安太后为嫡，慈禧太后为庶，在"嫡庶之分"的礼制束缚下，慈禧太后不敢逾越，凡是遇到朝政大事，她都要征询慈安太后的意见，绝不敢擅自主张。时人对慈安太后和慈禧太后的评价是各有所长，慈安太后"优于德"，慈禧太后"优于才"。一些日常的事务由慈禧太后处置，但每遇朝政大事，还是要由慈安太后最后决定。由此可见，慈安太后大权在握、掌控权力方面也是很有一套办法的。在光绪年间任过大清国驻英国大使、回国后先后任过光禄寺、大理寺卿、左副都御史的薛福成，在他的《庸庵笔记》中记道：诛杀陷城失地、临阵逃脱的两江总督何桂清，将骄蹇贪淫的胜保下狱赐死，赏给曾国藩、左宗棠、李鸿章爵位，皆出自慈安太后之意。对于东宫太后慈安的德行与行事风格，老百姓多有赞同，当时的民间甚至出现了"东宫偶行一事，天下莫不额手称颂"的说法。

清光绪七年（1881年）三月初十戌时，年仅45岁的慈安皇太后猝然薨于钟粹宫。随着这位比慈禧太后还小两岁的仁爱忠厚的皇太后突然暴毙宫中，清廷的垂帘听政由两宫并列骤然变成慈禧太后一人独裁。因此，对于她的死因朝野上下议论纷纷，人们自觉不自觉地将她的猝死与慈禧太后联系起来。

光绪六年（1880年），慈禧太后忽然患重病，久治不愈，卧床不起。于是，遍召天下名医入京诊治。朝政也只好由慈安太后一人打点，这样的情况维持了一年多的时间，直至光绪七年（1881年）三月初九。据史载，光绪七年（1881年）三月初九晨，慈安太后依然召见军机大臣，处理军国大事，未见身体有何大的异常之处，只是"两颊微赤"（《述庵秘录》）。然而，次日早，"东太后（慈安）感寒停饮，偶尔违和，未见军机"（《翁同龢日记》），晚间即暴病身亡。慈安太后的病情如此之重、如此之急，令人难以接受。一时间，人们对于一向身体比较健康的慈安太后的死大为不解。时任军机大臣的左宗棠，听说慈安太后突然得病身亡，顿足大声说："昨早对时，上边（指慈安太后）清朗周密，何尝似有病者？即去暴疾，亦何至若是之速耶？"（《清稗类钞》）于是，朝野上下种种猜测不胫而走。人们以所掌握少之又少的"线索"，对慈安太后的死进行着各种各样的推测，更有甚者，人们任想象的野马自由驰骋，不断地结构着关于她不幸去世的篇章，使得她的死变得疑云密布。

有一种说法是这样的：

慈禧太后经常单独召见大臣，决定大事要事逐渐地也不再告知慈安太后。慈安太后打算劝阻慈禧太后骄横擅权的独断行为，给她一个警告，使她收敛一些。在光绪七年（1881年）的某一天晚上，慈安太后在自己宫中置办酒宴，说是为慈禧太后祝福。酒至半酣，慈安太后摒退左右侍从人员，先详细地追述了在热河行宫，肃顺擅权，两宫太后受挤，随后果断谋划辛酉政变，以及同治十一年（1872年）间二人同时垂帘听政的事情，动情处垂泪良久。慈禧太后听了也悲不自胜。慈安太后见打动了慈禧太后，忽然话题一转道："咱们姊妹现在都老了，说不定哪天就要离开尘世。相处20多年，所幸从来都是同心协力，连一句冲撞对方的话都没说过。而我这里存有一件东西，是我过去从先帝文宗处接受过来的，现在它已经没什么作用了。"说完，慈安太后从袖子里拿出一个精微的信封递给慈禧太后，让她拆开看一下。慈禧太后接过信封，启封后细看，吓得脸色顿变，羞惭得不敢抬头看慈安太后。这封函内装的不是别的，正是清文宗交给慈安太后

圆明园铜版画

的遗诏。遗诏的大意是：

"叶赫那拉氏是皇帝的亲生母亲，母以子贵，日后定会尊封为皇太后，我对此人实在是不能深信。此后如果她能安分守法也就罢了，否则，你可以出示这一纸诏书，命廷臣宣布我的遗命，把她除掉。"

慈禧太后看完后，慈安太后把信要回，当着慈禧太后的面非常仗义地放在烛火上烧掉了。当时，慈禧太后惭愧与恼怒的心情交加，但仍勉强装出感激泪下的样子。慈安太后又对她百般劝解安慰，至此酒宴方才结束。过了几天，慈安太后偶然因有事到慈禧太后宫中，慈禧太后对她礼节周全非常恭敬，一反过去那样骄狂放纵，连一旁伺候的太监宫女都感到很奇怪。慈安太后也暗自高兴，以为是前日自己烧密旨的做法收到了预期的效果。两个人坐下来聊天，越聊越投机，时间稍长，慈安太后觉着腹内稍微有点饥饿。慈禧太后即令侍者捧来一盒糕饼，慈安太后吃着很香甜，很对口味，说这好像不是御膳房做的食物。慈禧太后回答："这是我妹妹送给我的。姐姐您喜欢吃，明天我叫她再送一份来。"

光绪七年（1881年）三月初十，慈禧太后派人把几盒糕饼送进慈安太后宫中，花色味道与慈安太后上次吃过的一模一样。慈安太后只吃了一两个，顿时就觉得不舒服，不料到了晚上，年仅45岁的慈安太后中毒身亡。

那么官方是如何记载慈安太后的死因呢？据《清德宗实录》记载，慈安太后因疾病，身体健康突然急转而下不治身亡，应该就是当代医学所说的心脑血管疾病。

皇宫之内不比寻常百姓人家，慈禧太后和慈安太后同为两宫太后，她们的衣食起居都是分开的，各有各的服务班子，他人绝对没有随意置换和变更的权力。不但如此，皇家对于食品安全的监管力度绝对是最高警戒级别，所以投毒难度之大不言而喻。

慈安太后死后第一时间慈禧太后便召集王公大臣在钟粹宫集合，次日清晨，当着众人的面揭开慈安太后的"面幂"，让众人瞻仰慈安太后遗容。慈禧太后一系列安排并无遮掩之意，倘若不是没有猫腻，慈禧太后怎敢如此坦荡？

另一方面，慈禧太后和慈安太后两人在政治上并无大的冲突，两人各取所需，也没有大的仇恨，虽说作为正宫太后的慈安太后地位略高于慈禧太后，但是慈安太后从未压制慈禧太后，甚至还是慈禧太后的帮手，慈禧太后有必要加害慈安太后吗？

以上所述，可知慈禧太后并没有铤而走险加害慈安太后的必要。

慈安太后死后，被埋葬在定陵东面的普祥峪，取名"定东陵"。当初，钮祜禄氏刚被尊封为皇太后，已加上了"慈安"徽号，死后又迭加徽号，称为"慈安端康裕庆昭和庄敬皇太后"。光绪皇帝给她加谥,谥号全称是"孝贞慈安裕庆和敬诚靖仪天祚圣显皇后"。

四、有心无力辅幼帝，退位让国博美名

隆裕太后（1868—1913 年），叶赫那拉氏，满洲镶黄旗人，名静芬，小名喜子。慈禧太后之弟副都统叶赫那拉·桂祥之女，慈禧太后的侄女，光绪帝的表姐。

光绪十四年（1888 年），隆裕被太后慈禧太后钦点与光绪帝成婚。正当后宫上下为皇帝的大婚忙碌的时候，一件意想不到的事情发生了。在十二月十五日（1 月 16 日）深夜，紫禁城突起大火，烧毁了太和殿前的太和门。慈禧太后断然做出决定：婚礼如期举行，并且皇后必须经过太和门再入后宫。如何解决皇后入二道朝门成为问题，慈禧太后再次做出令所有人意外的决定：她居然责令扎彩工匠日夜赶工，在火场搭盖太和门彩棚，最终搭起了一座足可以假乱真的太和门。

光绪十五年正月二十七日（1889 年 2 月 26 日），是钦天监选定的皇后入宫吉日。午正二刻，是奉迎皇后的吉日吉时，光绪帝头戴珠冠、身着龙袍，升坐太和殿，文武百官三跪九叩，礼部官员宣读册封皇后的诏书。奉迎正使和副使待光绪帝回宫之后，率领着奉迎大臣们前往后邸迎接皇后入宫。与此同时，瑾嫔、珍嫔也由神武门被迎入后宫。

在婚期过后，隆裕皇后住进东六宫之一的钟粹宫。但光绪帝只宠幸珍妃，和隆裕皇后之间感情很不好。而慈禧太后之所以会挑选她为光绪帝的皇后，也是希望由自己的亲侄女来监视光绪帝的一举一动，因此光绪帝对她多有防备。她姿色并不出众，且性格柔懦，身为皇后既不得宠，在宫中也得不到慈禧太后的欢心，平日与诸命妇王妃见面时也不太有威信。

光绪二十六年（1900 年），因八国联军攻入北京，在联军攻入紫禁城

前夕，隆裕皇后随着慈禧太后、光绪帝和其余宫眷一同逃往西安。

光绪二十七年（1901年），一行人再度回到了紫禁城。在珍妃死后，隆裕皇后依然不得宠。

光绪三十四年（1908年），光绪帝在南海瀛台涵元殿驾崩，依慈禧太后遗命由溥仪继位，是为宣统帝。隆裕皇后被尊为皇太后，被称为"兼祧母后"，上徽号"隆裕"，史称隆裕皇太后。宣统帝登位时年仅3岁，因此由太后抚养。同时隆裕太后也实行垂帘听政，和摄政王载沣（宣统帝生父，光绪帝之胞弟）共同主掌风雨飘摇的清王朝。

据美国传教士赫德兰在《一个美国人眼中的晚清宫廷》里写道："隆裕皇后长得一点都不好看。她稍微有点驼背，瘦骨嶙峋。脸很长，肤色灰黄，牙齿大多是蛀牙。"

清末老太监信修明回忆说："因为她性质仁懦，不仅未受光绪帝的恩宠，就是慈禧太后也对她没有特恩。在宫廷里名有六宫之权，其实上既受制于太后和皇帝，对下不能管制二妃，尤不敢多言，就是对太监，也不敢骄傲自尊。每日必至两宫，早晚请安。请安完毕，只有闭宫自守，心中惴惴，

隆裕太后

惟忧郁而已。后只率二妃在太后面前奉侍。太后对她们虽无特别管束，但礼仪之缚人，有较平民更为严重。每日在太后面前，提心吊胆，只有与太监为伍。"

隆裕皇后不仅博览群书，对西方历史与政治也是有一定了解的。因此，她不会盲目反对维新变法的实行。虽然她的政治天赋比不上慈禧太后，但是在"开眼看世界"这一方面，隆裕皇后在当时的紫禁城中是非常进步的。曾和四格格、德龄一起探讨各国，她说："我知道每一个国家都有一个最高统治者，而有些国家是共和政体，像美国就是，美国对我们很友好。不过遗憾的是现在到美国去的都是些平民，没准人家美国人以为我们中国都是这样的人，我倒真希望能够

有几个满洲贵族去，好让他们知道我们到底是个什么样子。"然后她告诉德龄，自己正在读一些不同国家的历史，当然是已经翻译成中文的。

隆裕太后不善笼络人，所以亲信不多。自当了太后，时有秉裁军国大政，她才知道要守住太后的宝座，必须要保住溥仪的帝位，这就必须要建立自己的势力，尤其是与那些手握实权的亲贵与外臣联合。因此，当载沣树威立信、筹建统治班底之际，隆裕太后也不得不想方设法笼络一些大臣，以防止载沣权力过大，而危及自己的位置。隆裕太后拉拢的对象是庆亲王奕劻，奕劻因得慈禧太后的恩宠，受封清王朝最后一个铁帽子王爷，在朝中权力很大，与练兵起家的袁世凯共同抵制载沣。有一次载沣拟提名那桐为军机大臣，请示隆裕太后，不想隆裕太后却推荐袁世凯的拜把兄弟徐世昌当军机大臣。这一下，载沣被惹火，虽然他也答应让两人同时当军机大臣，但不无警告地提醒隆裕太后说：只有朝廷重大事件，太后才能出面商议，这些具体政务，不必烦劳大驾。载沣虽没明说，但隆裕太后心知肚明，是让她不要越位。经此一遭，本来就没什么实权的隆裕太后，从此就很少直接出面干涉载沣，对于幼帝只能尽母亲的责任，而对这个国家她已是有心无力。

1911年10月，辛亥革命爆发。12月6日，载沣奉隆裕太后懿旨辞去监国摄政王的职位。垂帘听政的隆裕太后，成为即将终结的大清王朝事实上的最高统治者和终极责任人。

12月7日，时任总理公署秘书的许宝蘅，在日记中记录了隆裕太后与内阁总理大臣袁世凯在养心殿内长达1个小时的对谈。隆裕太后表示："余一切不能深知，以后专任于尔。"并且任命袁世凯为议和全权大臣，委托唐绍仪为议和代表，负责与南方各省进行和平谈判。

12月28日，全国各地要求清帝逊位的呼声越来越高，隆裕太后召集庆亲王奕劻、袁世凯等王公贵族和国务大臣共商国是。她最后表态说："顷见庆王等，他们都说没有主意，要问你们，我全交与你们办。你们办得好，我自然感激；即使办不好，我亦不怨你们。皇上现在年纪小，将来大了也必不怨你们，都是我的主意。"说到这里她放声大哭，袁世凯等王公大臣也一同大哭。哭过之后，隆裕太后进一步表示："我并不是说我家里的事，只要天下平安就好。"清帝逊位的大政方针，至此已经初步确定。

逊位诏书颁布10天后，上海《申报》于1912年2月22日以《清后颁诏逊位时之伤心语》为标题报道说，2月12日，《清帝逊位诏书》由袁世凯在养心殿内呈献给隆裕太后，隆裕太后阅未终篇已泪如雨下，随后交给军机大臣世续、军谘大臣徐世昌盖用御宝。此时反对逊位共和的恭亲王溥伟自请召见，隆裕太后表示说："彼亲贵将国事办得如此腐败，犹欲阻挠共和诏旨，将置我母子于何地！"此时无论是何贵族，均不准进内，于是盖用御宝陈于黄案。"清后仍大哭。清帝时立清后怀中，见状亦哭，袁世凯君及各国务大臣亦同声一哭。"

隆裕太后下诏逊位后，毕竟心中难以释怀，郁郁寡欢，终致染病。

1913年，隆裕太后的"万寿日"（生日），在御殿接受朝贺时，见民国大总统袁世凯的专使梁士诒，用外国使臣觐见的礼节祝贺；宗室王公大臣多半回避，不肯入贺，殿上不过寥寥数人。抚今追昔，悲痛不已，以至一病不起。于同年2月22日在长春宫薨逝，享年46岁。溥仪上谥号"孝定隆裕宽惠慎哲协天保圣景皇后"。

时任民国总统的袁世凯随即下令全国下半旗致哀3日，文武官员穿孝27日。参议院除下半旗外，于2月26日休会一天。2月28日为祭奠之期，袁世凯还亲自臂戴黑纱，举哀致祭。当时的军政要员纷纷致电名义尚存的清室，对隆裕太后的病逝表示哀悼。

随后，在参议院议长吴景濂的倡议下，借商务总会为哀悼会的筹办事务所。全国各地纷纷响应这一号召，长春、辽阳、凤凰、铁岭、营口等各地都开会追悼隆裕太后，并各派代表入京参加追悼会。18、19两日，在大和门前广场隆重召开了全国国民哀悼会，到席者达5万人之多。民

慈禧太后与隆裕皇后

国政府于3月19日在太和殿召开了国民哀悼大会。灵堂上方悬挂着"女中尧舜"的白色横幅，灵堂正中摆放隆裕太后像，所有外露的梁柱均用白布包裹。殿堂内摆满了挽联、花圈。穿着清式丧服和现代军服的仪仗队在灵堂前左右站立。

哀悼大会还决定将要设

立皇太后的铜像,以表彰她的功勋。据当时各大报纸刊载,隆裕太后薨逝后,舆论界颇为惋惜。驻京各国公使对隆裕太后的薨逝亦均表惋惜,除亲去太和殿致祭外,于哀悼会期间,各使馆均下半旗致哀。

由于光绪帝的"崇陵"还没有修完,所以,隆裕太后的梓宫也只能"恭奉暂安"。奉移时由民国政府的仪仗队、军乐队前引,传统的满族执事:门纛、曲律(满语译音,即小纛旗)、影亭、亮轿、曲柄黄伞、鹰、狗、骆驼、刽子手、帐篷等随后。用的是 96 人的"落地满黄"的"皇杠"(即黄杠、黄罩、黄杠绳、杠夫戴的青荷叶帽插着黄雉翎,举黄色白光的拨旗,上书"恭奉暂安"字样),一直抬至前门火车站(西站),用慈禧太后曾经使用的专列,运至河北易州梁各庄行宫内暂安,等候崇陵竣工后,与光绪帝一起入陵。

隆裕太后的丧礼结束后,于民国 1912 年 3 月出版了一个线装石印的特刊《国民哀悼纪事录》。书前是一幅隆裕太后的御影,附有她宣布清帝逊位的谕旨。接着是太和殿内外哀悼大会的摄影 12 幅,还有各界拍来的唁电、挽联、致祭礼节、祭文、哀悼歌伺、皇室答词、外宾名单、工作人员名单等。

清廷最后和平退出政治舞台,没有酿成镇压和垂死挣扎的血案,无不与隆裕太后有关,因为她手中握有最后的权柄。正是这样一位悲剧女性,亲手结束了清朝统治,也结束了 2000 多年的封建统治。

第三章 丧权辱国

一、嘉道中衰启近代，帝国飘摇革命潮

1. 嘉道中衰

清朝从乾隆末年开始有衰落的现象。乾隆六下江南，并仿制江南园林广修园林，劳民伤财，政治日渐腐败。当时人口暴增与乡村土地兼并严重，使得许多农民失去土地；加上贪官和珅等官员腐败，于乾隆晚期到嘉庆时期陆续爆发民变。白莲教于乾隆三十五年（1770 年）举兵，后来又于嘉庆元年（1796年）爆发川楚教乱，8 年后被清军镇压，领袖王三槐被处死。台湾天地会领袖林爽文于乾隆五十二年（1787 年）发动林爽文事件。

乾隆六十年（1795 年），乾隆帝禅位于第十五子颙琰，即嘉庆帝。乾隆至嘉庆四年（1799 年）去世，嘉庆帝方得以亲政。然而嘉庆帝未能解决弊端，清朝继续走向衰落。道光帝也失去了早期君主锐意进取的精神，掌政风格日趋保守和僵化。官场中，结党营私、相互倾轧、卖官鬻爵、贿赂成风。军队里，装备陈旧、操练不勤、营务废弛、纪律败坏。

八旗盔甲

财政上，国库日益亏空、入不敷出。阶级矛盾激化，民变四起。

2. 开启近代

由于吏治的腐败，导致海关走私严重，鸦片贸易猖獗，道光十九年（1839年），道光帝为解决鸦片的弊端，派林则徐到贸易中心广州宣布禁烟。英国为了打开中国市场，在1840年发动了鸦片战争，清朝战败，被迫求和。道光二十二年（1842年），被迫同英国侵略者签订了不平等条约——《南京条约》，开启了中国近代史。

西方各国迫使清政府开港通商，加上地方官吏地主兼并土地，使得传统农村经济受到破坏。各地乘机纷纷起事，其中华北以捻乱为主，华中华南以洪秀全的太平天国与云南杜文秀、马如龙的云南回变为主。

咸丰元年（1851年），洪秀全于广西金田起义，联合天地会、三合会北伐。两年后攻陷并定都江宁，改称"天京"，并且发动两次西征。咸丰三年（1853年）五月初八，林凤祥、李开芳等奉命率师两万余人北伐。北伐军虽然一度进至天津附近，因孤军深入，被清军围困。后来曾国藩、左宗棠与李鸿章纷纷组织湘军与淮军抵抗太平天国。太平天国发生天京变乱后国力衰退，部分势力转入捻军。太平天国最后于同治三年（1864年）被湘军、淮军以及外国人组成的常胜军、常捷军围攻而亡。

咸丰六年（1856年），英国借口"亚罗号事件"、法国借口"马神甫事件"共同发动第二次鸦片战争。到咸丰十年（1860年），英法联军相继强迫清政府签订《天津条约》和《北京条约》。俄国趁火打劫，从19世纪50年代到80年代，侵吞中国北方150多万平方公里领土。根据一系列不平等条约，中国丧失大量领土、主权和财富，半殖民地半封建社会程度大大加深。

3. 改良中兴

咸丰十一年（1861年），咸丰帝在热河病逝，6岁的幼子载

洋务派在中央的代表人物奕訢

淳继位，即同治帝。咸丰帝本任命肃顺等八大臣赞襄政务，两宫太后与恭亲王奕䜣发动辛酉政变，两宫垂帘听政，最后由两宫之一的慈禧太后获得实权。被称为洋务派的奕䜣与曾国藩、李鸿章、左宗棠、张之洞等部分汉臣在消灭太平军时认识到西方的船坚炮利，并且鉴于两次鸦片战争的失败，以"师夷长技以制夷"、中体西用为方针展开自强运动，即洋务运动。

当时总理各国事务衙门与随后的北洋通商大臣负责对外关系与自强运动的策划与推行，先后引入国外科学技术，建立现代银行体系、现代邮政体系、铺设铁路、架设电报网。建立翻译机构同文馆、新式教育（新学），培训技术人才并派遣留学生到欧美日等先进工业国家，其中较为出色的有唐绍仪、詹天佑等人才。此外，还开设矿业、建立轮船招商局、江南制造总局与汉阳兵工厂等制造工厂与兵工厂。同时也建立新式陆军与北洋舰队等海军。洋务运动使得中国社会出现较安定的局面。其间太平天国于同治三年（1864年）灭亡。同治四年（1865年），僧格林沁的满蒙骑兵（八旗兵）中捻军埋伏后被全歼，赖洋务派左宗棠与李鸿章分别灭西、东捻，捻乱到同治七年（1868年）结束。同治元年（1862年）到光绪四年（1878年）间，左宗棠先后平定陕甘回变，平定新疆回乱，并收回伊犁。

洋务运动使得清朝的国力有了一定程度的恢复和增强，到慈禧太后与恭亲王联合执政的同治年间，清朝一度出现了较安定的局面，史称"同治中兴"。其间清朝在西方人的帮助下成功消灭内地的民变并收复新疆，在国际上的地位和形象因此有相当大的改善。至19世纪80年代，清朝军队的装备和洋务运动之前相比已有了明显的提高。

对外方面，光绪十年（1884年），清朝和法国为越南（安南）主权爆发中法战争。清朝失去藩属国越南，越南成为法国殖民地，台湾也宣布建省。战后，清朝设立了海军衙门。1885年，英国入侵缅甸，清朝驻英公使曾纪泽向英国抗议无效，隔年被迫签订《中英缅甸条约》，承认缅甸为英国所有。此时，日本在明治维新后国力大增，同治十一年（1872年），日本强迫清朝藩国琉球改属日本，清朝拒不承认，中日交恶。光绪二十年（1894年），中日甲午战争爆发，最后以清军落败而告终。

4. 帝国飘摇

清政府于光绪二十一年（1895年）与日本签订《马关条约》，割让台湾和澎湖列岛及其附属岛屿，失去藩属国朝鲜。洋务派李鸿章建立的北洋舰队全军覆没，也宣告自强运动最终失败。

面对民族危机，光绪二十四年（1898年），光绪帝与梁启超、康有为等资产阶级改良派领导发动政治改革运动——戊戌变法。但因为慈禧太后和保守派的反对，光绪帝遭到软禁，变法因此失败。变法前后只持续了103天，因此又被称为"百日维新"。

光绪二十二年（1896年），清廷为联俄制日，签订《中俄密约》。列强在

康有为

中日战争中国战败后，掀起瓜分中国狂潮。此时在华北冀鲁地区爆发以"扶清灭洋"为口号的义和团运动。慈禧太后欲借此排外，暗中默许义和团，向11国宣战。为保华中华南，东南各行省总督巡抚，不服从清廷对外宣战的敕命，发起东南自保，义和团事件引发西方列强的报复。

光绪二十六年（1900年），八国联军入侵北京。北京被联军占领，劫杀掳掠。慈禧太后率光绪皇帝逃往西安，慈禧太后认为此祸乃义和团引起，遂颁布剿灭义和团的命令。最终义和团运动在清军与八国联军的联合剿杀下失败。光绪二十七年（1901年），清朝同11国签订了《辛丑条约》。光绪三十年（1904年），日俄两国在东北的利益冲突爆发日俄战争，进一步加深中国的半殖民地化。

5. 革命风潮

清朝于八国联军入侵之后国势大坠，知识分子莫不提出各种方法拯救中国，主要分成立宪派与革命派两种改革路线。光绪二十七年（1901年），立宪派康有为、梁启超推动立宪运动，梁启超发表《立宪法议》，希望让光绪帝成为立宪君主。而慈禧太后为挽清朝衰落危局，有意效仿欧日的改革而推行清末新政。新政主要推行君主立宪、建立清朝新军、废除科举、整顿财政等一系列改革。而革命派对清廷的改革失望，他们主张推翻清朝，建立共和制。

孙文于光绪二十（1894年）在夏威夷檀香山建立兴中会；光绪三十年（1904年），黄兴于长沙成立华兴会；同年，蔡元培于上海成立光复会。

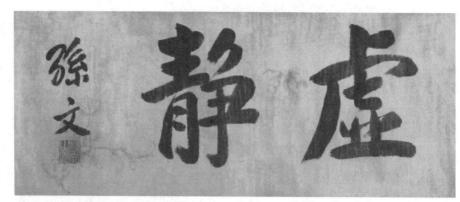

孙文手迹

光绪三十一年（1905年），孙文在日本联合兴中会、华兴会、光复会，成立中国同盟会，并提出"驱除鞑虏、恢复中华、创立民国、平均地权"的纲领。革命派联合旧有反清势力如三合会、洪门等，在华南地区发起了10次起事，并将势力渗入华中、华南的清朝新军。

当时立宪派与革命派为改革方式发生争执，一开始立宪派占上风，清廷也承诺实行立宪。光绪三十三年（1907年），清廷筹设资政院，预备立宪，并筹备在各省开办咨议局。光绪三十四年（1908年）七月，颁布《各省咨议局章程及议员选举章程》，命令各省在一年之内成立咨议局。同年颁布《钦定宪法大纲》，以确立君主立宪制政体，成立代议会。在立宪派成员的请愿下，清廷宣布预定在1913年召开国会。同年光绪帝与慈禧太后皆去世，溥仪继位，即宣统帝，其父载沣担任监国摄政王。

宣统三年（1911年）五月，清廷组成由庆亲王奕劻领导的"责任内阁"，这是中国历史上首次君主立宪。不过，该内阁中的很多成员为皇族身份，故被称为"皇族内阁"，引发立宪派的不满和失望，很多转向与革命派合作。

同年五月，四川等地爆发保路运动，清廷急派新军入川镇压。十月，革命派于湖北发起武昌起义，南方各省随后纷纷宣布独立。清廷任命北洋新军统帅袁世凯为内阁总理大臣，成立内阁并统领清兵。袁世凯一方面于阳夏战争中向革命军施压，另一方面却暗中与革命党人谈判，形成南北议和的形势。

1912年1月1日，中华民国于南京宣布成立，孙中山在南京就任中华民国临时大总统。2月12日，袁世凯迫使宣统帝溥仪颁布退位诏书，将权力交给袁世凯政府，清朝灭亡。

二、闭关锁国妄尊大，鸦片战争侵主权

1. 第一次鸦片战争

当英、美、法、日等列强进行如火如荼的资本主义革命时，清政府正闭关锁国，自以为"天朝上国"，不思改革，遂使中国在世界上落伍。英国通过鸦片贸易从中国攫取了大量白银，同时使我国军民身衰体弱，统治阶级中的有识之士纷纷要求禁销鸦片。

道光十九年（1839年），湖广总督、钦差大臣林则徐奉命于一月底到达广州，他一方面整顿海防，允许人民群众持刀杀敌；另一方面宣布收缴鸦片。三月，英国鸦片贩子被迫交出烟土237万余斤。六月初三，林则徐下令把这些鸦片在虎门海滩当众销毁，以示中国政府禁烟的决心。

英国政府以此为借口向中国发动了战争，道光二十年（1840年）一月，以懿律和义律为正副全权代表，懿律为侵华英军总司令，出兵中国。五月，英国舰船40余艘、士兵4000多名先后到达澳门附近海面，鸦片战争爆发。懿律率英军进犯广州海口，看到广州军民早已严密布防，遂转攻厦门，又被邓廷桢军击退。六月，英军北上攻占定海作为军事据点。8月，英舰抵达天津大沽口外。

道光帝慑于英军武力，又为投降派的劝说所动摇，遂改变态度，罢免了林则徐，改派直隶总督琦善为钦差大臣去天津和英军谈判。而此时英军因夏秋换季，疾疫流行，遂放弃定海，于8月中旬南返，双方议定在广州谈判。琦善到广州后，一反林则徐所为，命令撤除海防水勇，镇压抗英群众，一心议和。十二月，琦善与义律在广州开始谈判。

英军趁中方严防撤除、又因谈判而致海防松懈无备之际，于道光二十一年（1841年）一月初七发动突袭，攻陷了虎门附近的沙角、人角两炮台，并单方面宣布所谓的"穿鼻草约"。一月二十六日，英军攻占了香港岛。

道光帝得知琦善开门揖

虎门广场上鸦片战争纪念墙与折烟枪标志

盗，丢失两炮台后，下令锁拿琦善，并向英宣战，派侍卫内大臣奕山为靖逆将军，调兵万余赴粤抗英。英军先发制人，出动海陆军攻虎门，广州提督关天培亲率清兵迎击，清军刀矛不敌英军坚船利炮，关天培中弹牺牲。二月二十六日，英军攻占虎门、猎德、海珠等炮台，溯珠江直逼广州。四月，奕山率大军抵广州。五月二十四日，英军进攻广州，一路占领城西南的商馆，一路由城西北登陆，包抄城北高地，不久攻占城东北各炮台，并炮击广州城。奕山执行"防民甚于防寇"的方针，对英军侵略消极抵抗，在英军的迅猛攻势下，他与英人签订《广州和约》并征得道光帝批准，以缴600万元换得英军撤出广州地区。

与清政府的妥协投降态度相反，广州三元里人民在广州北郊牛栏冈附近围歼入这里的千余英军英勇作战，打死打伤英军数十人，并把四方炮台围得水泄不通。在广州知府的调停下，英军才得以解围。

英政府并不满意懿律和义律在中国获得的权益，改派璞鼎查（后来的首任港督）为全权代表来华，扩大侵略战争。八月二十一日，璞鼎查率37艘舰队、陆军2500人离开香港岛北上，攻破厦门，占据鼓浪屿；十月初一再次攻陷定海，定海总兵葛云飞英勇殉国。初十英军攻占镇海（今属宁波），钦差大臣、两江总督裕谦战死，英军旋占宁波城。

道光帝闻讯大惊，忙派吏部尚书大学士奕经调兵赴浙以收复失地。道光二十二年（1842年）三月，奕经在准备不充分的情况下全面反击，清军数战不利，撤回原地。

战败消息传到京师，朝野上下震动，道光帝无奈，只得派盛京将军耆英和伊里布赴浙向英军请和。璞鼎查不理会耆英的乞和，继续深入。五月十八日，英军攻取浙江平湖乍浦镇，六月十六日攻吴淞口，吴淞炮台守将陈化成壮烈牺牲，宝山、上海沦陷。英军溯长江西上，于七月二十一日陷镇江。八月，英舰陆续到达南京下关江面。清政府已无心再战，遂接受英方停战的条件，二十九日在英军舰"康华丽"号上，耆英、伊里布与璞鼎查签订了中国近代史上第一个不平等条约《南京条约》。条约共7条，主要内容是：割让香港岛，赔款2100万银圆，广州、福州、厦门、宁波、上海五口通商等。

《南京条约》严重侵害了中国的主权，标志着中国开始逐步陷入半殖民地半封建社会。

道光二十三年（1843年）八月十五日，清钦差大臣耆英与英代表璞鼎查在广东虎门又签订中英《五口通商附粘善后条约》（即《虎门条约》）《中英五口通商章程》附《海关税则》作为《南京条约》附件。其补充条款破坏了中国司法权、关税自主权，并使英国取得了片面最惠国待遇。从此，外国殖民者以条约形式对中国人民进行"合法化"奴役。古老东方帝国的门户被西方殖民者用大炮轰开了，各国侵略者接踵而来，中国的封建社会开始解体，向半殖民地半封建社会过渡。

2. 第二次鸦片战争

第二次鸦片战争是英、法在美、俄支持下发动的侵华战争。这次战争是为扩大鸦片战争的既得利益而发动的，史称"第二次鸦片战争"，又称"英法联军战争"。咸丰六年（1856年）十月，英国以"亚罗号事件"为借口进攻广州，正式挑起战争。两广总督叶名琛不作抵抗，英军一度攻入广州城。咸丰七年（1857年），英国政府任额尔金为全权专使，率领侵略军到中国扩大战争；同时向法、美、俄政府发出照会，提议联合出兵，迫使清政府签订新的不平等条约。法国政府借口"马神甫事件"，任命葛罗为全权专使，率领侵略军进攻中国。同年12月29日，英法联军攻陷广州，叶名琛被俘。咸丰八年（1858年）五月二十日，联军北上攻陷大沽炮台，进逼天津。清政府派大学士桂良、吏部尚书花沙纳赶往天津求和，被迫与英、法、美、俄四国分别签订了《天津条约》。后英法联军南撤。清政府于十一月在上海又同英、法、美三国分别签订了《通商章程善后条约·海关税则》。沙俄乘机又以武力强迫黑龙江将军奕山签订了中俄《瑷珲条约》。咸丰九年（1859年）六月，英法又以换约为借口，率舰队到大沽口外，向清廷施加压力，并于二十五日攻击大沽炮台。中国军队被迫自卫，

第二次鸦片战争时大沽炮台

打退英法联军。咸丰十年（1860年）八月，英法联军攻陷北塘、大沽，占领天津，进逼北京。九月下旬，咸丰逃往热河，委派其弟恭亲王奕䜣作为钦差大臣向侵略者投降求和。十月，英法联军在焚圆明园后进入北京。清政府分别与英、法、俄签订了《北京条约》，第二次鸦片战争结束。

三、觊觎西南侵内地，"不败而败"签新约

同英国一样，法国一直觊觎着中国的西南地区，多方探寻前往云南的通道。19世纪70年代，法国发现越南北部的红河可以直航中国云南。为了侵略中国，占领越北地区便成为法国的一个作战目标。同治十二年（1873年），法军侵占河内等地，越南国王请求驻扎在越南保胜（今越南老街）一带的中国黑旗军协同抗法。年底，黑旗军将领刘永福率部在河内近郊重创法军，击毙其将领安邺，迫使法军退出河内。光绪八年（1882年），法军入侵越南北圻地区，占领河内、南定等地。应越南国王请求，刘永福又一次率黑旗军于次年五月在河内近郊再创法军，击毙法军司令李威利。光绪九年（1883年）十二月，法军进攻驻扎在北圻地区的中国军队，正式挑起中法战争。

虽然在战前，清政府一直采取求和妥协的态度，但迫于舆论和民情的支持，还是做了战争的准备，而且清政府也改变了对黑旗军的态度，进行鼓励嘉奖，同时，越南人民也积极支持中国军队的抗法斗争。

光绪九年（1883年）九月，法国任命孤拔为越南北部法军总司令。十二月，孤拔率军6000余人，从河内出发，向驻有清军和黑旗军的山西城发起进攻。双方激战了3天，清军和黑旗军终抵挡不住败退，法军占领山西城。光绪十年（1884年）三月，法军1.2万人攻克由清军驻防的北圻战略要地北宁，不久即控制了整个红河三角洲地区。

清政府虽然在边境加强了兵力，调整了布防，但却一直想与法国妥协求和。四月十七日，中法在天津签订《中法会议简明条款》，清政府承认法国对越南的"保护权"，同意在中越边界开埠通商，并将全部驻越清军撤回境内。

《中法会议简明条款》签订后，法军下一步的战略目标就是把战火燃到中国境内。不久，法军制造了"观音桥事变"，以此为借口开始了对中国本土的进攻。五月下旬，孤拔率领法国舰队强行驶进福建水师基地马尾

军港。六月中旬，法国军舰又进犯台湾基隆，但被督办台湾军务刘铭传击退。

在法军驶入马尾港时，新任会办福建军务的张佩纶曾提出拦阻法船入口、"塞河先发"的建议，但没被清政府采纳。清政府在对外战争中不积极备战，而是指望英、美等国能出面调停。七月初三，法国驻福州领事向闽浙总督何璟发出最后通牒，限福建海军限时撤出马尾，不等答复，法舰发动突然袭击，大炮水雷同时轰击军港内的中国兵轮。福建海军仓促应战，9 艘舰艇被法军

马江海战纪念馆

击沉，伤亡 700 余人。其后，法舰又炮击马尾福州船政局。二十六日，清政府被迫正式对法国宣战。

清政府对法宣战后，确定了东南沿海防御、北圻陆路反攻的战略方针。西路清军在云南总督岑毓英指挥下，于八月下旬抵宣光附近，与黑旗军一起包围了宣光法军。法军决定在西线取守势、在东线取攻势。十月上旬，法军攻占台湾基隆，但却在淡水被清守军击退。十月下旬，法军宣布封锁台湾海峡。为打破法军封锁，南洋水师奉命出动分舰队开赴台湾海峡，孤拔亲率 7 舰北上拦截。光绪十一年（1885 年）二月底三月初，追击援台分舰队的法舰侵入浙江镇海海域，被镇海守军击退。

在越南北圻陆路战场，由于清军指挥失误，未能趁法军待援之机发起进攻，收复失地，致使法军得到增援，东线攻势得到加强。清军在法军面前一再退却。光绪十一年（1885 年）二月，法军占领镇南关（今友谊关），把战火烧到中国境内。二月上旬，清军在临洮大败法军，使西线战局得以扭转。与此同时，帮办广西关外军务冯子材受命指挥东线清军。冯子材到任后，协同众将，团结诸军，在镇南关前修筑长墙作为防御工事，把法军攻势阻扼在长墙之外。三月二十三日，法军 2000 余人分三路向镇南关猛攻。冯子材率众将奋勇拼杀，终于遏制了敌军的攻势。二十四日，冯子材身先

士卒，冲出关外，全军将士奋勇杀敌，击毙敌军近千名，取得了镇南关大捷，清军乘胜收复了谅山。

清军镇南关大捷的消息传至巴黎，导致了茹费理内阁垮台，于是法国加紧了与清政府的外交谈判。此时，清政府也不想再战，决定乘胜求和。四月上旬，中法签订停战协定，前线清军奉命克期停战撤回。六月上旬，中法两国签订《中法新约》，满足了法国在战前提出的侵略要求。

四、中日甲午开海战，舰队覆灭痛马关

明治维新后，日本开始大力发展资本主义，建立近代化国家。明治天皇具有极强的对外扩张欲望，极力鼓吹军国主义，并将侵略矛头首先指向其近邻朝鲜和中国。同治十三年（1874 年）日本侵略中国的台湾，虽未得逞，但却尝到了甜头，特别是中法战争造成的中国"不败而败"的结局，更加刺激了日本侵略中国的野心，于是日本伺机对中国发动大规模战争。

光绪二十年（1894 年）四月，朝鲜南部农民起义军占领全罗南道首府全州，朝鲜政府请求清政府派兵协助镇压。日本以清军入朝为借口，大批调遣日军赴朝，迅速抢占从仁川至汉城一带的战略要地，同时设立战时大本营，作为指挥侵略战争的最高机构。

八月上旬，卫汝贵、马玉昆、左宝贵和丰升阿等四部援朝清军万余人先后抵达平壤。八月中旬，日本大本营除已派第 5 师余部赴朝外，又增遣第 3 师参战，两师合编为第 1 集团军。同时，日方决定组建第 2 集团军，待机进攻中国的辽东半岛。

九月十五日，日军分三路进攻平壤，清军分路抗拒，左宝贵中炮牺牲，玄武门失守。叶志超指挥无方，见北门不守，即下令撤军，弃平壤逃走，渡过鸭绿江退入国境，日军轻易地占领了全部朝鲜。

日军在平壤得手后，遂寻机在海上消灭清政府的北洋舰队。九月十七日，北洋舰队在完成护航任务

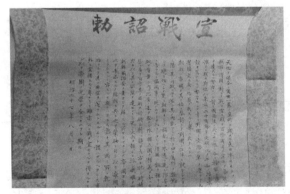

两国的宣战诏书

后正准备由大东沟口外返航，遭到了以中将伊东祐亨为司令的日军联合舰队的拦截，随即爆发了著名的黄海海战。战斗历时 5 个多小时，北洋舰队沉毁 5 舰，伤 4 舰，日本联合舰队伤 5 舰。日军在第一阶段作战中，适时调整作战计划，海陆同时出击。北洋舰队虽然受到重创，但实力还是相当强大，但李鸿章却令北洋舰队躲在威海港中，不许出战，使日本联合舰队达到了控制黄海制海权的目的，造成以后中国海军被动挨打的局面。

平壤之战和黄海海战后，由于对日军主攻方向判断失误，清廷集重兵于鸭绿江一线和奉天、辽阳之间。同时，为保卫北京，又在各省抽调兵力，驻守山海关至秦皇岛之间，以及天津、大沽、通州等地。这种部署使地处渤海门户正面的辽东半岛兵力不足，防御极其空虚。

日军第 1 集团军在九连城上游的安平河口突破成功，继而攻克虎山。其他各部清军闻虎山失陷，不战而逃。二十六日，日军未遇抵抗即占领九连城和安东（今辽宁丹东），清军鸭绿江防线崩溃。与此同时，日军第 2 集团军开始在旅顺后路的花园口登陆，意在夺取旅顺口和大连湾。十一月六日，日军攻占金州（今属大连）。七日，日军分三路向大连湾进攻，大连湾守军不战而逃，日军占领大连湾。十八日，日军前锋进犯旅顺口附近的土城子，除徐邦道率部奋勇抗击外，旅顺各守将毫无斗志，对徐邦道不加援助。二十二日，日军陷旅顺口，并血洗全城。

日军攻占旅顺后，以陆军第 2 集团军为基础组建"山东作战军"，又令联合舰队协同山东作战军作战，并以陆军第 1 集团军在辽东战场进行佯攻，继续吸引清军主力。清廷对日军主攻方向又一次判断失误，以重兵驻守奉天、辽阳及天津至山海关一线，北洋舰队则根据李鸿章"水陆相依"的防御方针，躲藏在威海卫港内，不许出战。

光绪二十一年（1895 年）一月二十日，日"山东作战军"在荣成龙须岛登陆，占领荣成。三十日，南帮炮台在日军的合围下陷落，随即北帮炮台也为日军占领。此后，日军水陆配合，攻击刘公岛和港内的北洋舰队。北洋舰队提督丁汝昌、总兵刘步蟾等先后自杀殉国。二月十七日，威海卫海军基地陷落，北洋舰队覆灭。

二月二十八日，日军从海城分路出击，三月四日进攻牛庄（今辽宁海城西北）。牛庄为清军后方根本，守军却极少，守军奋勇苦战，死伤被俘3000 多人，牛庄失陷。七日，日军攻克营口。九日，清军在田庄台大败。

至此，日军占领了辽东、辽南地区。

早在日军占领辽东半岛后，清廷便开始通过外交途径向日本请和，威海卫失陷后，清廷求和之心更切。在美国安排下，李鸿章以头等全权大臣的身份，在美国顾问科士达陪同下赴日议和。四月十七日，李鸿章在中日《马关条约》上签字，甲午战争结束。

五、《辛丑条约》中华耻，瓜分中国掀狂潮

1.帝国主义瓜分中国的狂潮

《马关条约》签订后，清政府割辽东半岛给日本。这损害了俄、德、法三国利益，于是就出现了"三国干涉还辽"的事件。

光绪二十二年（1896年）六月，俄国政府诱迫李鸿章在莫斯科签订了《中俄密约》。不久，俄国趁德国强占胶州湾之机，于光绪二十三年（1897年）底派军舰开赴旅顺，第二年迫使清政府签订《旅大租地条约》，强占旅顺、大连，并获得了南满铁路的修筑权，把整个东北划入了自己的势力范围。光绪二十三年（1897年）十一月，德国借口山东巨野两名传教士被杀一案，派兵强占胶州湾沿岸各地。光绪二十四年（1898年）三月，迫使清政府签订《胶澳租界条约》，把山东划入了自己的势力范围。

光绪二十一年（1895年）六月法国签订了中法界约和商约，获得了陆路通商减税的特权，并首先获得了筑路、开矿的特权。光绪二十三年（1897年）又先后强迫清政府保证不将海南岛、云南、两广割让或租借给他国。光绪二十五年（1899年）十一月，法国获得了租借广州湾的特权。从此，广东、广西、云南划入了法国的势力范围。

光绪二十四年（1898年）二月清政府被迫保证长江流域沿岸地区不让与或租给英国以外的国家。六月又与英国签订《展拓香港界址专条》，获得"新界"的租借权。七月，又获得租借威海卫的权利。这样，英国在长江流域及华南、西南、东北等地都划定了自己的势

时局图

力范围。

美国由于种种原因没能参加瓜分中国的狂潮，光绪二十五年（1899年），提出了"门户开放"政策，要求享受其他列强在中国的所有权利。

2. 八国联军与《辛丑条约》

光绪二十六年（1900年）六月，为镇压中国人民的反抗，英、美、俄、日、法、德、意、奥八国联军2000多人，由英国海军中将西摩尔率领，分3批从大沽经天津乘火车北进。消息传到北京，董福祥率领的清兵甘军迅速控制了北京车站，准备迎击联军。前往火车站迎接联军的日本使馆书记官杉山彬，在永定门外被甘军射杀。在联军开往北京的途中，沿铁路线的义和团及民众破坏铁路，随处拦击侵略军。当联军到达廊坊时，发生了廊坊之战。

各国公使感到形势恶化，立即举行会议，一致同意调军队保护各国使馆。驶达大沽口外的各国舰队先后接到奉命进京的电报，并迅速派出陆战队，由海河乘船到达天津，准备向北京进犯。后来，迫于列强的威逼，慈禧太后命令总理衙门同意八国调兵入京，但每一国派兵不得超过30名。这些军队实际上是八国联军的先遣队。进入天津租界内的各国军队后来已达2000人。

七月中旬，八国联军攻陷天津，清政府宣布对各国开战。义和团著名首领张德成率"天下第一团"5000多人进入天津，参加战斗。义和团和清军攻打紫竹林的战斗整整持续了一个月，天津防御力量急剧衰退。但是此时清军又开始大肆捕杀义和团，致使天津最后失陷。八国联军接着向北京进攻。8月中旬，八国联军侵入北京。北京陷落。联军入京后，对北京义和团和广大民众进行了残暴的屠杀，联军还在城中肆意放火，大批珍贵图书档案遭到焚毁和劫掠。

此后，列强又为"惩凶"和"赔款"问题激烈争吵，直至光绪二十七年（1901年）九

八国联军

月七日，才签订了《辛丑条约》，正约之外还加了 19 个附件，主要内容是：

（1）中国赔款白银 4.5 亿两，以海关税、常关税、盐税为担保，分 39 年还清，加上年利 4 厘，总数共达约 9.8 亿两。还有各省地方赔款共 2000 多万两。

（2）在北京划东交民巷为使馆区，各国在此驻兵，中国人不准在区内居住。

（3）北京到大沽的炮台"一律削平"，从北京到山海关铁路沿线的 12 个战略要地准许各国派兵驻守。

（4）惩办义和团和支持它的清朝官员，永远禁止中国人成立或加入反对洋人的组织，违者处死。地方官辖区内若有此类活动，必须立时镇压，否则"即行革职，永不叙用"。

（5）改总理各国事务衙门为外务部，"班列六部之前"。

就是如此丧失民族尊严的和约，清政府依然在上面签了字，而且表示说，要"量中华之物力，结与国之欢心"，完全成为"洋人的走狗"，让中国完全沦为半殖民地。

经过八国联军这场洗劫，至少有 3000 万以上无辜的中国人家破人亡，而慈禧太后却依然在西安悠然自得地看戏。

第四章 反抗斗争与救亡图存

一、戕中华烟毒泛滥，林则徐虎门销烟

1.鸦片战争前的中国和世界

17 世纪 40 年代，在东方，是清顺治元年（1644 年）清军入关，定都北京，建立了中国封建社会最后的一个王朝——清朝；在西方，是明崇祯十三年（1640 年）英国国王与国会斗争加剧，不久爆发内战，从而开辟了资产阶级世界革命的新时代。

清朝开国之初，在康熙、雍正、乾隆三朝，曾经有过一番兴旺的气象。康熙皇帝（1662—1722 年在位）励精图治，对内重视安定统一，发展社会经济，对外维护国家主权，抵抗侵略，有效地遏制了来自海上和沙皇俄国的殖民扩张。到乾隆皇帝（1736—1795 年在位）初期和中期，国势达于鼎盛。这 100 多年，史称"康乾盛世"。到 18 世纪末，西方资本主义国家的武装入侵和外交讹诈，并没有能打开中国市场的大门；沙俄侵占中国领土的野心，也未能得逞。

19 世纪之后，封建主义的中国和欧美资本主义各国的差距越来越大了。随着生产力发展的一快一慢，国力对比的一升一降，中外关系的格局，产生了巨大而急遽的变化。

乾隆末年，清王朝已明显地由盛转衰。自嘉庆朝（1796—1820 年）至鸦片战争前夜，整个封建制度已危机四伏。

以小农业和家庭手工业相结合为基本特征的自给自足的自然经济，一直是中国封建时代的社会经济基础。从明朝中叶开始，中国封建社会母体

内商品经济的发展，已经孕育着资本主义的萌芽。到鸦片战争前夜，在丝织、棉纺织、陶瓷、煮盐、采铜冶铜、采铁冶铁、制茶、制糖、造纸、木材加工等行业中，更出现了具有资本主义性质的手工工场。但是，清政府一直推行"重农抑商"政策，把先进的工业技艺

吸食鸦片的情形

视为"奇技淫巧"。根深蒂固的封建势力，阻碍了资本主义因素的发展。

中国封建社会的主要特点之一，是地主阶级、贵族和皇帝拥有最大部分的土地，而农民则很少或者完全没有土地。这种时张时弛的土地兼并、集中现象，到了19世纪初更是惊人。据清嘉庆十七年（1812年）统计：直接间接掌握在皇帝手中的土地，竟达83万顷（每顷100亩）。其他大地主大官僚也占有大量土地，北方的官僚豪富，有的拥地数百万亩，或"膏腴万顷"；江南一带，豪强兼并，土地集中在百分之一二十的人口手里，以致"田主不知耕，耕者多无田"。

保护封建剥削制度的清王朝，是一个君主专制政权，鸦片战争前即已腐朽不堪。外迫强敌，祸在眉睫，清王朝依然昏昏沉沉。道光皇帝（1782—1850年）虚骄自大，封疆大吏闭塞无知，吏治黑暗，贿赂公行，朝廷充斥"除富贵而外不知国计民生为何事，除私党而外不知人材为何物"的老朽官僚；地方官吏，"为大府者，见黄金则喜，为县令者，严刑非法以搜括邑之钱米"。

国家政权的主要成分军队，也逐渐瘫痪。以刀、矛、弓箭、短剑、藤牌、甲胄和少量火绳枪、滑膛炮等老式兵器装备起来的八旗兵、绿营兵，鸦片战争前夕约有90万（内八旗兵为22万）。不仅兵器落后，而且营务废弛，百弊丛生。当时任鸿胪寺卿的黄爵滋奏称："今日之兵，或册多虚具"，或"粮多冒领"，或"老弱滥充"，或"训练不勤"，或"约束不严"，"凡此诸弊，翻为兵蠹，稍有缓急，其何可恃？"驻防京城的八旗兵，竟三五成群，手提鸟笼雀架，终日闲游，甚而相聚赌博。有些海防要塞，使用的还是300年前的旧炮。至于沿海水师所用战船，大多是以"薄板旧钉"制成，"遇击即破"。

为了维护封建专制统治，镇压和消弭汉族知识分子及其他反抗势力的"排满"思想，清朝统治者从入关之初，就采取怀柔与高压相结合的手段，实行严厉的文化专制政策。封建士大夫被迫面向故纸，背对现实；或沉湎于科举考试，猎取功名利禄；或从事烦琐考据，不敢触及政事。他们闭目塞聪，孤陋寡闻，甚而"不读秦汉以后之书，更不考地球各国之事"。

随着封建王朝统治危机的加深，人民再也无法照旧生活下去了。从嘉庆朝开始，到鸦片战争爆发前，广大农民在北方以白莲教为主，在南方以天地会为主，不断揭竿起义，反抗地主阶级残酷的经济剥削和政治压迫。

正当清朝国势江河日下之时，英、法、美等国的资本主义却在迅猛发展。

英国资产阶级掌握政权后，为了争夺海上霸权，扩张和掠夺殖民地，从17世纪50年代至18世纪60年代，先后打败葡萄牙、西班牙、荷兰以及法国，成为显赫一时的"海上霸王"。英国从18世纪60年代起开始工业革命，用机器工业逐渐代替工场手工业。到19世纪三四十年代，这个过程大体完成。据统计：1835年，英国已拥有蒸汽机1953台，纱锭900万枚，年产生铁102万吨，煤3000万吨。这时，英国已成为世界上最强大、最先进的资本主义国家，它的炮舰走遍全球，它的工业占世界总产量的一半，它的贸易额在各国对华商务中占压倒优势。适应炮舰政策和经济掠夺的需要，英国的军事工业也在急速发展。当时，它已经拥有主要靠帆力航行，但也装备了蒸汽机的海军舰船，这种两层或三层的木质装甲舰船，每艘配备几十门精良大炮，陆战部队则使用新式的来复枪和各式大炮。

法国经过1789年资产阶级革命，为资本主义的发展扫清了道路。从19世纪20年代起，工业革命在国内大规模地进行。到1830年，法国拥有蒸汽机625台，1837年生铁产量达59万吨；1815—1840年，棉织品的产量也增加了3倍。鸦片战争前夕，法国的工业产量在世界上已居第二位，但对东方的商品贸易额仍很小。

清军购回的1080吨甘米力治号战舰模型

美国资产阶级是在1776年

独立战争后取得政权的。鸦片战争前，它的对华贸易额仅次于英国而占第二位。美国运来中国的货物，主要是北美的人参、毛皮、棉花，南洋的檀香，从土耳其转卖的鸦片，以及从英国贩运的工业制造品；带回去的则是中国的茶叶、生丝和"南京布"（即土布）等。优厚的利润和美国政府的保护与帮助，使美国资产阶级"把中国看成是一个不可限量的销货市场"。

清政府在很长一段时间里，对外实行闭关政策。

乾隆二十二年（1757年），乾隆皇帝下令封闭江、浙、闽三关，只留粤海关广州一口对外通商。乾隆二十四年（1759年），两广总督李侍尧上奏乾隆皇帝，在广东颁布了《防范外夷规条》。其后，清政府又陆续颁发《民夷交易章程》（1809年）、《防范夷人章程》（1831年）等，对外国人的商务活动、居留期限、居住场所、行动范围、华夷交往等，作了苛细而繁杂的规定。构成闭关政策的另一项措施，是乾隆二十五年（1760年）在广州恢复的公行制度。公行，是经清政府登记认可，由专营对外贸易的行商（亦称洋行、洋商、洋货行）组成的垄断性组织。它具有亦官亦商的职能：清政府给参加公行的行商以包办一切进出口贸易的独占权，公行商人则对清政府承担一定的义务，如担保外商缴纳税饷、规礼，负责约束外人在广州的起居行动，充当清政府与外商间一切交涉的中间人等。

当时中国社会中，小农业和家庭手工业密切结合着的自然经济，有力地抵抗了西方工业品的侵入。清朝限制对外通商的政策，即所谓闭关政策，也起着保护封建经济的作用。英国急于输出的棉、毛纺织品，在中国都缺乏销路。毛织品的滞销是由于不合内地穿着习惯。外来棉布价格既高又不耐久，不能和土布竞争。印花布虽然在19世纪20年代初叶被认为"愈洗愈鲜"，胜于"一洗即模糊"的内地印花布，但实际销路更有限。棉纱输入值也远不及印度进口的棉花（鸦片战争前夕，印棉进口年约25万包，值100多万英镑）。30年代初叶，英国人已经了解：中国自己植棉很广，但消费棉花数量甚大，在中国市场上容易推销的是棉花而不是纱、布等制成品。从20年代末叶到鸦片战争前夕，英国输华棉布虽然增加了一倍多，棉纱增加了5倍多，但每年总值不及70万英镑，加上其他制造品也不过100万英镑左右。而中国销英茶叶每年约值1000万银圆，丝和丝织品有二三百万银圆，合计在600万英镑以上。正当的贸易平衡有利于中国，这是英国资产阶级认为不利的情况，还要提到的是，在19世纪20年代，中国每年经英、美商人输出土布多至 300 多万匹，远销美国、南美洲。在 30 年代输出量减少，但经英商输出的每年也还有几十万匹。

2. 鸦片贸易

1757 年，也就是清政府下令闭关的同一年，英国东印度公司占领了鸦片产地孟加拉。工业革命以后，英国对华贸易急剧增长。为了追逐利润，扭转贸易逆差，英国开始公开对华进行鸦片贸易。

鸦片，俗称大烟，是用罂粟汁液熬制而成的麻醉毒品，原产于南欧、小亚细亚，后传于阿拉伯、印度和东南亚等地。因为它有催眠、镇静、止痛等作用，自明代以来一直作为药材征税进口。17 世纪，吸食鸦片烟的恶习，从南洋传入中国。

输入中国的鸦片，主要有产于印度的孟加拉鸦片、麻洼鸦片，以及土耳其和波斯鸦片。西方殖民者侵入印度后，葡萄牙人首先从果阿、达曼向中国澳门贩运鸦片，但数量不大，1729 年清政府下令禁烟前，每年不超过 200 箱。1757 年英国占领孟加拉后，迅即夺去其他各国商人和印度商人在孟加拉收购鸦片的权利，于 1773 年从加尔各答向中国试销鸦片成功。从此，英国成为最大的鸦片贩子。

1773 年是英国对华鸦片贸易史上极为重要的一年。这一年，华伦·哈斯丁（W.Hastings，1774 年第一任印度总督）制定了英属印度政府的鸦片政策，帮助英国东印度公司取得鸦片专卖权。以垄断方式来增加生产，鼓励出口，毒害和掠夺中国人民。哈斯丁在印度总督任内一再强调，"不要干涉鸦片收入"。1797 年，东印度公司又取得了制造鸦片的垄断权。

清政府是三令五申禁止贩运和吸食鸦片的。雍正七年（1729 年）颁发第一道禁烟诏令，对兴贩鸦片、私开烟馆者治刑，但对吸食者尚未论罪。自乾隆四十五年（1780 年）至道光十九年（1839 年）的 60 年间，清政府上自朝廷，下迄督抚衙门，先后发过 45 道严禁贩运和吸食鸦片的谕旨、文告。但是，由于外国鸦片贩子走私与行贿并用，清朝整个官僚体制腐败，明发禁令，暗受贿赂，因此不管是道光以前采取的"塞源"（禁止鸦片输入）、"遏流"（查禁内地私销），还是道光时期加上的"正本"（禁止官民吸食），都没有能收到禁烟的预期效果。

烟毒在中国的泛滥从 19 世纪起，鸦片开始大量流入中国。据不完全统计，19 世纪最初的 20 年中，英国自印度输入中国的鸦片每年平均约为

4000 余箱（每箱约 120 斤）。30 年代以后，鸦片输入量迅速增加，1838—1839 年已达到了 35500 箱。英国资产阶级利用肮脏的鸦片贸易开辟了中国市场，同时也发展了印度市场。英国在印度大量销售棉纺织品及其他工业品以购买鸦片，然后再用这些鸦片运到中国换取它所需要的丝、茶等物。在英—印—中即纺织品—鸦片—丝、茶这个三角贸易关系中，英国资产阶级获取了双重的利益。

由于鸦片输入额的激增，中国失去了对外贸易中的长期优势，由原来的出超变为入超，贸易逆差的差额越来越大。从 19 世纪 30 年代起，英国输入中国货物的总值中，鸦片已占到了 50% 以上。英国通过鸦片每年从中国掠走的银圆达数百万之多。

同时参与向中国贩卖鸦片的，还有美国和俄国。美国主要是从土耳其贩运鸦片到中国来。为了抗拒中国水师的缉私，美国的鸦片贩子专门制造了一种配有武器装备的"飞剪船"。鸦片战争前，美国输入中国的鸦片总额仅次于英国。从 19 世纪 30 年代起，沙皇俄国也从中亚向中国偷运鸦片。

鸦片的大量输入给中国社会带来了无穷祸患。鸦片摧残人的身体健康，损伤人的智力，麻痹人的意志。在道光时期，鸦片的销售已遍于全国。据估计，中国受鸦片毒害的人数约有 200 万之众。

非法的鸦片走私，使中国蒙受到严重的危害。

首先，鸦片输入的增加，造成中国的白银大量外流，致使清朝的财源日益枯竭。根据不完全统计，1830 年由英商运出的就有 670 余万元。鸦片战争结束前，一年流出 1000 多万元。10 余年中，流出银了总数达一亿数千万元。

其次，大量的白银外流导致了银贵钱贱的后果。18 世纪末，一两白银折换铜钱 1000 文左右。到鸦片战争前的道光十八年（1838 年），则增加到一千六七百文。

清宫档案中的广州十三行

农民完粮纳税是以白银计算，过去卖一石谷可纳税银一两，而今差不多要用两石谷。农民的负担因此而加重，生活日益贫困。

再次，鸦片走私的结果，使清朝的政治更加腐败。鸦片贩子贿买清朝官吏，共享其非法收入。清政府虽多次颁布谕令、文告禁烟，然而鸦片走私却日益猖獗，这与吏治的腐败紧密相关。

最后，清军官兵中吸食鸦片者广泛存在，这使清朝的军队更加丧失战斗力。银荒又引起商业的停滞和物价的上涨。烟毒泛滥的影响波及全国各阶层人民。

3. 虎门销烟

道光十六年至道光十八年（1836—1838年）的几年中，鸦片问题引起清政府的讨论。统治集团出现了主张严禁和主张弛禁两派的争执。道光十六年（1836年），太常寺卿许乃济奏请承认鸦片为合法贸易品，理由是政府可借此增加大笔税收，弥补财政困难。弛禁派这种妥协主张，是当时官僚政治苟且因循病入膏肓的表现，也是统治集团中若干大小官僚不肯放弃从鸦片贸易营私肥己的反映。这种势力以当权派首席军机大臣穆彰阿和大学士直隶总督琦善等为代表。

穆彰阿历任各部尚书、大学士，值军机10余年。琦善任直隶总督也有10年。他们反对一切改革，揽权营私，深得道光帝的信任。其他军机大臣如潘世恩是穆彰阿的阿附者。另一军机大臣王鼎不与穆彰阿等苟合，但也不敢公开支持反对派。弛禁主张已由广东官吏奏准，以内阁学士礼部侍郎朱嶟反对，因而搁置。

道光十八年（1838年）六月，鸿胪寺卿黄爵滋上奏，痛陈鸦片祸害，揭发官吏包庇，主张严惩吸烟者以遏制鸦片的输入。严禁派的主张得到舆论的广泛拥护，取得了胜利。道光帝命令负有清望而且办理禁烟有成效的湖广总督林则徐进京讨论查禁事宜。两广总督邓廷桢从依违犹豫转而认真禁烟，十二月十二日，广州爆发了一万多人的群众示威，反对英、美等国暴徒干涉广东当局在商馆前处绞烟贩。到了年底，道光帝决定派林则徐为钦差大臣前赴广州查禁鸦片，并命令由他节制广东水师。

道光十九年（1839年）三月，林则徐到达广州。他出告示晓谕军民绅商，凡吸食鸦片者要立即呈缴烟土烟具，限期戒除，同时还指名捕拿贩烟要犯。林则徐的禁烟行动得到了广州人民的大力支持，城乡各地纷纷呈缴烟膏烟

虎门销烟浮雕

具，揭发检举鸦片贩子。虎门附近的群众自动组织起来，一发现走私鸦片的商船，立即遍吹螺号，集合渔船，前后纵火，将其烧毁。在人民群众的支持与推动下，查禁鸦片的工作进行得极为顺利。这使林则徐禁烟的决心大为增强，向外国烟贩庄严宣告："若鸦片一日未绝，本大臣一日不回，誓与此事相始终，断无中止之理。"在林则徐的领导下，禁烟运动迅速趋于高涨。

英国资产阶级阴谋破坏这场禁烟运动。英国驻华商务监督义律指使大鸦片贩子颠地潜逃，并阻止英商缴烟。林则徐接到当地群众的禀报后，派人监视洋馆，同时下令停止了中英贸易。义律看到阻挠缴烟的计划无法实现，转而要求英商接受缴烟的命令，同时劝美国商人也一起缴烟，声称烟价统由英国政府付给。义律这样做的目的，是把中国处分鸦片贩子的问题，扩大为中英两国政府之间的争端，为英国发动战争制造借口。

在中国人民禁烟斗争的压力下，英美鸦片贩子被迫缴出鸦片2万多箱，有230多万斤。6月3日至25日，林则徐率领地方官吏，在虎门"就海滩高处，周围树栅，开池漫卤，投以石灰，顷刻汤沸，不爨自燃，夕启涵洞，随潮出海"，将缴获的全部烟土当众销毁。虎门销烟这一伟大行动打击了外国侵略者的气焰，向全世界表明了中国人民反抗外来侵略的坚强决心。

林则徐领导的这场禁烟运动的历史意义，远远超过查禁鸦片的本身。虎门销烟是中国人民反帝斗争的伟大起点。

二、受凌辱揭竿而起，三元里痛击英军

三元里抗英事件是第一次鸦片战争时期英国军队与非官方武装力量间

在广州市郊外三元里发生的冲突事件。

道光二十年（1840年）六月，英国发动对华的鸦片战争。道光二十一年（1841年）五月二十五日，英军攻陷广州城北诸炮台，设司令部于地势最高的永康台。永康台土名四方台，距城仅一里，大炮可直轰城内。清军统帅奕山等求和，二十七日与英订立《广州和约》，以支付英军赎城费、外省军队撤离广州等条件，换取英军交还炮台、退出虎门。但和约墨迹未干，英军就不断窜扰西北郊三元里及泥城、西村、萧冈等村庄，抢掠烧杀，奸淫妇女。广大民众义愤填膺，各地团练共图抵抗。

二十九日，英军劫掠队到三元里一带抢掠烧杀，奸淫妇女。韦绍光是三元里当年的抗英志士，又名进可，广东南海人。当他的妻子被窜扰三元里地区的英军士兵调戏的时候，韦绍光揭竿而起，联合村民逐走英军。三元里村民们估计英军会前来报复，村民在村北的三元古庙前集会，群情激昂，决定武装抗击。同时，萧冈举人何玉成等爱国乡绅"柬传"广州东北郊、南海、番禺、增城各乡，联络了三元里及周围103乡的农民约15000人组成平英团，齐聚在三元里村东北的牛栏冈上。他们商定利用此处的复杂地形，诱歼敌人，一旦发现英军，就"一乡锣响，众乡响应"。各乡代表在韦绍光率领下，众志成城，在庙前誓师，并宣誓"旗进人进，旗退人退，打死无怨"。三十日清晨，南海、番禺百余村团练手持戈矛犁锄，群起围困永康台。相持近半日，英军司令卧乌古（又译作"郭富"）亲自带兵出击。团练且战且退，诱敌至牛栏冈丘陵地带。时大雨骤至，英军火枪受潮不能发射（印度雇佣兵，英方给他们装备的是比较落后的燧发枪，一遇雨淋便不能使用），团练民众冒雨反击，将英军分割包围，肉搏鏖战。追击过程中，英军第三十七团的一个连（60人）被义军截至稻田中，三四十名印度雇佣兵被刀砍毙伤。英军派出两个水兵连，带着"雷管枪"（不怕雨天）前来增援。被围困两小时之后，晚上9时，英军方撤退至四方炮台。

按国内通行说法，此战共毙伤英军少校军需毕霞（一译比彻）

三元里民众的讨英檄文

以下近 50 人，生俘 10 余人（一说歼敌 200 余人）。而据卧乌古报告，为战死 5 人，受伤 23 人，毕霞系"疲劳过度而死"（另一说法死 7 人，伤 42 人）。

31 日，三元里人民再次包围四方炮台。广州手工业工人以及附近州县如花县、增城、从化等地团练也陆续赶来，围台民众增至数万，相约饿死英军。他们用土枪、土炮、矛戈、盾牌、锄头、镰锹等，与英军作战。可谓"刀斧犁头在手皆成武器，儿童妇女喊声亦助兵威，并且各乡的农民战士送饭"。卧乌古不敢再战，转而威胁官府，扬言毁约攻城。奕山等闻讯恐慌，急派广州知府余保纯出城，先安抚英军，复率番禺、南海两县令向团练中士绅施加压力。士绅潜避，团练逐渐散去，台围遂解。英军撤出虎门时发出告示，恫吓中国人民"后勿再犯"。人民群众当即发出《申谕英夷告示》，警告英军，若敢再来，"不用官兵，不用国帑，自己出力，杀尽尔等猪狗，方消我各乡惨毒之害也"！

虽然由于清政府的腐败无能，人民的抗英成果没有对战局产生大的影响，但三元里人民抗英斗争的精神永远值得我们学习。

三元里抗英斗争是近代史上中国人民第一次自发的大规模抵抗外国侵略的斗争，表现了中国人民不畏强暴、抵御外敌的爱国精神。

三、原道救世洪秀全，太平天国均田亩

道光二十三年（1843 年），洪秀全吸取了《劝世良言》中所宣传的创造天地万物人的"神天上帝"，是独一真神及在上帝面前人人平等的思想，创立"拜上帝会"。最早接受洪秀全拜上帝思想的是他的同学冯云山和族弟洪仁玕。第二年，洪秀全与冯云山同到广西贵县一带进行"拜上帝会"的宣传和组织活动。不久，洪秀全又回到广东花县家乡进行理论创作。洪秀全先后写出了《原道救世歌》《原道醒世训》和《原道觉世训》3 篇著作。《原道救世歌》宣传宇宙间唯一主宰，拯救万物的真神是上帝，"开辟真神唯上帝，无分贵贱拜宜虔""天父上帝人人共，何得君王私自专"。又说，普天之下皆兄弟，上帝视之皆赤子。这就否定了封建帝王至高无上的权力。《原道醒世训》中说，天下男人都是兄弟之辈，天下女子都是姊妹之群，不应存在此疆彼界之私，更不应存在你吞我并之念。宣传了经济上的平等思想。《原道觉世训》中明确地把皇帝指作"阎罗妖"，把贪官污吏指作"妖卒鬼徒"，蔑视皇权，号召人民群众起来击灭"阎罗妖"。在同一时间里，冯云

山在紫荆山区进行"拜上帝会"的宣传和组织工作。道光二十七年（1847年）上半年，"拜上帝会"会众已达2000多人。是年八月，洪秀全再次到广西，在紫荆山与冯云山会合，共同制定"拜上帝会"的各种宗教仪式和10款天条。并派人四出发展会众，其会众主要是贫苦农

太平天国金殿

民。第二年七月，杨秀清、萧朝贵、韦昌辉、石达开和洪秀全、冯云山结成异姓兄弟，"拜上帝会"从此有了领导核心。

"拜上帝会"在其发展过程中，同封建势力的斗争逐渐公开化，会众开始捣毁甘王庙及紫荆山区的神庙社坛，与地主团练也展开了斗争。道光三十年(1850年)广西群众的反抗斗争继续增多。同年七月，洪秀全发布"团营"总动员令，各地会众纷纷变卖田产房屋，向"拜上帝会"总机关所在地金田村进发。十一月，各路会众均汇集在金田村，约2万人。在"团营"过程中制备器械，编制营伍，一同拜上帝，广大分散的农民组织成一个严密的武装集团。

道光三十年十二月十日（1851年1月11日），"拜上帝会"会众在广西桂平县金田村正式起义，建国号"太平天国"。随即东进，占领交通要道江口镇。"天地会"罗大纲、苏三娘（女）等率众几千人也投入太平军，声势更加壮大。三月，太平军转而西进，入武宣县境。洪秀全在武宣东乡即位称大王，封杨秀清为中军主将、萧朝贵为前军主将、冯云山为后军主将、韦昌辉为右军主将、石达开为左军主将。此后半年，太平军转战武宣、象州和紫荆山区，设法打破清军的包围堵截。九月，太平军乘胜攻克永安州城（今蒙山县），这是"太平天国"起义以来占领的第一座城池。洪秀全在这里封杨秀清为东王、萧朝贵为西王、冯云山为南王、韦昌辉为北王、石达开为翼王，西王以下，俱受东王节制。又封秦日纲、胡以晃为丞相，罗大纲为总制。其余有功将士，均分别擢拔任职。洪秀全又针对农民起义队伍在战斗过程中产生的实际问题，发布许多诏令：严禁兵将私藏在战斗

中缴获的各种财物，巩固圣库制度，告诫全军恪守天条天令，严守纪律，警惕敌人的诱惑；勉励将士团结一致，同心协力，"男将女将尽持刀""同心放胆同杀妖"。同时，清除了暗藏的奸细。《太平诏书》《太平军目》《太平条规》《天父下凡诏书》等一批重大文献也先后刊刻公布。这就是著名的"永安建制"。"太平天国"的政治制度从此粗具规模。咸丰二年（1852年）四月，太平军从永安突围，北上攻桂林不下，进占全州，入湖南。在全州战斗中，南王冯云山负重伤身亡。入湖南后，太平军连克道州、江华、永明、嘉禾、蓝山、桂阳、郴州等地。这一带的"天地会"群众争相参加太平军，多达五六万人。九月，太平军猛攻长沙不克，西王萧朝贵中炮牺牲。十一月，撤围长沙，转经益阳、岳州，向湖北挺进。太平军在岳州建成水营，战斗力继续加强。咸丰三年（1853年）一月，太平军攻克武昌，进城后，太平军宣布："官兵不留，百姓勿伤"，群众积极参军，队伍猛增至50万人。随后顺江东下，水陆并进，旌旗蔽日，连克九江、安庆、芜湖，于同年三月十九日占领江南第一重镇南京，随后以南京为都，改称天京，正式建立了一个与清朝政权相对峙的农民政权。不久，又攻下镇江和扬州。

咸丰三年（1853年）五月，太平军约2万人在天官副丞相林凤祥、地官正丞相李开芳、春官副丞相吉文元的率领下自扬州出发，举行北伐。历经江苏、安徽、河南、山西、直隶、山东6省，转战数千里，深入清朝统治的心脏地区，震撼京津。咸丰五年（1855年）三月，北伐军林凤祥部营地被清军攻破，全军将士，宁死不屈。林凤祥被俘遇害。五月，李开芳部也失败。与北伐同时，太平军又在夏官副丞相赖汉英的统率下溯长江西上，

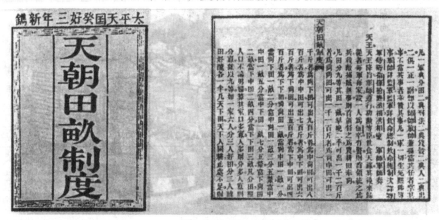

天朝田亩制度

进行西征,相继占领安庆、九江、武昌等重镇。到咸丰五年(1855年)九月,江西八府50多个州县均归太平军势力之下。第二年四月和六月,秦日纲率冬官正丞相陈玉成和地官副丞相李秀成分别攻破江北和江南大营,解除了天京的肘腋之患。太平天国在军事上达到了全盛时期。

太平天国定都天京后,于咸丰三年(1853年)冬颁布了纲领性文件《天朝田亩制度》。其核心内容是关于土地制度的规定,即把全部土地平均分配给无地的广大农民;还规定了"太平天国"的乡官制度。《天朝田亩制度》规定的总目标是实现"有田同耕,有饭同食,有衣同穿,有钱同使,无处不均匀,无人不饱暖"的理想社会。

太平天国农民起义,推动了全国各地群众的反封建斗争,天地会、小刀会、捻党等在各地纷纷发动武装起义,响应并配合太平军作战,有力地推动了太平天国农民起义的发展。

咸丰六年(1856年)八月,太平天国内部发生了杨、韦事件;次年,石达开又分军出走,太平天国的力量受到了削弱。接着,武汉、镇江、九江又相继失守,天京被围。洪秀全遂于咸丰八年(1858年)恢复五军主将制度,任命蒙穗恩为中军主将,陈玉成为前军主将,李秀成为后军主将,韦俊为右军主将,李世贤为左军主将。洪秀全自己总掌军权,取得浦口和三河大捷。次年四月,洪仁玕到达天京,洪秀全封其为军师、干王,主持朝政。几个月后,洪仁玕向洪秀全提出了《资政新篇》,内容共4部分:(1)用人察失,禁止朋党;(2)革除腐朽生活方式,移风易俗;(3)实行新的社会和经济政策,仿效西方资本主义;(4)采用新的刑法制度。第三部分是全篇的中心。咸丰十年(1860年),太平军消灭了江南大营,天京解围。太平军乘胜连克常州、无锡、苏州等地,太平天国的力量再度振兴。

第二次鸦片战争之后,英、法、美、俄等国支持清朝镇压"太平天国",清廷也确定了"借师助剿"的方针。同治元年(1862年),太平军在上海和宁波与英、法、美军队进行了英勇的战斗。在中外反动势力的联合进攻下,苏州、杭州相继失守。同治三年(1864年)农历六月,洪秀全病逝,长子洪天贵福即位。农历七月十九日,天京被湘军攻陷。太平天国农民起义失败,余部又继续战斗多天。

太平天国起义坚持了14年之久,其势力发展到了18省,动摇了清朝的封建统治,打击了外国侵略者。

四、富国强兵求自救，洋务运动开新篇

洋务，又称夷务，泛指包括通商、传教、外交等在内与西方资本主义有关的一切事务。洋务运动指清政府一批具有买办性质的官僚军阀在19世纪60年代到90年代为挽救统治危机，自上而下推行的一场以引进西方的军事装备、机器生产和科学技术为主要内容，以富国强兵为目的的自救运动。洋务运动分为前后两个阶段，60年代为第一阶段，洋务派打着"自强"的旗号，依照西方资本主义国家的办法制造新式枪炮和船舰，兴办了一批军事工业企业；70年代到90年代是第二阶段，以"求富"为口号，洋务派开始举办民用工业企业。

19世纪60至90年代，清政府在太平天国和捻军农民起义的打击下，又在第二次鸦片战争中再次被外国侵略者打败，面对这种形势，封建统治阶级营垒中的一些有识之士，如在中央官吏中以总理衙门大臣奕䜣、大学士桂良、户部侍郎文祥等为代表，在地方官吏中以两江总督曾国藩、闽浙总督左宗棠、直隶总督李鸿章以及后起的湖广总督张之洞等为代表，他们感受到外国的"船坚炮利"，从而意识到无论挽救民族危亡，还是维护自身统治，都不能再固守陈腐的"祖宗之法"，唯一的办法是向西方学习，引进先进的生产方式和物质文明。他们继承了林则徐、魏源的"师夷长技以制夷"的思想，这就形成了以拯救清王朝封建统治、御侮自强为目的，以引进西方先进的生产技术为主要内容，以"中学为体，西学为用"为宗旨的向西方学习的潮流，史称此为"洋务运动"，旧称"同光新政"（意即同治、光绪年间举办的"新政"，又称"自强新政"）。

洋务运动开始时，是在"自强"的口号下筹建近代军事工业和编练新式海军。咸丰十一年（1861年）底，曾国藩在安庆设立"内军械所""制造洋枪洋炮，广储平实"，是洋务派兴办军事工业的起点。同治三年（1864年）安庆内军械所随军迁到南京。安庆内军械所虽然是以手工业制造为主，但却是当时清军的一大火器供应中心。

同治四年（1865年）六月，曾国藩、李鸿章在安庆内军械所和上海、苏州洋炮局的物力、人力和技术经验的基础上，收买了美国人在上海虹口地区办的旗记铁厂一座，又将容闳从美国购买的"制器之器"一并归入，正式成立"江南机器制造总局"，简称"江南制造局""上海制造局""沪局"。该局由原旗记工厂主科尔继续任制造技术指导，其一切事宜最初由上海海关道日昌督察筹划，后又任命湖北候补道沈保靖督办。开办经费约用银 20 余万两。同治六年（1867 年）江南制造局因厂地狭窄，由虹口移至上海城南高昌庙镇，进行扩建，到光绪十九年（1893 年），共建成工厂 15 个，扩方言馆、炮队营、工程处、翻译馆各一个及各种附设机构 10 多个。建置经费先后用银 200 万两。江南制造局从事军火生产、轮船修造、机器制造、科技书籍的翻译和培养外语人才。所制造的枪炮、弹药，供应南北驻军，"遍及全国，共达七八十个单位"。（主要是湘、淮军）同治四年（1865 年），李鸿章将由马格里主办的苏州洋炮局移设南京雨花台，扩建为金陵制造局，简称"宁局"。主要生产枪、炮、子弹和军用物资。到 80 年代上半期，已有工厂 10 余座，用银 50 余万两，所造之枪炮弹药主要供应南北洋驻军。同治五年（1866 年），左宗棠在福州建船政局，后由沈葆桢接办。船政局由铁厂、船厂和学堂 3 部分组成。初由法国人日意格和德克碑任正副监督，雇用工人 1700 至 2000 人。原计划五年内造船 16 艘，建厂经费 40 余万两银，每月造船经费 53 两银。同治八年（1869 年）开始生产，到同治十三年（1874 年）共成船 15 艘，这时船政局共有工厂 16 座，船台 3 座，先后用银达 135 万两。光绪元年（1875 年）船政局由艺局学生主持接造。开始仿造旧式木船，从光绪二年（1876 年）起，造 750 匹马力的新式机器铁胁轮船，光绪七年（1881 年）为南洋水师造 3 艘 2400 匹马力、排水量为 2200 吨的巡洋快船。同治六年（1867 年），恭亲王奕䜣奏准，由三口通商大臣崇厚在天津办"天津军火机器局"，同治九年（1870 年）由直隶总督李鸿章接办，改称天津机器制造局，简称"津局"。不久，李鸿章将洋总办密妥士免去，另委沈保靖为总办。天津机器局主要生产火药、枪炮、子弹，供应淮军和直隶练军。到 80 年代上半期，先后共用银 110 余万两。

在同一时期内，各地

江南制造总局

还设立许多军火工厂，"唯一省仿造，究不能敷各省之用"，到光绪十年（1884年）为止，清政府先后设厂局20所，除江南制造局停办外，其余19所分布在全国12个省区。从60到90年代的30多年中，洋务派办军事工业，共用银4500万两，均由国库支出；所有局厂一律归官办；生产的枪炮弹药和轮船均由清政府调拨发给湘、淮军和沿海各省使用；每个厂局均有成群的官吏，机构庞杂，洋务派办洋务首先聘请洋员。

在洋务运动中，洋务派亦筹建新式海军。咸丰十一年（1861年），恭亲王奕䜣请英人"协助购买欧洲造战舰"，同治元年（1862年），两广总督苏崇光与英人议定，向英国购买兵船。同治二年（1863年），一支包括大小船只8艘的舰队，由英国海军军官率领到达上海，由于英国人强夺中国海军的指挥权，清政府拒绝接受，这支舰队被遣散。清政府先后用银160余万两的筹建海军活动流产。同治五年（1866年），清政府批准了左宗棠"设局监造轮船"的建议，决定江南制造局、福州船政局各以造船为重点，仿照西方，制造兵船，以装备海军。同治十年（1871年），两厂分别造出"惠吉""测海""操江""万年青""福星"等兵船数艘。同治十三年（1874年），丁日昌提议建立北洋、东洋、南洋3支水师。

光绪元年（1875年），由两江总督沈葆桢、直隶总督李鸿章等人倡议，经总理衙门核准，拨银400万两，作为筹办海军军费，准备在10年内建成南、北、粤洋3支海军，后由于财力有限，决定"先就北洋创设水师一军"，沈葆桢死后，海军大权集于李鸿章一身。他在天津设水师营务处，办理海军事务；又于光绪六年（1880年）在天津设立水师学堂，训练北洋系海军军官。同时又用银300万两，从德国购买"定远""镇远"两只铁甲舰。光绪七年（1881年），李鸿章派丁汝昌统领北洋海军。光绪十年（1884年），三洋海军粗具规模，南洋海军约有军舰19艘、北洋海军约有军舰15艘、福建海军约有军舰11艘。光绪十年（1884年）六月，中法战争爆发，八月，法国远东舰队击毁了福建海军全部舰船，并摧毁福州船政局，南洋海军也受到损失，只有李鸿章的北洋海军保存了实力。李鸿章又向英国订购了"致远""靖远"和从德国购进"经远""来远"等舰，北洋海军实力加强。在这前后，李鸿章又修建了大沽、旅顺船坞，作为修理铁甲舰之用。光绪十四年（1888年），北洋海军正式成军，丁汝昌任海军提督，拥有军舰22艘。军事训练由英、德国人操纵。光绪二十年（1894年），北洋海军在中日甲午战争中全军覆灭，结束了北洋海军的历史。

洋务派在开办军事工业的活动中，需要巨额经费，使他们感到"百方罗掘，仍不足用"，认为外国资本主义以工商致富，由富而强，认为"求富"是"求强"的先决条件，因此，洋务派仿照西方，开展了建立民用工业的"求富"活动，借以达到"兴商务，浚饷源，图自强"的目的。

从 19 世纪 70 年代开始，洋务派采取了官办、官督商办和官商合办的形式，举办民用

南洋水师

工业，包括采矿、冶炼、纺织、交通运输等，到 19 世纪 90 年代中期，共办几十个企业。

同治十一年（1872 年），李鸿章派漕运委员朱其昂创办轮船招商局，这是洋务派办民用工业的开端。轮船招商局共招商股 73 万多两银，海关拨官款 190 多万两银，官督商办。总局设在上海，在上海天津等地设码头，代政府运漕米等。光绪二年（1876 年），李鸿章派唐廷枢筹办开平矿务局，光绪三年（1877 年）九月在开平正式建立，招商股 80 多万两银，官督商办。光绪三年（1877 年）开井，次年使用外国机器，按新式方法开采。光绪七年（1881 年），开平矿务局每日出煤"五六百吨之多"，10 余年后，开采量增加，每日"可出煤一二千吨"，且"煤质极佳，甲于他处"。光绪五年（1879 年），李鸿章在大沽和北塘海口炮台试架设电报到天津，"号令各营，顷刻响应"。光绪六年（1880 年）九月，李鸿章在天津设电报总局，由盛宣怀任总办。电报线由天津沿运河南下至上海等地，以后又架设了上海至南京及南京至汉口的线路，光绪八年（1882 年）四月，电报局改为官督商办，招商股 80 万元。光绪十年（1884 年），电报总局迁往上海，并在各地设电报分局。光绪十六年（1890 年），即电报总局成立 10 周年时，电报线已遍布全国各地。光绪七年（1881 年）成立黑龙江漠河金矿，商股 7

万两银，官款 13 万两银，官督商办，李鸿章派吉林候补知府李金镛办理。光绪十五年（1889 年），用新式机器开采，这一年产金 18961 两。同年两广总督张之洞主持兴办汉阳铁厂，由清政府拨款 200 万两银作资金，光绪十六年（1890 年），在大别山下动工兴建，光绪十九年（1893 年）完工，共计 10 厂。官办无款可筹，后由盛宣怀接手，改为官督商办。光绪二年（1876 年），李鸿章和两江总督沈葆桢开始议办上海机器织布局，光绪五年（1879 年）派郑观应筹办，光绪八年（1882 年）成立。招商股银达 50 万两，采取官商合办形式。该局享有 10 年专利，不许民间仿办。光绪十六年（1890 年）开工，营业兴隆。光绪十九年（1893 年）失火、损失 70 多万两银。光绪二十年（1894 年）又设华盛纺织总厂，下设 10 个分厂。光绪十六年（1890 年），张之洞任湖广总督时，将原设广东织布局移至武昌，建立湖北织布局。光绪十五年（1889 年）八月底，张之洞在两广总督任内奏准在广东设织布局，后张奉调湖广总督，织布局随之迁往湖北，由于筹办资金困难，张之洞先后向英国汇丰银行借款 16 万两银，于光绪十七年（1891 年）开始建造厂房，光绪十八年（1892 年）底才正式开工，尚有盈余。

洋务派在 70 年代后的 20 多年里，先后创办了 41 个资本主义性质的企业，到光绪二十年（1894 年）尚存 30 个，共有资本约计 3900 万元。这是中国早期的官僚资本。

此外，洋务派从同治元年（1862 年）起，先后设立京师同文馆、上海方言馆、福建船政学堂和天津水师学堂等 20 多所近代学校，培养外语和近代科技人才。从同治十一年（1872 年）至光绪十二年（1886 年），清政府还向欧美国家派遣近 200 名留学生。

随着北洋海军在中日甲午战争中覆灭，洋务运动也遂告破产。洋务派的活动旨在维护清王朝封建统治。他们创办了中国第一批近代工业企业，培养了近代中国第一批新型的科技、

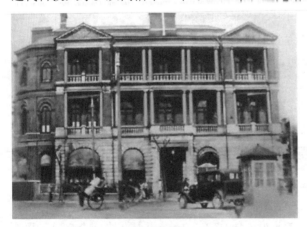

轮船招商局

军事和翻译人才，是近代最早觉醒的先行者。

五、软弱妥协维新派，可叹"戊戌六君子"

1.维新变法的纲领

甲午战争期间和战后，清朝统治阶级内部帝、后两党的斗争已很激烈。以叶赫那拉氏为首，包括奕䜣、刚毅、荣禄、徐桐在内的贵族官僚结成后党，洋务派李鸿章等人是后党的依附者。年轻的光绪皇帝发愤图强，"从中日战争的苦痛经验中他得到了教训，注意到日本的进步，因此引起了取法于日本的决心"。翁同龢等开明官僚不满意叶赫那拉氏对光绪帝的控制，企图与维新派联合，在反对后党的斗争中为光绪皇帝争得领导变法的实权地位。这样，力量薄弱的帝党，由于翁同龢等人的推荐，逐渐与维新派康有为等人接近起来。

光绪二十三年（1897年）十一月，德国强占胶州湾，引起全国人民的极大震动和愤慨。康有为鉴于情势危急，心怀"胶东之耻"写了《上清帝第五书》。他说："割台之后……事变之来，日迫一日！""恐自尔之后，皇上与诸臣虽欲苟安旦夕，歌舞湖山而不可得矣，且恐皇上与诸臣求为长安布衣而不可得矣。"他提出即应采择的三策："第一策曰采法俄日以定国是，愿皇上以俄国大彼得之心为心法，以日本明治之政为政法而已……其第二策曰大集群才而谋变政……其第三策曰听任疆臣各自变法。凡此三策，能行其上，则可以强；能行其中，则犹可以弱；仅行其下，则不至于尽亡。"表示"不能为亡国之君"的光绪帝，看到这个奏折，很受触动，赞赏康有为的胆识，准备召见，询谋变法。

反对变法的奕䜣坚决阻止召见，借口康有为非四品以上官员，按成例不许召对。光绪帝无可奈何，只能委托总理衙门王大臣传问康有为。光绪二十四年正月初三（1898年1月24日）在总署由李鸿章、翁同

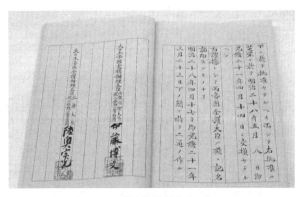

《马关条约》

龢、荣禄、刑部尚书廖寿恒、户部左侍郎张荫桓等5人代载湉召见康有为，"问变法之宜"。康有为当场批驳了荣禄口口不离"祖宗"的守旧谬论，并表示愿将《日本明治变政考》《俄罗斯彼得变政记》二书进呈皇帝。第二天，翁同龢把康有为口述转呈光绪帝，一月二十九日，康有为遵旨递上《应诏统筹全局折》（上清帝第六书）。这次上书系统完整地表达了康有为领导变法的政治纲领，其中主要驳论显然是对顽固派而发的。上书说："观大地诸国，皆以变法而强，守旧而亡……夫国之有是，犹船之有舵，方之有针，所以决一国之趋向，而定天下之从违者也……今朝廷非不稍变法矣，然皇上行之，而大臣挠之，才士言之，而旧僚攻之，不以为用夷变夏，则以为变乱祖制，谣谤并起，水火相攻。"上书建议："取鉴于日本之维新……一曰大誓群臣以定国是；二曰立对策所以征贤才；三曰开制度局而定宪法。"他认为中央的军机、部寺、总署、御史等行政耳目机构，"率皆守旧之官"，无法承担推行新政任务，应由"总其纲"的制度局（下建十二支局），通盘筹划新政，每道设民政局、每县设民政分局，妙选通才，督办其事。这种主张，虽然带有很大妥协特色，但是，已经涉及对传统封建政权体制的重要改革，制度局略仿西方资产阶级国家的内阁职责，而皇帝则变成国家元首了。

稍后，康有为在二月又呈递《日本明治变政考》《俄罗斯彼得变政记》，并附上英国传教士李提摩太所著《泰西新史揽要》等书，同时写了《上清帝第七书》。这次上书主要内容建议皇帝以彼得大帝为楷模，出国考察，借鉴外国，以君权变法，接近人民。他说：隋炀帝"畏闻盗贼"；明万历帝"久不视朝"，提供着反面的"倾国"教训。当然，康有为是依据需要而美化彼得大帝，把历史看成帝王将相创造的，这也恰恰暴露了他的唯心主义历史观。

2. 戊戌保国会

在反对德国强占胶州湾的抗议声中，光绪二十四年（1898年）1月康有为联络广东旅京人士组成粤学会。接着，自称"南海先生弟子"的内阁中书林旭主持成立闽学会，御史杨深秀、御史宋伯鲁、总署章京李岳瑞等主持成立陕西、山西联合的关学会，久居京师、熟悉朝局的内阁侍读学士杨锐在旅京四川会馆成立蜀学会，这些分散的地域性的爱国救亡组织的出现，表明维新运动的高涨。这时，在上海就医的梁启超和康有为的弟弟康有溥也赶到北京，协助做联络宣传工作。

　　光绪二十四年（1898年）春，时局动荡，各省参加会试的举人来到北京。康有为、梁启超受爱国知识分子的推动，4月发起成立"保国会"。参加这个组织的有维新人士和爱国官僚200多人，从公布的《保国会章程》来看，它的活动宗旨是"保国""保种""保教"。"保国""保种"是指保卫国家和民族生存，"保教"是指保卫托古改制的孔教不失，这个爱国政团的改良性质是异常鲜明的。4月12日保国会正式成立，并在广东会馆召开第一次大会。康有为声气激昂的救亡演讲，轰动京城内外："吾中国四万万人，无贵无贱，当今日在覆屋之下，漏舟之中，薪火之上，如笼中之鸟，釜底之鱼，牢中之囚！"天津《国闻报》、澳门《知新报》转载康有为的演讲稿，迅速扩大了保国会的社会影响。保国会倡议各省、各府、各县设立分会，响应这个号召，北京出现了保滇会、保浙会、保川会等改良救亡小团体。假如说过去强学会成立，促使报刊宣传有很大发展的话，那么保国会出现，则给后来的百日维新做了直接准备。

　　4月21日，保国会第二次集会于崧云草堂，梁启超发表演说，呼吁"合群策""合群智""合群力"，以推动变法救亡。接着，又在贵州会馆集会。每次到会者常在200人以上，康有为住所宾客盈门，"应接不暇"。

　　戊戌保国会的活动，引起守旧势力的仇恨。京城谣言四起，荣禄对别人说："康有为立保国会……僭越妄为，非杀不可。你们如有相识入会者，令其小心首领可也。"他们鼓动守旧派御史黄桂钧写了《禁止莠言折》诋毁保国会纠合力量，使"民主民权之说日益猖獗"，将造成"会匪闻风而起"的形势。军机大臣刚毅准备查究入会的人，光绪帝阻止说："会能保国，岂不大善，何可查究耶？"

　　这是百日维新前新旧势力另一次激烈冲突，它比起强学会成立后的斗争，更具有复杂和公开化的特点。

3. 百日维新

　　5月29日，军机大臣奕䜣死去。叶赫那拉氏失去了一个重要的轮摆，康有为感

梁启超

到变法的一个阻力拔除了，立即写信给翁同龢催促他影响光绪帝当机变法。同时，康有为又以翰林院侍读学士徐致靖的名义上书光绪帝，请求"明定国是"。这时，仔细看过《日本明治变政考》的光绪帝，向庆亲王奕劻表示："我不能为亡国之君，如不与我权，我宁逊位。"形势演变，维新运动高涨，促使光绪皇帝逐渐成为"欲救中国"的主要赞助者。

6月11日，光绪帝颁布新的变法方针，是通过"明定国是"上谕表现出来的。诏书里指责了顽固派，并着重说明举办京师大学堂是改革的第一项步骤，它明显地透露出这场改革的温和性质。从这天起，到9月21日止，历时103天，光绪帝公布了几十道新政诏书，历史上称为百日维新。

这个短暂时期的改革主要有：

（1）废除八股文，作为国家考试的科举改试策论；取消各地旧式书院，改设中、小学堂；7月3日正式创京师大学堂（北京大学前身）；设立译书局，翻译外国新书；允许建立报馆、学会；奖励新发明和科学发现。

（2）裁撤闲散的詹事府、通政司、光禄寺、鸿胪寺、太仆寺、大理寺等衙门，裁撤"督抚同城"的湖北、广东、云南3省巡抚；裁减毫无战斗力的绿营兵，精练陆军；各省军队包括八旗兵一律改习洋枪，用新法练军；广开言路，允许各级官吏士绅上书皇帝。

（3）北京设立农工商总局、铁路矿务总局，各省设立商务局，推动工商、路矿事业的发展；提倡民办新式企业，允许组织商会；改革财政、整顿厘金、编制国家预算、决算，等等。

这些改革措施，虽然具有很大局限性，但是对先进的资本主义经济发展和文化传播起了积极的促进作用。值得注意的是，这些改革虽然没有改变封建土地所有制，但是伴随着改革的深入，8月后，准备开设制度局，审官定职，部分改革上层建筑机构。

百日维新是在和守旧势力激烈斗争中进行的，由于新兴的资产阶级上层的政治代表维新派，不可避免地存在着更为严重的软弱性和妥协性，最终被慈禧太后一场政变消于无形。

4.戊戌政变

这是一场由资产阶级改良主义者领导的改革，然而，这一场改革触动了封建顽固派守旧势力的利益。因此，百日维新一开始，围绕顽固派和维新派的斗争便展开了。

慈禧太后首先逼迫光绪皇帝下令将翁同龢革职。翁同龢是光绪皇帝的亲信大臣，在帝党和维新派之间起着桥梁的作用，将他革职，就大大削弱了变法维新的力量。接着，慈禧太后逼迫光绪任命荣禄为直隶总督兼北洋通商大臣，统率北洋三军，这实际上是把北京控制在她的手里。慈禧太后又用光绪帝的名义，宣布在光绪二十四年（1898年）10月19日去天津检阅军队，准备到时发动政变，逼迫光绪帝退位。

在这危急的时刻，光绪帝便与维新派的主要人物反复商量，认为唯一能想到的办法，就是依靠袁世凯的军事力量。

袁世凯早年曾在天津小站督练新建的陆军，当时是荣禄的部下，是北洋三军中的重要将领，他的军队就驻扎在天津附近。当光绪帝皇位难保之时，谭嗣同挺身而出，表示愿意冒险去找袁世凯，说服他出兵帮忙。

当天深夜，谭嗣同独自到了袁世凯的寓所，拿出光绪帝的密诏，并将维新派的全部计划和盘托出，要袁世凯扶持光绪皇帝诛杀荣禄，消灭后党。

谭嗣同慷慨激昂地说："今天只有你能救皇上。如果你愿意，就请全力救护；如果你贪图富贵，就请到颐和园告密，你可以升官发财！"

袁世凯正颜厉色地说："你把我袁某看成什么人了！皇上是我们共事的圣主，救驾的责任，你有，我也有！"

20日，光绪帝召见了袁世凯，要他保护新政。退朝之后，袁世凯匆匆赶回了天津。一到天津，他就去向荣禄告密。荣禄得报后，连夜乘专车进京，赶往颐和园去向慈禧太后报告。袁世凯从这一叛变行动开始，便飞黄腾达起来，他用维新派的鲜血，染红了自己的顶戴。

21日凌晨，慈禧太后就带着大批人马，气急败坏地从颐和园赶到紫禁城，下令把光绪帝囚禁在中南海的瀛台。对外则宣布光绪帝生病，不能亲理政务，由慈禧太后"临朝听政"。同时，下令大肆

戊戌六君子

搜捕维新派和倾向维新派的官员。百日维新期间推行的新政，除了京师大学堂等少数几项措施以外，全部被废除了。这一年，正是甲子纪年的戊戌年，所以，通常把这场政变称为"戊戌政变"。

维新派领袖人物康有为得知消息后，从天津搭乘英国轮船逃往香港。梁启超当天得到日本使馆的保护，化装逃往日本。

28日，慈禧太后下令杀死谭嗣同、康广仁、刘光第、林旭、杨锐、杨深秀六人，他们被称为"戊戌六君子"。

至此，这场资产阶级改良主义运动彻底失败了。

六、"扶清灭洋"义和团，内外夹击终遭败

18世纪末到19世纪初，兴起于长江以北各省的白莲教大起义和白莲教的支派天理教起义被清廷镇压后，白莲教的各个支系继续斗争，北方几省相继出现了八卦教、红阳教、荣华教等组织，秘密从事反清斗争，其中八卦教影响最大。朝廷规定，传习八卦教者要查拿缉捕，为首者处以死刑，于是八卦教徒便以传习拳术来隐蔽自己。义和团运动便由此萌芽而来。

甲午战争期间，山东沿海民众遭受日军侵略之苦，战争结束后，日军占领了威海卫。3年后，日军撤离，此地又立即被英军强占。不久，德国又占据了胶州湾，并强行把山东划为它的势力范围。光绪二十四年（1898年），英国强行租借威海卫，外国教会也随入大批进入山东各地，修建大小教堂1100多座，传教士和教徒发展到8万多人。许多加入教会的地主豪绅，仰仗教会势力，乘多年荒灾之机，囤积居奇，抬高粮价，使民众苦不堪言，对之切齿痛恨，多次与教会发生冲突。

义和团

当年十月，山东冠义县义和拳在闫书勤的带领下，聚众数千人，树起"助清灭洋"的旗帜，占领了梨园屯。第二年，平原县义和拳组织和教会发生冲突，地方官吏派兵镇压，逮捕了数名义和拳

成员，于是他们向茌平县义和拳首领朱红灯求救。朱红灯率领几百人的义和拳武装成员赶到平原，与当地义和拳群众会合，使官府十分恐慌。济南知府带兵在平原县与恩县交界的森罗殿与朱红灯的队伍发生争斗。此时，茌平、恩县、长清、高唐等地义和拳纷纷响应，不久，东昌、武定、泰安、济南等地的群众也闻风而动。面对义和拳运动的蓬勃兴起，清朝官吏内大体出现了两种倾向，一种是主张立即用武力消灭，一种则主张安抚、收编。山东巡抚张汝梅上奏朝廷，要求采取安抚、收编的政策，主张"化私会为公奉，改拳勇为民团"，把拳民编到诸乡团之内。次年二月，毓贤继任山东巡抚，出告示改"拳"为"团"，把参加义和拳的群众称为"拳民"，允许他们设厂习拳，同时把武装反抗教会的人称为"匪徒"，缉拿惩处，借以安抚义和拳。由此一来，义和拳反倒取得半合法的地位，迅速发展起来，成为一个官方默许的公开团体，"义和团"的名称从光绪二十四年（1898年）春开始逐渐地广为流传起来。

山东义和团的迅猛发展，引起在华各国势力的恐慌。驻扎胶州湾的德国军队出兵到胶州、高密、日照等地，焚毁村庄、抢劫城镇、枪杀居民。英、美、意等国驻华公使也向清政府施加压力，要求清廷下令取缔义和团。光绪二十五年（1899年）底，美国公使唐格向总理衙门提出了撤换毓贤的要求，清廷迫于压力，申斥毓贤对义和团镇压不力，将之调任山西巡抚，由袁世凯接任山东巡抚。袁世凯上任后，立即发布了《禁示义和拳匪告示》，不承认义和团具有合法性，规定：不仅练拳，就是赞成义和拳的，都要被杀。随后依仗他统带的武卫右军和扩编的武卫军先锋队马步炮队共20个营兵力，对活动于山东黄河北岸的义和团发起进攻。先后斩杀了王玉振、王文玉、孙洛泉等义和团首领，消灭10多部义和团，光绪二十六年（1900年）春，山东义和团运动告以平息，义和团运动的中心移到了直隶省。

早在两年前，直隶南部威县、曲周、景州、阜城义和拳就已经开始活动，许多村庄建立拳厂、练习拳术，并逐渐向北发展，与教会和官兵多次发生冲突。此时，直隶总督裕禄根据卜谕发布《严禁义和团》的告示，宣布"招引徒众，私立会合，演习拳棒，均属违禁犯法""再有设厂练习拳棒，射利惑民悖事，即由地方官会营捕拿，从严惩办。"此时总理衙门也对此忧心忡忡，电令裕禄："此事关系紧要，务须赶紧严密查办，免滋事端。"于是裕禄派出官兵，分路对义和团进行镇压。然而，义和团运动不仅没被镇压下去，反而愈演愈烈，势力扩展到直隶全省，直逼京城附近地区，甚至在京城内和直隶总督所在地天津，也已经有自称义和团的人开始活动，沿街练拳，招收徒弟。

消息传到清廷，有官员主张对义和团用兵讨伐极其危险，应采取安抚政策。是年四月初，监察御史郑炳麟上奏，主张在直隶、山东派道府大员当"团练局总办"，选择乡绅做"团总"，收编义和团，把义团改造为官办的团练。这个建议遭到裕禄和袁世凯的反对。一时间清廷陷入对义和团是"剿"还是"抚"的两难境地。

光绪二十六年（1900年）农历四月初，涞水、定义、新城、涿州、易县等地的义和团同教会势力发生冲突，焚烧了当地的教堂，随后裕禄派军队前往镇压，遭到义和团的顽强抵抗，淮军副将杨福同被打死。裕禄随即又派提督聂士成所部的武卫前军赶去镇压，又遭到义和团的抵抗。义和团以"反洋"的名义破坏了芦保铁路，阻止前来镇压的清军。继而相继焚毁了高碑店、涿州、琉璃河、长辛店、卢沟桥的火车站，京津铁路上的丰台站和机器制造局也被捣毁。5月初，义和团拥进涿州城。

慈禧太后见形势十分紧迫，就派协办大学士刚毅和刑部尚书赵舒翘、顺天府尹何乃莹到涿州方向去进行招抚，向义和团宣布朝廷的"德意"。刚毅等人到涿州一带后，感到义和团势力极大，不能进行剿杀，于是向朝廷报告，主张撤回聂士成的部队，采用劝导、晓谕的办法解散或收编义和团。

正当刚毅等人在涿州一带活动时，京城内的义和团活动越来越频繁，声势也越来越大。小股外县拳民陆续涌入北京城，城内居民也纷纷加入义和团，出现了以义和团名义出现的反对洋人的揭帖，公开设立坛棚，焚烧外国人的教会房屋，并围攻西什库教堂和东交民巷使馆。朝廷屡次下令解散、严禁、缉拿，均无济于事，到了不能控制的局面。与此同时，天津城内义和团活动也十分频繁，烧毁教堂，进攻紫竹林租界，捣毁监狱，释放犯人。这时裕禄不得不改变手段，由高压转为安抚，

义和团旗帜

以总督名义邀请义和团首领张德成，并用轿将他抬到总督衙门。

与此同时，英、美、德、意已派兵船驶入大沽口，随后，英、美、德、法4国公使先后向总理衙门发出照会，要求清政府采取措施迅速剿灭义和团。不久，11国公使又以外交使团名义照会清政府，要求严禁团民练拳设堂，传布揭帖，并命令各国的大沽口的海军准备登陆。5月28日，驻北京的各国公使举行会议，决定立即以保护使馆的名义调兵来北平，并将此决定通报给总理衙门。经过一番交涉后清政府退步了，经慈禧太后批准，总理衙门同意各国立即派兵入京，要求兵数少一些，随后又通知裕禄，为从塘沽登陆经津入京的外国军队准备火车。几天后，英、俄、德、法、日、美、意、奥等国海军陆战队450人，分两批到达北京，另一支外国联军600多人，由塘沽登陆开进天津。6月10日，八国联军2000多人，在英国海军中将西摩尔的率领下，由天津向北京进发。裕禄虽想阻止他们，但联军仍然取得了所需的机车和车厢，开始了八国的联军侵华战争。一路上，联军遭到义和团的反抗。义和团拆毁铁路，致使联军4天里才走了一半路，抵达廊坊。一天早晨，义和团在廊坊车站袭击联军，几天后又再次袭击。此时去往北京的铁路已被破坏，联军只好退回天津。

6月16日起，慈禧太后召集大臣，连续4天举行御前会议，主剿主抚两派争执不下。权衡利弊，慈禧太后决定宣战："大张挞伐，一决雌雄。"但是，"宣战上谕"内容极其含糊，令有些属下不知所措。同时，慈禧太后又面谕李鸿章，让他去向各国保证对义和团要"设法相机自行惩办"。由此，义和团受到内外夹击。

正在朝廷举行御前会议期间，联军以朝廷当局"并不倾力剿办"义和团为借口，炮轰大沽口炮台，并迅速将其占领。随后又水陆并进，进逼天津，义和团与之顽强作战，双方激战一个月之久，此时聂士成的部队加入了反抗联军的战斗。义和团曾一度

八国联军军队

占领了紫竹林租界。在激战中，联军投入上万人的兵力，而清军主力却按兵不动，致使义和团力单难支。7月14日，天津被联军攻破。与此同时，北京义和团向东交民巷使馆发起进攻，相继烧毁了比利时、奥地利、荷兰、意大利4国公使馆，连续围困各使馆56天。八国联军攻陷天津后，于8月初向北京进攻，遭到义和团的阻击，但清军却节节败退，致使联军前进速度很快。8月14日，联军攻占北京，慈禧太后率王公大臣仓皇出逃，义和团被迫退出北京，在八国联军的镇压下，义和团运动终遭失败。

七、出身平凡奇女子，反清革命三女杰

1. 王聪儿：白莲教起义军总指挥

王聪儿（1777—1798年），湖北襄阳（今湖北襄阳）人。江湖艺人出身，因嫁给齐林为妻，又称齐王氏。参加白莲教起义后，她曾任义军总指挥，也就是八路义军统帅，是一个貌美如花、德行高尚、武艺高强、有勇有谋的女英雄。率众10余万纵横驰骋于鄂、川、陕、豫四省，英勇战斗了两年多，虽然最终因起义失败而自杀，但其所领导的起义军给予清朝统治者以沉重打击，在中国农民战争史上写下了光辉的一页。

清朝乾隆年间，官僚地主大量侵占农民的土地。农民无法谋生，只得流落江湖，卖艺糊口。王聪儿幼年丧父，跟着母亲学习杂技，跑马走绳，舞刀使棒，样样都行。母女俩凭着一身技艺走南闯北，过着颠沛流离的生活。

一天，母女俩来到襄阳，在一场事故中得到齐林的帮助而加入白莲教。

嘉庆通宝

齐林是襄阳白莲教的首领。王聪儿入教后，经常利用卖艺的身份在江湖上宣传白莲教的教义。由于他们俩志同道合，感情也越来越深，不久后便结为夫妻。结婚后，齐林与王聪儿便一同领导白莲教徒筹划反对清朝的武装起义。

和珅掌权的时候，清王朝十分腐败，地方官吏贪污横行，百姓怨声载道。当时，在湖北、河南一带，白莲教又盛行起来。有个安徽人刘松，到河南传教，利用给百姓治病的机会，劝人入教，后来被官府发现，流放到甘肃去。

刘松的徒弟刘之协和宋之清逃到湖北，继续传教。他们宣传说，清朝快要灭亡，将来会出现新的世界，入教的人都可以分到土地。当地的贫苦农民受够了地主剥削的苦，渴望得到土地，听了这个宣传，纷纷参加了白莲教。

参加白莲教的人越来越多的消息，惊动了乾隆帝。乾隆帝命令各省官府捉拿教徒。一些官吏本来是敲诈勒索的老手，趁机派出差役，挨家挨户地查问，不管你是不是教徒，都得拿出一笔钱来"孝敬"他们。有钱的出钱买命，没钱的穷人就被抓到监狱里拷打，甚至送了命。武昌有个官员向百姓敲诈勒索不成，罗织罪状，受到株连的有几千人。不论教徒或没入教的，都被迫害得家破人亡，对官府更加切齿痛恨。

白莲教首领刘之协到了襄阳，召集教徒开会商量。大家说："这个世道，真是官逼民反了！不如索性造反吧。"经过一番商议，决定用"官逼民反"的口号，发动群众起义，并且派出教徒分头到各地去联络。

参加白莲教的人一天比一天多，齐林与王聪儿见起义条件已经成熟，就决定在襄阳起义。不料起义的风声走漏了，齐林和另外100多教徒被捕，他们都被杀害了。齐林死后，王聪儿被大家推选为首领，暗中继续筹备新的武装起义。

嘉庆元年（1796年），王聪儿得知消息，说其他地方的白莲教都已发动了武装起义。大伙儿一致推选她为"总教师"。于是，她便带领义军杀了贪官污吏，并打开粮仓，把粮食分给了穷苦的老百姓。这时王聪儿的军队已发展至四五万人之多了。

后来，她带领义军从湖北到四川，和四川的义军会师，组成了一支拥有十四五万人的起义大军。为了方便指挥，起义军以黄、青、蓝、白四色为号，分成八路大军。王聪儿被推选为八军的统帅。一个年轻女子可成为这样大规模起义的首领，由此可见王聪儿能力之强！

嘉庆三年（1798年），王聪儿率领义军一路打到西安。嘉庆帝一看起义军声势越来越大，慌了手脚，连忙命令各地的总督、巡抚、将军、总兵等大小官员，派出大批人马镇压。可是那些大官、将军们只知道贪污军饷，不懂得怎样打仗。

王聪儿分兵三路，从湖北打到河南。起义军打起仗来不但勇敢，而且机动灵活。他们在行军的时候，不整队，见了官军不正面迎战，不走平坦大道，专拣山间小路走，找机会袭击官军。他们又把兵士分成许多小队，几百人一队，有分有合，忽南忽北，把围剿他们的官军弄得晕头转向，疲于奔命。

王聪儿的起义军在湖北、河南、陕西流动作战，打击官军。第二年，在四川跟那里的起义军会师。

嘉庆帝见官军围剿失败，气得眼都红了，大骂王聪儿是罪魁祸首，又下了一道诏书把一些带兵的将军们狠狠地训斥了一通，撤职的撤职，办罪的办罪，并且严厉督促各地将军集中兵力，围剿王聪儿起义军。

清军将领明亮向嘉庆帝献了一条恶毒的计策，要各地地主组织武装民团，修筑碉堡。起义军一来，就把百姓赶到碉堡里去，叫起义军找不到群众帮助，得不到粮草供应。这种做法，叫作"坚壁清野"。嘉庆帝下令各地采用这种计策，起义军的活动果然越来越困难。清军在川北一带围攻王聪儿。王聪儿摆脱清军围攻，亲自带领两万人马攻打西安，不料在西安遭到官军阻击，打了败仗；再打回湖北的时候，明亮率领官军紧紧追击。起义军后面有官军，前面又有地主武装民团的拦截，终于在郧西（在今湖北省西北边陲）的三岔河地方，陷进敌人的包围圈。

王聪儿临危不惧，指挥起义军退到茅山的森林里，准备组织突围。官军发现了，又围住茅山，从山前山后，密密麻麻地拥上来。起义军经过顽强抵抗，终于失败。王聪儿眼看突围不成，且她与她的部下都不愿当俘虏，便退到山顶，与其部下纵身从陡峭的悬崖上跳下来，英勇牺牲，时年仅22岁。

2. 邱二娘：著名反清女将领

邱二娘（1833—1855年），泉州河市（今河市镇）人，著名反清女将领。

邱二娘父亲邱柳，半农半渔，懂得一点历法、医术；哥哥邱猴，种田烧炭为业。由于家境贫寒，邱二娘从小被卖到惠安县后龙乡峰尾村刘家为童养媳，婚前婚后，备受婆婆和丈夫的虐待。

咸丰初年，邱二娘忍受不了婆家的虐待，逃到东坪村表哥林杯家中。她早年曾跟从父亲学会一些历法和医术，此时便靠刺绣和行医谋生。林杯是个江湖汉子，参加过太平军，被派回福建活动，通过与林俊结拜兄弟的法石村人胡熊同林俊取得联系，准备在惠安发动武装起义。在林杯的启发教育下，邱二娘经常以行医为掩护，深入群众，很快便团结一批志同道合的人，雇工张炉、医生王文岳、小贩杨信、秀才陈秋浦等先后加入起义队伍，并成为义军的骨干。

咸丰三年（1853年）四月，林俊在永春州起义，林杯、邱二娘也在惠北笔架山高明王宫树起义旗，开始领导贫苦农民抗捐抗税，袭击地主武装，惩办贪官污吏，得到晋（江）惠（安）仙（游）人民的热烈拥护，队伍由几百人迅速扩大到几千人。起义后不久，林杯牺牲，邱二娘高举"顺天命邱娘娘"的旗帜，继续战斗，成为义军的首领。她仿照天国军事组织，建立男营和女营，建立根据地石级小寨。清军前来"清剿"，她率义军在官溪、半岭、驿坂等地抗击，打败清兵，并在同年八月间率领义军同当时进入仙游、莆田的林俊队伍会合，声势更加壮大。清朝福建统治者曾一再惊呼"东起莆田，南至惠安，绵亘百余里……尽为贼踞"。邱二娘的义军给了封建统治者以有力打击。

咸丰四年（1854年）四月，林俊在南安埔头、炉内等处被清总兵钟宝三部尾追甚急，为引开敌人，林俊命邱二娘率部进攻惠安县城。她立即与各乡义军约定：以玳瑁山上的烽火为号，一见山上火起，即到县城会合。四月二十四日上午，她与胡熊亲率义军千余人向县城挺进，可惜当天大雾迷漫，各乡义军看不到玳瑁山上的烽火，没有前来会合，加上军情走漏，城内清军早有防备，邱二娘孤军作战，虽对县城发动猛烈攻击，终因守城清军拼死抵抗，四乡地主武装迅速赶来夹击，县城未能攻克，军师张炉等20余人被捕牺牲，邱二娘拔队离开县城。这次战斗虽未攻

邱二娘起义遗址

克县城，但调动敌人、帮助林俊解围的目的已达到。此后邱二娘始终在惠北山区领导抗清。

咸丰五年（1855年）五六月间，由于起义队伍中的陈大、陈桥、陈潮家三人利欲熏心，暗中向清廷告密，邱二娘被清方捕获，押送泉州，受尽严刑拷打，始终坚贞不屈。同年六月十四日，在泉州南校场被凌迟处死，时年仅23岁。

后来，惠安、泉州、仙游一带民众塑像奉祀，称之为"仙姑妈""游路夫人""庄脚妈"。后人还编有《血染桐江》剧本，惠安县掌中木偶戏剧团也排出木偶戏《惠女英豪邱二娘》，鹭江出版社出版的历史小说《烈女哀鸿》，颂扬其英雄事迹。

3. 秋瑾：近代中国女性革命的象征

秋瑾（1875—1907年），祖籍浙江山阴（今绍兴市），出生于福建省云霄县城紫阳书院（七先生祠）。中国女权和女学思想的倡导者，近代民主革命志士，第一批为推翻清朝政权和数千年封建统治而牺牲的革命先驱。

秋家自曾祖起世代为官。秋瑾之父秋寿南，官湖南郴州知州；嫡母单氏，为浙江萧山望族之后。秋瑾幼年随兄在家塾中读书，好文史，能诗词，15岁时跟表兄学会骑马击剑。

光绪二十年（1894年），其父秋寿南任湘乡县督销总办时，将秋瑾许配给今双峰县荷叶镇神冲王廷钧为妻。光绪二十二年（1896年），秋瑾与王廷钧结婚。王廷钧在湘潭开设"义源当铺"，秋瑾住在湘潭，也常回到婆家。光绪二十三年（1897年）六月，秋瑾生下第一个孩子王沅德。

秋瑾在婆家双峰荷叶时，常与唐群英、葛健豪往来，情同手足，亲如姐妹，经常集聚在一起，或饮酒赋诗，或对月抚琴，或下棋谈心，往来十分密切，后来三个人被誉为"潇湘三女杰"。

秋瑾

光绪二十六年（1900年），王廷

钧纳资为户部主事，秋瑾随夫赴京。不久，因为八国联军入京之战乱，又回到家乡荷叶。次年在这里生下第二个孩子王灿芝。

光绪三十年（1904年），王廷钧再次去京复职，秋瑾携女儿一同前往。七月，秋瑾不顾丈夫的反对，冲破封建的束缚，自费东渡日本留学，在东京入中国留学生会馆所设日语讲习所补习日文，常参加留学生大会和浙江、湖南同乡会集会，登台演说革命救国和女权道理。秋瑾除在校学习外，还广交留学生中的志士仁人，如周树人（鲁迅）、陶成章、黄兴、宋教仁、陈天华等。在此期间，秋瑾积极参加留日学生的革命活动，曾与陈撷芬发起共爱会，作为开展妇女运动的团体；和刘道一、王时泽等10人结为秘密会；以反抗清廷、恢复中原为宗旨，创办了《白话报》；参加洪门天地会，受封为"白纸扇"（军师）。

在日本主编《白话》月刊过程中，孙中山建议她可"依据此特长，利用宣传工具，报告时事，解决实事，效果越直接越迅速越好"。秋瑾一贯以提倡女权为己任，她说"女学不兴，种族不强；女权不振，国势必弱"，欲求男女平等，"女子必当有学问，求自立，不当事事仰给男子"，"仿欧美新闻纸之例，以俚俗语为文……以为妇人孺子之先导"。她以"鉴湖女侠"等笔名，在杂志上发表了《演说的好处》《敬告中国二万万女同胞》《警告我同胞》等文章，抨击封建制度丑恶，宣传女权主义，号召救国，字里行间充满了女权解放的激情。

同年秋，在日语讲习所毕业后，报名转入东京青山实践女校附设的清国女子速成师范专修科，并在横滨加入了冯自由等组织的三合会。

光绪三十一年（1905年），秋瑾回国筹措继续留学费用。春夏间，分别在上海、绍兴会晤蔡元培、徐锡麟，并由徐锡麟介绍参加光复会。徐锡麟、秋瑾先后加入光复会后，国内革命形势有了迅速的发展。同年七月，秋瑾再赴日本，不久入青山实践女校学习。由冯自由介绍，在黄兴寓所加入同盟会，被推为评议部评议员和浙江主盟人。在留日学习期间，她写下了许多革命诗篇，慷慨激昂，表示："危局如斯敢惜身，愿将生命作牺牲""拼将十万头颅血，须把乾坤力挽回"。

光绪三十二年（1906年），因抗议日本政府颁布取缔留学生规则，秋瑾愤而回国，在上海创办中国公学。先在绍兴女学堂代课，三月，往浙江湖州南浔镇浔溪女校任教，发展该校主持教务的徐自华及学生徐双韵等加入同盟会。暑假离职赴沪，与尹锐志、陈伯平等以"锐进学社"为名，联系敖嘉熊、吕熊祥等运动长江一带会党，准备起义。萍浏醴起义发生后，她与同盟会会员杨卓林、胡瑛、宁调元等谋在长江流域各省响应，并担任浙江方面的发动工作。到杭州后，与将去安徽的徐锡麟约定，在皖、浙二省同时发动。此时她在杭州新军中又发展了吕公望、朱瑞等多人参加同盟会与光复会。不久，萍浏醴起义失败，接应起义事遂告停顿。

同年秋冬间，为筹措创办《中国女报》经费，秋瑾回到荷叶婆家，在夫家取得一笔经费，并和家人诀别，声明脱离家庭关系，其实是她"自立志革命后，恐株连家庭，故有脱离家庭之举，乃借以掩人耳目"。

光绪三十三年（1907年）农历一月十四日，《中国女报》创刊。秋瑾撰文提倡女权，宣传革命，以"开通风气，提倡女学，联感情，结团体，并为他日创设中国妇人协会之基础为宗旨"，并为该报写了《发刊词》，号召女界为"醒狮之前驱"，"文明之先导"。

不久，秋瑾因母丧回绍兴，又先后到诸暨、义乌、金华、兰溪等地联络会党。这时大通学堂无人负责，乃应邀以董事名义主持校务。秋瑾遂以学堂为据点，继续派人到浙省各处联络会党，自己则往来杭、沪间，运动军学两界，准备起义。秋瑾秘密编制了光复军制，并起草了檄文、告示，商定先由金华起义，处州响应，诱清军离杭州出攻，然后由绍兴渡江袭击杭州；如不克，则回绍兴，再经金华、处州入江西、安徽，同徐锡麟呼应。

秋　瑾

原定7月6日起义，后改为19日。

7月6日，徐锡麟在安庆起义失败，徐锡麟的弟弟徐伟被捕，在供词中牵连到秋瑾，起义事机泄露。

7月10日，秋瑾在已知徐锡麟失败的情况下，仍然拒绝了要她离开绍兴的一切劝告，表示"革命要流血才会成功"。她遣散众人，毅然留守大通学堂。14日下午，清军包围大通学堂，秋瑾被捕。面对敌人的拷问，她坚不吐供，仅书"秋风秋雨愁煞人"以对。

15 日凌晨，秋瑾从容就义于绍兴轩亭口，时年仅 33 岁。

秋瑾遇难后，无人敢为其收尸，中国报馆"皆失声"，生前好友吕碧城、吴芝瑛设法与人将其遗体偷出掩埋。

光绪三十四年（1908 年），生前好友吴芝瑛将其遗骨迁葬杭州西湖西泠桥畔，因朝廷逼令迁移，其子王源德于宣统元年（1909 年）秋将墓迁葬湘潭昭山。

1912 年，湘人在长沙建秋瑾烈士祠，又经湘、浙两省商定，迎送其遗骨至浙，复葬西湖原墓地。后人辑有《秋瑾集》。

秋瑾是华夏杰出先烈，民族英雄。她蔑视封建礼法，提倡女权，常以花木兰、秦良玉自喻。早年学习经史、诗词,善骑射。她与吕碧城被称为"女子双侠"，与唐群英被后人誉为"辛亥革命的孪生女儿"，与唐群英、葛健豪被誉为"潇湘三女杰"，她们的女权与女学思想成为近现代中国妇女解放思潮的重要组成部分。

第五章 / 封建王朝的覆灭

一、对抗革命施"新政"，北洋集团乱中起

光绪二十六年（1900 年）七月，八国联军占领北京。慈禧太后带着光绪帝仓皇逃走，前往西安。联军分兵四出，占领山海关、张家口、保定、井陉等战略要地，并在京津地区屠杀抢劫。民居商铺被焚烧，户部存银洗劫一空，颐和园的文物、书画、古器被捆载而去。北京城遭到外国侵略军的又一次蹂躏和践踏。

《辛丑条约》签订后，帝国主义列强允许慈禧太后从西安回銮，在北京重建统治，慈禧因而对帝国主义感恩戴德，往往唯命是从。"量中华之物力，结与国之欢心"，成为当时清政府重要的对外政策。列强要求清政府调整机构、政策，进一步实现政权的买办化。慈禧也就打出了不久以前还在拼命反对的"新政""变法"的招牌，以此酬答列强的要求，消弭正在兴起的革命浪潮。光绪二十七年（1901 年）成立督办政务处，以筹划和推行"新政"。刘坤一、张之洞、袁世凯等纷纷上书，献计献策。

新政涉及各个方面，

《辛丑条约》签订仪式

在政府机构上，按《辛丑条约》的规定，将总理各国事务衙门改为外务部，"班列六部之前"。裁撤一些冗闲重复的机构，增设商部、巡警部及财政处、学务处。光绪三十二年（1906年）进一步改变从前部院衙门的结构，以外务部、民政部、度支部、学部、陆军部、法部、农工商部、邮传部取代从前的六部。军事上，决定编练新军，设立练兵处，计划编练全国常备军36镇。实际上到清朝灭亡时共练成新军14镇，18个混成协及

载沣

禁卫军1镇，约16万人。经济上，振兴商务，奖励实业，拟订商律，设立商会，保护资产阶级和华侨资本家。颁布矿务、铁路、公司、银行等各种章程，又统一度量衡，成立大清银行，改革币制，废除银两，确定以银圆为货币单位。在文化教育上，将各省书院改为大、中、小学堂，颁布学堂章程，规定学制。光绪三十一年（1905年）废止了延续1000多年的科举制，一切士子均由学堂出身。社会各个阶级阶层办学的积极性很高，学堂的建立犹如雨后春笋，出国留学受到资助、鼓励，并给予进士、举人出身。在法律方面，仿效西方国家的法制，编订新法典和单行法规，删除凌迟、枭首、缘坐、刺字等酷刑峻法。

在这些"新政"中，清政府最重视的是练兵筹饷，以增加收入，巩固统治，其他方面多属表面文章。尽管这样，政治、经济、军事、教育等方面的变革，毕竟为长期停滞的社会机制带来了一些活力，扩大了带资本主义性质的新生力量，加强了新势力对旧势力的冲击，实际上为反对和颠覆清朝统治做了准备。

在办理"新政"中，袁世凯的北洋集团乘机崛起，形成了近代军阀势力。袁世凯在小站练兵，采用德国的操练方法，聘用德国教官，全军训练严格，装备精良，为中国陆军近代化的开端。李鸿章死后，袁世凯继任直隶总督、

北洋大臣，受命办理练兵、外交、铁路、商务等，权倾朝野。他在原有军队的基础上，练成北洋新军六镇，号称劲旅。其军官都经过陆军学堂的训练，但军内保持淮军"兵为将有"的传统，重要将领段祺瑞、冯国璋、王士珍、曹锟、张勋都是袁世凯的心腹。袁世凯还多方拉拢官僚、文士徐世昌、唐绍仪、赵秉钧、梁士诒等，向内政、外交、财政、实业、路矿等领域渗透，形成庞大的势力集团。北洋集团背后有帝国主义支持，军队、企业中聘用外国教官、顾问，袁世凯本人和各国公使交往甚密，因此在帝国主义心目中，袁世凯是能够维持统治秩序的最有实力的人物。袁世凯又和庆亲王奕劻勾结，使用贿赂，赢得其支持。光绪三十四年（1908年）光绪帝和慈禧太后死去，宣统帝（即溥仪）即位，醇亲王载沣摄政，袁世凯被罢黜家居，但他多年卵翼的北洋集团依然存在。武昌起义后，清朝幻想利用袁世凯的实力镇压革命，不得不请袁世凯出山，付以全权。袁世凯依靠北洋势力，投形势之机，代替了清政府，排斥了革命派，再次成为最有实权的人物。

二、孙文创立同盟会，革命起义涌新潮

在帝国主义、封建主义的压迫下，一部分最先进的爱国志士很早就走上了革命道路，其代表人物就是孙中山。

孙中山（1866—1925年），名文，字德明，号日新，又号逸仙，后化名中山樵。广东香山人。伟大的民族英雄、伟大的爱国主义者、中国民主革命的伟大先驱，中华民国和中国国民党的缔造者，三民主义的倡导者。孙中山出生于农民家庭。早年在美国檀香山学习，接受资产阶级教育，后回国行医，目睹政局日非，痛恨腐朽卖国的清政府，立志救国济民。光绪二十年（1894年）他在檀香山成立了第一个资产阶级革命团体"兴中会"，提出了"驱除鞑虏，恢复中华，创立合众政府"的纲领。次年，他以香港为据点，筹划发动广州起义，因事机泄露而失败，被迫逃往国外。百日维新失败后，又在广东惠州发动起义。那次起义虽被镇压，但影响很大。

光绪二十八年（1902年），留日学生集会纪念明朝灭亡242周年，上海出现爱国学社。翌年，因俄国不肯从东北撤兵，上海、北京的学生集会抗议。东京留学生尤为激昂，组织拒俄义勇队，回国请愿。上海和东京陆续创办许多报纸刊物，反对专制，批评时政，宣传革命。其中，革命青年

邹容以通俗而犀利的文笔写《革命军》一书，揭露清朝的黑暗统治，热情呼唤"开创中华共和国"；章太炎（即章炳麟）在《苏报》上发表许多文章，尤以《驳康有为论革命书》影响为大，驳斥康有为对革命的诬蔑，揭露了他的保皇反动面目。还有陈天华写《警世钟》《猛回头》，指出清政府卖国的本质，号召人民起来反对清政府和外国侵略者。

在革命思想传播的基础上，出现了许多革命组织。孙中山领导的兴中会在海外有了进一步的发展，设立许多支部，出版许多报纸，并和康有为的保皇党进行论战。光绪二十九年（1903年）湖南青年黄兴、陈天华、宋教仁等在长沙组织华兴会；次年，江浙知识分子蔡元培、章太炎、陶成章等组织光复会。这两个组织都联络会党，策划反清起义。后因起义失败，很多人跑到日本。还有湖北的青年组织"科学补习所""日知会"，在当地新军中宣传革命。

光绪三十一年（1905年），孙中山从欧洲到日本东京，与黄兴、宋教仁等创立中国同盟会。该会以"驱除鞑虏，恢复中华，建立民国，平均地权"16字为纲领，推举孙中山为总理。总部设于东京，国内和海外设立分会和支部。1年后，会员已超过1万人，其中以知识分子占多数，也有下层的会党和海外华侨。中国同盟会的成立是资产阶级革命派成熟的标志。同盟会出版了自己的机关报《民报》，孙中山在民报发刊词中把16字纲领阐发为三民主义，即民族主义、民权主义、民生主义。民族主义即是用暴力推翻清朝政府，避免列强的侵略和瓜分；民权主义即是废除专制帝制，建立共和政体；民生主义即是实行土地国有，以改良的方法解决土地问题，防止贫富悬殊。

资产阶级革命派以《民报》为阵地，和以《新民丛报》为阵地的保皇派进行了激烈的争辩。革命派以有力的论据、雄辩的逻辑、犀利的笔锋，阐明进行暴力革命的必要性，揭露清朝政府是民族压迫、专制横暴、反动卖国的政府，驳斥了种种保皇的谬论，为革命高潮的到来做了舆论准备。

同盟会成立后，把发动武装起义、推翻清朝政府放在首要的日程上。从光绪三十二年（1906年）起，同盟会先后在各地发动了萍（乡）浏（阳）醴（陵）起义等一系列起义，还组织了多次暗杀清朝官吏的活动。但革命派领导的这些起义，规模较小，时间较短，计划不够周密，又有很多在沿边省区，缺乏接应，很快被清军镇压。但斗争连续不断，屡挫屡奋，锻炼

了革命派的力量，表现了他们百折不挠的坚强意志。

和革命派发动武装起义同时，全国范围爆发了大规模的群众自发斗争。有反教会斗争，有反对苛捐杂税的斗争，还有抢米风潮。这些群众斗争缺乏组织、纲领，具有很大的自发性，但波及的地区普遍，发动的次数频繁，参加的群众广泛，使清朝统治的基础发生了动摇。

三、列强投资侵路矿，保家卫国收利权

19 世纪末，世界资本主义进入帝国主义阶段，资本输出成为它对外侵略的主要特征。甲午战争后，帝国主义在中国强占租借地和划分势力范围的同时，将投资的重点集中到修筑铁路和开采矿山方面来，并以此作为其巩固"势力范围"和伸展侵略势力的手段。这就不仅使中国人民蒙受了重大的经济损失，阻碍了中国民族资本主义的发展，而且严重地侵犯了中国的主权，直接关系到中华民族的存亡。随着民族资本主义经济的发展，民族资产阶级力量增强了，因此，收回铁路主权和矿产主权的呼声日益高涨，一场轰轰烈烈的收回路矿利权的运动开始了。

针对帝国主义疯狂掠夺在华的铁路修筑权和矿山开采权，中国人民展开了收回利权的爱国运动。美国合兴公司攫取粤汉路权之后，违约将股票转让给比利时银团。湖南、湖北、广东人民要求"废约自办"，声势浩大，迫使美国合兴公司作出让步，在勒索 600 多万美元赎款后，同意废约。江浙人民则为收回苏杭甬路权，和英帝国主义进行斗争，自行集款筑路。清政府先是执意向英国借款修筑，遭到两省人民的坚决反对。后来怕激起"民变"，将英国借款移作别用，允许苏杭甬铁路归为商办。山西人民为了从英国福公司手中收回采矿权，经过反复谈判，在偿付赎款后收回了平定、孟县、潞安、泽州的煤铁开采权。在轰轰烈烈的收回利权运动中，还收回某些路矿的部分权益。如津浦铁路、广九铁路、沪宁铁路，以及安徽铜官山煤矿、浙江衢、严、温等处煤铁矿、山东中兴煤矿、四川江北厅煤铁矿、奉天锦西煤矿等。帝国主义尽管不甘心吐出既得利益，但面对声势浩大的群众运动，不得不稍稍改变策略，在勒索大量赎款以后，交回部分利权，以缓和反抗。收回利权运动是广大群众为保卫国家、民族的利益、主权而进行的爱国主义的斗争。

光绪三十一年（1905 年），由于美国国内歧视和虐待华侨、华工，广

州、上海工商界集会抗议，通电全国，号召抵制美货。全国各城市纷纷响应，形成广泛的群众性的反美爱国运动，时间持续将近一年，给美帝国主义以重大的打击，使其对华贸易额明显下降。

在以上一系列运动中，工商界的资产阶级和立宪派起了较大作用。他们以指导者的姿态活跃在舞台上，反对帝国主义的侵略和清政府的丧权辱国，但当反动势力威胁利诱、施加压力时，他们又表现出软弱妥协的特点，中途退出运动，不能坚持到底。这一弱点也表现在立宪运动中。

其中山东的收回利权运动是当时中外矛盾的突出反映。绅商资产阶级在运动中起了领导作用，但在斗争中也表现了极大的软弱性和妥协性，往往是他们抵抗不住压力，首先开始屈服、退让；参加运动的人员极为广泛，有山东籍京官、地方士绅、商学各界，但群众基础并不牢固，因此斗争显得软弱无力，取得的成就也十分有限。

不过，在斗争中，山东人民进一步打击了帝国主义侵略中国的嚣张气焰，挽回了部分路矿利权，具有鲜明的爱国性和正义性。经过斗争，人们开始认识到，要保存中国的利权，发展民族经济，必须首先推翻反动腐朽的清王朝。这便促使资产阶级向革命方面的转化，其中不少人投入了同盟会的革命活动。在辛亥革命时，山东的资产阶级终于迫使孙宝琦宣布独立，加速了整个清王朝的灭亡。

四、立宪运动争权利，皇族内阁成泡影

20世纪初的经济发展、思想变化和革命风潮，从不同的方面促进了资产阶级的立宪运动。由于资本主义经济的初步发展，投资于工商业的资产阶级虽不愿和帝国主义、封建主义决裂，却又希望在清朝统治下能改善自己的地位和发展条件。他们看到英国、日本、德国的君主立宪政体，也想通过这条途径挤进政府，分享权力。立宪运动的主要倡导者是流亡海外的梁启超以及国内的张謇、杨度、熊希龄、汤化龙、汤寿潜等人。清朝权贵当然对立宪并无兴趣，但由于革命风潮的兴起，清廷也企图以立宪为诱饵，拉拢立宪派，瓦解革命派。

光绪三十一年（1905年），清廷派载泽等五大臣出洋考察宪政。翌年，颁布预备立宪的谕旨，在"大权统于朝廷，庶政公诸舆论"的口号下，拉开了立宪运动的帷幕，提出改革官制，清理财政，整饬武备，详订法律，

广兴教育等，将行之数年未获成效的"新政"，权作预备立宪的内容。立宪派则兴高采烈，纷纷成立团体。康有为将保皇会改名为国民宪政会，梁启超在日本组织政闻社，江浙立宪派组织预备立宪公会，湖南组织宪政讲习会，湖北成立宪政筹备会，广东组织粤商自治会。各地立宪派积极活动，向清政府上书请愿，施加压力，要求召开国会。但清政府在宣布各省设立咨议局、北京设立资政院，作为国会的基础的同时，把召开国会的期限推迟到九年以后，并颁布《钦定宪法大纲》，规定皇帝具有至高无上的权力，不受议会的约束，臣民的权利极为微小。光绪三十四年（1908年），光绪帝和慈禧太后死去，满族亲贵集团企图集中权力，排斥拥有实力的汉族大臣，将袁世凯以足疾为名开缺回籍。又训练禁卫军，成立军咨府，企图以皇室亲贵统揽全国兵权，各省督抚对此加以反对。统治阶级内部在立宪的招牌下各怀私念，争权夺利。清朝上层中的满族亲贵、汉族大臣、立宪派三种势力的裂痕日益扩大。

　　宣统元年（1909年）以后，各省咨议局与北京资政院先后成立，并经常开会讨论，批评政治，弹劾官吏，提出议案，与清朝中央和地方政府发生摩擦。立宪派对清朝的拖宕延缓、独揽权力很不满意，先后发动三次请愿，要求速开国会，成立责任内阁。请愿的规模越来越大，情绪越来越激昂。有些地方督抚从抵制亲贵用事、维护自己权力出发，也参加了立宪运动。清政府不得已同意缩短预备立宪的期限，改为五年；并于宣统三年（1911年）裁撤军机处等机构，组织以奕劻为总埋大臣的新内阁。内阁成员大部分为满族亲贵，13名阁员内汉族仅占4人，因此这个内阁被称为"皇族内阁"。立宪派企图和清政府分享权力的愿望化为泡影，汉大臣也受到排挤，这就促成了辛亥革命时统治阶级上层的离心离德，导致清王朝迅速土崩瓦解。

五大臣出洋考察

大清立宪这一改革行动侵犯了许多原本贵族和大员的利益，上传而下不达，在各方压力下，得不到贯彻执行，因此沦为了一场假立宪活动。为了维护自身利益，清政府为此不得不搞了这么一出戏，这样，包括立宪派在内的广大民众对此极其失望，对清政府丧失了最后的信心，在内外因素的交集下，爆发了辛亥革命，导致了清政府的灭亡。

大清立宪虽然最终没有成功，但其意义仍然重大：

首先，这是中国2000年封建与专制向"宪制"的第一次"和平过渡"，是中国历史第一次政治近代化性质的改革和民主制度的建立。

中国2000年爆发了无数次的"农民起义"，建立了一个又一个的新王朝，但从来都是一个专制代替另一个专制，一个"农民帝王"取代另一个"农民帝王"，从来就没有现代意义上的"宪制"。

"宪制"与"专制"完全不同，"宪制"主要有"君主宪制"和"共和宪制"，在封建与专制社会里，皇帝的"言"与"行"就是国家的"法律"，在这种没有"宪制"的条件下，不仅皇帝的权力是无限的，至高的，也是没有限制的。

在一个"宪制制度"下，皇帝的权力首先受到国家"宪法"的限制。虽然大清立宪准备实行的是"君主宪制"，但"君主宪制"也是一种"宪政制度"，实际上它是一种按不同国家的历史而产生的"宪政制度"，是不同国家实际历史条件的产物。

同时，在大清立宪的过程中，清政府对经济方面宣称要奖励实业，令各省设立商会，并创立大清银行。在军事方面，编练新军，裁汰旧军。在文化教育方面，创办新式学堂，派遣留学生，并于光绪三十一年（1905年）废除科举制度。

此外，还准许满汉通婚，劝止妇女缠足，戊戌变法想做却做不到的事情，一下子实现了不少。虽然，清政府并不是真心进行改革，不过是装点门面，以求维持残局。但是像废科举、兴学校等措施，在改变社会风气方面起的作用，确实相当大。

而且新政中编练的新军许多在资产阶级革命党的宣传下变成推翻清朝统治的重要力量，兴办学堂和选派留学生，出现了一大批新型知识分子，在资产阶级民主革命中起了重要作用，为辛亥革命的爆发及成功奠定了基础。

五、辛亥革命炮声隆，清帝退位王朝终

辛亥年，即宣统三年（1911年），是社会矛盾长期积聚而达到总爆发的一年。八月，爆发了资产阶级民主主义革命。

1. 黄花岗起义和保路运动

以孙中山为首的资产阶级革命派，计划在广州发动更大规模的起义。在条件尚不具备而事机又有泄露的情况下，同盟会领导人黄兴决心迅速发动起义，冒险一击，时间定于宣统三年三月二十九日（1911年4月27日）。届时黄兴仅率100多人发难，攻入两广总督督署，随后遇到大批清军的攻击。革命党人以寡敌众，许多人战死或被捕牺牲。其遗骨合葬于黄花岗，故这次起义称"黄花岗起义"。

黄花岗起义刚刚被镇压，湖南、湖北、广东、四川四省广大人民以及资产阶级、地方绅商，为反对清政府掠夺商民路权，擅自把粤汉、川汉路权拍卖给英美法德四国银行团，又掀起了保路风潮。四川保路运动发展尤其迅速，超出了立宪派"文明争路"的范围。成都和全省许多城镇一齐罢市，并提出不纳粮税、不认外债等。清政府决定武力镇压，派端方带兵入川。总督赵尔丰逮捕保路的领袖多人，并开枪击毙游行群众数十人。四川各地的同盟会员和哥老会员纷纷组织保路同志军，筹划起义，把合法的保路运动发展为反对清朝的武装斗争。各路同志军从四面八方围攻成都，声势浩大。清政府急忙从湖北调兵入川，湖北形势亦发生动荡。

四川保路运动为武汉革命党人发动起义创造了有利条件。武汉地区的文学社、共进会等团体，平日在新军中宣传革命、发展组织，因

黄花岗七十二烈士墓

而在军队中有深厚的基础，许多士兵和下级军官参加革命组织。

2. 武昌起义

宣统三年八月十九日（1911 年 10 月 10 日）夜间，驻在武昌城内外的新军发动起义，攻占总督衙门，清朝官吏遁逃。但当时革命派的重要领导人都不在

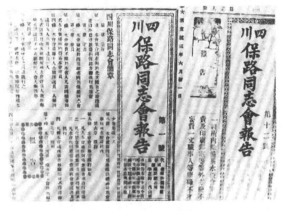

四川保路同志会报告

武汉，起义士兵筹划组成湖北军政府时不懂得保持领导权的重要性，以为需要有名望、有地位的人出来组织政府。于是，清朝高级军官新军协统黎元洪被请出来当都督，立宪派汤化龙当了民政长。

武昌起义在全国范围内产生了巨大影响。首先是湖南和陕西分别发动起义，树起独立的旗帜。接着，各地革命党人纷纷组织会党、新军起来响应。在短短一个多月时间内，又有江西、山西、云南、浙江、江苏、贵州、安徽、广西、福建、广东、四川、山东等省和上海宣布独立。武昌的革命军与清军相持于汉口、汉阳，江浙的革命军打败清军、克复南京、组织北伐，一时革命风潮大盛，连清朝统治的腹心地区直隶，也发生了

人民英雄纪念碑浮雕武昌起义

滦州的新军起义。

辛亥革命中，孙中山领导的同盟会是领导者和组织者，起义的普遍发动和迅速发展是同盟会长期宣传、组织、筹划的成果。会党和新军是主要的依靠力量。他们反对清朝的态度最坚决，斗争最勇敢。资产阶级立宪派本来并不赞成革命，但在争路、宪政问题上已和清政府产生严重裂痕，起义的普遍发动把他们推向了革命一边。他们的地位很有利，一方面既不是清朝的当权派，容易转身投向革命；另一方面，他们有声望，有产业，受到地方上的信任。所以，立宪派这时几乎全都放弃君主立宪的主张，赞成共和政体，并在新政权中占据了重要位置。甚至，有些旧官僚受到周围的压力，看到大势所趋，也不得不附和革命，这样就扩大了革命阵营的声势，使清朝政府陷入众叛亲离的不利处境。但立宪派和旧官僚投向革命，也带来了严重的后果。他们和革命派的思想和目标很不一致，在革命内部争夺权力，形成错综复杂的情况。有的省份，革命派发动起义，建立了革命政权，但立宪派和旧势力通过政变和武力手段，屠杀革命派和群众，篡夺了权力，如湖南、贵州。有的省份，革命派和立宪派并存，立宪派占了优势，以后两派都未能保持权力，一些掌握军队的实力派取而代之，如云南、浙江、四川。有的省份，经过各种势力的斗争，政权落在流氓、政客、军阀手中，如福建、山西。还有的省份，清朝旧官僚投机革命，宣布独立，摇身一变，成为新政权的首领，如江苏、广西、山东。经过一段实力的较量和形势的演变，掌握在革命派手中的尚有上海、广东、江西、安徽等地区。但革命派也在分化蜕变，有些人放弃了革命理想，向着官僚军阀势力靠拢。

武昌起义后，年底，孙中山从海外回国。各省代表齐集南京，推举孙中山为临时大总统，组织南京临时政府。1912年元旦孙中山宣誓就职，任命临时政府工作人员，颁布除旧布新的各项政令。不久又成立临时参议院，制定了《中华民国临时约法》。

3. 清帝退位

武昌起义敲响了清王朝的丧钟。帝国主义迫于形势，打起了中立的幌子，催促清朝政府起用袁世凯。北洋军队的将领都是袁世凯的心腹，要调动他们抗拒革命，非袁世凯不可。清政府只好解散皇族内阁，请袁世凯出山，任命他为内阁总理大臣，向他交出军政大权。袁世凯以帝国主义为后盾，挟北洋军队的实力，一面利用革命声威，恫吓清政府，逼迫满族亲贵交出权力；一面又向革命派威胁利诱，施加压力，迫使就范。袁世凯指挥北洋军进攻武汉时，同盟会领袖黄兴率领革命军英勇抗击，但事权不一，力量悬殊，战斗失利。北洋军占领汉口、汉阳，炮轰武昌。经过帝国主义的撮合，袁世凯又和革命阵营试探和谈。早在孙中山回国以前，南北和谈已在上海进行，双方就停战、国体、召开国民会议等进行讨论。帝国主义支持袁世凯，压迫革命派妥协。立宪派和有的同盟会员也向袁世凯靠拢，表示如果清帝退位，将拥护袁世凯出任第一任大总统。孙中山回国后，虽然反对妥协，积极主张北伐，组织了各路北伐军，但各军未经训练，编制互异，指挥不灵，遭到各方面反对和掣肘。帝国主义拒绝承认南京临时革命政府，扣留海关税收；各省军政府新建，供应浩繁，革命政权因此陷入严重的财政危机。立宪派和一部分同盟会员则指责非难孙中山等的革命主张，致使北伐无法进行。孙中山面对革命阵营的涣散状态和南北议和的既成事实，也无能为力，只得同意让步。他表示如果清帝退位，宣布共和，自己即辞去职务，可另选袁世凯为正式大总统。

袁世凯在得到革命派出让政权的确切保证后，便向隆裕太后上奏，声称自己的北洋军队已无力镇压革命，保卫京畿，请召开皇族亲贵会议，速定方针。他自己则不再入朝，只派心腹催迫清帝退位，隆裕太后召开多次御前会议，争论激烈。一部分满族亲贵态度顽固，反对退位，组成宗社党，指责袁世凯"蔑视纲常"，"居心更不可问"，主张和南方革命军决战。袁世凯唆使段祺瑞等数十名前线北洋将领致电清政府，要求实行共和政体，斥责皇族亲贵"败坏大局"。各地官吏迎合袁世凯的意图，纷纷电奏，主张共和。

袁世凯

宗社党本无实力，其首领良弼此时被革命党人彭家珍炸死，亲贵们吓得纷纷逃到天津租界和大连、青岛。1912年2月12日，隆裕太后带着宣统小皇帝举行清王朝最后一次朝见仪式，接受优待皇室的条件，发布退位诏书。统治中国268年的清王朝宣告灭亡。

第二编

风云人物

　　作为封建社会的最后一个朝代，清朝既为中华民族做出了超越前人的巨大贡献，也为人们留下了大量屈辱的辛酸历史。

　　在大清近 300 年的历史里，有无数的风云人物点缀其间，他们的传奇故事一直被后人津津乐道。曾经的大清风云人物，包括帝王、将相、名臣、雅士的传奇故事，长久以来被各种历史读物演绎成野史、逸闻，形成了大家对其"传奇"的一般认识。这些风云人物，有的英明神武，有的懦弱无能，有的开疆拓土，有的卖国求荣，他们的恩与怨、情与仇、爱与恨，连同这座宏伟的紫禁城，构成了大清朝传奇的一部分。本篇内容不仅仅是以"传奇"的手法描述他们，而是客观地集合了这些人物生平中的一段段真实故事，并根据其身份地位、行为特征、生平经历，剖析他们的心路历程，使读者看到一个个鲜活的历史个体，品味一个个有血有肉的历史人物。

第一章 将帅风云

一、智勇双全多尔衮，一统大业功最著

爱新觉罗·多尔衮（1612—1650 年），清太祖努尔哈赤第十四子，阿巴亥第二子。出生于赫图阿拉（今辽宁省新宾县老城）。清初杰出的政治家和军事家。

1. 军事业绩

多尔衮和爱新觉罗家族的许多子孙一样，擅长骑射，驰骋疆场，并用他过人的智慧，率师入主中原，辅助年幼的顺治皇帝建立起清王朝对全国的统治，从而完成了努尔哈赤、皇太极的未竟之业。

多尔衮的军事业绩，大致体现在以下三个阶段：第一阶段是努尔哈赤、皇太极在世时，他先被封为旗主贝勒、固山贝勒，他按年龄序列排行第九，故又称九贝勒或九王，后被授予"奉命大将军"称号，跟随皇太极征战。

明崇祯元年（1628 年），17 岁的多尔衮随皇太极征察哈尔多罗特部，取得傲穆大捷。因作战有功，荣获"墨尔根戴青"的美称，即聪明的统帅之意。次年开始，他多次从皇太极伐明。大凌河之战后，他和阿巴泰跟着降而复叛的祖大寿，扮为溃逃的明军，诱使守锦州的明军出援，然后将其击败。

崇祯六年（1633 年），皇太极与诸贝勒、大臣探讨征明与征察哈尔、朝鲜何者为先的问题。22 岁的多尔衮从夺取全中国的目标出发，力主以征明为先，后伐察哈尔，毁其屯堡，立足久驻，以待其敝。这种深入关内，消耗明朝国力，然后再与之决战的战略，深得皇太极的赞同。后来清军几次入边，追袭察哈尔部林丹汗、征朝鲜，特别是松锦决战等军事行动，基

顺治元年摄政王发给明故军民的谕旨

本上都是按照多尔衮的设想行事，并取得了成功。

多尔衮的聪明睿智和高瞻远瞩的战略眼光，主要表现在两方面：一是皇位继承问题，二是入关战役的指挥。当时因皇位继承人问题，在满洲贵族上层发生了尖锐的矛盾和斗争，清政府处于极为混乱的状态。多尔衮作为一派的首脑，首先自己主动放弃对皇权的争夺，并从全局考虑，提出立皇太极6岁的九子福临为帝，并由他和济尔哈朗辅政的方案，从而避免了一次内战。这充分表现了多尔衮为了满洲贵族的长远利益，能以大局为重的谋略才能。

清顺治元年（1644年）初，国内几支互相敌对的势力并存，形势错综复杂，瞬息万变，7岁的顺治帝是不可能驾驭这种形势的。摄政王多尔衮先以明军为主要敌人，曾派人去联络农民军。后来由于形势急剧变化，他又立即采取谋士范文程的建议，把主要矛头指向李自成的大顺军。当听到农民军攻克北京，吴三桂徘徊不定的消息后，他又放慢步伐，采取游移观望态度。当吴三桂献山海关投降，他见机而行，毫不迟疑地与吴三桂结盟，挥师入关，进占京师，建立起清朝对全国的统治。

多尔衮如此审时度势、相机而动，体现了统帅的优良素质。

清王朝定鼎北京之后，形势更加复杂，于是开始了多尔衮军事业绩的第三阶段。在此以后的7年时间内，他对李自成的大顺军、张献忠的大西军和全国各族人民的抗清斗争进行了血腥镇压，消灭了弘光、隆武等南明政权，对中国的统一、对社会和历史的发展是有积极意义的。但是，他所推行的民族征服和屠杀政策，也给汉族和其他各族人民带来了极大灾难。顺治七年（1650年），多尔衮出边狩猎，病死于喀喇城。

2. 权势煊赫

顺治二年（1645年），多尔衮晋为皇叔父摄政王后，一切大礼诸如围猎、出师等时，王公贵族俱要聚集一处侍候传旨，还要"列班跪送"多尔衮。

若其回王府，则需送至府门。如遇元旦、庆贺礼时，文武大臣在朝贺顺治帝后，即去朝贺多尔衮。上朝时，多尔衮于午门内从便下轿，而诸王需于午门外下轿等等。上述所有仪注都表明一点，即多尔衮位居一人之下，万人之上。同时，由于明末党争激烈，清初又大量引用旧人，因此明末党争积弊在清初政局中反映出来，并与满洲贵族内部矛盾纠缠在一起。从顺治二年（1645 年）开始，以弹劾冯铨案形成了南北党争的中心内容。是年七月，浙江道御史吴达上疏弹劾阉党余孽，矛头直指冯铨及其党羽孙之獬等。高层官员中如洪承畴、金之俊等均是南方人，不会支持冯铨。多尔衮考虑到冯铨这些人死心塌地效忠于满洲贵族，如果处罚了他们，朝中南方官员得势，于清朝统治可能发生不利影响。所以过了 10 天，多尔衮仍未表态。但出于对稳定整个形势的考虑，他终于决定支持冯铨一派，在朝中公开申斥了龚鼎孳，仅将李森先革职，而对其他人并未深究。多尔衮通过双方的斗争更好地利用他们，借此达到他以汉治汉的目的。

顺治三年（1646 年）五月，多尔衮以顺治皇帝信符收贮于皇宫之中，每次调兵遣将都要奏请钤印，十分不便。于是，即遣人将皇帝玺印都搬到自己的府中收藏备用。从是年起，多尔衮所用仪仗的种类与皇帝等同，均为 20 种，只是在每一种类的具体数目上比皇帝略少一些。而辅政王的仪仗则只有 15 种，明显逊于多尔衮，说明多尔衮与皇帝的差距越来越小。

顺治四年（1647 年）以后，如果官员奏书中将"皇叔父摄政王"还称作"九王爷"，或是不用全称而丢字漏字的话，都会受到革职处分。而且"以后凡行礼处，跪拜永远停止"，多尔衮再不用向顺治帝行礼了。

顺治五年（1648 年）末，多尔衮又向前进了一步，变成了皇父摄政王。其后，多尔衮"所用仪仗、音乐及卫从之人，俱僭拟至尊"，即是说多尔衮不仅实权在握，而且在礼仪排场上也开始向皇帝看齐。凡一切政务，多尔衮不再有谦恭请示之举，未奉皇帝旨意，却一律称诏下旨，俨然如同皇帝。而且，他任人唯亲，任意罢免和提升官员。特别是"不令诸王、贝勒、贝子、公等入朝办事，竟以朝廷自居"，命令上述人等每日于自己的王府前候命。

3. 政治举措

（1）定都北京。

清军到达北京后，在是否将首都由沈阳迁到北京的问题上，统治集团内部发生了争论。以阿济格为首的反对派，主要以清兵入关太快、补给不

足为理由，反对迁都。而多尔衮从统一和管辖整个中国的总战略出发，主张迁都北京。顺治元年（1644年）六月，多尔衮终于统一诸王、贝勒、大臣的意见，决定迁都北京，派遣辅国公吞齐喀等携奏章迎驾。

（2）创立制度。

在政治体制上，多尔衮接受了明朝的现成制度，在中央机构中，仍以六部为最重要的国家权力机关，尚书皆由满人担任，但诸王贝勒亲理部事的制度却在入关前夕废除掉了。到顺治五年（1648年），多尔衮于六部实行满汉分任制度。多尔衮力图表现得比较开明，因此除原有的都察院之外，六科十三道也保留了下来，并一再鼓励官员犯颜直谏。总的来说，中央机构中虽承明制，但也保留了某些满族特有的制度，还引进了议政王大臣会议、理藩院等机构，其内院的权力比起明朝内阁要小得多，并对原明臣试图增大内院权力的努力加以压抑。

（3）重用汉官。

清朝入关，百废待举，多尔衮令戒饬官吏，网罗贤才，收恤都市贫民。用汤若望议，厘正历法，定名曰时宪历；倚重汉官范文程、洪承畴、冯铨等人，设大学士，行使原先明内阁的职责；承袭了明代"票拟"制度，即内阁对内外大小臣工的题奏本章草拟出批复意见，供皇帝审阅定夺。

4. 六大弊政

多尔衮有"六大弊政"，剃发易服、圈地、占房（侵占房舍）、投充（抢掠汉人为奴隶）、逋逃（逃人法）以及屠城。

（1）剃发易服。

清入关之初，多尔衮颁布"剃发易服"令，清廷明令清军所到之处，限全体汉族人10日之内尽废明朝衣冠，依从满族剃发垂辫、着马蹄箭袖的服饰习俗，违抗者处死，引起全国各地民众的强烈反抗，很多人为此献出生命。

（2）占房圈地。

清兵入关后，以明末战乱造成大批无主土地为由，强行将京畿土地无偿分给八旗王公贵族，造成大批被圈土地的百姓流离失所，社会更加动荡。

清朝定都北京，大批满族官民随同迁入关内，分布在北京及京畿地区。为了解决他们的生计，多尔衮下令做了两件事：一件事是把北京内城（又叫北城）的几十万汉民强迫迁往外城（南城），腾空内城安置清朝皇室和八旗官兵。汉人搬迁时虽然给一点搬家费，但根本不够买房或盖房。许多汉民倾家荡产，或流离失所。

另一件事，是在京畿地区跑马占地。清廷派出官员，骑在马上，拉开户部发给的绳索，纵马圈占百姓良田，俗称"跑马占地"。名义上是圈占无主荒田，分给王公贵族和八旗官兵，实际上是把农民的大量土地无偿占有了。

（3）投充逃人。

清朝王公旗人富户并不从事农业生产，他们在圈占的田地上设立农庄，因为缺少劳力，便实行逼

多尔衮

民"投充"的政策，招收农民供其役使。许多汉人不愿离开故土，或经济破产，纷纷投充到八旗名下，充当奴仆。他们的处境非常悲惨，又引发大批逃亡问题。

多尔衮制定了严禁奴仆逃亡的法律，规定：抓获逃人，鞭100，归还原主；隐匿者正法，家产没收；左邻右舍，各鞭100，流放边远。这种肆意株连、刑罚过重的做法在社会上产生了严重恶果，与多尔衮"满汉一家"的思想当然也是南辕北辙。

5. 身后荣辱

顺治七年（1650年）八月，多尔衮追尊生母太祖妃乌喇纳拉氏，尊为"孝烈恭敏献哲仁和赞天俪圣武皇后"，祔享太庙。十一月，多尔衮出猎古北口外，行猎时坠马跌伤。十二月初九（1650年12月31日），多尔衮薨于古北口外喀喇城，年39岁。

顺治帝闻之震悼。率王大臣缟服东直门外五里，迎多尔衮遗体。下诏追尊多尔衮为"懋德修远广业定功安民立政诚敬义皇帝"，庙号成宗，丧礼依帝礼。顺治八年（1651年）正月，尊多尔衮正宫元妃博尔济吉特氏为义皇后。祔享太庙。多尔衮无子，赐以豫亲王子多尔博为后袭亲王，俸禄是其他诸王的3倍。又以多尔衮的近侍詹岱、苏克萨哈为议政大臣。

但是，多尔衮死后不久，其政敌便纷纷出来翻案，揭发他的大逆之罪，首先议了阿济格的罪，然后恢复两黄旗贵族的地位，提升两红旗的满达海、瓦克达、杰书、罗可铎等。两白旗大臣苏克萨哈等见势头不对，也纷纷倒戈。在这种形势下，先兴罗什等五人狱，然后便正式宣布多尔衮的 14 条罪状，追夺一切封典，毁墓掘尸。接着，当权者又接连处罚了刚林、巴哈纳、冷僧机、谭泰、拜尹图等。多尔衮多年培植的势力顷刻瓦解。多尔衮死后两个月，突然从荣誉的顶峰跌落下来，完全是统治阶级内部矛盾斗争的结果。但是，多尔衮对于清王朝所立下的不世之功也绝不是政治对手们的几条欲加之罪所能掩盖的。顺治十二年（1655 年）正月，吏科副理事官彭长庚、一等子许尔安分别上疏，称颂多尔衮的功勋，几乎句句在理，但被济尔哈朗骂了个狗血喷头，流放宁古塔充军。迟至 100 年后，乾隆四十三年（1778 年），乾隆帝发布诏令，正式为多尔衮翻案，下令为他修复坟茔，复其封号，"追谥曰忠，补入玉牒"。如此铁案又再度被翻了过来。到此时，有清一代对多尔衮的评价算有了定论。

多尔衮是清开国时期的一个有影响的重要人物，入关前他是清太宗皇太极的得力助手，南征北战，出生入死，建立许多战功，成为智勇双全的著名将领。他继承了清太祖、清太宗入主中原，统一全国的遗愿，辅佐年幼的顺治帝建立清王朝，是清开国的第一大功臣。

二、妻子岂应关大计，冲冠一怒为红颜

吴三桂（1612—1678 年），字月所，另字长白。辽东中后所（今辽宁省绥中）人。先世本扬州府高邮州人。明末清初著名的政治、军事人物。

吴三桂出身于辽西将门世家，为明锦州总兵吴襄之子，祖大寿外甥。他自幼习武，善于骑射，不到 20 岁就考中武举。崇祯初年，吴三桂从武宁随父征战，因战功而不断提升。后来吴襄坐失军机，纵兵焚掠，被逮捕入狱，吴三桂被提升为锦州总兵。因吴三桂守宁远有功，崇祯皇帝想倚重他来讨伐李自成农民军，封他为平西伯，并且将他的父亲也免罪出狱，起用提督京营。

崇祯十四年（1641 年），明清之间开始了著名的松山、杏山、锦州之战，明军大败。洪承畴和吴三桂的舅舅祖大寿降清，吴三桂却退守宁远，保全了自己的实力。明崇祯皇帝虽知在松锦之战中吴三桂有罪，却不敢追

究，反以为其守宁远有功，召吴三桂进京，赐宴武英殿，以示抚慰，并起用其父。

崇祯十七年（1644年）三月，李自成农民军进逼北京，崇祯皇帝命辽蓟总兵王永吉调宁远兵50万人火速入卫。吴三桂乘机把自己辖区内的几十万辽民迁入关内安插，自己带精锐部队殿后，这就耽误了进京的时间，直到三月十九日才到山海关，二十二日抵达玉田。

这时，李自成攻占北京和崇祯皇帝自杀的消息传来，入卫兵

吴三桂

溃散，吴三桂不敢前进。李自成派人传信给吴三桂，劝他投降。在这之前，当吴三桂被崇祯皇帝召进北京时，他在嘉定的周奎家中看上了歌女陈圆圆，不惜千金纳其为妾，留在北京。吴三桂这时见了李自成的招降信，考虑到他父亲和爱妾都在北京李自成的手中，也曾动过投降李自成的念头。但正在此时，却谣传陈圆圆被李自成的大将刘宗敏抢掠，也有人说陈圆圆被李自成收为妃子，于是吴三桂冲冠一怒，决心与李自成为敌。吴三桂带兵先驰回山海关，加紧备战，以便抵挡李自成的进攻。但他也很清楚，单靠自己的力量绝不是李自成的对手，于是便想联合清兵对付李自成。于是就派副将杨坤、游击郭云龙，向清摄政王多尔衮借兵，欲讨伐李自成。多尔衮的条件很简要，但也很苛刻：要出兵，吴三桂必须先投降。

这时，时局发展十分迅速。李自成已经率领10万大兵向山海关开拔。四月十九日，李自成大军抵达关门，二十一日便对山海关发动猛攻。四月二十二日，吴三桂率众赴清营投降，多尔衮让吴三桂在阵前剃发投降。于是在吴三桂的带领下，多尔衮统率军队进入了山海关。在清军帮助下，李自成的农民军受到重创，溃败而走。

李自成带兵退到永平后，还曾试图与吴三桂议和，但未成功，于是回到北京就在范家店杀了吴三桂的父亲吴襄及其眷属，但吴三桂的爱妾陈圆

山海关

圆却并未被杀。

李自成兵败山西，清军暂且班师。清世祖顺治皇帝驾临皇极门，授吴三桂为平西王，赏赐白银万两，并设宴招待吴三桂。吴三桂献关投降，才使得清军轻而易举地占领了北京。

不久，顺治皇帝封英亲王阿济格为靖远大将军，攻打逃窜于山西、陕西一带的李自成农民军，吴三桂也从征，由边外奔绥德。顺治二年（1645年），李自成率军退到湖北襄阳、武昌，吴三桂也到湖北攻打李自成农民军，直攻到九江。这是吴三桂献山海关之后为清人立的又一大功劳。由于吴三桂的功劳最大，所以他的地位、声势远远超过了其他投降清人的明朝降官。但是吴三桂只是表面受宠，实际上清人对他始终怀有戒心。

顺治五年（1648年），全国各地抗清运动风起云涌，姜壤在大同起兵，声势浩大，秦晋轰动。清人因兵力不足，不得不起用明朝降将，于是便让吴三桂出征汉中，却委任都统李国翰为"定西将军"，实则是对吴三桂暗中加以监督控制。吴三桂在出征汉中过程中，大肆屠杀抗清义军，企图以军功取得清人的信任。但尽管如此，清廷对他的防范始终比较严密，对此，吴三桂心中也十分清楚。

顺治七年（1650年），摄政王多尔衮病死，清廷内部的政治形势发生了很大变化。多尔衮与顺治皇帝原本有矛盾，而对吴三桂防范最严厉的乃是多尔衮，此时多尔衮死去，吴三桂抓准时机，入京觐见皇帝，果然得到了顺治皇帝的优待。至此，吴三桂的命运开始出现了转机，一步步走起运来。同年，清政府命吴三桂和李国翰一起率军入川，攻打张献忠义军余部。几年之中，先后平定重庆、成都等两川重镇。顺治十四年（1657年），吴三桂又以平西大将军职，南征云贵，攻打南明最后一个政权桂王永历政权。顺治十六年（1659年），吴三桂攻下云南，朝廷即委其开藩设府，镇守云南，总管军民事务。

顺治十八年（1661年），师出缅甸，擒杀桂王。十几年间，吴三桂率部从西北打到西南边陲，为清朝确立对全国的统治建立了特殊的功勋。因此，清朝对他由原先的控制使用改为放手使用。不但在李国翰死后，让他独承方面之任，而且在一切军事活动中也"假以便宜，不复中制，用人，吏、兵二部不得掣肘，用财，户部不得稽迟"。同时，在职务上，也一再升迁。康熙元年（1662年），捷报传到京城，康熙皇帝下旨嘉奖，晋升吴三桂为平西亲王，并命贵州也属吴三桂管辖，而令爱星阿班师。本来应该将朱由榔等人押解到京城，但吴三桂以道远押解不便为理由，上奏请求在云南处置。四月二十五日，吴三桂奉密旨将朱由榔父子杀害。

康熙二年（1663年）到五年（1666年），吴三桂多次出兵平定了土著居民反抗清廷的队伍，擒杀了首领，云南一带政局开始稳定。于是，吴三桂开始进一步扩充自己的实力。他开藩设府，坐镇云南，权力和声势都达到顶点的时候，他与清朝中央政府的矛盾却开始激化起来。在云贵，他想做清朝的沐英"世镇云南"的平西王。对于吴三桂的这些想法，清朝洞若观火。因而在吴三桂杀死永历帝后，便着手裁抑吴三桂的权势：康熙二年（1663年），收缴了他的大将军印；康熙五年（1666年）裁掉了他用人题补的权力；康熙六年（1667年），吴三桂因患眼疾上疏辞总管任，清廷借机剥夺了他云贵总管的职务，事务由总督提督巡抚管理。但清廷对吴三桂此时仍然加以笼络，所以，虽然免去了其云贵总管之职，但仍然有所保留；又晋升他的儿子吴应熊为少傅兼太子太傅，并让吴应熊到云南探望吴三桂的眼疾。

康熙十二年（1673年）春，镇守广东的平南王尚可喜疏请归老辽东，康熙皇帝遂乘势作出了令其移藩的决定。而后，又对镇守福建的靖南王耿精忠的撤藩要求也依例照准。在形势的逼迫下，吴三桂也假惺惺地上书朝廷，请求撤藩，实则希冀朝廷慰留他。对于吴三桂的真实意图，康熙皇帝非常清楚。他认为，吴三桂和朝廷对立已久，"撤亦反，不撤亦反。不若及今先发，犹可制也"。于是力排众议，毅然决定允其撤藩，还派专使至滇，雷厉风行地经理撤藩事宜。十一月，吴三桂诛杀云南巡抚朱国治，自称天下都招讨兵马大元帅，提出"兴明讨虏"，起兵造反。同时，吴三桂写信给平南、靖南二藩及黔、蜀、楚、秦官吏中的旧相识，打着复明的幌子，约会他们一起反清。史称"三藩之乱"。

头几年，形势对吴三桂非常有利。直到康熙十五年（1676年），双方

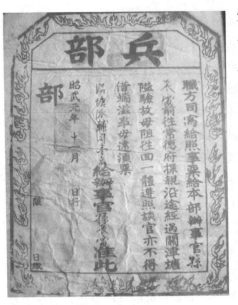

昭武元年通关文牒

军事形势才发生重要转折。这是由于兵兴三年，吴三桂深感兵力、财力严重不足，而吴三桂在各地的党羽也纷纷离心离德，各有图谋。

从康熙十三年（1674 年）到康熙十七年（1678 年），吴三桂率大军攻克了江西、湖南、广东及陕甘宁等地，却被清军相继收复，手下将领多有降清之人。吴三桂无计可施，最后曾想求助于蒙古，许以割地纳款，请蒙古兵入秦蜀援助，但蒙古留使不理，吴三桂大失所望。

吴三桂此时深知大势已去，在走投无路的时候，玩起了称帝的把戏，借以自娱。康熙十七年（1678 年）三月初一，在衡州（今衡阳）称帝，国号大周。八月，衡州酷热，吴三桂加之心情不舒，焦虑过重，肝火过盛，便突然得了"中风噎嗝"的病症，随后又添了"下痢"病症，太医百般调治，终不见效。吴三桂便授意心腹大臣，迎接皇孙吴世璠来衡州继位，托付后事。八月十八日深夜，吴三桂在都城衡州皇宫驾崩，时年 67 岁，只做了五个多月的皇帝。吴世璠支撑了三年之后被清军攻破昆明，家中 30 多人均被杀死，"三藩之乱"遂告结束。·

三、独臂秋鹰飞控出，指挥万马猎平沙

萨布素（1629—1701 年），满族，姓富察氏。镶黄旗人。生于宁古塔（今黑龙江宁安西南）。清代抗俄名将。

萨布素出生于军人世家，自幼聪敏伶俐。从八九岁开始，就练习弯弓射箭。十二三岁开始，就能帮助父亲放牧马群了。十八九岁时，已经是臂膀有力，骑射娴熟，既机智灵敏，又老成持重，还粗通文墨。此时，萨布素入伍，在班章京沙尔虎达帐下听命。在与沙俄的战斗中，萨布素多次显出他的英勇机智，深受沙尔虎达等的器重，不久，被提升为骁骑校，开始领兵作战。

顺治十六年（1659 年）正月，沙尔虎达将军因病去世，他的儿子巴海被任命为宁古塔昂班章京（康熙元年改称宁古塔将军）。萨布素继续在巴海麾下任职，又多次击败沙俄残匪，缴获甚多。萨布素因有功，被提升为防御。

从顺治十年到康熙二十二年（1653—1683 年）这 30 年中，萨布素一直在宁古塔将军属下任职。他不仅在抗击沙俄侵略者的战斗中屡立战功，而且在巩固边疆上也发挥了巨大作用，在此期间，萨布素历任笔帖式、骁骑校、防御、佐领、协领、副都统等职。

康熙二十二年（1683 年）十月二十六日，清廷正式设黑龙江将军，任命萨布素为首任将军。黑龙江将军的建置，对于抗击沙俄侵略者、加强边防、开发边疆，具有现实和深远的意义。它和盛京将军、宁古塔将军（后改称吉林将军），奠定了后来东北三省建制的基础。

萨布素作为首任黑龙江将军，主要着手于筑城屯田、运输粮秣和迁徙家口等事项。他先在瑷珲（今黑龙江爱辉）筑城，后又在黑龙江右岸托尔加城旧址建新瑷珲城。新瑷珲城成为边疆重镇。其次又率大军围攻下俄军盘踞的老巢雅克萨，歼灭俄军主力，同时拔掉了俄军在黑龙江中、下游的据点，彻底扫荡了沙俄侵略军。

康熙二十五年（1686 年）六月，萨布素等率领清军从瑷珲出发，向雅克萨进军。七月二十三日，清军列阵，开始攻城。郎坦等率兵在城北安设炮位，向城内轰击；副都统班达尔沙和雅钦等率军由城南冲击。托尔布津力图阻止清军逼近，派拜顿领兵出城迎战；班达尔沙指挥清军先以炮铳击之，毙伤俄军多人，又乘俄军惊魂未定之时，亲率清军挥刀杀入敌群，一阵砍杀，俄军势不能敌，大败回城。经过几天来的战斗，俄军被击毙 110 余人，士气大挫，再也不敢出来应战了。但他们依恃坚固的城堡和强大的火力，始终负隅顽抗。萨布素进逼雅克萨城下，掘长堑，立土垒，

萨布素雕像

围困敌人。经过五个多月的围困，俄军面临覆灭的危险。他们不是被清军击毙，就是死于蔓延的坏血病。到十一月，侥幸活命的俄军只剩下150来人，而其中大部分人丧失了战斗力。俄军完全陷于弹尽粮绝、束手待毙的困境。雅克萨旦夕可下。

十二月，萨布素接到清廷下达的停止攻城并撤围的命令。原来，沙俄政府意识到武力侵占中国黑龙江地区的计划已不能得逞，为解脱雅克萨被困俄军的厄运，不得不接受清政府曾多次提出的和谈建议，同意举行中俄谈判。

《中俄尼布楚条约》签订后，萨布素率兵返回瑷珲，奉命于黑龙江、墨尔根二处设兵、筑城、浚隍、造庐舍、开屯田，加紧巩固边防，并把注意力投向西线，密切注视着噶尔丹叛军的动向。

康熙三十四年（1695年）初春，萨布素前往呼伦贝尔、索岳尔济山等地巡视，拟订了一个沿索岳尔济山一线设防的军事计划，上奏清廷。清政府批准了他的计划，从此，萨布素成为整个东北地区清军的总指挥。同年秋，萨布素随从康熙帝征噶尔丹，奉命为东路总指挥，统领东三省八旗兵及科尔沁蒙古兵，自索岳尔济山进剿，拦截准噶尔军，锐不可当，再立战功。康熙三十六年（1697年）五月，噶尔丹自杀。噶尔丹叛乱被彻底平定，沙俄肢解中国的阴谋也随之破产。

康熙三十七年（1698年）十月，康熙诏谕萨布素，给一等阿达哈哈番，令其世袭，同时又以其亲御蟒袍、缨帽赐萨布素。

康熙四十年（1701年）二月，因连年火害，农业歉收，清廷谓其"捏报兵丁数目，浮支仓谷"，萨布素被革职。康熙四十年（1701年）末，萨布素因积郁成疾，在黑龙江将军衙门去世。

四、运筹帷幄驰疆场，君臣失和杀身祸

年羹尧（1679—1726年），字亮工，号双峰。原籍凤阳府怀远县（今安徽省怀远县），后改隶汉军镶黄旗。清前期著名军事将领。

年羹尧的父亲年遐龄，曾任湖广巡抚。年羹尧自幼读书，颇有才识。康熙三十九年（1700年）年羹尧在考中进士后，初选为庶吉士，授检讨职务。随即充当四川、广东的乡试考官，经过多次调迁后升为内阁学士。康熙四十八年（1709年），被提为四川巡抚，成为封疆大吏。

康熙四十九年（1710年），斡伟生番罗都等人聚众劫掠宁番卫，杀死了游击将军周玉麟。康熙皇帝命令年羹尧和提督岳升龙前往征剿安抚。岳升龙率兵前去，擒获了罗都，年羹尧带军行至平番卫时，听到罗都已被活捉，就引兵退回。川陕总督音泰为此上章弹劾年羹尧，府部大臣讨论认为当撤职罢官，但康熙帝下令留任。康熙五十六年（1717年），越嶲（今四川西昌）卫属下的土著和普雄的土千户那交等聚众作乱，年羹尧派遣游击将军张玉前去将他们剿平。

康熙五十九年（1720年），康熙帝命令平逆将军延信率领军队从青海进入西藏，授予年羹尧定西将军的官印，从拉里出发去和延信会师，并询问年羹尧谁可以代理总督的职务。年羹尧说一时没有合适的人选，请求把将军印信授给护军统领噶尔弼，同时将法喇的军队移驻打箭炉，康熙帝采纳了他的建议。八月，噶尔弼、延信两支军队先后进入西藏，策凌敦多卜溃败逃走，西藏平定。皇帝诏令年羹尧护卫作战凯旋的各路军队回师，同时召法喇返回京师。

不久，年羹尧又派兵安抚平定了里塘所属的上、下牙色与上、下雅尼，以及巴塘所属的阿坝、林卡石等地。康熙六十年（1721年），年羹尧到京城朝见皇帝，康熙帝命他兼任四川、陕西总督的职务。

雍正皇帝继位后，年羹尧更是备受倚重，和隆科多并称雍正的左膀右臂。雍正元年（1723年），授予年羹尧二等阿达哈哈番世代相袭的职务，并加赐其父年遐龄尚书衔。不久又加封年羹尧为太保。论平定西藏的功劳，以年羹尧运输军粮、守卫关隘有功，封三等公，并准予世袭。

同年，青海台吉罗卜藏丹津劫持亲王察罕丹津背叛作乱，并劫掠青海的各部落。雍正皇帝命令年羹尧率大军进讨，诏谕抚远大将军延信和主管边防、管理粮饷的所有大臣，以及四川、陕西、云南三省的总督、巡抚、提督、镇守，凡有关军事的事宜，都向年羹尧报告。十月，年羹尧率师从甘州到达西宁。雍正帝诏令改任延信为平逆将军，解除他抚远大将军的印信，改授给年羹尧，所有军队全部由年羹尧统领。年羹尧奏请任命前锋统领素丹、提督岳钟琪为参赞大臣，雍正皇帝同意。论平定郭罗克的功劳，年羹尧又晋封二等公爵。

年羹尧刚到西宁时，部队还没有大规模集结，罗卜藏丹津探知这一情况后率军来进袭西宁，攻破了所有傍临西宁城的城堡，然后率军向西宁城进逼。年羹尧只带了几十名侍从端坐在城楼，仪态自若，毫不动容。罗卜藏丹津见后不知虚实，使引军稍稍后退，包围南堡。年羹尧命令士兵去捣毁敌人的营垒，敌人知道官兵人数不多，也不多作防备，只是驱逼桌子山的土蕃当前队。清军发炮，土蕃被炸死者不计其数。这时岳钟琪的部队赶到，直接攻打敌人大本营，罗卜藏丹津大败而逃。官兵在后紧追不舍，敌军全面崩溃，罗卜藏丹津只带了几百人逃脱。

雍正二年（1724年），战争的最后阶段到来，年羹尧下令诸将"分道深入，捣其巢穴"。各路兵马遂顶风冒雪、昼夜兼进，迅猛地横扫敌军残部，大获全胜。年羹尧"年大将军"的威名也从此震慑西陲，享誉朝野。至此，青海部落全部平定。论功行赏，年羹尧被晋封为一等公爵，另外授予精奇尼哈番的称号，并准许让其儿子年斌承袭，赐封年羹尧的父亲和他一样的爵位，并加太傅称号。同时授予素丹、宋可进三等阿达哈哈番称号，黄喜林二等阿达哈哈番称号。其他人也各有分赐。此时的年羹尧威镇西北，又可参与云南政务，成为雍正在外省的主要心腹大臣。

紧接着，年羹尧又率大军平定了河州（今甘肃临夏）边外的一些地方，并向皇帝建议解散北征的大部队，而分兵驻守，在所守之地设同知管理民事，设卫守管理屯粮等，雍正帝同意。

之后，年羹尧列条上陈妥善处理青海遗留问题的意见，对抚定青海大有好处。因此，这年十月，年羹尧进京朝见雍正帝，雍正帝赐给他双眼花翎、四团龙补服、黄带、紫辔、金币等。论功行赏，晋加一等阿思哈尼哈番世职，准许他的儿子年富承袭。

年羹尧

年羹尧仗恃雍正帝对他的器重和恩遇，以及多次出师屡建战功的资本，又加之曾参与帮助雍正谋取帝位，骄横放纵，不可一世。他给各地总督、巡抚直接下达公文，给官员的信函都直呼其姓名。他向雍正帝要求调配给他侍卫、随从军士，让他们在前面开导引路，在后面护卫压阵，为他驾双马车，搀扶下马。他进京觐见雍正帝，总要叫总督李维钧、巡抚范时捷跪在道旁送往、迎接。到了京城，他经过的地方都要为他清道，禁止百姓和普通官员行走通过。亲王大臣到郊外去迎接他，他从不礼谢。在边境时，蒙古族的所有亲王、公爵见他都必须下跪，连额驸（驸马）阿宝请见他也如此。

当时在文武官员的选任上，凡是年羹尧所保举之人，吏、兵二部一律优先录用，号称"年选"。他还排斥异己，任用私人，形成了一个以他为首，以陕甘四川官员为骨干，包括其他地区官员在内的小集团。许多混迹官场的拍马钻营之辈眼见年羹尧势头正劲、权力日益膨胀，遂竞相奔走其门。而年羹尧也是个注重培植私人势力的人，每有肥缺美差必定安插其私人亲信，"异己者屏斥，趋赴者荐拔"。另外年羹尧贪赃受贿、侵蚀钱粮，累计达数百万两之多。而在雍正朝初年，整顿吏治、惩治贪赃枉法是一项重要改革措施。在这种节骨眼儿上，雍正帝是不会轻易放过的。

雍正三年（1725 年）正月，雍正帝对年羹尧的不满开始公开化。年羹尧指使陕西巡抚胡期恒参奏陕西驿道金南瑛一事，雍正帝说这是年羹尧任用私人、乱结朋党的做法，不予准奏。

三月，出现了"日月合璧，五星连珠"的所谓"祥瑞"，群臣称贺，年羹尧也上贺表称颂雍正帝凤兴夜寐，励精图治。但表中字迹潦草，又一时疏忽把"朝乾夕惕"误写为"夕惕朝乾"。雍正抓住这个把柄借题发挥，说年羹尧本来不是一个办事粗心的人，这次是故意不把"朝乾夕惕"四个字"归之于朕耳"。并认为这是他"自恃己功，显露不敬之意"，所以对他在青海立的战功，"亦在朕许与不许之间"。接着雍正帝更换了四川和陕西的官员，先将年羹尧的亲信甘肃巡抚胡期恒革职，署理四川提督纳泰调回京，使其不能在任所作乱。四月，解除年羹尧川陕总督职，命他交出抚远大将军印，调任杭州将军。

这时许多巡抚、总督、都统等官吏纷纷上章揭发年羹尧的种种罪状，并有滥杀无辜的事实。雍正皇帝下旨分案定罪，罢免年羹尧将军的职务，任他为没有实职的闲散章京，将他的二等公的爵位递降拜他喇布勒哈番，这样就削除了年羹尧全部职务，并于当年九月下令捕拿年羹尧押送北京会审。十二月，朝廷议政大臣向雍正提交审判结果，给年羹尧开列 92 款大罪，

请求立正典刑。其罪状分别是：大逆罪 5 条，欺罔罪 9 条，僭越罪 16 条，狂悖罪 13 条，专擅罪 6 条，忌刻罪 6 条，残忍罪 4 条，贪婪罪 18 条，侵蚀罪 15 条。雍正皇帝迫令年羹尧自杀。年羹尧的父亲年遐龄和哥哥年希尧被削除官职，免除对他们的处罚；处斩了年羹尧的儿子年富；其余的儿子凡年在 15 岁以上的都发配到最远的地方去戍守边境。叱咤一时的年大将军以身败名裂、家破人亡告终。

五、三朝武臣称巨擘，书勋太常古将风

岳钟琪（1686—1754 年），字东美，号容斋。成都（今属四川）人。原籍凉州庄浪（今甘肃临洮）。岳飞二十一世孙，四川提督岳升龙之子。清前期将领。

岳钟琪自幼受父亲教益，幼熟读经史，博览群书，谈剑论兵，奇招迭出。康熙三十五年（1696 年），岳升龙跟随康熙帝征伐噶尔丹，立了大功，被提拔为四川提督。岳钟琪便随父来到四川。康熙四十八年（1709 年），岳钟琪捐官做了候补知府。康熙五十年（1711 年），由于边地战事频仍，准噶尔汗国屡屡骚扰边民，为了平息叛乱，加之自己自幼喜爱军事。岳钟琪毅然请求由文职改作武职，做了四川松潘镇中军游击，再升为四川永宁协副将，从此踏上戎马生涯的征程。

康熙五十八年（1719 年），准噶尔的将领策凌敦多卜袭击西藏，清军都统法喇督兵出打箭炉，请岳钟琪为先锋，抚定里塘、巴塘。康熙五十九年（1720 年），清定西将军噶尔弼军自拉里（今西藏嘉黎）入藏，仍命岳钟琪为前锋。岳钟琪进驻察木多，挑出军中通西藏语的 30 人，换上藏服，悄悄地行军到洛隆宗，斩杀了准噶尔的使者。叛军大惊，请求投降。噶尔弼到军中，用岳钟琪的计策，招抚西藏公布部落，该部以 2000 人出来投降。岳钟琪就统兵渡江，直逼拉萨，大破西藏军，擒获为内应的 400 多个喇嘛。策凌敦多卜败逃，西藏叛乱于是被平定。

在平定准噶尔策妄阿喇布坦的叛乱中，岳钟琪出奇兵，献计策，剿抚并用，以番攻番，展露出了他运筹帷幄，决胜千里的军事才能，深得噶尔弼的赞赏。康熙六十年（1721 年），清军班师回朝，岳钟琪被授予左都督，晋升为四川提督，赐孔雀翎。随后，朝廷又命令岳钟琪领兵征讨郭罗克番部，郭罗克二三部全都平定，朝廷授拜他喇布勒哈番世职。

雍正元年（1723年），清军讨伐青海，抚远大将军年羹尧请求用岳钟琪参谋协助军事。岳钟琪率6000人出归德堡，抚定上寺东策卜、下寺东策卜各番部。雍正二年（1724年），岳钟琪被授为奋威将军，又一次进兵。岳钟琪会同其他各军合力出击，歼灭了叛军，罗卜藏丹津本人换了女装才得以逃走。岳钟琪带兵出师15日，斩首级8万多，凡帮助罗卜藏丹津反叛的大部落长都被擒获，青海平定。雍正特授岳钟琪三等公，赐黄带。

雍正三年（1725年），岳钟琪被任命兼甘肃巡抚。是年四月，年羹尧被解除了兵权，改任杭州将军，岳钟琪也上交了奋威将军之印，代理川陕总督，作为各支军队的护军。不久，朝廷正式任命岳钟琪为川陕总督。

雍正七年（1729年），岳钟琪又分别上疏请求升甘肃肃州为直隶州。他建议在陕西子午谷隘口增设防守官兵，在里塘、巴塘等地设置宣抚、安抚各司直至千百户，按流官的规定题报补充，都经讨论后实行。雷波的土司发动叛乱，岳钟琪派兵前去讨平。

罗卜藏丹津失败后，去投奔了准噶尔，准噶尔几次侵犯劫掠喀尔喀等部。雍正命令傅尔丹为靖边大将军，屯守在阿尔泰山，从北路进发；岳钟琪为宁远大将军，驻守在巴里坤，从西路出发，前去讨平噶尔丹军。这时岳钟琪被加授为少保，以四川提督纪成斌等参谋协助军务。

雍正九年（1731年）七月，准噶尔大举进犯北路，傅尔丹军在和通脑儿惨遭失败，岳钟琪请求乘虚袭击乌鲁木齐。岳钟琪从巴尔库尔经过伊尔布尔和邵到阿察河，遇到了敌人，指挥大军击败了他们。岳钟琪追赶到厄尔穆河，敌人占据山梁来抗拒。岳钟琪命令张元佐率步兵为右翼，纪成斌率骑兵为左翼，曹勃及总兵王绪级从中路上山，参将黄正信率精锐部队从北山进攻敌人后方，各支军队奋勇前进，夺得敌人所据山梁，敌人溃败逃走。

雍正十年（1732年）十月，准噶尔部3000多人进犯哈密。岳钟琪遣总兵曹

岳钟琪

让等将士在二堡击敌，又派副将军石云倬等将官赶赴南山口、梯子泉一带设伏，断敌退路。准噶尔部7000人马攻打哈密时专事焚烧粮草，抢夺驼马辎重，虽被曹让部击退，但也造成重大损失。派往断敌退路的石云倬竟迟一日发兵，当该部到达指定位置时，准噶尔军已离开设伏地点，准噶尔军休息时的点火灰烬还有余热。但石云倬没有挥师追击，致使叛军劫持大量物资安然撤退。雍正帝降旨，治石云倬、曹让斩首示军。严责岳钟琪"攻敌不速，用人不当"。

岳钟琪接连受雍正帝的严责，显然已经失宠。大学士鄂尔泰等乘机参劾岳钟琪独断专行地控制着边疆，才智不足以预料敌情，勇力不足以全歼敌军。因此岳钟琪被降为三等侯，削去少保衔，仍保留总督衔，护大将军印。不久，朝廷召岳钟琪回京师，用张广泗护大将军印。张广泗参劾岳钟琪在调兵筹饷、统御将士等事情上的失宜。十月，岳钟琪怀着忐忑不安的心情，一路风尘赶到京城，张广泗弹劾他的奏折也随之到了雍正帝的龙案。在张广泗和鄂尔泰合力弹劾下，当月雍正帝就下诏将岳钟琪"交兵部拘禁候议"。岳钟琪被捕入狱以后，等候兵部的判决，一直等了整整两年，雍正十二年（1734年）十月兵部的判决才下来，判决居然是"斩决"。雍正帝接到兵部议奏折子，左右权衡，最后，念及其当年进西藏、平青海之功，改"斩决"为"斩监候"，并处罚银70万两。乾隆二年（1737年），岳钟琪被贬为庶人，释放回原籍成都。

乾隆十三年（1748年），清军征讨大金川叛乱，久而无功。是年三月，乾隆皇帝命令重新起用岳钟琪，给予总兵衔。岳钟琪到军中，立即被授予四川提督，赐孔雀翎。岳钟琪从党坝攻康八达山梁，大破贼兵。大军进到塔高山梁，又屡败敌军，叛军首领莎罗奔到清军军前投降。乾隆吩咐嘉奖岳钟琪，加太子少保衔，再封三等公，

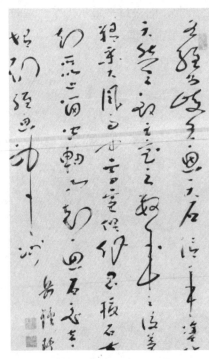

岳钟琪草书书法

赐号为威信。岳钟琪入见皇帝，乾隆命他在紫禁城骑马，取消西征中的追偿银70万两，给他儿子岳涫、岳浚加官侍卫，又赐诗褒扬他。不久命岳钟琪回师。乾隆十五年（1750年），西藏珠尔默特叛乱，岳钟琪派兵前去征讨擒捕。乾隆十九年（1754年），重庆以陈琨为首的民众发生暴乱，岳钟琪重病，还亲自前去镇压，还师途中，在资州（今四川资阳）病故，享年69岁。乾隆帝赐谥"襄勤"。

整个有清一代，汉大臣拜为大将军、满洲士卒隶于部下受节制的，只有岳钟琪一人而已。乾隆在《御制怀旧诗》中，将他列在五位功臣之中，称为"三朝武臣巨擘"。

六、承欢岁月皆君赐，五色宫袍绚舞衣

福康安（1754—1796年），字瑶林，号敬斋。满洲镶黄旗人。大学士傅恒第三子，孝贤纯皇后之侄。清代名将。

福康安生于乾隆十九年（1754年），户部尚书米思翰的曾孙，察哈尔总管李荣保的孙子，经略大学士、一等忠勇公傅恒的第三子，乾隆帝嫡后孝贤皇后的侄子。因为是富察家族的子孙，乾隆帝在他身上看到了自己早殇的嫡子端慧皇太子永琏和七皇子永琮的影子，乾隆帝便把富察氏的嫡侄接入宫中亲自教养，待之如同亲生儿子一般。乾隆三十二年（1767年），福康安承袭云骑尉，授三等侍卫，命在乾清门行走。乾隆三十四年（1769年），擢二等侍卫，命在御前行走。乾隆三十五年（1770年），擢一等侍卫。乾隆三十六年（1771年），授户部右侍郎、镶蓝旗蒙古副都统。同年，大小金川再次为乱，阿尔泰与桂林皆调度无方，清廷以福康安前往审讯桂林，以阿桂接替之。乾隆三十七年（1772年），福康安迁满洲镶黄旗副都统，受命赶赴四川军中任平叛将领。乾隆四十年（1775年），平定大小金川之后，清廷论功行赏，封福康安为三等嘉勇男，并于紫光阁绘像，列前50名功臣中。又由户部右侍郎转为左侍郎。同年四月，擢为镶白旗蒙古都统，十月，赏戴双眼花翎。九月，再调正白旗满洲都统，十月，赐紫禁城骑马。

乾隆四十二年至乾隆四十五年（1777—1780年），福康安先后出任吉林将军与盛京将军。乾隆四十五年（1780年）后，他又先后出任云贵总督、四川总督、陕甘总督、闽浙总督和两广总督。他任两广总督一职任期最久，

并由于当时广州外贸繁荣而大发不义之财，当时的记载几乎都对这位封疆大吏颇有怨言。他利用职权谋取进一步升官发财，致使声名狼藉，仅次于和珅。然而作为将领，福康安无疑被认为是清军中最有才干的统帅之一。

金川平定之后，他的第一个重要军事使命是同阿桂于乾隆四十九年（1784年）一道去甘肃镇压一场严重的回民起义。在经历数月的艰苦战斗后，起义被平定，他被晋封为侯爵。乾隆五十二年（1787年），皇帝又令他同海兰察赴台湾镇压叛乱。同年年末，他率军从福建渡海，以解救被义军包围的清军。经过数月战斗，起义被平息，论功行赏，晋封福康安为一等嘉勇侯。

乾隆五十五年（1790年），一支来自喜马拉雅山国尼泊尔的廓尔喀军队侵入西藏，企图抢掠遍布各地喇嘛庙的财富，但被中国驻军首脑劝说撤回。可是，次年他们又以更大的规模入侵，几乎未遇西藏地方军或清军的抵抗，因而得以大肆劫掠。清高宗皇帝闻讯震怒，命福康安偕参赞大臣海兰察率军反击入侵者。乾隆五十七年（1792年）清军到达西藏，在这次震撼中外的战役中，清军连战皆捷，大败好战的廓尔喀人，最后将其逐回喜马拉雅山南麓，几乎追到其国都大门，尼泊尔被迫乞和，按福康安提出的条件议和，其中规定廓尔喀每五年向北京进贡一次。按期进贡之例，一直持续到1908年。福康安被清高宗皇帝任命为大学士，加封一等轻车都尉世职，由其子德麟承袭。乾隆五十八年（1793年）又加封福康安忠锐公。

福康安

乾隆六十年（1795年）初，居住贵州、湖南、四川等省边境山区的苗民起义，攻占数座城市，杀死或赶走地方官，掠夺并屠杀大批汉人。皇帝得知这一严重局势，立即派遣云贵总督福康安与邻省总督和琳、毕沅一同前往镇压。尽管清军在数量与装备方面皆占优势，但因苗民坚守阵地，致使清军师老无功。战场上的统帅以及在北京控制这场战争的和珅假奏捷报，骗取皇帝的奖赏，利用每一个机会中饱私囊。由于战争旷日持久，统帅们个人的财富随着不断拨出的大量军费而增加，福康安同样因假报战功而封为贝子，与同爵皇子享有同样的特权。虽然在清初曾有过汉人封王，蒙古人也封过各等王爵，而他则是宗室以外第一个活着封此显爵的满人。

福康安历任云贵、四川、闽浙、两广总督，官至武英殿大学士兼军机大臣。福康安早年参加第二次金川之战。他先后率军平定甘肃回民田五起事、台湾林爽文事件、保卫西藏的廓尔喀之役、苗疆起事，维护了国家的主权和领土统一和完整，累封一等嘉勇忠锐公。此外，他参加制定的《钦定藏内善后章程》和金瓶掣签制度，对于巩固清朝中央与西藏地方的政治关系，维护祖国的统一，加强民族团结等方面起着重大的作用。

嘉庆元年（1796 年）五月，福康安死于军中。乾隆帝万分悲痛，追封其为嘉勇郡王，并配享太庙，与开国元勋同列，入祀贤良祠及昭忠祠，又于其家庙之旁另建专祠。

七、蒙古悍将数僧王，军功卓著倚柱石

19 世纪中期的清朝，正处在一个动荡不堪的悲剧时代。内有太平天国和捻军起义，外有与列强的持续冲突。在这段风雨飘摇的日子里，来自蒙古的军事贵族僧格林沁被清廷所重用。他不仅在历史上留下蒙古骑兵的最后的辉煌，也用自己的结局宣告着一个时代的结束。

僧格林沁（1811—1865 年），姓博尔济吉特氏。蒙古科尔沁旗人。清末名将。

僧格林沁小时候家境贫寒，曾随父亲布和德力格尔为富人放牧，12 岁时被送到昌图老城文昌宫读书。道光五年（1825 年），僧格林沁被选定为索特纳木多布斋郡王嗣子，承袭科尔沁左翼后旗扎萨克郡王。同年十二月，奉命御前行走，赏戴三眼花翎。道光十四年（1834 年），授御前大臣、正白旗领侍卫内大臣、正蓝旗蒙古都统；九月，为后扈大臣。道光二十一年（1841 年）九月，为正黄旗满洲都统，道光二十四年（1844 年），充右翼监督，署正蓝旗满洲都统。道光二十五年（1845 年）二月，为镶黄旗领侍卫内大臣。道光二十六年（1846 年）五月，为正白旗领侍卫内大臣。道光三十年（1850 年），为镶黄旗蒙古都统。一月，道光皇帝驾崩，僧格林沁为顾命大臣之一。

咸丰三年（1853年）五月，洪秀全太平军分头攻打河南，咸丰皇帝认为京城是根本重地，防范稽察，均关重要，因此命僧格林沁同左都御史花沙纳等，专门办理京城各旗营防事务。僧格林沁制定了稽察章程十二条。八月，太平军从直隶永年县的临洺关攻入正定府。咸丰皇帝授惠亲王绵愉为奉命大将军，僧格林沁为参赞大臣，并设宴于乾清宫，亲自颁发关防给他们，还赐给他们讷库尼素光刀。九月，僧格林沁奔赴紫荆关防守。十月，太平军从沧州攻入静海等地，打算攻打天津。僧格林沁向永清县的王庆坨进军，防止太平军北上。咸丰皇帝称赞僧格林沁筹备防范，一切布置都很合机宜。咸丰四年（1854年）正月，僧格林沁率军击败太平军，清兵大炮把太平军的丞相吉汶沅击中阵亡，清军占领了太平军北方重镇连镇的周围。

咸丰五年（1855年）正月，僧格林沁整军再战太平军，破东连镇木城，太平军冒死冲突，僧格林沁尽歼之，生擒太平天国北伐军统帅林凤祥。因此殊功，咸丰帝于二月加封僧格林沁为博多勒噶台亲王，赏朝珠一盘、四团龙补褂一件。四月，诏世袭罔替，俸银加倍。六月，在山东冯官屯剿灭太平天国李开芳部，生擒李开芳。林凤祥、李开芳都是太平天国的名将，骁勇善战，僧格林沁在两年之中，大小数百战，全部殄灭，无一漏网，因此威名震于海内。捷报上奏，咸丰皇帝下旨称赞僧格林沁，并加赏僧格林沁坐肩舆。十二月，僧格林沁调任镶蓝旗满洲都统。

咸丰六年（1856年）十二月，咸丰皇帝命僧格林沁担任管理沟渠河道之职，并八旗值年大臣。不久，又调补正黄旗领侍卫内大臣。咸丰七年（1857年），任镶红旗汉军都统。

咸丰八年（1858年）四月，英国兵船驶进天津海口，僧格林沁被授为钦差大臣，督办军务。六月，直隶总督谭廷襄在海口防守中疏于防守，炮台失陷，英国兵船驶入内河。七月，僧格林沁前往办理大沽双港炮台，并不断增加炮位，严行设防。几个月后，工程结束。

咸丰十年（1860年）六月，100多艘英国兵船驶到天津海口，突然在北塘登岸，占领了当地的村庄。当时恒福专办抚局，而英国人反复要挟，并派遣1万多名马、步兵，分头扑向新河粮城。清兵退守塘沽、大沽两岸，形势十分危急。僧格林沁先后上奏，咸丰帝降旨，要求僧格林沁稳定军心，妥为调度，并仍让恒福办理抚局。当时，塘沽又被英人攻占，大沽炮台更加危急。七月，英国人又占领了大小梁子。不久，清兵与英军在右岸石缝地方交战，清兵大败，炮台被英军占领。僧格林沁打算退守通州，在州城以南选择要地驻扎，上奏请示。咸丰帝下旨迅速来京，面授机宜。又下旨说他办理海防，未能周妥，拔去三眼花翎，革去正黄旗领侍卫内大臣镶蓝旗满洲都统。八月，僧格林沁带兵留在通州防守。因为英国侵略军逐日前进，僧格林沁督兵严阵以待，抓到英国巴夏里等人，送到北京。英国侵略军又整顿队伍反扑。清兵退守八里桥，与英军交战，又大败。咸丰帝下旨革去僧格林沁的爵职，仅留钦差大臣之职。九月，清廷与英国人签订了屈辱的和约。

这时，直隶、山东及河间府一带捻军四起。清廷恢复僧格林沁郡王爵，命其率 1 万余清军赴山东与捻军作战。不久，僧格林沁取道东昌，逐渐南下。清兵在巨野（今属山东）的羊山与捻军交战，清兵大败。僧格林沁因为瑞麟节节退守，怯懦无能，所以上奏弹劾，瑞麟被革去职务。十二月，邹县捻军宋继朋反清，僧格林沁督率军队前往镇压，首战告捷。两天后，在河滩及后峪再次打败了起义军。

同治皇帝登基之后，赏还给僧格林沁博多勒噶台亲王的封爵。不久，又让他掌管火器营事务。当时，一大股捻军从山东高密、寿光、章丘进入滕县，僧格林沁调遣马、步兵驰扎兰陵驿。他分派诸将，多次打败捻军，杀死了近 2000 名捻军。清兵攻克了范县，曹县一带的捻军被镇压下去。之后，僧格林沁从山东到江苏、河南、安徽，一路进剿，连获胜捷，每次杀死的捻军都成千上万。

同治元年（1862 年）七月，同治帝命僧格林沁统辖山东河南全省军务，并调度直隶、山西省防兵，直隶、山东、河南、山西各省督抚提镇以下各官，以及正白旗汉军副都统遮克敦布、右侍郎毛昶熙、署漕运总督吴堂都归其节制，而蒙、亳、徐、宿等处防兵也由其一并调

僧忠亲王行猎图卷

遣。至此，僧格林沁的权力达于顶点。此后一直到同治三年（1864年）末，僧格林沁都屡获胜捷，杀死捻军无数。在同治三年的江宁大战中，由于捻军重要首领温其玉、黄文浩等率众放下武器请求投降，并且献出了捻军主要领袖端王蓝成青，僧格林沁招降了几十万捻军，杀害了蓝成青。

同治四年（1865年）正月到二月，僧格林沁转战河南各地，剿杀了众多捻军，接连攻下捻军的两座营垒。四月，太平军联合捻军进入山东，从汶上县的袁家口攻打到郓城西北的水套一带，又联合当地的起义军约马步兵几万人。僧格林沁督率军队猛进，每天达一二百里。农民军与清兵交战，清兵连胜了两仗。农民军转移，清兵追击，直到曹州府（今山东菏泽市）西北高楼寨高。

当时，清兵经过长途跋涉，已经非常疲惫饥饿，又与农民军鏖战了一整天，已经力不能支，于是在农民军的猛烈攻击下溃不成军。僧格林沁带领残兵败将落荒而逃，来到荒庄。夜里，农民军挖掘长壕，把清兵包围了起来。五月十九日晚，部将全顺等请求冲出包围，僧格林沁答应了。但清兵虽越过了战壕，却被农民军层层围住。部将陈国瑞的4000骑兵全军覆没，余下的清兵与农民军混杂在一起，在黑夜里互相奔走，难以辨识。清兵败退到吴家店，随从僧格林沁逃跑的骑兵多数被歼。僧格林沁亲自与追来的农民军士兵交战，终因力不能支，战马跌倒，被捻军张皮绠斩杀在麦田，终年55岁。

僧格林沁战死疆场，令清廷上下一片震惊，皆以失去"国之柱石"而惋惜。清政府以亲王规格为僧格林沁举行了葬礼，同治帝和慈禧太后亲临祭奠，赐谥号"忠"，配享太庙，在北京、山东、河南、盛京等地建"昭忠祠"，并绘像紫光阁。在科左后旗吉尔嘎朗博王府东建祠堂一座供奉僧王图像。在额布力尔协日嘎地方另建僧王塑像祠一座。

第二章 / 爱国名将

一、统一台湾全国土，赏赉优渥靖海侯

郑成功死后，台湾由其子郑经继续统治。当时，"三藩之乱"已经平定，以农民军为主力的各地抗清斗争已先后失败，清朝廷统一全国已成定局，国内的民族矛盾已相对缓和下来。在这种新形势下，郑经集团仍以南明王朝为正统，割据台湾，已失去原来抗清斗争的意义和作用，成为国家走向统一的障碍。后来，康熙帝统一台湾，对维护国家统一和防止外国侵略具有重大意义，深得人心。在康熙帝统一台湾的过程中，施琅立有不可磨灭的历史功勋，成为我国历史上杰出的爱国名将。

施琅（1621—1696年），字尊侯，号琢公。福建晋江龙湖衙口人，祖籍河南固始。明末清初军事家，清朝初期重要将领。

施琅从小跟随其父航海经商，对台湾海峡水路十分熟悉，尤识海中风候。同时他对兵法很有研究，治军严整，通阵法，尤善水战。曾任同安副将、总兵，后升为福建水师提督，负责筹划和督军统一台湾，著有《靖海纪事》。施琅初为明朝总兵郑芝龙的部将，顺治三年（1646年）随郑芝龙降清。郑成功对此极为不满，次年招施琅抗清，施琅不肯，乃执施琅及其家属。施琅以计得脱，而其父施大宣、弟施显及子侄皆被郑成功所杀。

康熙元年（1662年），郑成功病死，其子郑经继位后率众欲犯海澄，被施琅战败，斩其将林维，缴获大批战船、军械。不久，"三藩"头目之一的耿继茂进攻厦门，又被施琅战败，斩首级千余，乘胜攻取浯屿、金门二岛。由于施琅立有战功，康熙三年（1664年）被清朝廷封为靖海将军，

负责筹划向台湾进兵。

施琅遵照康熙帝的旨意，为统一台湾进行各种准备：加紧练兵造船，排选熟悉水性的官兵上万，训练水战技术，加强军队纪律。造水艍船10余只、渡马船20余只，还造大量小船，以载官兵。同时又研究和制定统一台湾的战略战术。康熙七年（1668年），施琅上疏指出"郑经腐败无能，其兵不满数万，战船不过数百。应先攻取澎湖，以扼其吭，然后以重师进兵台湾，计日可平"。他还说："澎湖不破，台湾无取理；澎湖失，则台湾不攻自溃。"康熙帝对这种战略战术，十分赞赏。

康熙二十年（1681年），郑经病死，其子郑克塽继位。当时，郑克塽年幼无知，大权落在将军刘国轩、冯锡范等人手里，郑氏内部争权夺位十分激烈。鉴于这种情况，康熙帝认为统一台湾的时机已经成熟，于是授施琅为福建水师提督，要他相机进兵台湾。并命福建总督姚启圣统辖福建全省兵马，同提督施琅配合作战。

康熙二十二年（1683年）六月，台湾海峡风平浪静，康熙帝下令施琅攻打澎湖。六月十四日，施琅率领战船300、水兵2万，由铜山岛扬帆出发，进攻台湾的要塞澎湖。当时，郑氏主将刘国轩早已率领台湾主力军驻守澎湖，沿岸筑短墙，置腰铳，周环20余里，壁垒森严。为了攻取澎湖，

施琅

施琅首先派遣游击蓝理以鸟船进攻，不幸被敌人重重包围，施琅立即乘楼船突入敌阵，被流矢射中眼睛，血流不止，但他仍督战不退却。清总兵吴英继续冲入敌阵，将士奋勇冲击，斩敌3000，攻克虎井、桶盘二屿。旋以百船分列东西，遣总兵陈蟒、魏明、董义、康玉率兵东指鸡笼屿、四角山，西指牛心湾，以分散敌人兵力。施琅自督56船分8队，以80船继后，扬帆直进。敌悉众拒战，总兵林贤、朱天贵先入阵，朱天贵战死。施琅督军猛冲

猛打，焚敌舰百余，杀死无数敌兵，溺死者无算。双方激战 10 多个小时，消灭敌将 400 余名，水兵 12000 余人，缴获楼橹甲仗器械不计其数，敌人守将刘国轩败退台湾，施琅占领了澎湖。

施琅是一位智勇双全的名将。他攻占澎湖后，立即向郑氏政权发起强大的政治攻势，敦促郑氏投降。当时，刘国轩回到台湾后，郑氏大为震惊，内部矛盾重重，台湾岌岌可危。鉴于这种情势，施琅立即上奏建议康熙帝下招抚令。康熙帝采纳其建议，向台湾的郑氏集团发了一道招抚谕旨。谕旨指出：郑氏控制台湾，使双方处于对峙状态，沿海地方不宁，"时遭兵燹之厄"，现在清军进攻台湾，就是为了维护国家的统一，希望郑氏认清形势，"审图顺逆，善计保全"。只要郑氏真心回归，则既往不咎，"从优叙录，加恩安插，务令得所"。这道谕旨下达前后，在朝廷内有人议论，说施琅与郑氏有杀父之仇灭兄之恨，并断定他必乘机报私仇，不可能实行招抚政策。但是，出人意料之外，施琅却能深明大义，"以国事为重，不计私仇"，坚决贯彻康熙帝的招抚谕旨。施琅说："绝岛新附，一有诛戮，恐人情反侧。吾所以衔恤茹痛者，为国事重，不敢顾私也。"这样就解除了郑克塽等人的疑虑，促使他们归顺投诚。郑氏先后两次派遣差官到澎湖施琅军前求抚，施琅和姚启圣都能以礼相待，并多次颁布晓谕台湾官民的安民告示，宣传康熙帝的招抚政策，劝谕台湾地方官兵、百姓、土番人等："各宜乐业，无事惊心。收成在迩，农务毋荒。贸易如常，垄登有禁。官兵违犯，法在必行。人民安生，事勿自缓。"当年十月初三，施琅率师抵达台湾，得到台湾人民的支持和拥护，"百姓壶浆相继于路，海兵皆预制清朝旗号以迎王师"。郑克塽等人也出来迎见，施琅与郑克塽等人在天妃宫相见时，双方握手开诚，礼待优厚。当施琅向郑氏集团宣读赦诏后，郑克塽等"欢呼踊跃，望阙叩头谢恩"。就这样，在和平的气氛中实现了统一台湾的大业。

统一台湾之后，清朝廷派遣侍郎苏拜到福建，与福建督抚姚启圣及施琅共同商讨对台湾的善后处理问题。当时朝廷内一些昏愚的大臣认为台湾是一个荒岛、无用之地，主张弃其地而不守。施琅严厉驳斥这种谬论，极力主张坚守台湾。他指出台湾是我国领土不可分割的一部分，"中国之民潜往生聚，已不下万人"。经过我国人民的长期开发，台湾不仅已成为"沃野土腴，物产利溥"的富庶之地，而且已成为我国"东南数省之屏蔽"，在国防上极为重要，如果弃而不守，西方殖民者"乘隙复踞，必窃窥内地，

蛊惑人心"，到那时候，我国沿海诸省，"断难安然无虞"。康熙采纳了施琅等人的意见，于康熙二十三年（1684年）在台湾设一府三县，即台湾府和台湾、凤山、诸罗三县，隶福建省管辖，并在台湾设总兵一员、副将二员，驻兵8000人，分为水陆八营；又在澎湖设副将一员，驻兵2000人，分为二营。同时对台湾郑氏人员实行既往不咎，从优录用的宽大政策，授郑克塽公衔，刘国轩、冯锡范伯衔，俱隶上三旗。又因刘国轩劝降有功，还授予直隶天津总兵官职。其他归诚官兵，也都加以妥善安置。

台湾统一之后，清政府不仅加强了台湾的设防，而且密切了台湾和祖国大陆的联系。大陆上的汉人不断迁入台湾，据统计，郑氏经营台湾时，居台湾的汉人为10万，到嘉庆年间增至二三百万。大陆的人民把生产工具、技术和经验带到高山族地区，共同开发台湾，促进了台湾高山族社会经济的发展。

历史事实证明：施琅坚决主张在台湾设防留守，不仅有利于祖国的统一和安全，而且也有利于大陆与台湾人民的经济文化交流，有利于台湾高山族社会经济的发展。由于施琅对统一台湾做出了重大贡献，康熙帝对他越来越信任，封他为靖海侯。康熙二十七年（1688年）施琅入觐，得到康熙帝的"温旨慰劳，赏赉优渥"，并鼓励他"益加敬慎，以保功名"。康熙三十五年（1696年），施琅卒于官，终年76岁。康熙帝赠以太子少傅，赐祭葬，谥襄壮。

二、孤注空教躬尽瘁，归魂乡关面如生

关天培（1781—1841年），字仲因，号滋圃。江苏淮安府山阳县（今江苏淮安市淮安区）人。清朝著名爱国名将，民族英雄。

关天培在鸦片战争中，协助林则徐奋勇抗击英国侵略军，给殖民主义强盗以狠狠的打击，成为中国历史上著名的爱国将领。

关天培出身于一个职位低微的行伍家庭，清嘉庆八年（1803年）考取武庠生，中武秀才，授把总。历任把总、千总、守备、游击、参将等职，累升至参将。清道光六年（1826年），清政府初办漕粮海运，关天培押粮船千余艘平安至天津，旋升副将。次年，提升为江南苏松镇总兵。1832年春，署理江南提督。1834年调任广东水师提督。

道光十四年（1834年），英国的鸦片走私贸易越来越猖獗，威胁着我

国东南沿海地区的安全。为了防备英国海盗的武装骚扰，关天培由江南提督调任广东水师提督，担负起广东沿海的防御重任。他一上任，就不辞辛苦地沿海岸巡视了一遍，检查了每一个军事要塞，并增修了以虎门炮台为主体的十几座炮台，添铸了四门6000斤以上的大炮，以便有一天敌人来犯时，用重炮教训教训那些狗胆包天的入侵者。与此同时，他还在浅海放置粗大的铁链，防止洋鬼子闯进来。

道光十九年（1839年），英国商船"萨克逊"号船长当朗同林则徐进行了正式谈判，表示愿意签订协约，进行合法的买卖。林则徐立即批准了当朗的要求，允许他到广州做生意。这一正当行动，使英国侵略者的头子义律又气又急。11月2日，义律命令英舰"窝拉夷"号和"海拉新"号驶进我国南海的穿鼻洋面。第二天一早，"萨克逊"号在中国水师保护下，正向中国内河驶去，那两艘英国军舰竟蛮不讲理地加以阻拦，并且把大炮对准了中国军舰。

率领中国水师的关天培感到来者不善，正要调查和追问时，"窝拉夷"号突然向中国军舰连连开炮，又一次明目张胆地进行武装挑衅。关天培见敌人这样的卑鄙无耻，气得白须抖动，"唰"地抽出指挥刀，下令中国军舰开炮，并指挥广大士兵向敌人射击。老将军手挥大刀，威风凛凛，一步跨到桅杆前，向将士们高呼："报国的时候到了，敢后退者立斩！"士兵们在老将军的爱国豪情激励下，团结一致，勇猛杀敌。

忽然，敌人的一颗炮弹击中桅杆，桅杆"哗啦"一声倒了下来，擦伤了老将军的手，鲜血直流。但老将军仿佛没事一样，仍巍然屹立在甲板上，英姿勃勃地指挥作战。

我国官兵越战越勇，打得敌人狼狈不堪。关天培兴奋极了，他取出几个银锭放在桌案上，高声呼道："有击中敌舰一炮者，立刻赏银两锭，今天就让洋鬼子有来无回！"说罢，老将军亲自开炮轰击敌人。官兵们也争先恐后地拼命杀敌。我国军舰上威力最大的一门3000斤铜炮"轰"的一声，不偏不倚，准确击中"窝拉夷"号舰头。老将军连声叫"好"，督令水师继续向这艘敌舰的要害部位连轰数炮，炸得"窝拉夷"号的侵略军鬼哭狼嚎，纷纷落水，一顶顶军帽在海面漂流。接着"窝拉夷"号的后楼和左右舱等处也被击中，船帆歪了，旗子也掉下来，"窝拉夷"号见势不妙，冒着浓烟逃走了。另一艘敌舰"海拉新"号一看大事不好，也急忙尾随"窝拉夷"

关天培

号匆匆逃跑。

道光二十一年（1841年）农历二月二十六日，不甘心失败的英国殖民主义强盗又来窜犯虎门要塞。关天培亲临虎门炮台指挥反击，给穷凶极恶的侵略军以迎头痛击。战斗爆发前夕，关天培把一只密封的木匣和一封信寄给远在江苏的九旬老母，木匣里放着几件旧衣服和几颗掉落的牙齿，作为老将军以身报国，与家人永别的纪念。

当时敌众我寡，卖国贼琦善又拒绝派兵增援，虎门炮台危在旦夕。关天培镇定自若，布置士兵将15门大炮排列在要塞前，准备与敌人决一死战。

"轰！轰！……"敌炮像飞蝗一般飞来，我军将士一个一个倒下了。关天培这时已身负重伤，浑身血流不止。他的双眼冒出了火光，不断地像狮子一般大吼着，指挥战士们还击敌人。炮手牺牲后，他跳下城垛，亲自燃放火炮轰击敌人。一发发仇恨的炮弹呼啸着飞向敌军阵地，炸得敌人鬼哭狼嚎。

这时，要塞被敌炮炸开了一个大豁口，敌兵蜂拥而上，想抢夺炮台。关天培一看形势危急，大吼一声跳上炮台前沿，挥"鬼头刀"向敌军砍去。战士们受到了老将军的感染，齐声喊"杀！"奋不顾身地挥刀冲向敌群，与老将军并肩作战，可是就在这时，一发敌炮在老将军的身后炸开了，弹片穿透了他的胸膛。他的身子震了一下，向前走了几步，便像一棵大树一样倒下去了……

就这样，关天培和他的400多位官兵全部壮烈殉国，虎门炮台也落入敌手。已被罢了官的林则徐听到这一噩耗，悲痛万分，当即书写了一副挽联悼念这位爱国老将。朝廷追谥为忠节，加封振威将军。

三、将星沉海擎傲骨，城亡我亡气凌云

葛云飞（1789—1841年），字鹏起，又字凌召，号雨田。绍兴府山阴

县天乐乡（今属杭州市萧山区）人。清末爱国名将。

葛云飞的父亲葛承陛，曾任江西长淮千总。葛云飞从小就怀有报国壮志，非常敬佩民族英雄岳飞，常常用岳飞鞭策自己，立志做一个清廉正直的爱国者。他特制了两把明晃晃的宝刀，刀上分别刻着"昭勇"和"成忠"，随身佩带，作为他时刻激励自己杀敌保国的座右铭。

鸦片战争爆发前的十几年间，葛云飞一直在浙江海防前线担任军事指挥官，他目睹了西方殖民主义海盗一次次侵扰我国海疆的罪行，怀着一颗赤诚的爱国之心，深入研究海防形势和军事技术，写成了《浙海险要图说》等军事著作，被大家赞誉为文武双全的将军。

道光二十年（1840年）农历六月，英国殖民主义侵略者对我国发动了罪恶的鸦片战争。英军最初在广东福建一带试探攻击，但由于抗战派林则徐和邓廷桢严阵以待，侵略者的阴谋没有得逞。于是，就沿海北上，进犯定海。这时，恰好葛云飞因老父亲逝世而回家守丧，不在定海，而其余负有守土之责的清朝高级官僚却无视葛云飞的警告——"敌人虽然在广东受挫，但贼心不死，一定会乘南风北上进犯，我们必须做好迎战准备。"由于他们毫无准备，一下子被英军侵占了定海。

定海失守后，那些大官僚们才慌了神，一个个束手无策。浙江巡抚乌尔恭想起了有勇有谋的葛云飞，急忙写信叫葛云飞速来镇海，商讨战守问题。这时葛云飞还在为父亲守灵，但他痛恨英国鬼子杀我人民，侵我国土，毅然向父亲亡灵诉说："自古忠孝不能两全，儿尽忠不能尽孝。今为保国安民，当效法岳飞尽忠报国，杀退敌人。"

他马上奔赴前线，整顿军队，布置防务。当时接任闽浙总督的邓廷桢，对葛云飞不畏艰险的爱国精神很钦佩，称赞他"在东南前线作战足能独当一面"。狡猾的英国侵略军为了积蓄力量发动更大规模的进攻，便提出英军撤

葛云飞

出定海，中国方面释放抓获的英军。葛云飞认为，侵略强盗"机诈成性"，释放俘虏后，他们也未必肯交出定海，便迫英军先交定海，然后再释放俘虏，并义正词严地对侵略者宣布："你们假如要滑头，我就把俘虏中的头目杀掉，再杀你们这些强盗。"英军见我方军容强大，指挥有方，只好乖乖地遵照葛云飞所提的办法执行，定海又回到了中国军队手中。

葛云飞深知敌人凶残狡诈，不久还会再来进犯，便组织将士们加强了防御工事，在定海周围的竹山门等处修筑了炮台和土墙，并在沿海放置了竹筏、木桩，使敌船不能靠岸。

9月，英军再次进犯定海。葛云飞怒火中烧，召集部下说："公等随我杀贼，贼不足畏，尽可灭也。"他决心"城亡与亡，大义也！当死在此地，不离定海寸步"。官兵们在葛云飞爱国豪情的激励下，摩拳擦掌，杀敌卫国的勇气空前高涨。

9月26日，英军司令璞查鼎和英军头目坐了两只汽船，闯入这方工事前，观测形势。葛云飞满腔义愤，亲自开炮轰击敌船，击断了一只敌船的桅杆，并命令部下毫不留情地打击敌人。英军的偷袭被粉碎了，只得夹着尾巴溜掉了。27日，英国军舰又猛攻我方一处阵地。葛云飞立即奔赴那里，指挥各营开炮还击。双方炮战了半天，英军死伤400多人，也没能前进一步。这时的形势紧迫，富有爱国心的寿春镇总兵王锡朋和处州镇总兵郑国鸿自动率领各自部队来协助葛云飞防守。当时英国侵略军共有2万多人，而葛云飞和王、郑二总兵的部队合起来也不过5000人。在敌众我寡的形势下，葛云飞向设在镇海的清军大营告急，而大营里那些昏庸怕死的大官们却胡说："小题何须大做？寄语葛总兵，但当死守，不要指望支援。"葛云飞对此又气又急。他对王锡朋和郑国鸿说："做大官的对国事漠不关心，只会谋私利，局势令人担忧啊！"他强忍悲愤，对全体官兵说："上级不肯派援兵来，是因为定海守军连得胜利，忠勇无敌，必能以少胜多，彻底击败敌人。"在葛云飞的鼓舞下，全军上下团结一致，时刻准备迎击来犯之敌。

28日天刚亮，英国军舰开始进攻竹山门一带，葛云飞奋不顾身，和郑国鸿总兵一起操纵一门抬炮轰击敌人。他从早到晚，水没喝一滴，饭没吃一口，拼死打击侵略者，共击毙敌人300多名。第二天，逃跑的敌人又号叫着反扑上来，妄图一举攻占定海，葛云飞率领将士们稳扎稳打，不屈不挠，又一次打退了敌人的进攻。

这以后，定海守军的处境更加艰苦了，醉生梦死的大官僚根本不管定海守得住守不住，不给一点援助。部队的军粮越来越少，这时每人一天只能分到三碗稀粥，而敌人的兵多，不分昼夜地"分番迭进"。清军人少，只好不休息地连续作战，加上连日大雨滂沱，整天泡在水里巡逻，形势非常危急。葛云飞镇定自若，他头裹油布，脚穿雨鞋，夜以继日地和战士们一起冒雨巡逻、放哨。他把留给自己的香糕和光饼分给伤病员吃，鼓励战士们说："我们定海将士，忠勇无比，胜利必然属于我们。弟兄们团结一致，誓死守卫定海，让敌人有来无回！"

10月1日凌晨，定海的老百姓们熬了人参汤来慰劳为国为民的葛云飞。葛云飞坚辞不受，并说："将士们忍饥杀敌，我即欲饭，亦不能下咽矣。"群众非常感动，再三劝道："葛总兵已经几天没吃饭了，这一碗人参汤，是我们定海人民的心意啊！"葛云飞推辞不了，接过汤碗，把人参汤泼在河中，命令将士们都用手舀水下饭。葛云飞这种与部下同甘共苦的精神，激励着定海人民，军民士气更加高昂了。

中午，英国侵略者倾巢出动，猛攻晓峰岭阵地，并以凶猛的炮火轰击定海城。晓峰岭守军不顾武器低劣，用火枪土炮奋起还击，一次又一次打退了敌人的进攻，直到枪管、炮管都打红了，不能再射击时，就扑到敌人群中，与洋鬼子进行激烈的肉搏战。由于敌人超过我军好几倍，王锡朋总兵和郑国鸿总兵先后壮烈殉国，战士们也伤亡过重。

葛云飞见敌人黑压压地涌上来，知道最危险的时刻到来了，他沉着地把大印交给亲兵，命令亲兵把大印交给镇海大营，并沉痛地说："我战死后，你们要请大军来杀敌呀。我等待着胜利的消息！"这时英国侵略者龇牙咧嘴地冲到跟前了，葛云飞号召将士们："大丈夫以身许国，事已至此，唯有舍身报国！"说罢，挽起衣袖，抄起大砍刀，怒目圆睁，大呼一声："好汉子跟我杀贼去！"纵身跃入敌群中，手起刀落，洋鬼

葛云飞

子的头像西瓜一样到处乱滚。他部下仅剩 200 名战士，随之冲进敌阵，奋勇杀敌，刀劈枪挑，斧砍棍砸，打得敌人鬼哭狼嚎，血流成河。勇士们杀了无数敌人，一直转战到竹山门。

可是，英国侵略者全部登陆后，人越集越多，枪弹像雨点似的向葛云飞和战士们射来。葛云飞负伤 40 余处，鲜血浸透了战袍，他紧咬着牙，一刀又一刀劈向侵略强盗，顽强地坚持战斗。正当他冲到山脚去救一个战士时，背后射来一颗子弹。他踉跄了几步，一头栽倒在山崖上，壮烈殉国。跟随他的 200 名战士也全部英勇战死。同治十年（1871 年），追赠太子少保、建威将军。

四、此日漫挥天下泪，有公足壮海军威

邓世昌（1849—1894 年），原名永昌，字正卿。广东番禺县龙导尾乡（今广州市海珠区）人。清末海军将领，民族英雄。

邓世昌出生在一个农民家庭，自幼聪明好学。他身材不高，性格沉毅，少年时就有办事的才干和心计。后随父移居上海，进了教会学校，师从欧人学习英语、算术。邓世昌接受新知识能力很强，学业上进步极快，在很短时间内，就能与洋老师对话，并能看阅英美原版书籍。

同治六年（1867 年），林则徐的女婿沈葆桢在福建任船政大臣，招考广东籍而又学过英语的青年入船政学堂，培养航海技术人才。当时船政学堂招收学生 10 人，邓世昌就是其中之一。他学习十分认真刻苦，成绩也特别出众，受到沈葆桢的器重。

同治十年（1871 年），邓世昌被派到建威舰实习，并巡航南洋各岛，不久，被提升为该舰管带。同治十三年（1874 年），因成绩卓著，邓世昌被奖励五品军功，派充"琛航"运输舰的管带。光绪元年（1875 年），他先后被调任"海东""云和""飞霆"等炮舰管带。针对日本窥视台湾的现状，为扼澎湖、基隆等要冲，邓世昌被清政府补千总，调任"振威"号舰长。因为还要缉捕海盗，又升为守备，加都司衔。

光绪五年（1879 年），李鸿章兴建海军，得知邓世昌熟悉军舰管理和航海技术，便把他调到北洋水师，担任镇南炮舰管带。第二年，总教习英国人葛雷森率"镇东""镇西""镇南""镇北"四炮舰巡游渤海，至海洋岛，"镇南"舰触礁。由于邓世昌沉着指挥，很快使船脱离了危险。但是邓世昌还

邓世昌光绪御笔照

是因此被撤了职，由洋教习英国人章斯敦接任。同年农历十二月，邓世昌以副管带的身份，跟随提督丁汝昌到英国接带"超勇""扬威"两艘巡洋舰。邓世昌认真考察西方的海军情况，悉心学习外国先进的军事技术和经验，将这些军事装备和训练方法细心地加以研究，取其所长，为己所用。此次出洋，他不仅扩大了眼界，由于潜心钻研，增加了学识，"益详练海战术"，而且最大的收获是在思想认识上发生了重大变化。

光绪八年（1882年），朝鲜政局发生动乱，起义者放火烧毁了汉城的日本公使馆，迫使侵略者狼狈逃往仁川。日本侵略者利用这一事件，派遣军队去朝鲜，以战争相威胁。这时，清政府也知道了此事，派邓世昌随丁汝昌率舰护送浙江提督吴长庆的陆军部队东渡，以增援朝鲜。邓世昌指挥部队快速行驶，比日本的舰队早一天到达仁川。日本人见中国军队已经增援朝鲜，没有办法，只好悻悻返回。清政府为表彰邓世昌此次护送陆军有功之举，破格提升，免补都司，迁游击，赐勇号"勃勇巴图鲁"。此时的邓世昌管带"扬威"舰，往来于天津、朝鲜。冬天寒冷，北方的海面都结了冰，邓世昌便南下巡查，担任台湾、厦门一带的海上防务。

光绪十三年（1887年）7月，李鸿章在英、德两国订购的"致远""靖远""来远""经远"四艘巡洋舰已将交货，就派邓世昌、叶祖珪、林永升、邱宝仁出洋接带。邓世昌以营务处副将衔参将兼"致远"号舰长。

光绪十四年（1888年）3月15日，邓世昌率"致远"等四舰安全抵达天津大沽港。清政府任命他仍为"致远"号管带。同年5月，李鸿章到威海检阅北洋舰队，因为邓世昌训练得力，奏准赏换"噶尔萨巴图鲁"勇号。同年9月，北洋舰队成军，授邓世昌中军中营副将，仍管带"致远"舰。

邓世昌治军严整，办事认真，并刻苦钻研海军业务，为当时北洋水师中的优秀将领。他平时精于训练，办事特别谨慎，精通各种战术。

光绪二十年（1894年）夏，日军侵袭朝鲜，封锁住海上通道。7月25日晨，日舰不宣而战，突然向开往牙山的清"济远"和"广乙"号军舰开炮。"广乙"舰船身小，战斗力弱，受到重创，日舰又炮击"济远"号。"高升"号和"操江"号两船失去保护，"操江"号被日舰俘去，"高升"号被击沉。

"高升"号被击沉后，清政府又幻想英国出来干涉，不愿应战。直到这一希望完全落空之后，才于8月1日宣战。中日甲午战争正式开始。9月17日，北洋舰队又在黄海突然遭到日本船队的袭击，双方展开了激烈的海战。激战中，担任指挥的旗舰被击伤，大旗被击落，邓世昌立即下令在自己的舰上升起旗帜，吸引住敌舰。他指挥的"致远"号在战斗中最为英勇，前后火炮一齐开火，连连击中日舰。日舰包围过来，"致远"号受了重伤，开始倾斜，炮弹也打光了。邓世昌感到最后时刻到了，对部下说："我们就是死，也要死出中国海军的威风，报国的时刻到了！"他下令开足马力向日舰"吉野"号冲过去，要和它同归于尽。这时，一发炮弹不幸击中"致远"舰的鱼雷发射管，使管内鱼雷发生爆炸导致"致远"舰沉没，200多名官兵大部分牺牲。邓世昌坠身入海，随从抛给他救生圈，他执意不接；爱犬"太阳"飞速游来，衔住他的衣服，使他无法下沉。可他见部下都没有生还，狠了狠心，将爱犬按入水中，一起沉入碧波，献出了宝贵的生命，享年46岁。

邓世昌牺牲后举国震动，光绪帝垂泪撰联"此日漫挥天下泪，有公足壮海军威"，并赐予邓世昌"壮节公"谥号，追封"太子少保"，入祀京师昭忠祠，御笔亲撰祭文、碑文各一篇。清廷还赐给邓母一块用1.5公斤黄金制成的"教子有方"大匾，拨给邓家白银10万两以示抚恤。邓家用此款在原籍广东番禺为邓世昌修了衣

清代的新式海军

冠冢，建起邓氏宗祠。威海卫百姓感其忠烈，也于1899年在成山上为邓世昌塑像建祠，以志永久敬仰。1996年12月28日，中国人民解放军海军命名新式远洋综合训练舰为"世昌"舰，以示纪念。

五、含恨命亡威海卫，舍生取义志节高

刘步蟾（1852—1895年），字子香。福建侯官（今福建闽侯）人。清末海军将领。

刘步蟾自幼家境富裕，有条件读书受教育，他也聪明好学。同治六年（1867年），刘步蟾考入福建船政学堂，成为这所中国最早的海军学校的第一期正式学员，学习英文、测量及驾驶，成绩优异，屡次获优等奖。同治十年（1871年），刘步蟾在建威兵船任事，随船游历了南北洋及新加坡等地。同治十一年（1872年），在会考闽、广的驾驶生中，刘步蟾一举夺冠。从此，刘步蟾开始驾船巡历祖国的海岸线，并且用西洋方法测量了台湾等地的地势，把风土人情也记载下来，他绘制的地图既清楚又详细。同治十三年（1874年），刘步蟾奉命前往台湾勘测港口及航道；事毕后被任命为"建威"号练习舰的管带（舰长）。这是他首次担任一艘军舰的舰长，当时年仅23岁，可谓英雄少年，风华正茂。

光绪元年（1875年），刘步蟾被派往欧洲学习枪炮、水雷等制造技术，并且在英国的旗舰马那多号上见习。当时英军的远东舰队司令非常赏识他，说他不但学习用功，而且对西学也颇有了解。光绪二年（1876年）春，刘步蟾从欧洲游历归国，被保举推荐为都司。光绪三年（1877年），福州船政局选派第一批学生出国留学深造，学业优异并已有过欧洲实地阅历的刘步蟾自然首先就被选入其中。经过中国首任驻英国公使郭嵩焘的协调安排，刘步蟾等三人直接被派往英国海军地中海舰队实习，并获准军官伙食和床位待遇；其余九人分别被派往格林尼茨皇家海军学院和大西洋舰队学习。在近三年的留学期间，刘步蟾曾担任地中海舰队旗舰"马纳多"号的见习大副，表现出众，深得英国海军方面的好评和李鸿章的褒奖。正是通过对留学生学业情况的了解，李鸿章才对刘步蟾有了很好的印象；这一点，对刘步蟾后来的海军生涯有着重大的影响。光绪五年（1879年），经英国海军部考核，刘步蟾获得优等文凭后回国。李鸿章令其留职于北洋，擢升游击并赏戴花翎，充任"镇北"号炮舰管带。光绪十一年（1885年），刘步

蟾受命去德国督带"定远"号等舰回国，加总兵衔。光绪十四年（1888年），北洋海军舰队正式成立，刘步蟾被任命为舰队右翼总兵，加头品顶戴，赐号"强勇巴图鲁"。在此期间，刘步蟾为中国近代海军特别是北洋舰队的创建和发展，做出了重要的贡献。当时海军海防大举兴办，极缺人才和经验，加之北洋舰队提督丁汝昌是陆军行伍出身的将领而不懂全新的海军业务，因此接受了多年良好正规教育训练的刘步蟾自然被委以各项建军之重任。中国第一部正规的海军法典《北洋海军章程》等一系列重要的海军法规文献，多是由刘步蟾参加或负责具体拟定的。

光绪二十年（1894年）农历九月十七日，在鸭绿江口外的黄海海面上，中日海军展开了世界史上第一次蒸汽机舰队的海战。刘步蟾郑重立下了"苟丧舰，将自裁"的誓言，决心与日军在海上战场血战到底。刘步蟾按照海军提督丁汝昌的部署，率"定远"舰航行在雁行阵的尖端，迎着鱼贯而来的日本舰队破浪前进。在距敌舰5000多米时，日舰突然开炮，刘步蟾下令回击，炮弹在敌巡洋舰"吉野"号附近爆炸，继发一炮，飞向"吉野"号甲板，11名敌军官兵饮弹。敌舰第一游击队不敢与"定远"舰对峙，凭借速度快，抢过北洋舰队右侧包抄后路。海战开始不久，敌人的炮弹炸毁了冲锋在前的"定远"舰桅楼，提督丁汝昌身负重伤，刘步蟾立即代为督战。随即，在他指挥下，敌舰"比睿"号被炮击，丧失了战斗力。"定远"舰越战越勇，很快咬住了敌舰"赤城"号。刘步蟾指挥战士用后部15厘米克虏伯炮轰击"赤城"号，弹片击中正在观看海图的敌舰长坂元八郎太少佐的头部，"赤城"号载着十几具尸体向大海深处逃窜。敌舰在速度和速射炮上占据优势，北洋舰队的"超勇""扬威""致远""经远"先后被敌击沉，战场只有"定远"号等四艘舰与敌人在拼搏。"定远"号和姊妹舰"镇远"号相互

刘步蟾

扶持，毫不气馁。"定远"舰经过几个小时的苦战，已是弹痕累累，炮械破残，仅剩三门大炮还能施放。刘步蟾镇定自若，沉着指挥应战。日军旗舰"松岛"号欲将"定远"号置于死地，从弹舱同时搬出三颗大炮弹放在炮前准备发射。没想到"定远"舰的大炮一声怒吼，准确地击中"松岛"号，日军的三颗大炮弹也一起炸开。不大一会儿，"松岛"号剧烈震荡，船体开始倾斜，完全丧失了战斗能力和指挥能力。鏖战又持续了一个多小时，敌舰已是精疲力竭，无心恋战，便首先退出战场。北洋舰队升旗集队，追逐敌人 10 余里，日舰利用航速优势，飞驶逃遁。黄海大战中，北洋舰队遭受很大损失，但是，由于刘步蟾等海军将士的英勇抵抗，给敌人以有效的杀伤，并保住了舰队的主力。

刘步蟾因此战有功，晋升记名提督，赏换"格洪额巴图鲁"勇号。丁汝昌离舰养伤，刘步蟾代理其职，在旅顺军港夜以继日督修战舰，一个月后，战舰全部修复。10 月 18 日，休整后的北洋舰队开向威海卫。

光绪二十一年（1895 年）农历一月二十三日，日本陆军攻占了威海卫城和南北两帮炮台，海军严密封锁海面，达成了对集泊于港内的北洋舰队的水陆夹击态势，北洋舰队由此陷入困境。在险恶的形势里，刘步蟾辅佐丁汝昌，积极组织北洋舰队进行顽强的抵抗，打退了日本海军的多次进攻。2 月 5 日清晨，日本的鱼雷艇偷袭"定远"舰，刘步蟾随丁汝昌登上甲板观察，发炮击沉一鱼雷艇。这时，"定远"舰也中弹受伤，海水往舱里猛灌。为了防止沉没，刘步蟾当机立断，急令断锚南驶，到刘公岛东南海岸浅水处搁浅。这样，"定远"号还可以作"水炮台"使用。2 月 10 日，定远舰的炮弹打光了，可是甲板还露在水面上。刘步蟾为了防止舰被敌人缴获，下令将 250 磅炸药点燃，一声巨响，"定远"舰永远地消失了。这时，在舰队中任职的一些洋员，煽动蛊惑官兵向日军投降，丁汝昌、刘步蟾的号令没有人执行。当天深夜，处于极度绝望之中的刘步蟾悲愤难禁，服毒自杀，时年 44 岁。李鸿章获悉后深感惋惜，盛赞刘步蟾当年直陈"御日之计"是实言真心。清廷谕令：将刘步蟾照提督阵亡例从优赐恤，世袭骑都尉加一等云骑尉。

六、扬威域外领海军，兵败黄海身殉国

丁汝昌（1836—1895年），原名先达，字禹廷，号次章。安徽庐江人。清末著名海军将领。

丁汝昌出生在一个贫苦农民家庭。少年时，丁汝昌就表现出倔强的个性和聪明的头脑。父亲丁灿勋务农种田，家境贫苦，无力供他上学，只得把他送出去给人当佣工。在丁汝昌十四五岁时，被父亲送到同族伯父的豆腐店学徒。

咸丰元年（1851年），庐江一带发生严重灾荒，丁汝昌父母先后病故。咸丰三年十二月（1854年1月），太平军占领庐江，丁汝昌参加太平军。后随太平军驻扎安庆，成为程学启的部下。

咸丰十一年（1861年）夏，安庆被清军包围，形势十分危急。陈玉成率领太平军再次援救安庆，但战斗失利。这时，程学启率部下300人投降了清政府，投靠了曾国荃，丁汝昌因此也一同被编入了湘军。安庆失陷后，曾国荃让程学启带领开字营，丁汝昌此时为哨官，授千总之职。第二年，程学启部受上级调遣，拨归了李鸿章的淮军，丁汝昌亦随之到上海镇压太平军。不久，又隶属刘铭传，丁汝昌此时升任营官。同治三年（1864年），丁汝昌升为副将，统先锋马队三营，参加镇压东、西捻军。同治七年（1867年），因镇压起义有功，授总兵之职，同时又晋加提督衔，赐"协勇巴图鲁"勇号。

同治十三年（1874年），丁汝昌因事得罪顶头上司刘铭传，刘铭传企图把他召去杀掉。丁汝昌听说了这个消息之后，一刻未敢停留，星夜赶回家中避了起来。刘铭传见他逃走，也未追杀。丁汝昌本以为很快就能复出，没想到一闲便是五年。

光绪五年（1879年）农历四月，清政府确定创设北洋水师，派李鸿

丁汝昌

章具体督办北洋水师事宜。李鸿章因为十分赏识丁汝昌的才干，所以请留丁汝昌在北洋水师差遣，丁汝昌终于又重返军队。不久，北洋水师在英国订购的"镇东""镇西""镇南""镇北"四艘炮舰来华交货，丁汝昌被派为督操。从此，丁汝昌开始了他的海军生涯。

光绪六年（1880年）12月，丁汝昌受命率管带林泰曾、副管带邓世昌等，去英国督带"超勇""扬威"两艘巡洋舰回国，途中他考察了法国、德国的军事、工业等情况。这次出行，也是清政府的龙旗第一次航行海外。光绪七年（1881年）10月30日，"超勇""扬威"号军舰抵达天津大沽港。李鸿章见丁汝昌任务完成得好，对他更加器重，奏请丁汝昌改督操为统领北洋海军。光绪八年（1882年），因丁汝昌巡南海有功，赏头品顶戴，换"西林巴图鲁"勇号。次年，又授天津镇总兵，赏穿黄马褂。

光绪十四年（1888年）9月，北洋海军正式成军，丁汝昌被授为北洋海军提督，统率大小舰艇40余艘，约5万吨。为了培养急需的海军专业技术人才，根据丁汝昌的建议，又于光绪十六年（1890年）5月，设水师学堂于刘公岛（在今山东威海外黄海上），由丁汝昌兼领总办。光绪二十年（1894年），丁汝昌被赏加尚书衔。同年春，朝鲜爆发东学党领导的农民起义。早已处心积虑的日本看到有机可乘，就以"保护侨民"为借口，派出大批军队在仁川登陆，进入汉城，与驻朝清军形成对峙。清政府多次建议中日同时撤军，都被日本政府蛮横拒绝。

6月20日，日本海军联合舰队在朝鲜丰岛海域偷袭中国运兵船队。7月1日，中日两国政府同时向对方宣战，甲午战争正式开始。由于入朝日军不断增多，清政府决定再度增调兵力赴朝作战。8月18日，丁汝昌奉命率北洋舰队护送援军由大连湾驶往鸭绿江口登陆；并于次日上午返航。返航途中，遭遇了日本舰队的袭击。丁汝昌在旗舰"定远"号铁甲舰上，与总兵兼旗舰管带刘步蟾等议定，以"分段纵列"的阵势，起锚迎战。顷刻之间，战斗准备井然就绪。这时，北洋舰队开足马力，破浪前进。在距敌舰5000米时，旗舰"定远"号首发一炮，紧接着各舰大炮相继怒吼，颗颗炮弹飞向敌舰，激战开始。清军舰队摆成"人"字阵，丁汝昌与刘步蟾乘坐的旗舰"定远"号恰在"人"字尖上，冲锋在前，将日本舰队拦腰截断。战斗中，丁汝昌面对强敌，冷静沉着，指挥果断，开战不久就击中敌舰一艘。鏖战中，丁汝昌正在旗舰"定远"号飞桥上指挥，因飞桥年久失修，被敌人炮火击中舰身后震动破裂，不幸从空中跌落，身受重伤，不久帅旗也被打落。丁汝昌拒绝随从把他抬入舱中，坚持坐在甲板上，鼓励士兵为国英勇奋战。但是，丁汝昌此时只能鼓励"定远"号甲板上的士兵，已不能指挥全舰队。这样，清军舰队的各舰几乎就成了各自为政，处于不利的地位。尽管如此，清军舰队的广大将士都能同仇敌忾，英勇作战。双方激战了 5 个多小时。日军的旗舰"松岛"号被"镇远"号所发的两枚大炮弹击中，使其弹仓爆炸，船体倾斜，死伤达 100 多人。另外，日方的"吉野"舰也完全失去了战斗力，"赤城"号等 3 艘日舰受重伤，几乎沉没。"赤城"号的舰长海军少佐坂元八郎太被击毙。从而迫使日军首先退出战斗。这次战斗，清北洋舰队也损失了 5 艘军舰。

黄海海战之后，李鸿章为了保存他的实力，在奏报中有意夸大战败程度，强调中国舰队不及日本，以此为理由，命令舰队避战于港内，不准出击。从此，把黄海的制海权拱手交给了日本。

这样一来，日本侵略者更加肆无忌惮了。经过一个多月的休整和准备，10 月下旬又分海陆两路进犯旅顺、大连。由于清朝的腐败，数万陆军在日军登陆前六天就不战自溃，望风而逃。10 月 24 日，日军 3 万余人在花园口登陆，辽东陷入敌手。李鸿章命令北洋舰队驶离旅顺，避往威海卫。丁汝昌亲自跑到天津去见李鸿章，要求率领舰队出战，进援旅顺，受到李鸿章的训斥。

光绪二十一年（1895 年）农历一月，日军又在山东荣城登陆，企图抄北洋舰队驻地威海卫的后路，造成海岸夹击之势。日军两万余人在海军的护送下，进犯威海卫。1 月 20 日，日军在威海卫的东侧成山头登陆，即日攻占荣城县，兵分两路，扑向威海卫。日军先攻南岸炮台，丁汝昌亲自率舰发炮支援，战斗了两昼夜，击毙了日军第六师团第十一旅团长、左翼司令陆军少将大寺安纯，杀伤了不少日军。但由于众寡悬殊，威海陆路南北炮台相继失守。于是，刘公岛成为孤岛，北洋舰队全被困在了威海港内。

2 月 9 日的海战，丁汝昌亲登"靖远"舰指挥。战至中午，"靖远"为敌炮击中搁浅，丁汝昌被水手救上小船，幸免于难。日军先后发动 8 次进攻，都被击退，多艘军舰受伤。日军见硬的不行，便来软的，便利诱丁汝昌率舰投降。丁汝昌断然拒绝。他在给家人的信中嘱告："我已经以身许国了，请你们不要挂念。"

日本侵略者见战不成，劝降也不成，就采取了对北洋舰队长期围困的方针。北洋舰队陷于重围之中，形势越来越险恶。丁汝昌认为，此时只要陆上援军赶到，水陆夹击，刘公岛之围还可解除。为此，他派一名水手怀密信凫水到威海北岸，潜去烟台求援。趁这危急之时，北洋海军副提督英国人马格

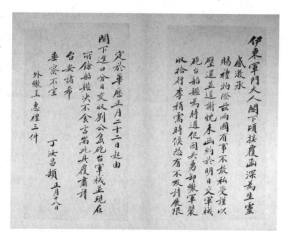

丁汝昌致伊东祐亨信件

禄和顾问美国人浩威等，勾结威海营务处提调牛昶昞等，唆使士兵、水手哗变，胁迫丁汝昌投降。丁汝昌严词拒绝。

2月11日，日军水陆进行夹攻，丁汝昌接到密派外出联络求援的水手的回报，知道山东巡抚李秉衡已由烟台逃往莱州，等待陆上援军已不可能。此时，岛上已近弹尽粮绝，北洋舰队到了最后时刻。右翼总兵刘步蟾自沉"定远"舰，然后自杀殉国。丁汝昌决心与军舰共存亡。为了防止有人盗印降敌，严令牛昶昞等当面把提督印截去一角使其作废。2月11日夜，丁汝昌愤而服毒自杀殉国，时年59岁。

丁汝昌死后，手下军官牛昶昞盗用他的名义，与日方签订了《威海降约》。威海港里李鸿章经营多年的北洋海军，至此全军覆没。此后，清政府内的清流党、顽固党人交相攻击，光绪帝下旨"籍没家产"，不许下葬。丁汝昌的子孙辈被迫流落异乡。直至宣统二年（1910年），经载洵及萨镇冰等人力争，清廷为丁汝昌平反昭雪。

七、守台治台多建树，功业足与台湾同

刘铭传（1836—1896年），字省三，自号大潜山人。因排行第六、脸上有麻点，人称刘六麻子。安徽合肥（今肥西大潜山麓）人。清末淮军将领，清朝名臣，系台湾省首任巡抚，洋务派骨干之一。他历仕咸丰、同治、光绪三朝，参与了镇压太平军、捻军的战斗，又在台湾抗击法军。他为建设台湾、保卫领土完整做出了巨大贡献。

刘家世代务农。刘铭传11岁时，父亲病故，随后大哥、三哥又相继去世，其他几个哥哥各自成家，此后便与母亲周氏单独生活。母子相依为命，靠贩私盐为生。刘铭传性情豪爽，同当地青年人相处甚好。咸丰四年（1854年），刘家因缴不出乡团队的粮食被当地土豪侮辱，刘铭传怒而杀之。随后带领上百名乡里青年，在大潜山修圩筑寨，开始了团练生涯。同治元年（1862年），刘铭传所部被李鸿章改编为淮军，长期镇压太平军、捻军，由千总、都司、总兵，升至直隶提督，晋爵一等男；所部号"铭军"，为淮军主力之一。他有将才，通经国大略，又喜诗文，著有《大潜山房诗稿》。他疾恶如仇，不愿与官场中的腐败之风同流合污，几次挂冠归籍，在家乡大兴土木，修建庄园，修成合肥西乡的刘老圩和六安麻埠的刘新圩。

刘铭传经营台湾，是从中法战争开始的。光绪九年（1883年），中法战争爆发。已解甲归田、在乡间隐居多年的刘铭传愤然而起，准备重赴沙场，杀敌报国。清政府任命他为督办台湾事务大臣，筹备抗法，不久又授福建巡抚，加兵部尚书衔。法国殖民者一面在越南逞凶，一面派出兵船在福建、台湾海域游弋，战事一触即发。为加强台湾防务，光绪十年（1884年）农历六月下旬，清政府擢在籍养病的刘铭传以巡抚衔督办台湾军务。刘铭传闻命，即扶病南下，渡海赴台。7月16日，刘铭传抵达基隆，第二天即巡视要塞炮台，检查军事设施，并增筑炮台、护营，加强台北防务。驻守台湾的清军共40营，台南部署了31营，台北只有9营，不到4000人。这种兵力配置的不合理，使得法军乘虚而入，重点攻击台北。清军装备太差，基隆险要之地，仅有五门固定方向的大炮，只能正面守，不能攻左右。刘铭传巡视数日，不胜唏嘘叹息。

8月4日，敌远东舰队副司令利士比率舰5艘开至基隆口外。5日，法舰在利比士的指挥下齐向基隆炮台猛烈开火，摧毁了清军数处炮垒及营房，

刘铭传招抚台民图

守军于死伤 10 余人后向内地撤退。法军登陆，占领基隆港，将港内各种设施和炮台进行破坏。6 日下午，法军陆战队向基隆市街搜索前进，并攻击附近高地。守军在刘铭传亲自统率下奋勇从各个方向进行反击，逐渐缩小包围圈。经过几小时的激战，法军伤亡 100 余人，狼狈逃回军舰，侵占基隆的计划破产了。上谕嘉奖刘铭传，交部优叙，发内帑银 3000 两犒赏官兵。利士比黩武不赢，又别生诡计，通过英人邀请刘铭传到法国兵船上谈话，遭到拒绝；请求恢复中外贸易，并请刘铭传致函清廷从速议和，同样被严词驳回。以后，利士比再度进攻基隆，又大败而归。

8 月 23 日，法军舰队在马尾港袭击了福建水师，气焰嚣张一时。九月末，法军在远东舰队司令孤拔率领下，分别在基隆和沪尾索战。刘铭传毅然决定转移基隆煤矿机器，炸毁煤矿，部分官兵扼狮球岭而守，其余增援沪尾。10 月 1 日，法军占领基隆。刘铭传主动撤出基隆，加强了沪尾方面力量。10 月 8 日，法军八艘军舰遥击沪尾，继而放下小船载千余人登岸。刘铭传以伏兵切断敌人退路，痛击敌人。法军被击毙 300 余名，其余夺路后逃，自相践踏，慌乱中敌炮击中小艇，溺死百余人。清军获得沪尾之战大胜。10 月下旬，法军奉本国政府命令，封锁台湾各海口，断绝海上交通，以困台湾。台湾军民抱着极大的爱国热情，在极其艰难困苦的环境中，不动摇，不后退，誓与海岛共存亡。清军连月苦战，伤亡不小，军需枯竭，增援的军队和兵船不能进港。刘铭传鼓动官兵拼死守岛，常短衣草履巡访军营，安抚慰问，与士兵同食同饮。又积极自救，动员绅商各界捐饷募兵，修整工事。战斗中，他身先士卒，舍生忘死。在中国军民的英勇抵抗下，法国侵占台湾的战争以失败而告终。经谈判，中法战争结束，光绪十一年（1885 年）六七月间，法军从基隆及其占领的澎湖列岛撤出。

中法战争结束，清廷以台湾为南

刘铭传笔记

洋门户,决定设省,授刘铭传为首任福建台湾巡抚。刘铭传在台湾任职期间,修建铁路、开煤矿、创办电讯、改革邮政、发展航运事业、促进台湾贸易、发展教育事业,促进了台湾近代工商业的发展,台湾防务也日益巩固。清廷加刘铭传兵部尚书衔,帮办海军军务。

光绪十六年(1890年),刘铭传因通商口岸税务问题上与外商交涉及基隆煤矿招商承办等事,遭到顽固派官僚的激烈反对和清廷的严厉申斥,忧病交加,被迫向清廷提出辞呈。次年清廷准其辞职,刘铭传怀着忧郁之心乘船离开他苦心经营7年之久的宝岛。

中日甲午战争爆发后,清军溃败,清廷令刘铭传出山,刘因病重辞命。不久,《马关条约》签订的消息传来,刘铭传得知自己一生中花精力最大创置的台湾省被割让给日本,忧思郁结,口吐鲜血,于光绪二十二年(1896年)农历一月十二日在六安刘新圩病逝。赠太子太保,谥壮肃。

八、赤日行空尘沙黄,将军危坐死不僵

聂士成(1836—1900年),字功亭,安徽合肥北乡(今长丰县岗集镇聂祠堂)人。清末爱国将领。

聂士成幼年丧父,家境贫寒,与母亲相依为命。他自小好行侠仗义,后投身军旅,开始了40年戎马生涯。

同治元年(1862年),聂士成以武童投效湘军袁甲三军营。不久,改隶淮军刘铭传部。先后参加镇压太平军、捻军,累迁至总兵,同治七年(1868年)升提督。

光绪十年(1884年),法军占领基隆,台湾势处危急。督办台湾事务大臣刘铭传兵单粮匮,屡次电请李鸿章派兵增援。北洋将领大多畏敌,不敢前往。聂士成自告奋勇,率领1000勇士渡海登陆,直抵台北。他与刘铭传军通力合作,连战克捷,扭转了台湾垂危局势。

光绪二十年(1894年)农历五月,朝鲜发生东学党农民起义,朝鲜政府请求清军援助。6月6日,北洋大臣李鸿章派遣直隶提督叶志超与太原总督聂士成率兵2000名,扬帆渡海,进驻牙山。日本认为发动侵略战争的时机已到,以保护侨民为借口,派出数倍于清军的日军部队侵入朝鲜,寻衅开战。清政府及李鸿章幻想其他帝国主义国家出面干涉调停,令驻朝清军静守勿动。谁料7月25日,日军不宣而战,中日甲午战争爆发。

此时,聂士成率 5 营驻扎在距牙山东北 50 里的成欢驿。日军占领汉城、仁川,切断了北部清军增援道路,从海上运送清军的英轮"高升"号亦被日舰击沉,聂士成成孤军之势。7 月 29 日,日军 4000 余人进攻成欢,聂士成在四面受敌的情况下,冒着枪林弹雨,沉着指挥,往来策应,将士们也"决命争首,抢占山头,轰击不辍"。敌人伤亡千余,但是援军相继而至,聂士成部则弹药将尽,不得已率众突围而出。聂士成在前敌血战,而清军主帅叶志超却不战而逃。8 月 28 日,聂士成退至平壤。叶志超在平壤饮酒高会,不做防备,聂士成屡谏不听。9 月 15 日,聂士成正在回天津募兵的途中,叶志超弃平壤城,逃过鸭绿江。聂士成闻讯,立即回任督战。

10 月下旬,日军分两路向中国进犯,各路清军望风而逃,只有聂士成部在虎山阻击东路日军。10 月 26 日,聂士成受命移守摩天岭,旋即授直隶提督,被褫职的叶志超部下均归其统领。摩天岭为辽、沈门户,对东北战局举足轻重。除夕之夜,聂士成料敌必来偷袭,于是设下伏兵,等待敌人落网。日军潜至分水岭伏击圈内,遭到清军迎头痛击。在其他战场屡战屡败的情况下,聂士成却在摩天岭坚守了四个月,东路日军被遏制在这一要塞以南。

光绪二十一年(1895 年)正月,朝廷调聂士成所部八营由辽阳摩天岭入关回防津沽,作为沿海后路游击之师,主持天津沿海防务。甲午战后,聂士成驻守芦台,参考德军规制,训练新军 30 营,收效显著。光绪二十五年(1899 年),清政府改聂士成部为武卫前军。

光绪二十六年(1900 年),八国联军侵华。6 月初,聂士成奉命率队保护津芦铁路,曾多次与义和团发生冲突。6 月 10 日,英军司令西摩尔率联军 3000 人乘火车过杨村,欲进京"保护"使馆。聂士成电请直隶总督裕禄下令阻止,裕禄不允。他出于激愤率部队赶来牵制,加上义和团在廊坊等地截击,西摩尔不得已撤回天津。6 月 13 日,清廷电旨聂士成调集所部进驻天津。16 日,聂士成在津塘铁路线上的军粮城布置防守。是夜,八国联军袭击大沽炮台。聂士成闻警,急驰增援。途中得知大沽已经失守,就飞奔北塘,策划战守。然后又返回军粮城,18 日在这里重创敌军。21 日,清廷发布"宣战上谕",并令聂军攻击天津租界。他率部围攻甚力,恶战十数次。侵略者也不得不承认:"自与中国交战以来,从未遇此勇悍之兵。"这时,聂士成的处境极为艰难。朝廷内部的顽固派对他痛恨已久,借大沽

聂士成

炮台失守，交章弹劾，诬陷聂士成通敌，以80万金将炮台卖给了联军，朝廷命裕禄密查；而义和团又在北京抄了他的家，年逾八旬的老母及妻室儿女被劫持；同时，增援天津的八国联军源源不断，在兵力上占绝对优势，聂士成军是久战之师，又无继援，势渐不支。聂士成忍辱负重，振作精神，誓与敌人血战到底。

7月9日，战火硝烟笼罩着八里台。聂士成率部与数倍的联军隔桥对击，战斗至白热化。聂士成遍体鳞伤，戎装焦烂，犹奋臂指挥督战。营官宋占标含泪请求他暂退，由自己守住此桥，聂士成不听，继续指挥战斗。最后飞炮洞胸，壮烈殉国，宋占标等同时阵亡。五日后，天津失陷。

可悲可恨的是，聂士成阵亡后，清廷朝议赐恤，载漪、刚毅力阻，后来清廷下诏称聂士成"误国丧身，实堪痛恨，姑念前功，准予恤典"。光绪二十八年（1902年）农历二月，应聂士成故旧周馥等人请求，署理直隶总督兼北洋大臣袁世凯代为聂士成请恤，称其"秉性忠贞，践履纯笃，事亲极孝，居官极廉。驭众严而有恩，遇事勇而有断，沉毅果敢，威望绝伦"。朝廷上谕以聂士成追赠太子少保，着照提督阵亡例赐恤，加恩予谥，谥号忠节；生平战功事迹及死事本末，宣付国史馆立传；并准于立功省份、死事地方及原籍芦台、天津、合肥建立专祠。聂士成阵亡后，其灵柩由部属护送回安徽原籍安葬。宣统三年（1911年），聂士成次子聂宪藩为其改葬于宣城。

九、扶妖江左成遗憾，抗法关南有大功

中法战争中最有名的战斗是镇南关大捷。清军赢得这次大捷的指挥官，就是著名爱国将领冯子材。

冯子材（1818—1903年），字南干，号萃亭。广东钦州（今属广西）人。他从小做过木匠，送过牛帮，备受欺凌，因而养成了疾恶如仇的性格，并

练就一身好武艺。他早年参加过天地会起义，后归顺清朝，帮助镇压过农民起义。他还 3 次被邀出关援越，因此对边境地区和越南情况非常熟悉。冯子材性格耿直，在官场中常常受到排挤打击，后在担任广西提督时被解甲归田。

冯子材

光绪九年（1883 年）十二月，中法两国因越南的保护权问题争执不下，兵戎相见，法国侵略军悍然向驻扎在北圻的中国军队发起进攻，中法战争爆发。由于清军在越南战场上节节败退，两广总督、广东巡抚便任命赋闲在家的老将冯子材，起用他督办高、廉、雷、琼 4 府 25 州县团练。

光绪十一年（1885 年），冯子材奉命率 10 营"萃军"从钦州开拔，奔赴抗法前线。行抵上思，加招 8 营。这支共 9000 人的部队，军纪严明，马不停蹄地开赴指定的集结地。

两天后，清廷谕令冯子材帮办广西关外军务。国门失陷，主帅潘鼎新落荒而逃，前线群龙无首，乱作一团。署理广西巡抚李秉衡召集诸将，推荐冯子材为前敌主帅，得到大家的拥护。

光绪十一年（1885 年），法军大举出动，越过关门，进入清军防线。冯子材父子身先士卒，挥刀迎敌，纵横冲杀，打得法军鬼哭狼嚎，丢盔弃甲，退出关外。

接着，清军乘胜出关追敌，连克文渊、驱驴、谅山、长庆府、观音桥等处。恰在此时，清政府在"乘胜即收"思想指导下发布停战令，冯子材含恨撤兵。

冯子材从越南撤兵回国后，"奉旨"督办钦廉一带防务，并会办广西一带防务，重点对付法国对西南边疆的侵略。中法战争结束后，冯子材奉旨督办广东钦廉（今属广西）防务。旋获太子少保衔，三等轻车都尉世职。之后，冯子材奉命到海南岛镇压黎民起事，同时为当地经济、文化开发事业做了不少好事，被补授云南提督，旋赏兵部尚书衔，继续留办粤防。

光绪十二年（1886 年），他率军赴海南岛，镇压黎族人民起义。

光绪二十年（1894年），中日战争爆发，他又率军北援，驻节镇江，以备调遣。冯子材在中法战争中的赫赫战功，受到朝野各派的瞩目。甲午战争爆发后，冯子材请缨北上抗日，获准赴江南办防。途中闻《马关条约》签署，中国赔款失地，悲愤中电请北上决战，未果。1901年，冯子材遭人暗算，被调离云南，改任贵州提督，他愤而告假，随之开缺。

光绪二十二年（1896年），中英片马争界交涉事起，冯子材奉命赴云南提督任，争回片马，稳定了云南局势。

光绪二十四年（1898年）戊戌变法期间，维新派领袖康有为曾建议光绪皇帝调他入京统带京营。次年，冯子材赴云南提督任，统领全省防营。

义和团运动爆发后，他一度上书，请率数营入京勤王。但当时中国政治变化迅速，无论是"帝党"还是"后党"，都没有借用上这支力量。

光绪二十九年（1903年），钦廉一带会党蜂起，两广总督岑春煊又想到了冯子材。年已86岁的冯子材又起身田间，会办广西军务兼顾广东钦廉防务。夏间行军，途中中暑，牵引旧伤，在南宁行辕辞世。

战场之上冯子材沉着应战，指挥有方，在充分发挥军事才能的同时，还身先士卒，带头冲锋陷阵，奋勇杀敌，展现出舍己为国的高尚情操。战场之外，冯子材清正廉洁，赏罚分明，从严治军，所带将士众志成城，令行禁止，如此才能取得镇南关大捷。在民族危亡之际，冯子材以近70岁高龄挺身而出，置个人安危于不顾，驰赴沙场，精忠报国，其展现出的民族气节与爱国主义精神令人称颂。

第三章 / 帝国名臣

一、问鼎中原定国策，元辅高风范文程

范文程（1596—1666 年），字宪斗，号辉岳，辽东沈阳人。北宋名相范仲淹十七世孙。曾事清太祖、清太宗、清世祖、清圣祖四代帝王，是清初一代重臣，清朝开国时的规制大多出自其手，更被视为文臣之首。

范文程自幼好学，才智过人。年仅 20 岁的范文程于明万历四十三年（1615 年）在沈阳县学考取了生员（秀才）。

天聪六年（1632 年），范文程随清军侵入关内，出发之前范文程与宁完我、马国柱同时给皇太极上书，认为如果出兵攻击宣化、大同，不如攻击山海关，但皇太极没有采纳。等清军到了归化城，皇太极召集范文程等商议，范文程等人再次说："观察我军的情况，志在对明朝腹地进行打击，因此应当直接攻击北京决定和议可否，然后攻取山海关而归，以宣扬我军威。若这样做，现在最好从雁门关而入，这样道路既没有险阻，附近的居民也十分富庶，可以解决粮草供应。如果怕这样做师出无名，可以宣告明朝的军民说察哈尔汗逃跑，他的所部尽归于我大清，这些人随我们回到辽东不可能徒步远行，需要借道而行，而且我们是与你们来议和，并借马匹来帮助我国新附之众归附的。如果议和成，我国可以付马价；如果明拒绝，我们就兴师，依靠上天的帮助，攻取他的版图，并告之明朝军民，凡我军所经之处以后将免赋税数年，这样就是堂堂正正之师了。再则，可以作书送给明朝的守边将吏，让他们转达明朝的皇帝，关于我们请求和议的诚意并期限作答，然后决定我军进退。由此引起他们朝内外的争议，到过了我

们要求的期限，我军即乘衅而入。我们进入明境，利在深入，多得人畜财物；否则利在速归。如果像现在这样半途而返，将徒劳无益。"皇太极听后大为赞赏，清军依计而行。

天聪七年（1633年），明将孔有德派人到清要求投降，当时正好明朝军队对其围攻很急，皇太极命令范文程与诸王贝勒同率军队增援，范文程到后转达了皇太极的旨意，孔有德等遂率所部归顺。之后的破旅顺，攻收皮岛，讨伐朝鲜，抚定蒙古，范文程都参与谋划。

崇德元年（1636年），皇太极改文馆为内三院，任命范文程为内秘书院大学士，并封他为二等甲喇章京。清王朝立国之初，设立八旗制度，每旗设旗主固山额真。当时许多大臣都推范文程为固山额真之一，皇太极对诸臣说："范章京才识过人，固山只管一旗，我把他作为心腹，将另有重用。"以后范文程所经管的都是军国机密，每次皇太极召问，必经历几个时辰才出来；有时刚刚回来还没来得及吃饭休息，又被召入宫内。皇太极非常重视范文程的建议，每次议论军国大政的时候，总说："这件事范章京知道了吗？"如果有的事情商议不决，他就说："你们干吗不去找范章京商量？"如果有人向皇太极报告说，范章京也这样认为，皇太极均马上表示同意。范文程曾经因为有病告假，才不多几日，就使政务受到影响，许多重大政务都只有等到范文程病愈后才能裁决。清王朝对各国的书信，都是范文程起草的。开始的时候，皇太极还审阅一下，后来就不再看了，说："你起草的就没问题了。"范文程曾将其父范楠接到住所侍养，有一次范文程陪皇太极吃饭，席上有很多美味佳肴，范文程看到有许多是他父亲没有吃过的，犹豫几次都不肯下箸，皇太极明白了他的意思，当即命人将宴席撤掉，送到范文程家给他的父亲。范文程对此十分感激。

清世祖即位之后，范文程因是两朝老臣，被提升入镶黄旗。在清初，镶黄、正黄、正蓝（后正白）是上三旗，地位要高于另外五旗。当时李自成农民军进军北京，范文程立即上

范文程

书摄政王多尔衮，请求伐明以争夺中原天下，并上疏说："中原的百姓久经战乱，备受摧残，都思有明主出世，以安居乐业。我们以前攻入明境，曾经屠永平，以后又曾多次深入抢掠而返，他们必以为我们没有大志，只是想多抢金银子女而已，因此对我们并不放心。这次我们出兵，应严申纪律，秋毫不犯，宣传我们这次进取中原之意，将官仍居其职，民仍安其业。如果这样做，黄河以北，可传檄而定。"范文程上书不久之后，李自成农民起义军攻入北京，消息传到清王朝，范文程当时正在盖州温泉养病，多尔衮命人快马将他立即召回。范文程一到就对摄政王说："李自成涂炭中原，杀君灭后，此必灭之贼。他现在虽拥众百万，但必然失败，有三个原因：一是他逼死崇祯皇帝造成天怒；二是刑辱乡绅，追拷财货，造成士怨；三是掠人财，淫人妇，火人居，造成民恨，由这三条加上其骄傲无比，我军可一战将其击败。而我国军民上下同心，兵甲精练，代天讨伐，拯救明朝百姓。兵以义动，何愁大功不成？"他又对多尔衮进一步说："保护百姓是天之德也，从古至今没有滥杀而得天下者。如果我们只想在关外称帝那就罢了，如果想统一华夏，非得安抚百姓不可。"第二天，范文程奉命以自己的名义，向明朝官吏宣布："我军兴义师是为报你朝君父之仇而来，不杀百姓，今所杀者只有闯贼乱军。凡来归降者，官复其位，民复其业。大军纪律严明，将秋毫不犯。"

清军攻入北京之后，百废待兴。多尔衮接受范文程的意见，为收揽人心，为崇祯帝隆重发表，任用大批明朝的降官，考定大批的律令，并广开言路，征集人才。明朝末年赋税繁重，由于战乱赋役册籍均毁于战火，只有明万历年的赋役册籍尚存，有人要求编定新的赋役册籍。范文程说："明晚年赋役繁重，万历年间的数额尚可，即以此为额，尤有可能民不堪其重，怎么能编制新册增加呢？"于是决定即以明万历年间赋税为额。

清入关之后，直隶因久经战乱，钱粮多不能按额征收，有时一年缺400万两，造成国库亏空，范文程为此上疏说："湖广、江西、河南、山东、陕西五省历经战乱，居民稀少，请实行民屯，设置机构，命督抚选廉洁能干的官吏任职，督促百姓垦荒复业，执行不力者，将唯督抚是问。"清世祖对他的建议立即采纳。顺治十年（1653 年），范文程又与同官一道上疏，请求命令各部院三品以上的大臣，推举所知道的人才，不问满汉新旧，也不视官品高下，亦不避亲属恩怨，唯才是举，命他们上疏推荐，以备随时

招用。他的上疏立即被批准实行。

顺治帝勤于政事，曾多次到内院视察，并就有关事情询问诸大臣，每次范文程都因为率先回奏受到嘉奖。有一次，范文程恰好在端午节值班，诸臣均不在，顺治帝看后十分感动，对他说："借此节日一图安乐，人之常情，卿攻读不休，以国事为重，诚国之重臣也。"范文程借这个机会，又向皇帝说："君明臣良，必相互督促，始能承天意，尽国事。"顺治帝说："自今以后，如果我有过都改，卿也应勤加提醒，毋忘其责。"

顺治帝十一年（1654年）八月，顺治帝特加范文程荣衔太子太保，范文程上疏辞谢，同时自陈年老多病乞求退休。九月，顺治帝特降诏旨挽留并晋升范文程为太子太师，不久同意他退休。顺治帝因范文程是历经三朝的老臣，有大功于国家，对他礼遇甚厚：范文程患病时，顺治帝不仅亲自去探视，还亲自为他选药；并命画工到其家为他画像，藏之以宫内，至于赏赐御用之物更是数不胜数；因范文程身材高大，顺治帝为此曾多次命人特制衣服鞋帽赏他使用。康熙帝即位之后，范文程受命回沈阳祭告清太宗的陵墓。范文程想起与清太宗朝夕相共，哀痛不已，从此一病不起，康熙五年（1666年）八月去世，享年71岁。康熙帝皇帝亲自为他撰写了祭文，并遣礼部侍郎亲去祭祀，赐葬在怀柔红螺山，并立碑记绩，谥文肃，赐御书匾额"元辅高风"。

顺治九年（1652年），范文程被任命为议政大臣，这是在此之前汉人从未得到过的宠遇。之后他向顺治帝上奏请为"劾冯铨罢官诸臣疏"，并奏曰："诸臣疏劾大臣，无非为君为国，皇上当思所爱惜之。"顺治帝接受了他的奏议，谕吏部："原任科道官许作梅、李森先、桑芸、向玉轩、庄宪祖诸人内，系参冯铨降革者，俱起用。"

范文程对那些敢于直言不苟、秉公不阿的臣僚颇为关注。如当时著名谏臣魏象枢，在朝中"与诸大臣抗辩是非无少诎"，因而常常遭到权贵们的疾视，独范文程"心识之，曰：'直哉，此我国家任事之臣也。'其后遇有诬公者，辄于众中剖析之，卒得白"。所以后来的大学士李蔚称道范文程"培养人才，保护善类，尤为注意"。

二、权倾朝野称"相国"，掌仪天下一明珠

纳兰明珠（1635—1708年），字端范，叶赫那拉氏，满洲正黄旗人。

康熙朝重臣，历任内务府总管、刑部尚书、兵部尚书、都察院左都御史、武英殿大学士、太子太傅等要职。

明珠的祖父叶赫那拉·金台吉是叶赫部统领，曾联合九部联军征讨建州女真，后在征战中败亡。父亲尼雅哈，在清太祖努尔哈赤灭叶赫部时，与兄德勒格尔归降，授佐领之职，屡次从征有功，顺治元年（1644年）授骑都尉世职，顺治三年（1646年）去世，长子振库袭骑都尉，明珠为其次子。金台吉的妹妹孟古哲哲是努尔哈赤的妃子、皇太极的生母，因此纳兰家族与爱新觉罗皇室有亲戚关系。后来纳兰明珠娶英亲王阿济格之女，论辈分成为康熙皇帝的堂姑父。

康熙初年，纳兰明珠担任侍卫、治仪正，再迁内务府郎中。康熙三年（1664年）擢内务府总管，康熙五年（1666年）授弘文院学士，康熙六年（1667年）充任纂修清世祖实录副总裁。康熙七年（1668年），奉命与工部尚书玛尔赛视察淮河、长江与黄河水利工程问题，建议恢复兴化县白驹场旧闸（在今江苏大丰西南），增凿黄河北岸引河以备蓄泄，此议有可取之处。后历任刑部尚书、都察院左都御史。

康熙帝十二年（1673年）二月，充经筵讲官；八月，奏停巡盐御史遍历州县之例；十一月，迁兵部尚书，坚决主张平定"三藩之乱"。

康熙帝十二年（1673年）三月，平南王尚可喜上疏，因年老要求退休，归老辽东海城，并请求以其子尚之信嗣封王位，继续驻镇广东。康熙帝不同意，命其撤藩，还驻辽东。七月，平西王吴三桂以退为进，也假意要求撤藩，进行试探，康熙帝立即同意。同月，嗣靖南王耿精忠也上表请求撤藩，康熙帝也予批准。这三藩坐镇南方，虽然对镇压当地人民反抗、巩固清朝初期对南方的统治有利，但他们在位日久，飞扬跋扈，不受节制，特别是吴三桂更加骄横无忌。如不改变这种

纳兰明珠

状况，势将形成尾大不掉、分裂割据之势，所以撤除三藩，对巩固国家统一是必要的。清廷早想对三藩加以调动，但总感觉时机不成熟。如今三藩自己上疏请调，自然是求之不得的事，所以就来个顺水推舟，从其所请。

由于三藩力量不可小视，撤藩关系重大，为慎重起见，康熙帝就召集议政王大臣及九卿（中国古代中央政府的九个高级官职，各代不一样，清朝以都察院、大理寺、太常寺、光禄寺、鸿胪寺、太仆寺、通政司、宗人府、銮仪卫为九卿）会议，讨论处置方略。

会上，关于撤不撤藩问题，形成两种尖锐对立的意见：一种意见认为吴三桂应当久镇云南，不可撤也不敢撤；另一种意见，以户部尚书米思翰、刑部尚书莫洛与纳兰明珠为一方，认为应当撤。康熙帝也同意纳兰明珠等的意见，说："吴三桂等人的造反之心由来已久，不早日除掉，将会养痈成患，后悔莫及。今天的问题是，撤也反，不撤也反。既然这样，不如先发制人为上策。"果然，康熙十二年（1673年）十二月，吴三桂首先举兵反清，自称周王；康熙十三年（1674年）三月，耿精忠反，建元裕民；康熙十五年（1676年）四月，尚可喜之子尚之信反，史称"三藩之乱"。直到康熙二十年（1681年）清军入云南城（今昆明市），吴三桂之孙吴世璠自缢死，清军将吴三桂戮棺碎尸，吴世璠枭首示众，历时前后九年的三藩之乱才全部平息。

康熙十四年（1675年），纳兰明珠调任吏部尚书。康熙十六年（1677年）七月，授武英殿大学士，成为内阁首辅之一（相当于宰相之职）。其间担任实录、方略、一统志、明史等重要皇家著述的总纂官，不久后加封太子太师，权倾朝野。纳兰明珠成为朝廷重臣后独揽朝纲，表面上为人谦和，实际利用康熙皇帝的信任结党营私，甚至贪污纳贿。

在朝中，纳兰明珠与索额图不和而相互倾轧。索额图生性乖张，朝中有不依附自己的大臣就立即排挤，与李光地关系亲密。纳兰明珠则为人谦和、乐善好施，善于拉拢朝中新进，对政敌则在暗地里构陷，与徐乾学结成一派。当时索额图是太子党的成员，纳兰明珠就把朝中依附太子的人全都构陷排挤出去。

纳兰明珠自康熙十六年（1677年）七月授武英殿大学士之后，由于在平定三藩之乱中与汉相杜立德多有赞襄之功，受到康熙帝的特别眷顾，亲自为他书写条幅，以酬他佐理勤劳、朝夕问对之功和体现君臣美恶皆可相劝之意。康熙二十一年（1682年）正月十五日，康熙帝大宴百僚臣工于乾清宫，赋诗联句纪胜；第二年元宵节又赐宴，并赏给群臣马匹等物。这些盛事，纳兰明珠都参与了。康熙二十三年（1684年）冬，康熙帝初下江南，又以纳兰明珠为扈从。这种种特殊的恩遇，使纳兰明珠志得意满。同时，纳兰明珠又注意结纳权臣如班布尔善、图海等人。纳兰明珠口若悬河，辩才无碍，又精通满汉两种语言文字，再加上既获主眷，又多内援，使得他在朝廷中更显得特别突出，炙手可热。

康熙二十年（1681年）郑经病死，后嗣发生纠纷，郑经长子被杀，12岁的次子郑克塽袭延平王，部将刘国轩、冯锡范主事。福建总督姚启圣请求朝廷出兵进剿，纳兰明珠也认为应该利用这一机会彻底解决台湾问题。康熙帝和纳兰明珠商议后，命福建总督、巡抚等人同心合力平定海疆。纳兰明珠指出总督和巡抚共同指挥会相互牵制，应由一人来统一指挥。康熙帝接受了明珠的建议，让福建提督施琅独自统兵进剿。康熙二十二年（1683年），郑克塽遣使求降，清朝顺利收复台湾。清军占据台湾后，对于郑氏集团人物的安排，康熙帝最终接受了纳兰明珠的建议，任用一些台湾投诚的人，结果从中涌现不少有作为的人。而关于是否弃守台湾，纳兰明珠态度十分明确，就是坚决固守，并最终得到康熙帝的支持。清政府此后设立台湾府，隶属福建省，从此将台湾纳入中央政府的直辖范围。

康熙二十一年（1682年），纳兰明珠陪同康熙帝到东北考察，最远抵达乌喇地区。经过精心准备，纳兰明珠协助康熙帝调派黑龙江将军萨布素两次围攻雅克萨，迫使俄方同意和平谈判。康熙二十五年（1686年），俄国谈判使团抵达北京，与以纳兰明珠为首的中方代表会谈。纳兰明珠遵照康熙帝指示，义正词严地驳斥了俄方的无理取闹，指出："我国向无侵犯尔国之处，尔国人却无故施放枪炮，杀我居雅克萨等地徒手虞人（即猎人），并屡次纳我逃人。"俄方最终同意撤出雅克萨的俄军。纳兰明珠与俄国使团的谈判为日后《尼布楚条约》签订创造了重要条件。

纳兰明珠为人狡猾阴险，外表慈善，内使机关。与人谈话，总是和颜悦色，甜言蜜语，能使人不由自主地向他倾诉衷曲。他又轻财好施，以招徕新进及海内名士，因而不少人为他所笼络，甚至投靠了他。他还利用职务之便，收买人心，凡是康熙帝称誉或准备提升的，他就向此人卖好，说是他的用力举荐；如果康熙帝对谁不满，称其不善，他则向当事者说："这是皇上不喜欢，不过我当从容尽力挽救。"以此来要结群心，挟取货贿。正因为这样，所以每天纳兰明珠奏事完毕出中左门时，满汉部院诸臣和他的心腹们都在门两旁拱立以待，向他打听消息，和他站在一起，交头接耳密语好久。这样一来，康熙帝的许多旨意或动静很快就泄露出去了。部院衙门中谁与康熙帝的言谈话语有了干系，就求纳兰明珠给出主意想办法，对他也就唯命是听。纳兰明珠又非常揽权，内阁中的文件均由他一人指挥拟定，轻重任意，即使有问题，同官也不能过问驳正，以致皇帝经常指责，他也毫不省改。

纳兰明珠与索额图都因贪赃弄权声名狼藉，早在康熙十八年（1679年）七月，康熙皇帝就借京师地震事向二人及群臣发出警告，要他们"洗涤肺肠，公忠自矢"，指出他们做官后，家里都发了财，生活挺富裕，却还要拉帮结派，徇私舞弊，更加贪得无厌；如果再让发觉了，就要国法从事，决不宽容！后来康熙帝还单独与纳兰明珠谈了一次话，旁敲侧击地说："如今当官像于成龙那样清廉的人非常少，十全十美的人确实难得。但是，如果把'性理'一类谈修养正人心的书多少看一些，就会使人感到惭愧。虽然人们不可能全照书上说的那样做，但也应该勉力而为、依理而行才好。"这里说的于成龙（1617—1684年），是康熙朝前期公认的"天下廉吏第一"的一位清官。在直隶巡抚任时，即被康熙褒为"清官第一"，为官清正廉能。后任两江总督，兼摄江苏、安徽两巡抚事。原籍山西永宁（今山西离石），历官未尝带家属，

纳兰家族墓志铭

去世时身旁仅有一竹箱，内装绨袍一件，床头放点食盐、豆豉之类家常调味品而已。市民为之罢市聚哭，家家绘像祭祀。康熙帝想借称扬于成龙来提醒纳兰明珠要收敛一点，但纳兰明珠还是无动于衷，毫不觉悟悔改。

纳兰明珠由于贪污受贿，广有钱财，所以生活极其豪华奢侈。家中有上千的姬妾奴婢；大都是江南的大官买来进奉给

他的,所以明珠家里的吃穿器用俨然是江南豪门。他又大兴土木,广治园亭,在风廊水榭间,全以白玉凿雕为百花镶嵌四壁。园中有一个大水湖宽广10亩,每到冬天,婢仆们就用五彩绫罗绸缎剪成荷花、菱角浮于水面,又用杂色羽毛编成野鸭子、大雁的形状放游在湖里。

康熙二十六年(1687年)冬,直隶巡抚于成龙(小于成龙)向康熙帝密奏:"官已被明珠和余国柱卖完。"康熙帝问高士奇:"为什么没有人参劾?"高士奇回答:"人谁不怕死?"康熙二十七年(1688年),御史郭琇上疏奏劾纳兰明珠八大罪状。康熙帝决意打击纳兰明珠一党,随即罢黜纳兰明珠大学士,交给侍卫酌情留用。

康熙二十九年(1690年),厄鲁特蒙古准噶尔部首领噶尔丹变本加厉勾结沙俄等反动势力起兵叛乱,康熙帝命裕亲王福全为抚远大将军统兵前往平叛,纳兰明珠被派去参赞军务。乌兰布通一战,噶尔丹战败,假装乞和,夜间自大碛山遁走,清军未予追剿,纳兰明珠被降四级留任。康熙三十年(1691年),复授保和殿大学士。康熙三十五年(1696年)四月,康熙帝亲征噶尔丹,纳兰明珠负责督运西路军饷。五月,昭莫多(今蒙古乌兰巴托东南图拉河上游南岸)之战,噶尔丹败遁,清军班师。康熙三十六年(1697年),皇帝再次亲征,纳兰明珠扈从至宁夏,奉命调拨驼队运饷,并运送银两颁发鄂尔多斯随征兵众。大军追至洪郭罗阿济尔罕,噶尔丹死,班师回朝。明珠因两次从征有功,恢复原级。康熙三十九年(1700年),复授内大臣之职。康熙四十七年(1708年),纳兰明珠病故,终年74岁。

纳兰明珠凭借自身的勤奋和才华,从一名普通侍卫成长为武英殿大学士兼太子太傅,成为权倾一时的朝廷重臣。官居内阁13年,纳兰明珠在议撤三藩、统一台湾、抗御外敌等重大事件中起到积极作用,同时又独揽朝政、贪财纳贿,并与另一重臣索额图互相倾轧,最终被参劾倒台。纳兰明珠一生经历荣辱兴衰,但失势的结局并不能掩盖他一代权臣的功绩。

三、义虽君臣情同友,君臣相知李光地

李光地(1642—1718年),字晋卿,号厚庵,别号榕村。福建安溪人,清朝康熙年间大臣、理学名臣,历任翰林编修、吏部尚书、文渊阁大学士等职。

李光地出身书香门第,清初战乱中家道中落。康熙三年(1664年),

李光地

李光地乡试中举。康熙九年（1670年）中进士，选为翰林院庶吉士，命学满文。康熙十一年（1672年）九月，他得授翰林院编修之职。

康熙十三年（1674年），靖南王耿精忠举兵造反，郑锦占据福建泉州。李光地与家人藏匿山谷间，郑锦和耿精忠派人招安，被李光地坚决拒绝。康熙十四年（1675年），李光地暗中书写密折，藏在蜡丸中，派人暗中送往京城，最后通过内阁学士富鸿基呈给皇帝。康熙皇帝看到密折后深为感动，嘉许李光地的忠诚，并下命兵部录其为领兵大臣。康亲王杰书自衢州攻克仙霞关，收复建宁、延平，耿精忠被迫请降。康亲王的军队进驻福州，命令都统拉哈达和赍塔讨伐郑锦，并打听李光地的所在。康熙十六年（1677年），朝廷收复泉州。李光地在漳州拜谒拉哈达。拉哈达向康亲王上疏称："李光地矢志为国，即使颠沛流离也不曾改变志向，应当予以褒奖。"康亲王下令优待，并提拔为侍读学士。李光地赴京时行到福州，恰遇父丧，乃归籍服丧。

康熙十七年（1678年），同安蔡寅部起义军打着复明旗号，以万余人围攻安溪。李光地招募百余乡间勇士固守，断绝敌方粮道得以解围。不久后，郑锦派遣将领刘国轩攻陷海澄、漳平、同安、惠安等县，进逼泉州，断万安、江东二桥，断绝了清军的南北援助。李光地派遣使者赶赴拉哈达军告急，正遇大江涨水道路阻塞。于是李光地带兵从漳平、安溪小道进入，与叔父李日煌以及弟弟李光垤、李光垠合作进攻。大军进驻泉州，击破刘国轩部。拉哈达上报其功，李光地再次得到优叙，升迁翰林学士，不久后因功官至永州总兵。

康熙十九年（1680年）七月，守制已满的李光地返回京城，康熙帝谕示其不必候缺，即任内阁学士。李光地建言推举施琅担任平台将领，皇帝采纳了推荐，得以顺利收复台湾。

康熙二十一年（1682年）六月，李光地请假送母亲返回原籍，获得恩准。康熙二十五年（1686年），李光地回京，被授予翰林院掌院学士，在御前讲席上值讲，并兼任日讲官和起居注官，还负责指导庶吉士。过了一年，因为母亲患病，李光地上疏请求回家探望。在家中不到一年，遵制回京赴孝庄皇后之丧。在这期间，李光地所举荐之能臣与文学之士有数人被劾获罪，他因举人不当也受朝廷申斥。康熙二十八年（1689年）五月，他奏进的文章令康熙皇帝十分不满意，指斥他假冒道学，不能表率翰林，将他降为通政使司通政使。当年十二月，重新被擢升为兵部右侍郎。

康熙三十三年（1694年）正月，李光地奉旨提督顺天学政。同年四月他得知母亲去世，乞请遵制丁忧，蒙恩准命他在京守制地。他母丧未能回家守制一事引起许多人的非难，责备他留恋禄位有失孝道。李光地素以宋代理学的笃行者自许，这些指责无疑使他受到很大的伤害。于是提请康熙帝给予九个月假，让自己往返治丧。在丁忧期间，李光地编纂过几部朱熹和程氏兄弟的书，用以证明他仍然是宋代儒家学派的忠实信徒。

康熙三十五年（1696年），李光地服丧期满，康熙帝命其官复原职。康熙三十六年（1697年）并兼工部侍郎。康熙帝三十七年（1698年）十一月，康熙帝命李光地为直隶巡抚。在任期间，李光地很好治理了当地水患，得到康熙帝的褒奖，不久被拔擢为吏部尚书。康熙四十年（1701年），李光地主持的治理永定河的河务工程顺利竣工，获得了康熙帝手书"夙志澄清"匾额及御制永定河诗、御服衣冠等赏赐物品。

康熙四十四年（1705年），吏部接到康熙帝谕旨："李光地居官甚好，才品俱优，着升为文渊阁大学士。"这样，年过花甲的李光地正式登上了相位。

康熙四十九年（1710年）后，李光地数次上疏请求休致。而晚年的康熙因立储不当之事心中郁郁，身体多病，对李光地这位老臣很是眷恋，没有允准。康熙五十二年（1713年），李光地应邀出席千叟宴，获赐"夹辅高风"御匾。"夹辅"，意即左右辅佐；"高风"指李光地德才兼优，品格高尚。康熙五十三年（1714年）六月，李光地再次请求休致，康熙暂准给假两年，让其处理完家中事宜即返京办事。八月，李光地陛辞之时，康熙帝赐其"谟明弼谐"匾额。

康熙五十五年（1716年）四月，李光地返京。康熙五十七年（1718年）五月，因疝疾速发，卒于任所，享年77岁。死后被谥"文贞"，加赠太子太傅。

李光地在其政治活动中，清廉勤政，公忠体国，秉持大义，不拘小节。早年他积极配合清廷平定福建耿精忠、郑经之兵乱，力主收复台湾维护国家统一。中年他用治理畿辅政务，注重关心民众疾苦，大力兴修河道水利，提倡发展社会生产。晚年他竭诚辅佐康熙帝治国，极力迎合清廷的思想文化政策，曾奉敕编纂了《性理精义》《朱子全书》《周易折中》等彰扬程朱理学之书，经康熙帝审定以御纂、御定名义颁行于学宫，对于当时理学的发展，产生了重要的影响作用。

四、元舅顾命隆科多，恃宠获罪幽禁亡

佟佳·隆科多（？—1728年），字竹筠，满洲镶黄旗人。清圣祖孝懿仁皇后之弟，一等公佟国维第三子，清朝康熙、雍正时期重臣。

隆科多父亲佟国维，是康熙时领侍卫内大臣、议政大臣。死后于雍正元年(1723年)赠太傅。佟国维有女为康熙孝懿仁皇后，隆科多是其第三子，是孝懿仁皇后的弟弟。至乾隆时期为止，隆科多一支佟姓女子有三女选为皇后，一女为妃，四男分别为三朝额驸。康熙二十七年（1688年），隆科多由于显赫的门第在年轻时即成为一等侍卫，康熙三十二年（1693年）由此升任銮仪卫銮仪使，两年后，兼镶白旗汉军副都统。康熙四十三年（1704年），调任正蓝旗蒙古副都统。康熙四十四年（1705年），因为部下违法，被康熙帝指责为不实心任事，遂罢去副都统、銮仪使之职，在侍卫处行走。康熙五十年（1711年），升任提督九门步军统领，掌握着京师万余名绿营禁军，并负有拱卫京师之职。

康熙六十一年（1722年）十一月十三日，康熙帝死于畅春园寝宫，终年69岁。康熙帝临终前，遗诏继统为谁，官私史书记载不一。按胤禛的叙说，康熙帝临终前，招诸子及理藩院尚书隆科多至御榻前，留下遗言，以皇四子胤禛即皇帝位，隆科多是受末命众人唯一的顾命大臣。隆科多传旨遂立胤禛。隆科多是传遗诏之人，这是毫无疑问的，后来给隆科多定的41款大罪中，有一条罪状即言隆科多自称"白帝城受命之日，即死期已至之时"，也是说隆科多曾受先皇末命。

在康熙帝死后第二天，雍正帝即以尚书隆科多、大学士马齐、十三阿哥允祥等四人为总理事务大臣。诏令臣下所有奏事，交送四大臣办理，凡皇帝谕旨亦由四大臣传出。康熙帝死去的第九天，雍正帝又把佟国维在第

一次废太子中获罪而失去的爵位全部赏赐隆科多，袭一等公。不几日，又下令尊称隆科多为"舅舅"，将皇帝与臣下之间的甥舅关系重新加以确定，显示新皇上对隆科多的恩宠。同年十二月，隆科多被授为吏部尚书，仍兼步军统领之职又总理事务有功，加一等阿达哈哈番，以其长子岳兴阿袭，次子玉柱也自侍卫擢为銮仪使。雍正元年（1723年）三月，与川陕总督年羹尧同加太保。雍正二年（1724年）六月，隆科多又兼领理藩院事，并任《圣祖实录》和《大清会典》的总裁官、《明史》监修官。清廷统治者十分重视官修史书工作，常以德高望重之臣任总裁和监修官。隆科多还与年羹尧一道被赐给双眼花翎、赏穿四龙补服和鞍马紫辔。

雍正帝对隆科多的宠信和重用，也令人不难看出握有禁卫之师的隆科多在雍正帝继位中所起的作用。隆科多不比年羹尧，年羹尧不仅是胤禛的藩邸旧人，主仆二人一向过从甚密，而且年羹尧的妹妹在雍正帝为皇子时即为其侧福晋，而隆科多确是通过拥立胤禛，才与胤禛的关系方密切起来。雍正元年（1723年）正月，雍正在年羹尧的奏折上批曰："舅舅隆科多，朕与尔先前不但不深知他，此人真圣祖皇帝忠臣，朕之功臣，国家良臣，真正当代第一超群拔类之稀有大臣也。"雍正帝向来不尚掩饰，对大臣宠信与厌恶常常溢于言辞之间，隆科多显然大受皇帝眷遇，雍正帝才有如此称誉之言语。

隆科多出自豪门大族，又是当今圣上的舅舅，受到特殊宠遇，难免就专横骄傲起来。他任吏部尚书时，对官员所进行的铨选人皆称为"佟选"，可见隆科多之大权在握，已是满朝皆知，而目空一切的嘴脸也令人渐渐生厌。

隆科多久在官场，耳濡目染，对雍正帝的为人也不是没有防备。雍正帝对获罪者常进行抄家，隆科多为防万一，把财产分藏到各亲友家和西山寺庙里。但如此做法，却有不打自招的嫌疑。雍正二年（1724年）他又主动提出辞去步军统领之职，表明这一对君臣兼甥舅之间已有隔隙。这年，

隆科多

雍正帝在表扬河道总督齐苏勒"守法不杂,独立不倚,从未闻夤缘结交"时,捎带对隆科多某些"微词":"近日隆科多、年羹尧大露作威作福光景,朕若不防微杜渐,此二臣将必积怨更多,难以保全。"但雍正帝从此对隆科多多有不信任感,也就难怪隆科多会生出戒备之心。以后雍正帝常常隆科多、年羹尧并提,对隆科多进行责备。一年前的"功臣"和"当代第一超群拔类之稀有的大臣",大约也难逃雍正帝的"防微杜渐"了。

雍正三年(1725年)正月,隆科多被解除步军统领任职,五月,雍正帝将隆科多、年羹尧之奸晓谕廷臣。六月,隆科多次子玉柱又以"行止甚劣"的罪名,被夺其乾清门头等侍卫、銮仪卫使等官职,交隆科多管束。雍正帝谕曰:"前因隆科多、年羹尧颇著勤营,赏给异数,以示鼓励,今二人交结专擅,诸事欺隐。"命收缴赐给二人的四团龙补服,不许再用双眼花翎、黄带和紫辔。

雍正帝决定在处理了年羹尧之后再处理隆科多。雍正三年(1725年)十二月,朝廷以92款罪状赐年羹尧自裁,接下来就是隆科多了。雍正四年(1726年)正月,隆科多家中叫牛伦、王五的两个仆人,挟主人之威到处勒索、接受贿财。当牛伦、王五之劣迹被揭露后,隆科多也被牵涉其中。牛伦、王五二人供出隆科多曾收受年羹尧、总督高世显、觉罗满保、巡抚甘国壁、苏克济、奉天府丞程光珠、道员张其仁及知府姚让等人贿赂的金银诸款,于是牛伦被斩,隆科多被罢去尚书一职,雍正帝令他去阿尔泰山与策妄阿拉布坦议定准噶尔和喀尔喀游牧地界,然后等候与即将到达中国的俄国使臣会谈。

雍正三年(1725年)五月,俄国沙皇叶卡捷琳娜一世派萨瓦·拉古津斯基伯爵,以枢密官的头衔,为"特遣驻华全权大臣",就中俄中段边界及两国贸易问题进行谈判。这个使团是经过精心筹划组建的,配有"中国通"的助手,还有一支包括1300名步兵、100名龙骑兵的军队,另有地理学家、教士及其他官员随行。清廷则指定喀尔喀郡王、额驸策凌以及隆科多为谈判成员。俄国使团从雍正三年(1725年)九月出发,次年夏天与隆科多等相会于恰克图附近的布尔河。到了北京,雍正帝派吏部尚书查弼纳、理藩院尚书特古忒和兵部侍郎图理琛等人与沙俄使节谈判。

雍正五年(1727年),拉古津斯基回到布尔河后,继续与隆科多等人谈判。隆科多坚决要求俄国归还侵占的喀尔喀土地,俄使不答应,最后以发动战争相威胁。而此时，隆科多私藏玉牒缮本之事被揭出，雍正帝降旨询问，隆科多并未从实具奏。朝廷诸大臣奏请等隆科多谈判完毕再行捕拿议处，但雍正帝认为勘议边界之事并不非他莫属，况且这是最易解决之事，他说："俄罗斯事最易料理，朕前遣隆科多前去，非以不得不用其人，必须隆科多而使之也，特与效力之路，以赎罪耳，乃其去后所奏事件，不但不改伊之凶心逆心，且并不承认过失，将朕行查之事降匿巧饰，无一诚实之语。"于是在六月将隆科多逮捕回京。

雍正五年（1727年）七月，中俄双方经过30次谈判，签订了《布连斯奇条约》，划定了中俄在喀尔喀地区的疆界，清朝为避免纠纷，继《尼布楚条约》划定中俄东段边界之后，此次又划定了中俄中段边界，在一段时期内遏制了俄国对华扩张的野心。俄使在条约签订后，急忙向沙皇报喜，认为新划边界非常有利于俄国。

同年十月，雍正帝命诸王大臣就隆科多一案议处。最终以41款大罪公布朝野，本议立即斩决，妻子为奴，财产没收入官，但雍正帝说："皇考升遐之日，大臣承旨唯隆科多一人。今因罪诛戮，虽于国法允当，而朕心则不忍"，便在畅春园外空地上造屋3间，将隆科多永远禁锢于此，其赃银数十万两，从家产中追补抵偿。隆科多的妻、子为人奴，夺其长子岳兴阿一等阿达哈哈番世爵，次子玉柱发配黑龙江当差。

隆科多的41款大罪中，大不敬之罪5条，欺罔之罪4条，紊乱朝政之罪3条，党奸之罪6条，不法之罪7条，贪婪之罪16条。其中"交结阿灵阿、揆叙、邀结人心"，是其党奸罪之一。"私藏玉牒"是隆科多大不敬罪状之一。玉牒是皇家宗谱，秘不示人，只有宗人府衙门有权披阅，而隆科多自辅国公阿布兰处得到玉牒底本，私藏于家，无疑冒犯了朝廷规矩。阿布兰因此也夺爵幽禁。又将康熙帝御书贴在厢房，"视为玩物，大不敬之罪二"。妄拟诸葛亮，奏称"白帝城受命之日，即死期已至之时"，大不敬之罪三。41款罪状中，尤以贪婪之罪条目最多，均为收受金银以及宝石之事。

雍正六年（1728年）六月，隆科多死于禁所，朝廷赐银1000两治丧，其弟庆福袭一等公爵。

五、束发登朝老合休，一麾江上领诸侯

鄂尔泰（1680—1745年），西林觉罗氏，字毅庵，满洲镶蓝旗人。清

鄂尔泰

朝重臣。

鄂尔泰的先祖早期投归清太祖努尔哈赤，为世管佐领。其曾祖图门，于天聪年间在大凌河战役中受重伤于战场，赐世袭骑都尉世职。其父鄂拜曾任国子监祭酒。

鄂尔泰6岁入学，攻读四书五经；8岁开始作文，练习书法；16岁应童子试，次年中秀才；19岁补廪膳生，20岁中举，从此进入仕途。21岁袭佐领世职，充任侍卫，此后一直活跃在官场。

鄂尔泰精通满汉文字，在康熙三十四年至康熙三十八年（1695—1699年）任本旗佐领。同年，授三等侍卫。但直到康熙五十五年（1716年），他37岁时才出任内务府员外郎。可是又淹滞不进，这时他很为自己的官场不利而烦恼，对自己的前途很悲观，绝没有想到后来能出将入相。

但在此任内，他仍以严格奉公、遵循各项规章著称。他曾谢绝当时尚为皇子的胤禛之私人召见，此举深得雍正帝的赏识。雍正元年（1723年）正月，即任命鄂尔泰为云南乡试主考。云南返回不久，授江苏布政使。他在此任上，极力奖励当地文士赋诗为文，并选辑优秀者，以及他本人的某些作品，编为《南邦黎献集》16卷刊行。

雍正三年（1725年）又晋升为广西巡抚。在赴任途中，雍正帝觉得他仍可大用，改封为云南巡抚，兼管云南、贵州、广西三省。就在此时，朝廷发生了关于"改土归流"的争议。原来，云南、贵州、广西、四川及湖南、湖北等地，居住着苗族、彝族、壮族、白族、瑶族等少数民族。这些地方交通闭塞、习俗固弊，经济、文化落后，直至清初仍实行着野蛮的土司制度。各处的大小土司如同部落主，广大土著居民皆是他们的奴隶和部卒，土地、山林、水源，包括土著居民人身全被土司占有，土司与土民成为世代不变的主仆关系。土司所到之处，土著居民都要跪在地上膜拜。土司有权对其"子民"任意处置，任意占有、转让、出卖；吃酒游乐时，常以射杀土著居民为戏；祭祖敬神，也把土著居民杀死作为牲祭。稍不如意，便用割耳、断指、抽筋、剥皮、宫阉等酷刑。至于夺其财物、勒交赋税更是随心所欲了。土司都拥有军队，林立的大小土司，如同大小王国，对中央形成威胁；临近的官兵略加过问，马上刀兵相见。土司制度妨碍国家统一，阻碍地方经济、文化的进步。数百年来，也曾有过治理行为，但没有一个成功。雍正帝即位，西南各省地方官纷纷上奏，要求解决这一重大问题。众臣认为，解决问题唯一办法是"改土归流"，即取消土司制度，改为一律由中央政府派官的流官制度。此时雍正帝派鄂尔泰到云南，目的就是让他去解决土司之患。所以，名义上的云贵总督杨名时只管理云南巡抚的事务，鄂尔泰实际上行使着总督的职权。鄂尔泰所部军队刚刚扎营，便遭土司甲兵骚扰，营房亦被焚烧。经过调查研究，他感到发兵出击，只能解决暂时的问题，若从长远计议，必须彻底根除土司统治制度，坚决实施"改土归流"方针大计。他在奏折中阐述"改土归流"的原则：以用兵为前锋治其标，以根本改制治其本。对敢于反抗的土司，剿抚并用，顽抗到底者坚决剿灭；只要悔改，对抗过官兵的土司也一律宽免。重点策略是促土司投献，投献者给以安抚，表现好的可任其为政府的流官，尽量减少敌对情绪，减轻"改土归流"的阻力。

雍正四年（1726年）十月，鄂尔泰正式出任云贵总督，加兵部尚书衔。与前几任不同的是，鄂尔泰一开始便"著《实政四条》：一戒因循；一严朋比；一重彝情；一正风俗"，不仅坚决主张改流，而且还有针对性地向雍正皇帝阐明改土归流的重要性、迫切性，并提出一整套治理方案。雍正皇帝立即批准了鄂尔泰的建议，并先将闹事的东川、乌蒙、镇雄三土府由四川划归云南，交鄂尔泰处置。雍正六年（1728年），鄂尔泰改任云南、贵州、广西三省总督，次年加衔为少保，全权办理改土归流事宜。

鄂尔泰任职云南六年有余，在削弱土司头人权力方面，颇具成效。鄂尔泰在原土司地区实行和汉族地区相同的政治制度，如丈量土地、征收赋税、编查户口、组织乡勇等；加强了边远地区和内地经济、文化交流，也加强了中央对边远地区的统治。鄂尔泰在云南政绩颇多，其中包括改进食盐及铜矿工业，并改组铸钱，凡此种种皆获实利。

雍正十年（1732年）初，鄂尔泰应召回京，授大学士兼兵部尚书、军机大臣。因其平苗有功，进世袭一等伯。九月，他奉命督巡陕甘，经略军务，

为征讨厄鲁特运送军资。第二年，返京后，即上疏奏陈征讨厄鲁特一事劳民伤财，莫如议和。此奏获准，不久战事暂告平息。

雍正十三年（1735年），贵州台拱地区爆发一场动乱，且有愈演愈烈之势。鄂尔泰奉命随同宝亲王、张廷玉及两位皇子，前往监督平乱。鄂尔泰以其本人在前总督任内未能预见有此大患，团奏请免其世袭封爵，所请获准，但仍保留其三等男爵。

同年，雍正帝病危。弥留之际，诏谕鄂尔泰及张廷玉，立弘历为太子，并敕令鄂尔泰、张廷玉及其他两位亲王辅弼太子主持朝政，许鄂尔泰与张廷玉身后配享太庙。乾隆皇帝即位不久，即赐鄂尔泰一等子爵，后晋三等伯，出任总理事务大臣。乾隆元年（1736年）为钦点会试大总裁，除大学士职务以外，他又兼任军机大臣、领侍卫内大臣、议政大臣、经筵讲官，管翰林院掌院事，加衔太傅，国史馆、三礼馆、玉牒馆总裁，赐号襄勤伯。乾隆四年（1739年），他奉命前往勘察黄河水利工程。乾隆十年（1745年），他因病奏请致仕回乡，但只获准留任自养。时隔不久，乾隆还亲临其家询问，赠太子太傅。不久鄂尔泰去世，乾隆帝亲临丧所致祭，谥"文端"，配享太庙，入贤良祠。乾隆二十年（1755年），因其侄鄂昌与门生胡中藻之狱，被撤出贤良祠。

六、埋骨何须桑梓地，人生无处不青山

张廷玉（1672—1755年），字衡臣，号研斋，桐城（今安徽桐城）人，清代名臣。

张廷玉出身于官僚家庭。父亲张英官至大学士兼翰林院编修，为康熙帝最早选用的南书房翰林之一。张廷玉自小受到良好的教育，诚实正派，学识渊博。

康熙三十九年（1700年）考中进士，步入官场，历任庶吉士、检讨、洗马、庶子、侍讲学士、内阁学士等职，入值南书房。康熙五十九年（1720年）任刑部侍郎。其间，他赴山东处理一件大案：盐贩王美公等纠合一帮人，利用民间宗教，聚于运河一带，劫掠商旅。山东巡抚奉命镇压，捕捉150余人，以反叛案定为死罪。张廷玉经过审讯和调查，发现这是一起抢掠案，而非反叛案。因此只批准诛杀首恶7人，流放次恶35人，而其他受蒙蔽者，均予释放。这一处理，得到康熙帝的认可。次年，张廷玉调任吏部侍郎。

康熙六十一年（1722年），康熙帝病死，其第四子爱新觉罗·胤禛即位，就是清世宗雍正皇帝。张廷玉升任礼部尚书，仍入值南书房。他出任顺天府乡试考官，出以公心，谨慎主持考试，圆满地完成了任务，因而又被授为太子太保，再兼任翰林院掌院学士，继调任户部尚书。

当时，江南地区还存在着零散的反清势力，他们不堪忍受朝廷的压迫和剥削，逃进深山老林，开荒种地，结棚而居，称作"棚民"。天长日久，棚民人数越来越

张廷玉

多，其强悍者，不时外出剽掠，严重扰乱了社会秩序。张廷玉认为，这是一个不安定的因素，特向雍正帝建议：各地督抚应该选用一些能人，约束棚民的行为；最好把他们编入户籍，视为平民；对于其中读书向学、勇武有力者，酌情任用，以为朝廷效力；对于棚民的后代，也应给予文化教育，不得歧视。雍正帝采纳了这一建议，诏令各地督抚参考执行。从雍正四年（1726年）起，张廷玉陆续被授为文渊阁大学士、文华殿大学士、保和殿大学士，加少保衔，兼吏部尚书，成为朝廷重臣。

雍正帝即位后，进一步加强中央集权制，削弱内阁和议政王大臣会议的权力。首先收回诸王军权，八旗中除"上三旗"（正黄、镶黄、正白）原先就归皇帝直接统率外，又把"下五旗"（正红、镶红、镶白、正蓝、镶蓝）的统率权收归皇帝所有。接着在雍正七年（1729年），把南书房改称军机房，并在雍正十年（1732年），正式把军机房改称军机处。军机处成员由皇帝在满、汉大学士及各部尚书、侍郎中选定，名称有"军机大臣""军机大臣上行走"等，为首者称"领班"，亦称"首枢"，也就是宰相，其他人则是副相。从此，大学士只有充任军机大臣，才有机会参与国家机务。张廷玉是最早进入军机房和担任军机大臣的官员之一。由于领班（首辅）通常由皇家亲王或满洲王公兼任，他们只是名义上的，不管具体事务，所以实

云阴未坐榴
花气入慁纱

张廷玉

张廷玉手书

际主持军机处工作的是张廷玉。

张廷玉为军机处制定了各项规制，主要是：军机大臣必须是皇帝的亲信，完全听命于皇帝；皇帝通过军机处，将机密谕旨直接寄给地方督抚，称"廷寄"；各地督抚也将重大事项，直接寄给军机处转呈皇帝，称"奏折"。军机处在奏折上拟旨，皇帝朱笔御批后，即下达执行，中间不再经过内阁这道手续。凡是军国大事，皇帝和军机大臣一起决断和处理，无须经过议政王大臣会议。军机大臣以下设若干辅助人员，称"章京"，任务是誊写谕旨，记载档案，查核奏议。张廷玉为相期间，身兼多职，公务繁杂，每天在官署时，总会有数十或上百名官员排队，等候接见、请示和汇报问题。即使坐在车上，也要批阅文书，处理事情。他的权力很大，但从不专权，一般事情自己决断，重大事情，必奏告雍正帝，执行皇帝的旨意，不打任何折扣。因此，雍正帝绝对信任张廷玉，曾御赐"天恩春浩荡，文治日光华"的对联。为了表彰其功劳，诏令张英祀京师贤良祠，并赐帑银，让张廷玉在家乡为父张英建祠。

雍正十三年（1735年），雍正帝病重期间，遗诏由张廷玉和另一位军机大臣鄂尔泰同为顾命大臣。遗诏特别强调张廷玉"器量纯全，抒诚供职"的品格，并作出一个异乎寻常的决定：张廷玉死后配享太庙。太庙是祖庙，供奉着清朝过世皇帝的灵位，极少数功勋卓著的满洲王公死后方可"配享"，外族人和外姓人死后，是没有"配享"资格的。雍正帝的决定是一破例，等于给了张廷玉最崇高的荣誉。

清高宗乾隆帝即位后，张廷玉仍为军机大臣，总理事务，受封三等子爵，准予世袭。乾隆元年（1736年），张廷玉任总裁的《明史》编纂定稿，开始付印。《明史》编纂始于顺治年间，先有万斯同、王鸿绪等编纂的《明史稿》。雍正年间，张廷玉出任总裁，以《明史稿》为蓝本加以增删，付出了艰辛的劳动。全书332卷，本纪24卷，志75卷，表13卷，列传220卷，取材丰富，体例严谨，基本上反映了明朝历史的真实情况。除《明史》外，张廷玉还任《会典》《皇清文颖》《世宗实录》《玉牒》等典籍的编纂总裁，算得上是一位成果丰硕的史学家。

乾隆十四年（1749 年），张廷玉且老且病。他一辈子以国事为重，这时却生出私心，唯恐死后受到不公正的对待，请求乾隆帝赐一言为券，以作配享太庙的凭证。乾隆帝心中不乐，但还是写了手谕，重申雍正帝的遗诏。手谕写好，张廷玉没有亲自前来领取，只派了儿子张若澄入朝谢恩。这引起了乾隆帝的不快，"遂发怒，降旨诘责"。张廷玉听到风声，赶忙入朝谢罪。事后，满洲王公纷纷进言，要求削夺张廷玉的官爵，罢去配享太庙的资格。乾隆帝为了显示皇帝的威严，削夺了张廷玉的爵号，保留"配享"。

乾隆十五年（1750 年）二月，乾隆帝因皇长子病死，心情悲痛。张廷玉恰在这时请求还乡。乾隆帝大怒，命把配享太庙大臣的名单送给张廷玉过目，让他审定自己配不配"配享"。张廷玉十分惶惧，疏请把自己的名字从名单中去掉，并予治罪。乾隆帝与大臣廷议，罢其"配享"，但不予治罪。偏偏这时候四川编修朱荃犯事获罪，而朱荃正是张廷玉推荐的，双方且是儿女亲家关系。乾隆帝因此切责张廷玉，收回历年来颁赐的诸物。

张廷玉是怀着惶恐、失落的心境回归老家的。从此，他深居简出，淡泊自适，不再过问世事。乾隆二十年（1755 年）三月，平静地死于家中。这时，乾隆帝表现出了"宽宏"，仍然遵从雍正帝的遗诏，批准张廷玉配享太庙，是整个清朝唯一一个配享太庙的汉臣，赐祭葬，谥曰"文和"。

七、一代名相两父子，奉公廉洁扬美名

1. 刘统勋

刘统勋（1699—1773 年），字延清，号尔钝，山东诸城人。清朝政治家。

刘统勋之父刘启为康熙二十四年（1685 年）进士，由知县累迁至四川按察使（负责一省司法事务的官员），是当时以清廉闻名的少数官员之一。刘统勋受其父影响，自幼刻苦

刘统勋

读书，注重品德修养。雍正二年（1724年）中进士，选翰林院庶吉士，从此步入仕途。他一生都在中央机构任职，曾做过刑部尚书、吏部尚书、军机大臣，还曾任协办大学士和大学士，兼管过数部衙门，并一度受命为上书房总师傅，是清朝名相之一。

刘统勋任官数十年，一直是自奉节俭。即使做了大学士，也依旧省吃俭用。史书上说，他"所服朝珠无值十金以上者，故缓断即弃之，不更拾取"。

乾隆二十六年（1761年），刘统勋奉旨前往开封视察。按照当时的惯例，像他这样身为大学士的钦差，都是鸣锣开道，卫士护从，前呼后拥，威风凛凛。每到一处，地方官员还需接风洗尘，设宴饯行，不知花费多少银两。但是，他"所挈只二奴，用驿马不过六七匹"，还命令各级官吏不要迎送。这一举措，曾一度震惊朝野，传为佳话。大名鼎鼎的国史馆纂修官洪亮吉曾专此写道："使皆如公挈二奴，用马六七，又事事不过令甲，则民生吏治困坏，岂至此哉？"

为节省迎送之花费，减去百姓负担，同时又便于了解民情，掌握第一手材料，刘统勋还特别喜欢微服私访。他曾数次奉派审理官员贪黩案，经常出典各省乡试，三次督修黄河溃堤，一次主持疏浚运河，还长期署理河道总督。其间，大都装扮过往各类行人深入百姓之中，和他们同甘共苦，帮他们分忧解难。

刘统勋死于上朝的途中。据史书记载，他在乾隆三十八年（1773年）十一月的一天黎明，"至东华门，舆微侧，启帷则已瞑"。乾隆帝闻讯，"亲奠其宅"，发现他家"门闾漱隘"，入室一看，"见其俭素，为之恸"。回宫尚未进乾清门，乾隆就忍不住涕泣，对群臣说："我失去了一位得力助手"，"刘统勋不愧是真宰相"，还亲自作挽联和怀旧诗，将刘统勋列为五阁臣之一，追授太傅，赐谥号"文正"。

2. 刘墉

刘墉（1719—1804年），字崇如，号石庵，山东诸城人。清朝政治家、书法家。

山东诸城的刘氏家族是当时的名门望族，通过科举走上仕途的人很多。刘墉的曾祖父刘必显为顺治年间进士，祖父刘启是康熙朝有名的清官，父亲刘统勋更是一代名臣，官至东阁大学士兼军机大臣，为官清廉果敢，乾隆帝说他"遇事既神敏，秉性复刚劲，得古大臣风，终身不失正"。

刘墉生长在这样世代书香、以科举仕进为荣的家庭，从小受到良好的教育自不必言，后来他成为《四库全书》副总裁也证明了其学识的渊深。但不知什么原因，满腹经纶的刘墉却迟迟没有参加科举考试，至少目前尚未发现他在30岁之前参加科举考试的记录。直到乾隆十六年（1751年），刘墉才因为父亲的关系，以恩荫举人身份参加了当年的会试和殿试，并获进士出身，旋改翰林院庶吉士。翰林院庶吉士是翰林的预备资格，一般从科考成绩优异的进士中选拔，然后在庶常馆学习深造，期满考试合格者，授翰林院编修。清代翰林虽然薪俸较薄，但作为皇帝身边的文学侍从近臣，号称"清贵"，"有清一代宰辅，多由此选"。而且，大臣死后如果

刘 墉

想得到皇帝赐谥的"文"字，必须是翰林出身。所以，清代以科举仕进者尤重翰林出身。应当说，刘墉在仕途上开局良好。

刘墉于乾隆四十五年（1780年）为湖南巡抚，乾隆四十七年（1782年）调回京师，任左都御史，这两个职务都是中央与地方的最高长官。不久，刘墉又升任吏部尚书。如果按此发展，刘墉应很早任大学士，或进入军机处成为军机大臣。刘墉于乾隆五十年（1785年）任协办大学士，而和珅先于刘墉几个月，也是以吏部尚书任协办大学士的。但和珅发展极快，早在乾隆四十一年（1776年）即是军机大臣，而乾隆五十一年（1786年）即由协办而升为大学士。与之相比，刘墉的协办当了四五年，不但未"转正"，还于乾隆五十四年（1789年）因上书房事件丢了"协办"，直到嘉庆二年（1797年）才成为大学士。

早在嘉庆元年（1796年）正月二十七日，也就是嘉庆皇帝登极不到一月的时候，刘墉书写了《与会稽王笺》，其中说：古人耻其君不为尧舜，北面之道，岂不欲尊其所事以隆往代？况遇千载一时之运，顾智力屈于当年，何得不权轻重而处之也。今虽有可欣之会，求诸己，而所忧乃重于所欣。《传》云：自非圣人，宁必有内忧。今外不宁，内忧已深。古之宏大

业者或不谋于众，倾国以济一时之功者，亦往往有之，诚独运之明足以迈众，暂劳之弊，终获永逸者可也。求之于今，可得拟议乎？夫庙算决胜，必宜审量彼我，万全而后动。切就之日，便当因其众而即其实。今功未克期，奈何！

刘墉的话闪烁其词，但明确指出君主不能一人"独治天下"，必须有贤人辅佐。也可能是刘墉认为嘉庆不如乾隆，才发出这番议论。

在另一封家信中刘墉说：直隶去冬无雪，至今未雨。河南之河北三府亦然，西府亦然。宵旰焦劳之甚，祷请之诚，外间不能得知；得知者，高官厚禄，毫发无补，疚心而已。京第如常，亦是忧贫，然不以为忧者，目睹京中情势，生齿日繁，物力日耗，八旗生计，筹划数十年无所办也。

尽管内外多艰，继位之初的嘉庆并不能有所作为，一切军政大权仍操于父皇乾隆之手，嘉庆只视上皇之动静，而"一不转嘱"，"上皇喜则亦喜，笑则亦笑"。

刘墉无疑受到嗣皇帝嘉庆的信任。这不仅因为刘墉是当时少有的不与和珅同流合污的老臣，而且，他们早有上书房相处的经历。嘉庆三年（1798年）三月，朝鲜使者说：和珅权力之专擅，越来越严重，朝廷内外人皆侧目，莫敢谁何……新皇帝平时居处或与临朝听政，沉默持重，喜怒不形于色。而当开经筵讲席，引接大臣毫不疲倦，虚心听取大臣们的意见，所以参与经筵的大臣，讲解文义时，都能尽心尽意地去讲解。阁老刘墉的话，新皇帝采纳最多。皇上眷注他，超过其他诸臣。大致说来，刘墉一向负朝野之望，为人正直，独不阿附于和珅。

刘墉书法

也许正因为嗣皇帝的眷注，刘墉终于在嘉庆二年（1797 年）三月获授早已应授予的大学士一职。但在所发上谕中仍加入了此前乾隆给予的责备之语："大学士缺出已有数月之久，现在各尚书内，刘墉资格较深，着补授大学士。但他向来不肯实心办事，行走颇懒，兹固无人可选，令他擢升此任。朕既加恩，务当知过，倍加感激，勿自满足，勉除积习，以副恩眷。"

意思很明白，刘墉有不肯实心办事的毛病，本不该升大学士，只因现时缺乏合适人选，故让其补大学士缺；刘墉应感激皇恩，克服自己行走懒惰的坏习惯。

有关此事，朝鲜使者曾说："刘墉为人耿直，随事向皇帝进行规谏，皇帝为体谅他年老勤苦，特拜体仁阁大学士，使之闲养，体仁阁大学士一职因此而创设。而阁在太和殿东，别无所管之务，故人皆以外示优老之礼，而内售疏远之意。"

需要说明的是，体仁阁大学士一职并非此时始创，而是早有此位，只不过是因清代内阁大学士职能弱化，不参与军国大事，故三殿、三阁大学士一直不设全员而已。但当时大学士中，因阿桂病逝，和珅晋升首席阁老，王杰又因年老体弱不能管理实务，只刘墉与董诰尚能与和珅地位相匹，故应为嘉庆所倚重则是事实。

刘墉不仅是政治家，更是著名的书法家，是帖学之集大成者，被誉为清代四大书法家之一（其余三人为成亲王、翁方纲、铁保）。清朝徐珂称赞刘墉："文清书法，论者譬之以黄钟大吕之音，清庙明堂之器，推为一代书家之冠。盖以其融会历代诸大家书法而自成一家。所谓金声玉振，集群圣之大成也。其自入词馆以迄登台阁，体格屡变，神妙莫测。"刘墉是一位善学前贤而又富有创造性的书法家，师古而不拘泥。刘墉书法的特点是用墨厚重，体丰骨劲，浑厚敦实，别具面目。刘墉之书尤善小楷，后人称赞其小楷不仅有钟繇、王羲之、颜真卿和苏轼的法度，还深得魏晋小楷风致。刘墉还兼工文翰，博通百家经史，精研古文考辨，工书善文，名盛一时。

刘墉于嘉庆九年（1804 年）去世，赠太子太保，谥号文清，入祀贤良祠。

刘墉一生为官 50 余载，宦海沉浮，几经起落，官职最高时做到体仁阁大学士，总体而言清正廉洁，继承了父亲刘统勋的衣钵，成为乾隆、嘉庆朝的重要大臣。

八、权臣贪冒古来无，一死何曾足蔽辜

和珅（1750—1799年），钮祜禄氏，原名善保，字致斋，自号嘉乐堂、十笏园、绿野亭主人。隶属满洲正红旗。清朝中期权臣，曾担任和兼任了清王朝中央政府的众多关键要职，封一等忠襄公和官拜文华殿大学士，其职务主要包括内阁首席大学士、领班军机大臣、吏部尚书、户部尚书、刑部尚书、理藩院尚书，还兼任内务府总管、翰林院掌院学士、《四库全书》总纂官、领侍卫内大臣、步军统领等数十个重要职务。

和珅自幼聪明，相貌出众，甚得人喜爱。乾隆三十四年（1769年），和珅参加科考落第，但却以祖上因功享有二等轻车都尉世职而做了皇帝出行护轿的校尉。

和珅读书不多，但记忆力强。有一次，乾隆皇帝出宫，坐在轿子里阅读各省的奏章。一份四川的奏章称，那里的农民造反，领头的"要犯"逃走了。乾隆看后十分生气，脱口说："虎兕出于柙，龟玉毁于椟中，是谁之过欤？"周围的官吏弄不懂皇帝所说何意，都不敢回答。和珅知道乾隆所言出自《论语》，就上前以《四书》上注解之言应对说："岂非典守者之过邪？"说明守土的官员有不可推卸的责任。一句话得到乾隆帝的称赞，还把和珅叫到轿旁问话。乾隆帝见和珅口齿伶俐，对答如流，而且仪容俊雅，更加喜欢，当即提拔和珅做了仪仗总管。和珅摸透了皇帝的心思，处处按皇帝的意图小事，几个月后就又升为侍卫兼副都统。

和　珅

乾隆三十八年（1773年），24岁时的和珅就任管库大臣，管理布库。他从这份工作中学习到如何理财，令布的存量大增，得到乾隆的赏识。

乾隆四十一年（1776年）正月，任命户部右侍郎，三月任命军机大臣，四月，任命总管内务府大臣。八月，调任镶黄旗满洲副都统。十一月，任

国史馆副总裁，赏一品朝冠。十二月，任总管内务府三旗官兵事务，赐紫禁城骑马。乾隆四十二年（1777年）六月，任户部左侍郎，兼署吏部右侍郎。十月，兼步军统领。

乾隆四十三年（1778年），有位叫安明的笔帖式送礼给和珅，希望能够升为司务。和珅起初清廉为官，当然不会接受贿赂，但他向安明保证会向尚书丰升额提拔安明。这令安明十分高兴，所以安明对和珅百般依顺，和珅便向丰升额保举安明就任司务。安明任司务后立即送了一颗玉给和珅，和珅婉拒不收。五日后，安明收到老家来信，让他回家奔父丧。安明刚升职，不想回家守丧，所以就隐瞒下来。但被尚书丰升额查出，丰升额联同权臣永贵一同弹劾和珅包庇安明。不料和珅提前从永贵之子伊江阿处得到了消息，连忙写了两份奏折，一份送交军机处，一份自己留下来。次日，永贵上奏弹劾和珅包庇安明。和珅立刻呈上奏折，指出安明不回家奔丧，是为不孝，自己失察，亦应处罚。永贵大惊，忙指责和珅徇私舞弊，弃属下于不顾，有违人伦，理应处罚。乾隆帝说自己已收到军机处呈交的和珅弹劾安明的奏折，证明和珅并不是蓄意包庇安明。故乾隆认为和珅被安明蒙蔽，将安明凌迟处死，全家籍没，而和珅则因失察降两级留用，监督崇文门税务，总管行营事务。

到乾隆四十五年（1780年），和珅已为御前大臣、军机大臣、内务府大臣，赏戴一品朝冠。此时，云贵总督李侍尧贪污案发，和珅被乾隆帝派往云南进行查办。和珅办案精明干练，不仅查清了李侍尧贪赃枉法的事实，而且调查出云南吏治败坏、各府州县财政亏空严重等重大问题。回京后，和珅向乾隆帝陈述了云南方面的盐务、钱法、边防、边境贸易等问题和现状，以及他对解决这些问题的想法，乾隆帝对他极为满意，升他为户部尚书、议政大臣。后来，和珅几乎获得了当时全部最显赫的头衔，如御前大臣兼都统、领侍卫内大臣、大学士、《四库全书》正总裁、理藩院尚书，和珅的儿子还娶了公主。这样，和珅成为一人之下、万人之上的权倾朝野的重要人物。乾隆帝还将管理户部三库（银库、缎匹库、颜料库）的大权交给了和珅。

由于安明案中和珅被文官们轮番弹劾，加之自己科举未第，总感觉自己低人一等，故令他对朝中文官怀有仇恨之心，这可能是后来文人派大多数被和珅残杀的原因。此时，和珅大权在握，开始对文官实行报复。

和珅就任四库全书馆正总裁后大兴文字狱，把反对他的一部分文人派一律诬陷为"私藏逆书""禁逆不力"或针对作者本身的"多含反意""诋讪怨望"等作为谋反的罪证。

和珅另外入翰林院任满翰林院掌院学士，与汉翰林院掌院学士嵇璜一起掌管翰林院，不过嵇璜年老力衰，主要事务大多为和珅代理。和珅从此控制科举制度，肆意从秀才处纳贿，形成"价高者得"的一种交易。和珅更用此垄断朝廷士子，要中进士必先通过和珅的审核，如有"问题"者则除名，令乾隆末期的士子"几出和门"。

乾隆四十九年（1784年），调正白旗满洲都统，充清字经馆总裁，授轻车都尉世职。不久调任吏部尚书、协办大学士，管理户部。此时和珅已经成为朝中四大势力之一，四大势力分别是以阿桂为首的武官派、以刘墉为首的御史派、以钱沣为首的反对派、以和珅为首的贪官们。和珅并不急于和他们争斗，他将自己的触手伸向商人和犯罪集团。和珅迫令商人们臣服于他，假如不臣服便会遭到犯罪集团灭门。浙江富商曾氏，因拒绝交和珅的帮费，竟在一夜之间全家被杀，金银财宝全部被掠去，对外称被强盗抢劫，后来被御史平反。和珅因此得到了庞大的利益，亦因此有了资本进行政治斗争。

和 珅

乾隆五十一年（1786年），任文华殿大学士，仍兼吏部、户部。乾隆五十三年（1788年），和珅封三等忠襄伯。此时他已将大部分朝中反对势力打倒，独揽大权，主要敌人阿桂和福康安长年在外，朝中只有王杰、范衷和钱沣在与和珅进行政治斗争。但和珅党羽布满全国，对比起来拥有绝对优势。

随着权力的成长，和珅的私欲也日益膨胀，利用职务之便，结党营私，聚敛钱财，并用贿赂、迫害、恐吓、暴力、绑架等方式笼络地方势力、打击政敌。此外，和珅还亲自经营工商业，开设当铺75间，设大小银号300多间，且与英国东印度公司、广东十三行有商业往来，成为后人所称权倾天下、富可敌国的"贪官之王""贪污之王"。和珅亦同时是18世纪世界首富，超越了同时期的梅耶·罗斯柴尔德。以嘉庆帝、监察御史钱沣、大学士刘墉、翰林院编修范衷、军机大臣王杰、户部尚书董诰和礼部侍郎朱圭为代表的朝中清议力量，曾多次弹劾和珅，但和珅均能化险为夷。

乾隆帝晚年怠于政事，大兴土木，喜好巡游，每年所用经费亿万之巨都由和珅经办。和珅乘机假公济私，中饱私囊。他还利用手中掌握的生杀予夺之权，向地方官索要贡献。地方官则向自己的下级敲诈勒索，上下仿效，层层索贿受贿，造成官吏贪污成风且彼此相互包容。和珅利用权力横行霸道，满汉大臣，不论谁犯了罪，只要舍得送厚礼给他，他就趁皇帝心情好的时候，为那人开脱罪责，常常大事化小，小事化了。

和珅还利用掌管国家财政收入，又负责皇帝宗室财产的机会，随便掠取财物。地方督抚进献给皇帝的贡物，乾隆帝仅能收到十之一二，其余全被和珅截留。有一次，两广总督孙士毅进京，在宫廷外等候乾隆帝接见，正巧遇见和珅。和珅询问孙士毅手中何物，孙士毅告诉他是只鼻烟壶。和珅见鼻烟壶是一颗明珠做成的，大如雀卵，雕琢精巧，晶莹剔透。他赞不绝口，爱不释手，要孙士毅送给他。孙士毅吞吞吐吐地回复说，已经报告给皇帝，正待候旨进献，不敢转手。和珅冷笑道，我不过是开句玩笑罢了。过了几天，和珅请孙士毅看自己的鼻烟壶，孙士毅一见大惊，原来正是自己进献的那只，但和珅称是皇帝所赠。孙士毅后来多方打听，才知是和珅从宫中偷来的。

和珅为奸作恶，还包庇其手下爪牙。御史曹锡保参劾和珅的家奴刘全仗势欺人，所盖住宅不合制度。和珅暗中指使刘全在乾隆帝派人调查前拆毁豪华逾制的房屋，曹锡保反以所告不实，受到革职留任处分。乾隆帝80大寿，举行盛大庆典，工部尚书金简与和珅负责筹备。内阁学士尹壮图上疏说各省金库空虚，大搞庆寿财政上有困难，令人查库。和珅立即派户部侍郎庆成前往，实际上是进行监视破坏。本来应该突击式查库，庆成却每到一地，先花天酒地玩乐多天，等该省官员将金库亏空填满后，再行盘库，结果尹壮图反以"妄言"被治罪。和珅残害异己而不择手段，又受到乾隆皇帝的庇护，朝臣们都敢怒不敢言，和珅更加肆无忌惮。他不仅从皇宫中偷出大批珍贵楠木，为自己大兴土木，还常常在夜深人静之时，穿上皇帝

的服饰，对着镜子发笑。

乾隆帝老年后，忘性越来越大，懒得管理朝政，就禅位给皇太子，是为嘉庆皇帝。适逢白莲教大起义的麻烦事，嘉庆皇帝坐卧不安。而更让他气恼的是，乾隆帝虽然把皇位让给他，却自称太上皇，仍主持要政，经常通过和珅传达旨意。嘉庆皇帝感到自己的权力还不如和珅，但又不敢得罪他。每次见面，嘉庆皇帝都恭敬地称呼和珅为"相国"，什么事都通过他请示太上皇。其实他心里早就恨透和珅了。

嘉庆四年（1799年）正月，太上皇寿终正寝，和珅失去了靠山。嘉庆皇帝将和珅革职拿问，并派人查抄了他的家。在家产清单109项中，仅26项的估价就合白银22389万余两。查抄金银玉等器物几百件、金银元宝各1000个、生沙金200余万两、赤金480万两、白银940万两、洋钱5.8万、银号42座、当铺75座、古玩铺15座、土地8000余顷。全部估算，合白银8亿—10亿两。和珅的贪污数额堪称中国乃至世界历史第一位，时称"和珅跌倒，嘉庆吃饱"。正月十八日，和珅在家中自尽。

和珅当政20年，其财产超过了清政府10余年的总收入，而和珅的年俸禄不过300余两白银和禄米百余石。他能获得天文数字的赃款赃物，与乾隆帝的庇护是分不开的。乾隆帝虽对和珅屡加裁抑，但是，和珅受的处分越多，官却升得越大，这反映出乾隆时期的政治日益腐败，清朝已走向衰亡的道路。

九、海到无边天作岸，山登绝顶我为峰

林则徐（1785—1850年），字元抚，又字少穆、石麟，晚号俟村老人、俟村退叟、七十二峰退叟、瓶泉居士、栎社散人等。福建侯官人，晚清政治家、思想家，民族英雄。

林则徐出生在福建省侯官县，父亲是一个以教书为生的下层封建知识分子。在父亲的悉心教导下，林则徐少年时就表现出了过人的才智和远大的志向。

嘉庆十六年（1811年），林则徐进京参加会试，得中进士，被选为翰林院庶吉士，自此，他走上了仕途。在京时期，他与南方出身的清流派小京官结成文学团体"宣南诗社"，社友中有陶澍、黄爵滋、龚自珍等人。他们之间常常议论时局，讨论治世的学问，这自然为林则徐日后出任封疆

大吏，建立斐然政绩打下了良好的基础。

道光二年（1822年）五月，林则徐被道光帝任命为浙江盐运使。在任几年，林则徐认真处理民间积案，为民平反申冤，赢得"林青天"的美誉。1837年，林则徐升任为湖广总督。

当时，鸦片已严重危及中国国计民生。道光十八年（1838年）六月，鸿胪寺卿黄爵滋等人上奏，痛陈鸦片祸害，揭发官吏包庇鸦片烟贩，主张坚决遏制鸦片的输入。他认为要禁绝鸦片，必先严惩吸食者。湖广总督林则徐和两江总督陶澍等人十分赞成黄爵滋的主张。农历七月到九月，林则

林则徐

徐三次复奏道光帝，指出若不禁烟，长此以往，数十年后，"中原几无可以御敌之兵，且无可以充饷之银"。林则徐的话坚定了道光帝严禁鸦片的决心。决定派林则徐前往鸦片泛滥的两广地区主持禁烟。

道光十九年（1839年）农历一月，林则徐离开北京前往广州，宣布这次出差将自备车轿，自带役夫，沿途供应不许铺张，若有犯者，言出法随。这种严肃的态度使英国的毒贩们感到了情势的转变。到达广州后，林则徐又在行馆门外张贴告示：严禁收取地方供应，所有随从人员不得擅离左右。在两广总督邓廷桢的帮助和合作下，林则徐暗访密查，充分掌握了广州鸦片走私和经营情况，然后下令收缴外商鸦片，还让他们保证以后来船永不再夹带鸦片，如果有货全部没收，人立即正法。广州人民也纷纷行动起来，配合林则徐的缴烟命令。鸦片贩子不愿交出鸦片，操纵广州的外商商会破坏禁烟行动。林则徐便下令中止中英贸易，命令海关禁止外人离开广州，终于从四月到五月二十一日收缴了鸦片2万多箱。

道光十九年（1839年）六月初三，林则徐在虎门开始销烟，在场群众成千上万，争相观看这一次焚烟活动。林则徐先让兵士在海滩上挖成两个15丈见方的池子，池底铺上石条、四壁栏桩钉板，防止渗漏。又在前面设

林则徐向清朝道光皇帝奏报收缴鸦片情况奏折

一涵洞，后面通一水沟。之后，将水车从沟道推入池子，将盐撒进，又把鸦片切成小块投入卤水中，浸泡半小时后再将石灰投入，池中立刻水汤滚沸，围观群众欢呼声震天动地。退潮时，兵士启放涵洞，池中水汤随浪潮鼓动送入大海。然后再用清水洗刷池底，不留下半滴烟灰。

在连续20多天的时间里，收缴的鸦片全部被销毁。虎门销烟沉重打击了英、美侵略者的嚣张气焰，也表明了中国人民反抗殖民侵略的坚强决心。

林则徐不仅是中国近代第一位民族英雄，还是中国近代开眼看世界的第一人。早在清朝廷还做着天朝上国的美梦时，林则徐就已开始放眼看向世界。他组织翻译了《四洲志》，这是中国第一本比较系统的世界史地著作。

此外，林则徐编译了《各国律例》，用以了解外国的法律制度。在广州禁烟时，林则徐购置了外国大炮，加固炮台。并搜集外国船炮图样进行仿制，充实清政府的军事力量。

道光二十七年（1847年）三月，清廷命林则徐为云贵总督。在任滇督时，他提出整顿云南矿政，鼓励私人开采，提倡商办等主张。这反映出他的思想中包含着萌芽中的资本主义思想。于道光二十九年（1849年）因病辞归，结束了他的政治生涯。道光三十年（1850年）清廷为进剿太平军作乱，故再任命他为钦差大臣，督理广西军务。可是林则徐根本未康复，疝气不时发作，结果他要躺在特制的卧轿，由福建、广东山区，一路直达广东，到潮州时，开始严重下痢，到了普宁，已病入膏肓，不得不暂住普宁行馆。最后林则徐在儿子林聪彝及幕僚刘存仁陪同下，于道光三十年十月十九日（1850年11月22日）辰时，指天三呼"星斗南"之后，与世长辞，享年66岁。死后清廷晋赠其太子太傅，照总督例赐恤，历任一切处分悉行开复，谥文忠。

在中国近现代史上，林则徐是一位得到过最多赞誉的政治家。林则徐死后，道光帝赐予他谥号"文忠"，这是对他为清朝廷所做贡献的肯定；维新派则称颂林则徐开学习西方"长技"之先河。著名历史学家范文澜的评价最贴切，那就是中国近代"开眼看世界的第一人"！

作为封建社会的官员，林则徐何以成为中华民族的英雄呢？因为他为官清廉，体恤民情，具有清廉高洁的崇高品格；因为他勇于冲破旧的思想观念，具有放眼世界的宽阔视野；更因为他始终站在抵御外辱斗争的前沿，具有挽救民族危亡的宏伟抱负。林则徐作为中国近代史上伟大的爱国者永载史册。

十、摩天黄鹄有奇翼，拔地苍松多古姿

胡林翼（1812—1861年），字贶生，号润之（一作润芝）。湖南益阳人。晚清中兴名臣之一，湘军重要首领。

胡林翼出身官宦之家，其父胡达源曾以一甲第三名进士及第，直接入翰林院，授编修。后官至詹事府少詹事，为四品京堂。正因为此，胡林翼从小受重视，得到了较好的教育。道光十六年（1836年）胡林翼中进士，选为翰林院庶吉士，不久授编修，充江南副考官，捐升知府。道光二十六年（1846年）起，历署贵州安顺、镇远、思南知府。咸丰元年（1851年）补黎平知府，以"剿匪"有功，擢贵东道员。

咸丰三年（1853年）秋，云贵总督吴文镕调任湖广总督。当时太平天国业已定都天京（今南京），遣军西征，威逼武昌，吴文镕奏调胡林翼率军赴湖北协助他办理军务。

咸丰四年（1854年）一月八日，胡林翼率黔勇600名自贵州镇远启行。二月下旬抵湖北金口，闻吴文镕在鄂东堵城被太平军击毙，遂止行。后回驻岳州，并在曾国藩指挥下与太平军作战。

胡林翼

同年夏，湘军水陆师连败西征太平军，攻占武昌后又三路东下。胡林翼授湖北按察使。秋天，曾国藩率湘军破太平军半壁山防线，兵锋直抵九江城下，因兵力不足，奏调胡林翼助攻九江。胡林翼带领2000人于咸丰五年一月初七进抵九江城外，会同塔齐布、罗泽南，围攻九江，连攻数日不下。之后，又配合水师连日向梅家洲发动进攻，终未获大的进展。

咸丰五年（1855年）二月，太平军转入全线反攻，二月二十三日占汉阳、武昌。曾国藩转守南昌，胡林翼也被迫撤离九江外围，回援武昌。他带领1800人于三月初六驻营沌口。四月初三，武昌失守，巡抚陶恩培被杀，清廷以胡林翼署湖北巡抚，与道员李孟群所部水师共守金口，由此开始了长达年余的围困武昌之战。

胡林翼受命署理湖北巡抚后，在军事上开始独当一面。这时，他的手下兵少将疲，一时难以有所作为。为此，他下决心选将练兵、整顿部队。这时他责任封疆，对武昌的太平军，还得摆出进攻的姿态。在水师配合下，胡林翼于六月初十派副将王国才率部攻汉阳，他自率所部攻武昌。太平军得知其金口大营空虚，绕道袭金口，迫使他退回金口老营。胡林翼此时改变主意，决定先攻汉阳。七月二十九日，副将杨载福率水师由岳州到金口，水师的力量得到了加强，胡林翼对他颇为倚重。八月二十七日，出动水陆师分攻汉口、汉阳，斩断了太平军在襄河（即汉水）上架设的浮桥、铁锁，毁粮船300余号，烧铸炮局五座，火药局六座，缴获炮300尊，取得了一次较大的胜利。

咸丰六年（1856年）一月初三，胡林翼进驻武昌城南李家桥，罗泽南进驻洪山。自此之后，与太平军展开了频繁而激烈的争夺战，双方互有胜负。太平军以守为计，伺机出击，给清军以很大杀伤。胡林翼改变战术，决定对武昌实施"坐困"政策。

四月初六，武昌太平军因援兵开到，兵力得到加强，遂洞开城门，多路出击，对清军展开强大的反攻。胡林翼、罗泽南被迫进行抵抗。此时，罗泽南被太平军炮弹击中头部，于五天之后毙命。罗泽南死后，由其老部下知府李续宾接统其军。因曾国藩望援甚急，胡林翼遣曾国华（曾国藩之弟），率4100人往援，李续宾所统罗泽南旧部遂隶属胡林翼。胡林翼由此陆师依靠李续宾，水师依靠杨载福，军势随之日益增强。

胡林翼自咸丰五年春回援武昌、受署湖北巡抚以来，虽经百般攻战，终未能攻克武昌；然而长年的作战，却给胡林翼提供了一个裁汰、整顿和扩编部队的机会，逐步组建起一支精干的陆师和水师，成为他日后征战的骨干力量。这支部队是以湘军水陆师为基础组建扩编而成，因此也可以说它是湘军的一部分，但它又是胡林翼一手扶植起来的，饷械全由湖北供给，故亦称之为"楚军"或"鄂军"。

七月，太平军将领石达开率部对武昌清军采取大包围之势，战事又趋紧张。正在这时，太平天国天京爆发了内讧，石达开即率部回天京靖难，武昌外围的军事压力解除，胡林翼得以添募兵勇，深沟长壕，严密围困武昌。

十二月，武昌被围日久，外援渐绝，粮食、弹药俱形匮乏，武昌与汉阳的太平军撤退，胡林翼乘机占领武昌、汉阳。朝廷因此战功，实授胡林翼湖北巡抚、赏戴头品顶戴。

胡林翼占领武昌之后，立即水陆东下，对太平军实施追击，旬日之间，连克武昌县（今湖北鄂州）、黄州、大冶、蕲水、兴国（今湖北阳新）、广济、黄梅，湖北境内无太平军踪迹。于是令李续宾率军9500人进围九江，江宁将军都兴阿、杨载福、鲍超率6000人，屯九江对岸要隘小池口，而自居武汉，与湖广总督官文统筹全局，整饬湖北军政吏治，以此来支持前方的军事。

咸丰八年（1858年）三月三十日起，李续宾、杨载福督率兵昼夜环攻，地道云梯，多路并举，攻打九江。九江太平军守将林启荣则督率守城太平军将士，坚决抗击湘军的进攻，城垣随塌随补。胡林翼见湘军伤亡惨重，函嘱李续宾等相机持重，不要操之过急，以免造成更大伤亡。

五月十八日，东门外一处地道竣工，李续宾、杨载福等决定于十九日晨发火轰城，同时于四门做好登城准备。及火发，顷刻砖石飞腾，声震山岳，城墙被轰塌数十丈，各门湘军乘势抢登，冲

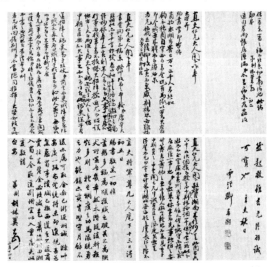

胡林翼信札

入城内，占领全城。林启荣以下万余将士全部壮烈殉难。九江位于长江与鄱阳湖之交，战略地位十分重要。湘军于围城16个月之后，终于攻占九江。李续宾赏加巡抚衔，胡林翼赏太子少保衔。

咸丰九年（1859年），胡林翼又会同曾国藩、多隆阿、鲍超等部击败太平军石达开、捻军张洛行、龚瞎子联军。攻克太湖城，收复潜山。后曾国藩授两江总督，督师于咸丰十一年（1861年）八月攻克安庆。曾国藩推胡林翼为首功，加太子太保衔，给骑都尉世职。

朝廷的谕旨发出第二天，即咸丰十一年八月三十日（1861年9月30日），胡林翼病死于武昌衙署。朝廷赠总督，谥文忠。

在湖北巡抚任上，胡林翼说过一句话：官是苦海，不努力不能保全地方，过努力则一身一心之苦累，不可言状。

他本已脱离官场苦海，但为了救时救世，重返苦海。最后吐血而死，践行了他的信条。复出为官后，他的清廉，举世难见。他在神明和祖宗墓前，都曾立誓做一个清官。用他的话说，只有廉吏"可以保清白风，而不致负国"，反之，官员"不十分廉，不足以服众人之心"。因此，他做官后，几乎未给家中补贴家用。在给妻子的信中，他说：自从政以来未尝以一文寄家，家中苦况，何尝不知，惜不能助，且不可助。家中窘时，可以田为质，即罄产何足惜！

官拜巡抚之后，手握一省财权，家人希望他多照顾本家人，胡林翼断然拒绝："我必无钱寄归也，莫望莫望。我非无钱，又并非巡抚之无钱。我有钱，须做流传百年之好事，或培植人才，或追崇先祖，断不至自谋家计也。"不仅没往家中寄钱，在湘军困难之时，他反而把家中粮食用作军粮。

不得不说，胡林翼当官，很有为人民服务的意识。他说，"吾辈做官，如仆之看家"，做官，就是做国家和人民的仆人。郭嵩焘说，胡林翼"位居巡抚，将兵十年，于家无尺寸之积"。诚非虚言！胡林翼临终前，还在遗嘱中强调，自己尚欠着谁谁谁的债，子孙应永世不忘，陆续还清。而他生前，把自己的养廉银都用来买地，在家乡造箴言书院。因为财力不足，至死，书院仍未竣工。他又在遗嘱中说："吾死，诸君赙吾，唯修书院，无赡吾家。"后来，曾国藩等人将奠仪全部用在箴言书院的建设上，使得书院得以落成。

曾国藩谈到胡林翼湖北巡抚任上的政绩时说："以湖北瘠区养兵六万，月费至四十万之多，而商民不敝，吏治日懋，皆其精心默运之所致也。"而对于胡林翼的整体评价是："林翼坚持之力，调和诸将之功，综核之才，皆臣所不逮，而尤服其进德之猛。"曾国藩还曾说："润芝（胡林翼）之才胜我十倍。"

从政治上而论，可以说，没有胡林翼，就没有后来如日中天的曾国藩，也没有后来收复新疆的左宗棠，更没有湘军内部团结一致的精气神。

后来出任过广东巡抚的郭嵩焘曾说："数十年来封疆大臣，治、行、才、望，莫获逮公。"

十一、誉之圣贤文正公，讖则元凶曾剃头

曾国藩（1811—1872 年），初名子城，字伯涵，号涤生。湖南湘乡人。宗圣曾子七十世孙。中国近代政治家、战略家、理学家、文学家，湘军的创立者和统帅。与李鸿章、左宗棠、张之洞并称"晚清中兴四大名臣"，官至两江总督、直隶总督、武英殿大学士，封一等毅勇侯。

曾国藩出生于一个普通的耕读家庭，父亲曾麟生为县学生，以孝闻名。曾国藩 6 岁入塾读书，8 岁随父学五经，读八股文，14 岁赴长沙应童子试，成绩颇佳。

道光十二年（1832 年），曾国藩考取秀才，当时 22 岁。同年十二月成婚。道光十四年（1834 年），就学于长沙岳麓书院。同年，应乡试中举人。次年入京会试，但是未中。道光十八年（1838 年），28 岁的曾国藩再次进京参加会试，得中进士。

自道光十九年至咸丰二年（1839—1852 年），10 余年间曾国藩都在京供职。清沿明制，凡进士再经朝考（有皇帝和大臣参加的殿廷考试），可录取为庶吉士。庶吉士入庶常馆学习，优秀者则选入翰林院任编修、检讨等官。曾国藩经朝考取为庶吉士，进入庶常馆。道光二十年

曾国藩

（1840年）散馆，授翰林院检讨。道光二十三年（1843年）升为侍讲，六月主持四川乡试。道光二十四年（1844年）转为侍读。道光二十五年（1845年）三月，充会试同考官，五迁詹事府，九月升翰林院侍讲学士。道光二十六年（1846年），充文渊阁直阁士，次年升内阁学士兼礼部侍郎衔，时年37岁。道光二十八年（1848年）任稽察中书科事务。道光二十九年（1849年）升礼部右侍郎，八月署理兵部左侍郎。道光三十年（1850年）道光帝死，咸丰帝即位。

咸丰帝继位后，下旨群臣就如何重振朝纲详议具奏。曾国藩在咸丰元年（1851年）、咸丰二年（1852年）连续上呈了四个奏折，其中《应诏陈言疏》中提出天下有三大患及解决办法，即人才、财用、兵力三大问题，认为解决人才问题是关键所在。但清廷态度漠然，曾国藩不由得深为失望。这时正好派他前往江西主持乡试，随即悄然南下。到太湖小池驿时，得讯母亲亡故，即星夜奔回家乡，丁母忧守制。到武汉时，湖北巡抚常大醇来吊唁，告以长沙正被太平军围攻，方知太平军已入湖南。他绕道抵家，湘乡正谣言四起，人心惶惶。曾国藩极力安抚乡亲，并提出自卫办法。

解长沙之围后，曾国藩奉谕组建湖南乡勇进行自卫。不久，咸丰帝谕令在江南北在籍官绅组织地方武装进行自卫。曾国藩受命会同湖南巡抚张亮基办理团练。

先是湘乡儒生罗泽南，受知县委托，招募乡人千名，加以训练，以防卫县城，号称湘勇。曾国藩与罗泽南同为儒教信徒，素相钦慕。于是就以湘勇为基干，曾国藩又亲自招募扩展，统一加以编练，遂成湘军。数日之后，曾国藩接受江忠源和郭嵩焘的建议，建造炮舰，训练水军。曾国藩编练出一支所谓"诸将一心，士兵一气"的湘军，在晚清可谓异军突起。

咸丰三年（1853年），太平军攻占南京后，开始向两个主要战场进军：一向华北进军，另外西进安徽、江西及湖北。顿时，各方求援告急的文书纷沓而至。由于大部分湘军已驰援江西，而"水军"又在筹建之中，确实已无他力救援湖北。如此一来使得太平军迅速越过湖北扑向湖南，面对大兵压境，曾国藩于咸丰四年（1854年）二月二十五日动用新建水师240艘船只及5000水军仓促应战，然而由于暴风雨的袭击，船舰无法行动，加之军队缺乏水战的经验，致使曾国藩在湖南两次败北，一在岳州，一在靖港。一次次的惨败令曾国藩无比的羞愧和愤慨，巨大的压力竟让他产生了以死谢国的念头。幸而其他几路清军获胜，曾国藩后来也在田家镇获得大捷，北伐的太平军才被阻止。

咸丰五年（1855年），曾国藩命水军南下九江，不料却遭到太平军将领林启容部的顽强阻击。曾国藩的一部分水军被太平军困于鄱阳湖，在长江的另一部湘军水军被太平军击败，甚至曾国藩的座舰亦为太平军俘获，余下的舰只又大多毁于一场风暴之中。由于连遭失利，曾国藩部士气低落。曾国藩为此心灰意懒，再次投水自杀，但被人救起。四月初三，太平军为削弱清军对九江的攻击，第三次攻占武昌。但曾国藩不顾武昌失守，命塔齐布继续攻打九江，另派罗泽南及胡林翼前往攻取武昌，而自己则坐镇南昌，吸引太平军主力。不久，塔齐布及罗泽南双双战死，曾国藩自己也遭到太平军无敌将领石达开的侵扰，几乎面临绝境。幸亏曾国藩早有预见，遇事沉着，善于应付意外，

曾国藩书法

加之知人善用，胡林翼与李续宾终于在咸丰六年（1856年）十二月十九日最后一次收复武昌。由于彭玉麟的协同作战，曾国藩之弟曾国荃又率军自湖南来援。曾国藩在南昌之困境，得以缓和。

咸丰十一年（1861年）九月五日，曾国藩的弟弟曾国荃终于攻占安庆。此后，曾国藩即以安庆为基地，准备收复南京。为避免在南京一线集结过多的军队，以防止太平军趁机夺取清军后方地盘，曾国藩建立起三个战区：一在江苏，由李鸿章统辖；二在浙江，由左宗棠统辖；三在安徽，由他自己统辖。清军在这三个地区频频对太平军发动攻击，各地的太平军逐渐被围困，此时，曾国荃亲自请愿攻取南京，经过长期围困及殊死战斗，曾国荃于同治三年（1864年）七月十六日攻克南京。曾国藩被封为太子太保，赐一等侯爵。两年后，太平军余部彻底失败。

同治九年（1870年），曾国藩被派去查办"天津教案"，他奏称："中国目前之力，未便遽启兵端。惟有委曲求全之一法。"结果判处20名良民

死刑，充军 25 名（包括天津知县刘杰），赔款 50 万两，并派崇厚去法国道歉以了结此案。他的这一处理遭到全国人民的强烈反对，居京的湖南士大夫开除他出同乡会，砸了他所书写的湖南会馆匾额。后来他自己也承认："外惭清议，内疚神明，为一生憾事。"但他仍认为"驭夷之法，以羁縻为上"。这些话此后被李鸿章、袁世凯直到蒋介石奉为圣条。

早在同治六年（1867 年），他从维护清朝封建统治的需要出发，即向同治帝奏请："制造轮船，为救时要策，请将江海关税酌留二成，一成为专造轮船之用，一成酌济淮军及添兵等事。"他自己首先购买船炮武装湘军水师。

接着曾国藩派李鸿章资取洋人长技，筹办洋务军工，并令以洋枪洋炮武装淮军。他自己即着手在安庆创办了"安庆军械所"，试制枪炮炸弹，全用汉人，未雇洋匠，还制造了一艘小轮船，起名"黄鹄"，但行驶迟钝。因没有机器设备，这些全系手工制作，其制作质量之差可想而知。但它是中国最早制造枪炮的军工厂。曾国藩还罗致了一批科技人才，为引进西方科技和近代工业建设开了一个头。留美学者容闳建议"应先建一母厂，再由母厂以造出其他各种机器厂"，曾国藩欣然同意，即派容闳赴美购买机器，为上海江南制造局的建设，创造了条件。

此外，曾国藩还提出"煤矿系自然之地利，借洋人之机器，俾华人仿效，而永收其利，未始不可行"。这是举办民用企业的最早设想。

曾国藩又与李鸿章联衔合奏派学生出洋留学。以容闳为副委员，每年选派 30 名，学生如唐绍仪、严复等都是一时之俊。国内则立学馆来培养人才，

曾国藩家信

他认为程朱理学是孔孟思想的正统，后世的君臣都应引以为师，曾国藩自己不仅极力学习并付予实践。湘军之不同于清朝其他军队，即在他重视用封建伦理来教育军队，用一条看不见的绳索束缚其兵勇。

此外曾国藩还为清廷保举了大批人才，充任各地督抚和各部官吏，大都成为晚清军政界的骨干分子。湘军将领如鲍超、塔齐布、罗泽南、李续宾兄弟、彭玉麟、杨载福等，都是曾国藩识拔于基层。他推荐江忠源任安徽巡抚，胡林翼为湖北巡抚。李鸿章原是他的门生，他认为其"才大心细，劲气内敛"，初举为江苏巡抚，后成为清朝相国地位的人物。左宗棠与曾国藩意见不合，他不介意，认为"才可独当一面"，保举为浙江巡抚。还保举在籍道员沈葆桢为江西巡抚。李鸿章、沈葆桢是进士授知县，左宗棠是举人。但他用人唯才，这是他取得事业成功的重要原因。

曾国藩所做的一切，虽然最终没能挽救清朝灭亡的命运，但培养了一批科技人员和工人，对于打破中国闭关自守的落后局面，学习和引进西方先进技术，起到了积极的作用。作为一代政治家，曾国藩可谓是文韬武略。他有魄力、有胆识，勇于打破旧制度，组建了具有战斗力的新式军队；他虽身为封建官僚，却具有长远的眼光，积极主张向西方学习、兴办洋务，力图实现国家自强。正是具备了以上品质，曾国藩才能实现书生报国的宏愿。

曾国藩还是公认的晚清最后一个集传统文化之大成者。他曾撰写了一副十分警策的对联："不为圣贤，便为禽兽；莫问收获，便问耕耘。"曾国藩教育子女，常用"勤""俭""谦"三个字，又常告诫子女："世家子弟最易'奢''傲'。"对于交友之道曾国藩也颇有见地，他认为交友贵在雅量，而"择优为人生第一要义"。

同治十一年（1872 年）二月初五，曾国藩在南京两江总督任所，由儿子曾纪泽陪同下到花园散步，突然连呼足麻，扶回书房，端坐而逝，终年62 岁。死后追赠"太傅"，谥"文正"。

十二、绝口不言和议事，千秋独有左义襄

左宗棠(1812—1885 年)，字季高，一字朴存，号湘上农人。湖南湘阴人。清末名将，湘军首领之一，洋务派中坚人物，与曾国藩、李鸿章、张之洞并称"晚清中兴四大名臣"。

左宗棠

左宗棠出生于书香之家，父亲名左观澜，是个廪生，有很好的学问及修养。道光十年（1830年），左宗棠进入长沙城南书院读书，并拜访长沙的著名务实派官员和经世致用学者贺长龄，贺长龄"以国士见待"。道光十一年（1831年），左宗棠又入湖南巡抚吴荣光在长沙设立的湘水校经堂。他学习刻苦，成绩优异，在这年的考试中，7次名列第一。

道光十二年（1832年），左宗棠参加在省城长沙举行的乡试中中举，以后三次参加礼部考试都没有考取，于是断绝仕途发展的打算，专心致志研究地理与兵法。同年，左宗棠与周诒端成婚。左宗棠不仅攻读儒家经典，而且涉猎经世致用之学，对那些涉及中国历史、地理、军事、经济、水利等内容的名著视为至宝，这对他后来带兵打仗、施政理财起了很大的作用。他平时喜欢故作豪言壮语惊人，在公卿士大夫中间颇有名声。他曾经自比诸葛亮，大家都觉得他狂妄，胡林翼却非常欣赏他，认为看遍全国，没有一个人才能超过左宗棠的。左宗棠快40岁时，对身边的亲友说："除非帝王一心想求得贤相，否则我这辈子大概是没什么指望了。"

道光十三年（1833年），左宗棠首次进京应会试，与胡林翼在北京订交。道光十六年（1836年），左宗棠在湖南醴陵主讲渌江书院期间，结识两江总督陶澍。1838年（道光十八年）左宗棠第三次落第归乡，途中于南京拜见陶澍，后者主动提议让他的独子陶桄与左宗棠的长女订婚。不久陶澍去世，左宗棠于道光二十年至道光二十七年（1840—1847年）在安化陶家任教8年，并协助料理陶家事务。其间他广读陶家藏书，经营柳庄，钻研农学、舆地，编成《朴存阁农书》，并对鸦片战争予以关注，提出"更造火船、炮船之式"等应对方针。不久，左宗棠返回湘阴柳庄。

咸丰元年（1851年），太平天国起事。此时张亮基巡抚湖南，礼聘左宗棠为僚幕，但左宗棠没有应召。胡林翼诚恳相劝后，左宗棠才去做了长沙县知县。以后因守卫长沙有功，从知县提拔为直隶州同知。以后张亮基转任山东巡抚，左宗棠回乡隐居。骆秉章任湖南巡抚后，再次用计谋硬拉左宗棠出来辅助军务，依赖左宗棠如同自己的左右手。下属幕僚向骆秉章禀报军务，骆总是问："季高先生的意见怎么样啊？"由于这样，嫉恨左宗棠的人越来越多，诽谤四起，但他的名声也越来越响亮。

咸丰六年（1856年），曾国藩攻克武昌，上奏陈述左宗棠训练部队、筹集军饷的功劳，朝廷诏谕授予左宗棠兵部郎中听候调用，不久又加四品卿衔。不久，有人在湖广总督官文面前构陷左宗棠有罪，骆秉章上疏为左宗棠极力辩护；胡林翼、曾国藩也都说左宗棠无罪，极力称赞其才能出众可以重用；后来京官潘祖荫也说总督是被别人的表面言辞所迷惑，所以最后左宗棠得以免遭逮问。不久朝廷下旨，命令左宗棠以四品京堂身份跟从曾国藩治理军务。曾国藩命他自己招募一支军队，由此左宗棠的才华终于得到了施展的机会。左宗棠招募了5000人马，经过训练号称"楚军"。

咸丰十年（1860年）八月，楚军建成后挥师向东。不久，与太平军在江西乐平、鄱阳一带展开激战，打死太平军将士10多万，楚军声势开始大振。

咸丰十一年（1861年），朝廷因功授予左宗棠太常寺卿。不久，受命援助浙江，以几千人马应付700余里防地，指挥若定。曾国藩非常佩服左宗棠有疏有密的军事才能，再次上疏举荐，朝廷于是任命左宗棠为浙江巡抚。

同治元年（1862年）正月，朝廷下诏催促左宗棠谋划归复浙江。在左宗棠的凌厉进攻下，太平军在浙江的势力迅速瓦解。当时各支部队争相建议要乘胜收取太平军所占据的

左宗棠赴两江任前与醇亲王奕譞宴饮合影

杭州，左宗棠不喜欢打攻坚战，主张消灭太平军要稳扎稳打，不要贪图近功。于是他先攻下富阳、金华等。同治三年（1864年）二月，杭州收复。皇帝得到捷报，下诏给左宗棠加授太子少保衔，赏赐黄马褂。左宗棠军进入杭州后，申明军纪，招集商贾开门营业，停止征收杭州货物的关税，减征杭州、嘉兴、湖州三分之一的赋税，还大力招揽贤士，一时声誉鹊起，广受称赞。七月，左宗棠攻克湖州，浙江各地得以全部平定。朝廷论军功，封左宗棠为一等恪靖伯。

之后，残余太平军流散到徽州、宁国、江西、广东等地，左宗棠汇合闽、浙、粤各路人马合围，太平军余部的最后据点丧失，许多首领战死，将士战死达1.6万多人。因这一战功，清廷下诏赐予左宗棠双眼花翎。

同治五年（1866年），朝廷便诏令左宗棠转赴陕西、甘肃督军。陕西、甘肃起义的回族民众多达上百万，与西捻军相合，声势极大。左宗棠采取稳扎、稳打、步步为营的方针，分隔捻回，各个击破，终于平息西捻。由于打败捻军的功劳，清廷特命左宗棠入朝拜见皇上。

同治七年（1868年）十月，左宗棠率领部队回陕西，抵达西安。不久打败回军，接连克复镇原、庆阳，回军死亡达3万人。同治八年（1869年）五月，左宗棠率军进军甘肃。同治十年（1871年）七八月间，平定河州。同治十一年（1872年）七月，左宗棠率部移驻兰州。此时，已经投降的西宁地方的回民及陕西回民又纷纷叛变，推举马本源为元帅。同治十二年（1873年）正月，左宗棠部将刘锦棠进攻回民盘踞的据点，杀死马本源，于是黄河东、西众回军都向官军投降。接着，肃州平定。朝廷嘉奖左宗棠，任其为陕甘总督协办大学士，加封一等轻车都尉。左宗棠上章奏请在甘肃开科举考场，设立学政。同治十三年（1874年），晋升左宗棠为东阁大学士，留任陕西。

从咸丰初年开始，天下大乱，先是广西爆发的太平军最为严重，其次是捻军，再次是回军。左宗棠先后亲手平定了他们，到这时陕西、甘肃全部安定。清廷感到左宗棠鞍马劳顿、风餐露宿几十年，劳苦功高，因此对他特别恩宠。

19世纪70年代，浩罕国被沙俄灭掉，浩罕国流亡军官阿古柏纠集一些亡命之徒窜入我国新疆，占据了喀什噶尔，后来慢慢占了南部的八个城池，又攻败盘踞在乌鲁木齐的回族人妥明，并在英国人的支持下打算另立一个国家。正在这时，俄国以回民多次扰乱其边境为由，突然发兵驱逐回民，占领了伊犁，并扬言要攻取乌鲁木齐。

当时，朝中有不少人以连年征战、耗费巨大为由，主张准许阿古柏自立为国，李鸿章持这种观点尤为竭力。但左宗棠认为这不仅会使国家版图缩小，而且会留下后患，万万不可。最终，朝廷授左宗棠为钦差大臣，统督军事西征。光绪二年（1876 年）三月，左宗棠统军西进，不久就恢复了乌鲁木齐和吐鲁番，取得了重大军事胜利。

左宗棠楹联作品

光绪四年（1878 年），左宗棠多次上书朝廷，讨论在新疆设省以及收回伊犁，引渡胡里、白彦虎等事宜。他也与俄国方面有所交涉，并曾致书俄国土耳其斯坦总督，但无果。清廷派遣崇厚为全权大臣出使俄国进行谈判。然而谈判中，沙俄条件苛刻，且一边谈判，一边白彦虎和伯克胡里不断武装侵扰中国边境。光绪五年（1879 年），在沙俄的威逼下，崇厚签订《里瓦几亚条约》。左宗棠上书认为俄国人包藏祸心，当今之计应当先和俄国人谈判，同时要准备在战场上决一高低。光绪帝觉得左宗棠的话很有志气，命令将崇厚逮捕治罪，命曾纪泽出使俄国，更改前面的和约。这时左宗棠请求亲自出兵驻防哈密，策应收复伊犁。

光绪六年（1880 年）四月，左宗棠为表示自己收复伊犁的决心，命人抬着棺材从肃州出发，五月抵达哈密。俄国人听说清军大兵出动，就增兵守卫伊犁、纳林河，另外派兵舰在海上巡戈，以震撼京师，天津、奉天、山东等地也同时告警。七月，朝廷下诏让左宗棠回京城任顾问，让刘锦棠代替他。俄国人也害怕中方官军的威武，担心事态发展后会引起决裂而挑起战端。第二年正月，在赔款上做出让步后，清与沙俄终于达成了《中俄归还伊犁条约》，中国收复了伊犁的大部分地区。新疆平定后，朝廷升调左宗棠为军机大臣。光绪七年（1881 年）十月，左宗棠调任两江总督兼南洋通商大臣。光绪八年（1882 年），沙俄正式交还伊犁，左宗棠第五次向清朝政府奏请新疆建省。经过筹划，光绪十年（1884 年），新疆省正式建立。

而就在这一年，中法战争终于爆发，云南、越南官军溃败，70 多岁的左宗棠被召入京，再次任职军机处。不久法军大举向内地进犯，皇帝诏令左宗棠到福建视察部队。左宗棠命部将王诗正暗中率军渡海到台湾，与台湾军民一道最终击败法军。而部将王德榜则会合其他部队，在谅山取得大捷。最终于光绪十一年（1885年），中法和议达成。

此时，病重的左宗棠连上两折，其一请求专设海防大臣，其二请求将福建巡抚改为台湾巡抚。不久，清廷成立总理海军事务衙门，台湾设省也终于实现。七月二十七日（9月5日），左宗棠在福州病故，享年74岁。清廷追赠太傅，谥号"文襄"。入祀京师的昭忠祠、贤良祠，并建专祠于湖南及他所立功的诸省。

十三、艰危竟奠重溟浪，扫荡难忘百战人

彭玉麟（1816—1890年），字雪琴，自号退省庵主人、吟香外史。湖南衡阳人。清朝著名政治家、军事家、书画家，人称雪帅。与曾国藩、左宗棠并称"大清三杰"，与曾国藩、左宗棠、胡林翼并称"中兴四大名臣"。湘军水师创建者、中国近代海军奠基人。官至两江总督兼南洋通商大臣、兵部尚书，封一等轻车都尉。

嘉庆二十一年（1816年），彭玉麟生于安徽安庆。16岁时，父亲彭鸣九去世，族里人争夺他家的田产，彭玉麟在家乡难以立足，就到府城的衙署当文书，以侍养母亲。知府高人鉴发现他的文笔不错，就招他到官学读书，成为一名秀才。

道光三十年（1850年），李沅发起义，彭玉麟从衡州协标兵随往镇压。彭玉麟在此战中崭露头角，被授予蓝翎顶戴，却辞官不就，去耒阳一家当铺做了管账先生。咸丰三年（1853年），为阻挡太平军的进击，在籍礼部侍郎曾国藩奉命帮办湖南团练，在衡阳开府募勇，筹建湘军。彭玉麟前去投效，在曾国藩的弟弟曾国葆那里帮办营

彭玉麟

务。为控制长江江面,配合陆上部队作战,不久又筹建水师。经曾国葆推荐,曾国藩就命彭玉麟分统一营水师。由于水师营官多数缺乏军事谋略,而彭玉麟从小饱读诗书,又富有胆略,遂成为协助曾国藩筹建水师的得力帮手。经过半年多的筹划、操练,湘军水师终于咸丰四年(1854年)二月开赴长江,配合陆军攻取由太平军扼守的岳州(今湖南岳阳)。

那时,太平天国西征军已攻占湘潭,围困长沙,威胁到湘军老巢的安全。彭玉麟提出先取湘潭的计策,彭玉麟分领一营水师参战,结果在湘江内焚毁了太平军几百条船,陆路也击退了守军,一举收复湘潭,长沙之围也随之而解。这是湘军出师以来的首次告捷,交战双方的攻守态势开始改变。

七月,彭玉麟分统湘军左营水师,参加围攻岳州之战,遭到太平军猛将曾天养部的拦击。在激战中,彭玉麟右肘中弹,血染襟袖,仍裹创力战,被誉为"勇略之冠"。八月,总兵陈辉龙、水师总统领褚汝航战死,湘军水师受重创。而彭玉麟因接受了临战前曾国藩关于风过顺则"下游水急,进易退难"的告诫,未轻率随大队出击,损失较小。从此,他与杨载福同时继任湘军水师统领,担负起重整水师、指挥作战的重任。

十月,湘军夺回了长江中游战略重镇武汉以后,曾国藩决计攻取江西要地九江。十一月,湘军发起进攻。在南岸,湘军塔齐布、罗泽南部进展顺利,直抵半壁山下和附近的富池镇。经过四天激战,湘军于二十三日攻占了半壁山太平军营垒,秦日纲率部退守北岸田家镇。为突破江面障碍,彭玉麟在战前的一天黄昏,带小队人员密探横江铁链情状,提出了水师分四队协同作战、突破铁索的设想,这一设想得到曾国藩赞同,并令陆师配合行动。十二月初二,由铁匠出身的孙昌凯带领头队轻舟出发。头队官兵依计而行,在二队炮火掩护下,鼓囊冶锁,锁断缆开,椎锁下钳,钳落筏空,终于凿出一道缺口。接着,彭玉麟、杨载福亲率的二、三队水师,上下夹攻,太平军的战船大多被烧毁,孤守田家镇的太平军失去江上屏蔽,被迫东撤。这场血战,太平军损失惨重,死伤数千,湘军也折损千余人。彭玉麟写下了"半壁江流沉铁锁"七律一首以记此战,并手书"铁锁沉江"四个大字,刻在半壁山临江的峭壁上。

湘军在半壁山、田家镇之战获胜后继续前进,直抵鄱阳湖入江处的湖口附近。咸丰五年(1855年)初,太平天国翼王石达开率部增援,坐镇湖口,罗大纲部扼守对岸的梅家洲，林启容据守九江，互为犄角。曾国藩亲率湘军，围攻九江。在攻城战斗中，湘军死伤惨重，可九江仍未能攻下。曾国藩下令退师，彭玉麟随残部返回武汉。八月，曾国藩困守南昌，困在鄱阳湖内的水师营官萧捷三在一次战斗中中炮阵亡，内湖水师陷入群龙无首的困境，多次催彭玉麟赴援。咸丰六年（1856年）一月间，彭玉麟化装成游学乞食者模样，徒步700里，躲过沿途太平军重重关卡的盘查，只身赶到南昌。曾国藩惊喜交集，随即令他整顿充实内湖水师，统带八营，驻扎南康。这时，太平军的战略重点在集中兵力合击天京（今南京）外围的江北、江南大营，从西征前线抽调重兵东向。九月初，太平天国又发生自相残杀的"天京事变"，更无力出击，因此在江西没有发生大规模战事。

咸丰七年（1857年）十月二十五日，湖口战役打响。彭玉麟率湘军内湖水师分三队依次冲突出湖，杨载福率湘军外江水师至湖口，发炮声援。湘军内湖水师和外江水师，时隔两年半后，重新会合。次日，湘军攻克湖口及对岸梅家洲。咸丰八年（1858年）五月十九日，彭玉麟、杨载福率湘军水师配合李续宾部湘军陆师，攻克九江府城。因克复江西九江府城，清廷赏加彭玉麟布政使衔。

同治三年（1864年），彭玉麟、杨岳斌率领湘军水师，进袭江浦。驻守江浦的太平军撤退。彭玉麟、杨岳斌率领湘军水师，攻克天险九洑洲。从此以后，湘军水师往来江宁上下，再无阻碍。同治三年（1864年）七月十九日，天京被湘军攻破，太平天国运动失败。清廷封彭玉麟一等轻车都尉世职，并赏加太子少保衔。同治七年（1868年），彭玉麟会同曾国藩拟定从荆州至崇明的长江水师营制，将湘军水师改成清政府的经制兵。

彭玉麟以一介书生，投笔从戎，统带湘军水师10多年。随着太平天国

《曾国藩庆贺太平宴》，清末年画。正中榻上坐着李鸿章（左）和曾国藩（右），左边从左至右依次为左宗棠、骆秉章，右边坐着彭玉麟、曾国荃等湘军统帅。

和捻军起义的先后失败，清王朝又恢复了暂时的宁静。彭玉麟抱着功成身退的意愿，向清廷递上了一份请求回乡补行守孝的报告，清廷同意了他的请求。同治八年（1869年）春天，他回到衡阳，在家乡盖了草房，布衣青鞋，经常到母亲墓前凭吊。

同治十一年（1872年），清廷命他检阅长江水师，并要他进京朝见，彭玉麟辞却了兵部侍郎的任命。南归后，他在杭州西湖边上盖了一座房子，叫作退省庵，表达了无意功名利禄的情怀。之后，他又先后辞谢了两江总督和兵部尚书的高官。

光绪九年（1883年），中法战争爆发，年已68岁的彭玉麟，应命募兵赴广东备战。他不顾年高体弱，立即募兵4000人开赴虎门附近驻守，并派部将率兵分驻广东沿海要地。光绪十一年（1885年）战争结束，奉命撤兵。但他仍关心海防建设，向清廷提出多项建议。光绪十六年（1890年）三月，彭玉麟病逝，终年75岁。追赐太子太保衔，谥刚直，于衡州原籍及立功省份建立专祠。

彭玉麟一生不慕名利、不避权贵、不治私产、不御姬妾。虽然一生六辞高官，却在国家危难之时，抱着年迈多病之躯，临危受命，抵御外敌。一生画梅吟诗，纪念与他相恋早逝的梅姑，痴情重义，终生不悔。在权贵当道、腐败之极的咸丰、同治、光绪、宣统年间，成了一个罕见的清廉、正直、淡泊、重情重义的名臣。如他自己所述："臣素无声色之好，室家之乐，性犹不耽安逸，治军十余年，未尝营一瓦之覆一亩之殖，以庇妻子。身受重伤，积劳多疾，未尝请一日之假回籍调治。终年风涛矢石之中，虽甚病未尝一日移居岸上"，"臣以寒士始，愿以寒士归"。

十四、秋风宝剑孤臣泪，落日旌旗大将坛

李鸿章（1823—1901年），本名章铜，字少荃，晚年自号仪叟，别号省心。安徽省合肥人。世人多称"李中堂"，因行二，故民间又称"李二先生"。淮军、北洋水师的创始人和统帅、洋务运动的领袖、晚清重臣。官至东宫三师、文华殿大学士、北洋通商大臣、直隶总督，爵位一等肃毅伯。

李鸿章出身于官僚地主家庭。先祖本姓许，后改姓李。父亲李文安，官至刑部郎中。道光二十七年（1847年），李鸿章中进士，步入官场，授翰林院庶吉士。三年后，李鸿章在庶吉士散馆时，以优异的成绩被授翰林

英国摄影师约翰·汤姆逊所摄李鸿章像（直隶总督任上）

院编修。

就在李鸿章中进士，点翰林，踌躇满志，意气风发，准备大显身手之时，农民起义改变了李鸿章人生轨迹。咸丰元年（1851年），太平天国起义爆发，并迅速席卷了中国南部，不到两年的时间，就建立了一个与清朝政权对立的农民政权。

为了镇压太平天国起义，清政府鼓励各地的汉族地主举办团练，与清军一起对付太平军。于是李鸿章回乡协助安徽地方官举办团练，镇压太平军。咸丰九年（1859年），李鸿章前往建昌大营拜见曾国藩，被留下来担任了幕僚。李鸿章受到曾国藩器重，李鸿章到建昌不足十天，曾国藩便决定由李鸿章亲自主持训练皖北军队，该军队是湘军的一部分。八月十三日，曾国藩又召其回到身边，帮助他处理军中事务。从此，李鸿章成为曾国藩的得力助手。

咸丰十年（1860年），太平军攻破清军江南大营后，随即便乘胜进攻苏、杭，进而威胁上海。于是，曾国藩命李鸿章回安徽招募淮勇。同年夏天，李鸿章亲率淮军从安庆到达上海，并任江苏巡抚。至此，李鸿章由曾国藩手下的一名幕僚而变成清朝统治集团的一员，并且在军事上还能独当一面。

第二次鸦片战争结束后，列强纷纷表示愿意帮助清政府镇压起义军。同治五年（1866年）十二月十二日，清政府命李鸿章负责剿捻。李鸿章采取马队和步兵配合，左右夹击、前后堵截、画河圈地、重重围困的策略，分别于同治七年（1868年）一月和七月先后镇压东、西捻军。因此，李鸿章被任命为湖广总督，并加太子太保衔。这样，李鸿章成为握有军政实权的封疆大吏。

在镇压农民起义的同时，李鸿章还积极推行洋务运动，兴办了一批近代的军事工业企业和民用工业企业。

李鸿章初到上海之时，深以中国的武器比不上西方为耻辱。为了学到洋人的技术，李鸿章决定自己设厂制造。同治二年（1863年），李鸿章雇用英国人马格里与直隶知州刘佐禹一起，首先创办了松江洋炮局，后来又命副将韩殿甲在上海创办了另外两个洋炮局，合称"上海炸弹三局"。同治三年（1864年），松江局迁到了苏州，并改称苏州机器局。同治四年（1865年），李鸿章在曾国藩的支持下，购买了一座美国人在上海建立的铁厂，并将其与原来上海的两个洋炮局合并，扩建为江南制造局。同年，苏州机器局迁到南京，改为金陵机器局。1870年，李鸿章在任直隶总督时，接管了天津机器局，并扩大了天津机器局的生产规模。

李鸿章以"求强""求富"为目的而兴办洋务事业：在19世纪60年代，主要是以"求强"为目的兴办了一批近代军事工业企业；但到了70年代，李鸿章以"求富"为目的兴办了一批近代民用工业企业。

同治十一年（1872年）底，李鸿章创办了轮船招商局，其目的是收回长江及航海外运权利。它是洋务运动中由军用企业转向民用企业、由官办转向官督商办的第一个企业。

李鸿章从兴办军事工业企业转向民用工业企业，说明他已经逐渐认识到军事应以经济为基础，这是其洋务思想的一个进步。他创办这些民用工业企业，多数采取官督商办或官商合办的形式，成为我国早期的官僚资本主义力量。

19世纪70年代，我国边疆危机严重。同治十三年（1874年），日本派兵3000人入侵台湾。有识之士认识到了日本的威胁，于是提出了海防的问题。与此同时，英、俄两国也加紧了对我国新疆的侵略，左宗棠正准备率军入疆，收复失地，塞防问题也十分重要。因此，朝廷中出现了一场海防与塞防之争。这时李鸿章主张专顾海防，放弃塞防；左宗棠则主张二者并重。最后，清政府采纳了左宗棠的建议。

光绪元年（1875年）五月三十日，清政府便命李鸿章和两江总督沈葆桢分别督办北洋和南洋的海防。光绪五年（1879年），沈葆桢去世，于是筹办海防的大权便全部落在李鸿章手里。

关于如何筹建海军的问题，李鸿章在同治十三年的《筹议海防折》中提出了四项建议以购船为主建海军；强调购置铁甲大兵船；各要口添设一二艘即小型炮舰；裁撤各省旧有水师之红单、拖罟、舢板、艇船。从光绪元年至光绪五年（1875—1879年），李鸿章委托总税务司赫德，从英国阿摩土庄兵工厂订造了八艘小型炮舰，以备守口之用，另从该厂订造了两艘巡洋舰。同一时期，福建船政局造船七艘。

李鸿章在德国期间与俾斯麦合影

　　于是在光绪五年（1879年），日本正式吞并琉球，并有窥伺台湾、朝鲜之意，于是清政府命李鸿章速购铁甲船。十一月，李鸿章从英国订购的镇东、镇西、镇南、镇北四炮舰来华。光绪七年（1881年）九月、十月，从英国订购的镇中、镇边两艘炮舰和超勇、扬威两艘巡洋舰也先后驶回，这样，加上原有的船只，总数已达14艘，北洋海军初具规模了。

　　光绪十年（1884年），中法战争爆发，法国军舰袭击马尾军港，福建水师全军覆没，南洋海军也受到一定的损失。于是，清政府便希望北洋海军尽快建成，李鸿章深表赞同。光绪十年（1884年）十月，清政府又设立了海军衙门，由醇亲王奕譞总理海军事务，任命奕譞和李鸿章为会办。但实权却掌握在李鸿章手中，他以整顿海防为名，加紧建设北洋海军。

李鸿章

　　光绪十一年（1885年）以后，北洋海军共购进舰艇13艘，其中包括当年到达中国的铁甲舰定远、镇远、济远，以及后来的致远、靖远、经远、来远四艘巡洋舰和六艘鱼雷艇。

　　光绪十三年（1887年），这些舰只全部抵达天津大沽。这样，北洋海军加上原有的舰船已达25艘，于是北洋舰队宣布建成。此后还建成旅顺和威海卫两个海军基地。

　　光绪二十一年（1895年），甲午中日战争爆发。李鸿章却采取消极避战、保存实力的作战方针。结果，在黄海海战中，北洋舰队损失惨重。威海卫陷落之后，北洋海军全军覆没。李鸿章苦心经营了几十年的海军，到头来还是一场空。

《马关条约》的签订，使中国已面临被帝国主义列强瓜分的危险。日本割占辽东半岛，损害了俄国的利益，于是俄国便纠集法、德向中、日施加压力。为此，清政府命李鸿章为归还辽旅议约全权大臣，与日本驻北京全权大臣林权助谈判，最终达成协定：清政府以3000万两白银赎回辽东半岛。这样，俄国在清政府和李鸿章眼里便成了"救星"。

光绪二十二年（1896年），俄国沙皇尼古拉二世举行加冕典礼。清政府为了报答俄国，决定派李鸿章为头等专使参加俄国沙皇尼古拉二世的加冕典礼，然后前往英、法、德、美等国递交国书，联络邦交。三月二十八日，李鸿章离国，于四月三十日到达俄国首都圣彼得堡。与俄国签订了《中俄密约》。条约允许俄国修筑的西伯利亚铁路经过吉林、黑龙江，直达海参崴。

然后，李鸿章又访问了英、德、荷、比、法、美等国，于当年十月初三回到天津。李鸿章此次出访，长达半年之久，并亲身经历了西方文明，大开眼界。这也使得他曾一度赞同康有为、梁启超发动戊戌变法。

光绪二十四年（1898年）六月十一日，光绪帝下诏决心变法，并于十六日召见康有为。康有为退下后，军机大臣奏请授康有为总理衙门行走。京师大学堂成立之后，李鸿章曾推荐康有为任总教习，但未获成功。光绪二十五年（1899年），因康有为、梁启超在海外成立保皇会，慈禧任命李鸿章任两广总督，镇压康有为、梁启超余党。李鸿章表面上颁文悬赏以除康有为、梁启超，私下里却不以为然。

光绪二十六年（1900年），八国联军侵华，并很快攻到京城，慈禧太后仓皇出逃。为了求和，慈禧于八月初七任命李鸿章为议和大臣，并授予"便宜行事""不为遥制"的权力。十月十一日，李鸿章到达北京，并与庆亲王奕䜣一起代表清政府向八国求和。十二月二十四日，列强提出议和大纲，李鸿章立即电奏慈禧。慈禧见条款上没有将她作为祸首，于是电令李鸿章遵行。光绪二十七年（1901年）9月7日，李鸿章、奕䜣代表清政府与列强签订了《辛丑条约》。从此，中国完全沦为半殖民地半封建社会，清政府完全成了列强统治中国的工具。《辛丑条约》签订两个月后，即当年 11 月 7 日，李鸿章病逝于北京，清政府追赠他为太傅，封一等侯，赐谥号"文忠"。

十五、霄汉常悬心捧日，荆湘曾有疏抢才

张之洞（1837—1909 年），字孝达，号香涛、香岩、壶公、无竞居士、抱冰，时人呼之为"张香帅"。直隶南皮（今河北南皮）人，生于贵州兴义，"晚清中兴四大名臣"之一，清代洋务派代表人物。历任教习、侍读、侍讲、内阁学士、山西巡抚、两广总督、湖广总督、两江总督、军机大臣等职，官至体仁阁大学士。

张之洞出身官宦世家，曾祖父张怡熊，官浙江知县；祖父张廷琛，官福建知县；父亲张锳为贵州道员。张之洞受过很好的传统文化教育，咸丰二年（1852 年）直隶乡试以第一名中举。其后 11 年间因各种原因，未能参加会试，直到同治二年（1863 年），他才如愿以偿，得中第三名进士及第，进入翰林院，被授予七品衔编修，正式步入仕途。

同治六年至光绪三年（1867—1877 年），张之洞在浙江、湖北、四川等地执掌文职。他在此期间热心奖掖人才，在四川任学政时的作为就充分表明了这一点。他在成都创办"首经书院"，并设一书局刊行古代经典和各朝史籍；为学生们撰有一部有关提高学习和写作的读本，名为《轩语》2 卷，于光绪四年（1878 年）刊行。同时刊行的还有一部中国要籍提要，名《书目答问》四卷。张之洞在四川任期届满返京，此后至光绪七年（1881 年），主编京畿地方志——《顺天府志》131 卷。

光绪五年（1879 年），张之洞升国子监司业。他在这一职位上尽职尽力，传业授道，指斥流弊，因而获得太后的赏识，其声名也广为播扬。

张之洞

同年，中俄伊犁之争进入高潮，这更是张之洞施展才能的大好机会。光绪六年（1880年）一月，清廷令廷臣会议使俄大臣崇厚与俄签订的伊犁条约等事宜。崇厚在此约中允诺付给俄国一大笔赔款，出让了所争议地区的大约三分之二领土。张之洞呈上一份措辞强烈的奏折，力主废除中俄伊犁条约并处死崇厚。他对中国实力持乐观态度，力主与俄国开战。二月，诏令左宗棠率军西征，最后与沙俄又重新签订了于中国较为有利的条约。张之洞因伊犁事件而声名鹊起，声望与日俱增，累累升迁，至光绪八年（1882年），提升为山西巡抚。

张之洞到了山西，首先惩办了作恶多端的官匪民霸，并支持许多振兴措施，鼓励发展地方冶铁业，扶助书院和学者等。为培养封建人才，在山西设令德堂，"选通省高材生肄业其中，专治经史古学"，为山西培养了一大批"通省人才"，其中不乏俊秀之士。他还曾经制定了一个开拓内蒙古的方案，也曾试图禁种罂粟，并令学者和官员戒掉吸食鸦片之恶习。

光绪九年（1883年）中法战争爆发，他因力主抗争出任两广总督。光绪十年（1884年）他到广东就任后，便加强防务，饬沿海督抚，严密防守。六月，法国侵略军占中国台湾基隆，张之洞奏请饬吏部主事唐景崧，往会刘永福，合击法军。清廷采纳张之洞的建议，加刘永福为记名提督。刘永福率领黑旗军骁勇善战，屡创法军。但由于广西布政使徐延旭、云南布政使唐炯所率军队在抗法战争中配合不力，打了败仗，唐炯军逃走，使黑旗军寡不敌众而遭到失败。唐炯、徐延旭被撤职查办，张之洞因荐徐延旭不当而交部察议，结果未受严罚。光绪十一年（1885年）正月，法军侵占中越边境重镇镇南关（今友谊关），形势危急。张之洞奏请调前任广西提督冯子材、总兵王孝祺等援桂，驻镇南关。70岁的老将冯子材率军，奋力殊死抵抗，大败法军，扭转了整个战局。法国茹费理内阁因此倒

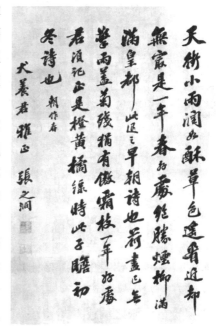

张之洞书法

台。但是清廷却决意乘胜求和,命令前线各军停战撤兵。前线将士闻讯,"皆扼腕愤痛"。张之洞接连电奏缓期撤兵,竟遭李鸿章传旨斥责。

在任两广总督的六年中,张之洞脑中装满了改革计划和方案。他试图在两广省内改革税收制度;他把增收的款项用在多项事业上。光绪十三年(1887年),他建立一座兵工厂,该厂最初造炮弹,后又制造小武器,他为在广东沿海巡逻的舰队增添多艘舰只,又设立一所水陆师学堂。此外,他还创办"广雅书局"和"广雅书院",这是中国近代史上著名的书院之一。光绪十五年(1889年),在广东开设中国第一家近代钱庄。由于张之洞的努力,广东当时的财政情况有了好转。在此期间,京师政坛上南北党争日趋激烈。当时掌管户部的南党首领翁同龢极力反对属于北党的张之洞。但由于张之洞在广东留下一笔充实的库银和一些重大的改革成果,张之洞为他的北方同僚多少挽回一些因张佩纶在马尾战败而失掉的声誉。

光绪十五年(1889年),张之洞提议修建芦汉(芦沟桥至汉口)铁路,于是被从广东调往武昌任湖广总督。据预算,这条铁路将耗资3000万元,国库为此储备了200万元。但第二年,中日两国因朝鲜问题关系趋于紧张,这笔资金就被挪用来延长天津至唐山铁路东段的修建,修筑芦汉铁路的计划因之被搁置了。

张之洞大力发展中国工业,他任湖广总督18年,与他的名字联系在一起的主要事业之一就是汉冶萍钢铁厂。汉阳铁厂是他在湖北兴办的实业建设中最重要的一项。光绪十六年(1890年)初,在武昌成立湖北铁政局,委派蔡锡勇为总办,厂址选定汉阳,十一月动工兴建,光绪十九年(1893年)九月,炼铁厂、熟铁厂、贝色麻炉钢厂、马丁炉钢厂、钢轨厂、钢材厂等10个分厂建成,次年六月投产。此为中国乃至亚洲第一家集冶铁、炼钢、轧钢于一厂的现代化钢铁联合企业。

汉阳铁厂的建成,轰动中外。然而,由于专制官办体制的腐败无能,铁厂从投产之始便财经亏损,张之洞为此心力交困,只得于光绪二十二年(1896年)"招商承办",委"亦官亦商"的盛宣怀督办铁厂,走上"官督商办"道路,由译员出身的李维格任总稽查。光绪三十四年(1908年),江西萍乡煤矿将汉阳铁厂与大冶铁矿厂合并为汉冶萍公司。

此外,张之洞还兴办了另一些企业,如棉纺厂、丝厂、制革厂。他还主持了一项精心设计的筑坝工程,为大批人提供就业机会。湖北还组建了一支新式的由德国教官训练的小型模范军队。他创办多所各种类型的学校，并送学生出国留学，主要前往日本。他的财政改革使湖北的岁入由光绪十五年的大约 700 万两银增加到光绪三十三年（1907 年）他离开武昌时的 1500 万两，这使朝廷对他更为赏识。

中日甲午战争期间，原两江总督刘坤一在北方指挥军队，张之洞调往南京署理两江总督。他努力向北方发送给养和新兵，力主抗战，反对李鸿章的议和。和约缔结之后，他再一次极力敦促修筑京汉铁路。计划获准后，奉命回到武昌去监督计划的实施。他打算向中国投资者发行股票但没有成功。光绪二十二年（1896 年）末，盛宣怀获准借外资修筑铁路。光绪二十四年（1898 年），芦保段建成，光绪二十六年（1900 年）延至北京，光绪三十二年（1906 年）京汉的铁路全线完工。

中国在甲午海战中败于日本，引起了朝野上下的强烈反响。至光绪二十四年（1898 年），外国列强对中国势力范围的争夺使许多学者猛醒。张之洞作为时代的前驱，在这期间做了两件对于当时及后世影响均较大的事情：一是重视教育事业；二是他在中、西文化冲突之中，著《劝学篇》，提出"旧学为体，西学为用"，"中学治身心，西学应世事"。

光绪二十四年（1898 年），光绪帝最终听从康有为的主张，开始"百日维新"。原先张之洞的态度是同情维新的，对其活动多有赞助。他还向皇帝推荐一批思想开明的青年，其中就包括梁启超。9 月 21 日，"百日维新"失败，慈禧太后重掌大权。尽管他与维新党中多人颇有来往，张之洞还是致电慈禧太后，竭力主张惩办维新党人。此外，他又拒绝同刘坤一一同上书反对废黜皇帝。之后，张之洞受到朝廷的怀疑，同时又为维新党人所憎恨，他们认为他胆小怕事而且背信弃义。他与维新派的最后决裂是在光绪二十六年（1900 年）八月。当时一些维新党人聚集在汉口，

张之洞撰《书目问答》

准备在义和团起事的掩护下，秘密举行武装起义以推翻慈禧太后政权，使光绪皇帝重新掌权，但计划为张之洞所得知，他下令逮捕并处死其领导人唐才常及他的 19 名同谋。

光绪二十六年（1900 年）义和团起义对张之洞的政治才能是一次考验。张之洞忠于慈禧太后，身为总督，他的职责要求他服从朝廷的命令，但他意识到一场排外运动的危险性。他和刘坤一所采取的做法，使他们在义和团起义中得以同时受到慈禧太后和外国人的信任。他一方面奉北京朝廷之命向北方调拨军队，但这些调出的军队是强征而来未经训练的，最精锐的军队他却留在身边。另一方面他又向外国人表明他不完全排外的立场，上海外国领事团被告知，只要列强不派军队侵入长江流域，张之洞和刘坤一将保证长江流域外国人生命和财产的安全。这项建议被列强基本上接受了，并且为其他督抚所采纳；它使中南地区外国人的安全得到保障。

张之洞的政治才能应变能力使他在义和团起义之后，在朝中颇受宠信，加封太子太保。光绪二十七年（1901 年）一月，下谕召询有关最需改革之事项，他和刘坤一合递了三份奏折。这三份奏折有两方面的重要内容：首先建议设立现代学校，改革科举制度并鼓励学生去国外留学；其次，提倡依照西方国家行政和军事改革。光绪二十八年（1902 年）十月，刘坤一去世，张之洞再次在南京署理两江总督。他任职五个月，大部分时间致力于教育事业，并受命参与制订全国学制。为了推行新学制，他支持废除由来已久的科举考试，科举考试于光绪三十一年（1905 年）终于被明令废除。

光绪三十三年（1907 年），张之洞奉召进京授大学士、军机大臣。光绪三十四年（1908 年）十一月，光绪皇帝和慈禧太后逝世，溥仪继位，改年号宣统。醇亲王载沣以摄政王监国，满族亲贵乘机集权，排斥汉官。袁世凯是当时权势显赫的汉族大官僚，加上戊戌变法时出卖光绪帝，为载沣等皇族亲贵所忌恨。于是，载沣等密谋杀袁世凯。对此，张之洞表示反对，认为"主少国疑，不可轻于诛戮大臣"。宣统元年（1909 年）六月，张之洞病重。七月初六（8 月 21 日），奏请开去各项差额，摄政王载沣亲临探视。十月初四，张之洞去世，谥曰"文襄"。

张之洞是清朝洋务派的主要代表人物，政治上主张"中学为体，西学为用"。他是继曾国藩、李鸿章后，洋务运动的领袖人物，为中华民族重工业和及近代军事的发展做出了开创性的贡献。他注重教育和治安，主导了中国近代的警察制度，对清末的教育和社会发展有很大影响。

张之洞有句名言："平生有三不争：一不与俗人争利，二不与文人争名，三不与无谓人争气。"张之洞家族以耿直清廉为训。张之洞为官清廉，从不索贿受贿，因家中人口多，日子过得很艰难。有时年关实在挺不过去，他就派人典当衣服之类。这样一位地位赫赫、成就巨大的封疆大吏，一生清正廉洁、艰苦朴素，办理后事时竟然连丧葬费都拿不出，还是靠其亲朋门生筹集的。临终前，他给子孙留下遗嘱："人总有一死，你们无须悲痛。我生平学术治术，所行者不过十之四五，所幸心术则大中至正。为官40多年，勤奋做事，不谋私利，到死房不增一间、地不加一亩，可以无愧祖宗。"

作为晚清政治界、思想界、经济界和文学界举足轻重的人物，张之洞树敌很多，死后毁誉不一。但他主政湖广多年，百姓口碑很好。他在湖北打下的基础，客观上为辛亥革命爆发创造了条件。孙中山曾称"张之洞是不言革命之大革命家"。

第四章 ／ 权阉忠宦

一、察言观色善阿谀，恃宠而骄被正法

安德海（1844—1869 年），清末宦官，直隶南皮（河北省南皮县）人。他在八九岁时净身，进宫后在咸丰帝身边为御前太监。由于安德海聪明伶俐，很快就得到了咸丰帝和叶赫那拉氏的好感。

咸丰十一年（1861 年）七月十七日，咸丰皇帝病死在承德行宫。遗命以皇长子载淳继承皇帝位，并派肃顺等八位顾命大臣辅弼幼主，主持政务。可是幼主的生母叶赫那拉氏暗中准备和咸丰皇帝的异母弟恭亲王奕䜣，发动政变，夺取政权。

当时恭亲王奕䜣正在北京主持与英法联军求和事宜。慈禧经过一番考虑后，决定让自己的心腹太监安德海暗地里窜回北京，来到恭王府，将夺权阴谋告诉恭亲王奕䜣。第二天一早，安德海就匆匆别去，奕䜣立即向承德行宫发了要求奔丧的折子。

顾命大臣肃顺接到奕䜣要求奔丧的奏折后，立刻找载垣、端华等研究对策。肃顺认为恭亲王奕䜣是借奔丧为口实，实际上是来向他们示威、夺权，必须阻止他的行动。最后借口京师重地，留守重臣，一刻也不得离开，拒绝了奕䜣要求奔丧的请求。

诡计多端的慈禧，见肃顺识破了自己的计谋，立即与皇后商量了一番，最后下了一道密诏，盖了"御赏"和"同道堂"印章，再次派安德海星夜兼程进京，召奕䜣速来承德共商除肃顺大计。

奕䜣接到密诏后，立即动身，打着奔丧的旗号，于八月初一来到承

德行宫。之后又在安德海的精密安排下，与两宫皇太后见面商讨夺权的阴谋,最后成功地发动了"辛酉政变",夺去了肃顺等八位顾命大臣的权力。

在辛酉政变中，安德海由于充当了两宫皇太后和恭亲王奕䜣之间的秘密联系人，立下了汗马功劳，最后被晋升为总管大太监，成了朝中显赫的人物。

安德海成了总管大太监后，慈禧太后想解除奕䜣手中的权力。到了同治四年（1865 年）三月，在安德海的密谋下，慈禧太后借用一个御史弹劾奕䜣的机会，发动突然袭击，亲手写诏书，以"虽无实据，事出有因"的罪名，革去奕䜣的议政王和一切差使，不准干预一切公事。一个月后，又以奕䜣"深自引咎，颇知愧悔"为由，下令让奕䜣"仍在军机大臣上行走，毋庸复议政名目"。慈禧太后在这一反一复之间，既轻而易举地革去了"议政王"的名位和权力，又继续使用了奕䜣，扫除了对自己的威胁。

安德海最大的能耐就是善于察言观色，阿谀奉承不露一丝痕迹，以忠心获得咸丰皇帝的喜爱，以柔媚赢得西太后的欢心，一生深得西太后的宠爱和器重。安德海恃宠而骄，连小皇帝载淳、恭亲王奕䜣等朝中大臣亦不放在眼里。安德海还经常搬弄是非，挑拨同治帝和慈禧太后的母子关系，使得小皇帝常被慈禧太后训斥。他目无皇帝，越权胡为，已经到了令同治皇帝忍无可忍的地步。

同治八年（1869 年），久在宫闱的安德海想出宫游玩并借机敛财，遂借口预备同治帝大婚典礼，再三请求慈禧太后派他到江南置办龙袍、预备宫中婚礼所用之物，获得慈禧太后许可。有了太后的支持，安德海置清朝不许太监擅出宫禁的祖制于不顾，带领着一班随从，前呼后拥地出京了。

有鉴于明朝太监专权祸国的历史教训，清朝对内廷太监的管理一直异常严格,坚决防止太监干预朝政。开国之初,顺治帝就于顺治十年(1653 年）颁布上谕，对太监管理做出了规定：（1）非经差遣，不许擅出皇城；（2）职司之外，不许干涉一事；（3）不许招引外人；（4）不许交接外官；（5）不许使弟侄亲戚暗相交接；（6）不许假弟侄名色置买房产，从而把持官府，扰害民人。两年后，顺治帝又命工部将严禁太监干政的上谕铸成铁牌立于宫内交泰殿门前，以示警戒。

这道上谕后来成为清朝皇室的祖宗家法，但凡有太监触犯，多会被处以极刑。同时《钦定宫中现行则例》还规定：太监级不过四品，非奉差遣，不许擅自出皇城，违者杀无赦。安德海当时只是六品蓝翎太监，仗着慈禧太后的宠爱，在未知会任何官方衙门的情况下，便违反祖制，擅出宫禁，最终为他招来了杀身之祸。

安德海虽号称钦差，却并未携带任何公文，一路又过于威风张扬，因此在途经山东德州境内时，德州知州赵新闻讯对此颇感费解：既是钦差过境却为何未接到"明降谕旨"并部文传知（按例清朝派遣大臣出京，军机处外发公文，沿途地方官员按礼迎送）？仆役下船购买物品也未出示"传牌勘合"（清朝奉命出京兵员由兵部签发身份证件，途经各地，不需花钱买东西，可凭证取得地方官府供应的物资）。为谨慎起见，赵新立即将此事上报巡抚丁宝桢。

丁宝桢早就对安德海的仗势骄横非常愤慨，接报后立拟密折，痛陈安德海种种"震骇地方"的不法行径，并申诉了自己职守地方，"不得不截拿审办，以昭慎重"的充分理由：（1）清朝200余年不准宦官与外人交接，"亦未有差派太监赴各省之事况"；（2）龙袍系御用之衣，自有织造谨制，不用太监远涉靡费，且皇太后、皇上崇尚节俭，断不须太监出外采办，即使实有其事，亦必有明降谕旨并部文传知；（3）太监往返照例应有传牌勘合，绝不能听其任意游兴，漫无稽考；（4）龙凤旗帜系御用禁物，若果系内廷供使的太监，自知礼法，何敢违制妄用；（5）出差携带女优，尤属不成体制。

慈禧太后特为丁宝桢写了一幅字"国之宝桢"

八月初二，安德海在泰安县被知县何毓福抓获，与其随从陈玉祥等3人随即被先行押往济南，由丁宝桢亲自审讯。八月初六，丁宝桢接到由军机处寄发的密谕，内称："该太监擅离远出，并有种种不法情事，若不从严惩办，何以肃宫禁而儆效尤。着丁宝桢迅速派委干员于所属地方将六品蓝翎安姓太监严密查拿，令随从人等指证确实，毋庸审讯即行就地正法，不准任其狡饰。如该太监闻风折回直境，即着曾国藩饬属一体严拿正法。倘有疏纵，唯该督抚是问，其随从人等有迹近匪类者，并着严拿分别惩办，毋庸再行请旨。"八月初七，丁宝桢亲自查验确实后，遵旨将安德海就地正法于济南，此日距安德海被抓不过5天。

这件敢在太岁头上动土的惊人之举，一时震惊清朝朝野，曾国藩赞叹丁宝桢为"豪杰士"。权阉安德海伏法，也使得朝野上下人心大快，一时"丁青天"之誉传遍民间。

二、李莲英：慈禧太后的知心人

李莲英是清朝影响最大的一位太监。在权势方面，他不及前朝权阉，但比起知名度，李莲英则毫不逊色。他在清宫中历经咸丰、同治、光绪、宣统四朝，长达53年，尤其在慈禧太后身边伺候了20多年，是清末最有权势的宦官，直接或间接地对时局产生了一定影响。

李莲英（1848—1911年），原名李进喜，清咸丰五年（1855年）净身为太监，翌年入宫。同治六年（1867年），受封二总管。慈禧太后赐名连英，俗作莲英。在宫中期间，深得慈禧太后器重，太后甚至打破"太监品级以四品为限"的皇家祖制，封为正二品总管太监，统领全宫所有宦官。

1. 梳头太监

李莲英是直隶河间府人。民间传说，他原是当地一个有名的无赖，平时吃喝嫖赌无所不为，曾因私贩芒硝而入狱，出狱后改做皮匠，因此外号叫"皮硝李"。李莲英的家乡是个出太监的地方，同乡沈兰玉就是慈禧太后身边一个有头有脸的太监。李莲英一心想出人头地，于是一狠心，自行净身后投奔了沈兰玉。后经沈兰玉介绍进宫，李莲英在梳头房当了一名小太监。

李莲英初入宫时，在梳头房负责"侍奉巾栉"，只是一名普通的杂役。他知道，在宫中要想出人头地，必须投靠一位有权势的主子。经过一番分析后，他选准了懿贵妃叶赫那拉氏。当时，懿贵妃正受咸丰皇帝宠爱，她生的皇子载淳是咸丰皇帝的独子，母以子贵，她在宫中的地位越来越高。李莲英觉得懿贵妃前途无量，于是想方设法接近她。

懿贵妃特别爱打扮，对身上的衣服、脸上的化妆都很在意，尤其对头发非常讲究。太监替她梳头时，如果看见梳子里夹有她的头发，得赶紧藏起来，否则被她看到了就得遭殃。当时宫外流行什么新发型，懿贵妃就要太监给她梳什么发型，但是梳头太监梳出来的发型没有一个令她满意，因此，梳头太监经常遭到责骂。

有一次，太监们休息时谈起此事，大家都唉声叹气。但说者无意，听者有心，李莲英知道自己的机会来了。他偷偷溜出宫外，钻入妓院，向妓女学习梳头技术。李莲英早年曾混迹于妓院，知道妓女是最会打扮，也最时髦的女人。不到几天，李莲英便学会了几种最新式的发型。回宫后，他托沈兰玉将自己推荐给懿贵妃梳头，结果让懿贵妃非常满意。从此，李莲英便成了懿贵妃的梳头太监，取得了与懿贵妃经常接触的机会。

同治皇帝继位后，懿贵妃升为皇太后，即慈禧太后或西太后。她将李莲英调到自己宫中，日益宠信。李莲英是一个善于察言观色的人，在与慈禧太后长期接触的过程中，将她的心思摸得一清二楚。慈禧太后有什么想法，还没等她开口，李莲英便做在前头，深得慈禧太后的欢心。时间一长，慈禧太后便离不开他了。

2. 邀宠有道

李莲英知道，自己的前途与慈禧太后紧紧联系在一起，只要把这个女人哄高兴了，自己便什么都有了。为了讨慈禧太后的欢心，李莲英挖空心思，花样百出，把慈禧太后哄得凤心大悦。从许多事例中，处处透出他的聪明伶俐劲儿。

李莲英邀宠的典型事例，莫过于在慈禧太后过 60 大寿时，玩放生的把戏。在慈禧太后生日临近前，李莲英劝她在寿辰那天放生以积阴德。慈禧太后一听大喜，让他负责操办。李莲英买了许多鸟，经过秘密训练，鸟都能自动飞回鸟笼。在生日那天，慈禧太后在颐和园的佛香阁放生。李莲英先让太监打开一些鸟笼，这

李莲英

些鸟未经训练，径直飞走了。然后，李莲英又让太监拿来一些鸟笼，劝慈禧太后亲手放生。慈禧太后把鸟笼打开后，笼中的鸟飞上了天空，可不久又都飞了回来。慈禧太后感到很奇怪，问李莲英是什么原因。李莲英急忙跪下道："这是因为皇恩浩荡，恩及禽兽，连飞鸟也为之感动，故而飞而复回。此乃天意，是吉祥佳瑞之兆。"

清朝八旗子弟提笼架鸟的大有人在，驯鸟也不是什么新鲜玩意儿，大家都晓得此中蹊跷。在身边人的点拨下，慈禧太后也有所察觉。她虽明白这是李莲英的一番苦心，但又怕大臣笑话自己昏庸无知，于是沉下脸说："大胆奴才，竟敢拿驯鸟来骗我！"气氛骤然紧张起来，大家都面面相觑，屏气敛息。李莲英却不慌不忙地回答说："奴才怎敢蒙蔽老佛爷！实在是鸟儿通灵性，感戴您的恩德。老佛爷福德盖天下，故上天降此吉祥。老佛爷如果不信，请再放鱼以验证。自古以来鸟可驯，但无驯鱼之例。恳求老佛爷在放鱼之后再处罚奴才。"

慈禧太后听后，与众人一起来到昆明湖边，命太监将准备好的100桶鱼全部倒入湖中。只见这些鱼儿四散游开后，不一会儿又纷纷游回来，摇头摆尾地排列在湖边的石阶下，仿佛在向慈禧太后行礼。慈禧太后大吃一惊，在场的大臣们也看得目瞪口呆。李莲英见时机到来，满面春风地跪在慈禧太后面前说："老佛爷洪福齐天，恩泽天地，放鸟不飞，放鱼不去，实在是天降祥瑞啊！"在场的其他人一齐跪下，高呼万岁。慈禧太后心花怒放，当即将自己脖子上的一颗大朝珠赏赐给李莲英。其实，这也是李莲英精心安排的把戏。他让人预先将鱼饿了好几天，并准备了一些装满鱼虫的袋子。放生之前，将袋子隐蔽地放置在湖边石阶下，袋口稍稍张开，用鱼虫来引诱被放生的鱼。这些鱼下水后，游向湖边觅食，并张口吃虫子，看上去便像在给慈禧太后行礼。

为了博取慈禧太后的欢心，李莲英不择手段，甚至坑蒙拐骗也在所不惜。在慈禧太后过60岁生日时，有位大臣买了一架西洋钟准备进贡给慈禧太后。这架西洋钟敲点时会有一个木偶走出来，拿着"万寿无疆"的旗帜；敲点结束，木偶又重新回到钟座里去，设计非常精巧。这位大臣向李莲英咨询此礼物是否合适，李莲英知道慈禧太后肯定喜欢，但嘴上却说："这座钟虽然精巧，但万一出了故障，旗帜上只出现'万寿无'三个字，老佛爷一怒之下降罪下来可如何了得？"听了此话，那位大臣吓出了一身冷汗，赶紧将钟卖给了一家古玩店，改献其他礼物。李莲英得知这一消息，马上去店中将此钟购来，命工匠把旗帜上的"万寿无疆"改为"寿寿寿寿"四个字，这样即使出了故障也不碍事。李莲英略施小计，就从大臣手中骗取了这座精巧的座钟，然后转手将钟送给慈禧太后，令慈禧太后非常高兴。

李莲英办的最让慈禧太后满意的一件事，便是帮她筹集了修建颐和园的经费。清朝修建颐和园共耗资白银3000万两，这批巨款从哪里来的呢？原来，这是挪用的海军军费，主意便是李莲英出的。当时，福建水师在中法战争中丧失殆尽，清政府受此刺激，决定大办水师。这件事由李鸿章负责，李鸿章接连几次奏请朝廷筹集军费，却总是不被批准。李鸿章无奈，只得亲自到朝中打探消息。李莲英对李鸿章说："太后近年来老想找个地方静居，她要造个园子，只愁没有款项，时常感到烦躁，所以遇到各省请求筹款的奏折，往往不许。"李鸿章听了这话，明白了李莲英的意思，两人便串通起来。他们暗中商定，借筹建海军的名义，责成各省每年定额输款，从中提取一半用来修建颐和园。颐和园修成后，慈禧太后非常高兴，经常夸李莲英聪明能干。

3. 求荣有术

慈禧太后之所以宠爱李莲英，除了他聪明伶俐外，还得益于他的忠心与谨慎。李莲英一生，对慈禧太后忠心耿耿，甚至还救过她的命。当年，咸丰皇帝在病重之际，担心自己死后，太子的生母懿贵妃会干预朝政。他在与户部尚书肃顺私谈时，流露出想在生前废黜懿贵妃的想法。肃顺与咸丰帝提起汉武帝处置钩弋夫人的历史典故。汉武帝临死前，决定立自己6岁的儿子刘弗陵为太子。当时，太子的生母钩弋夫人年仅20岁。由于主幼母壮，汉武帝担心自己死后女主乱政，便下令将钩弋夫人赐死。咸丰帝听出了肃顺的弦外之音，但他不忍心这样处置懿贵妃，心中犹豫不决。两人的谈话内容不知怎么被李莲英知道了。他连夜出宫，到懿贵妃的妹夫醇亲王奕譞府中，把这一情况告诉了奕譞；然后又匆忙赶回宫中，与懿贵妃商量对策。第二天，由醇亲王夫人、懿贵妃的妹妹带着皇太子去见咸丰皇帝，用父子之情、夫妇之义来打动咸丰，终于使咸丰打消了处死懿贵妃的念头，懿贵妃转危为安。从此，李莲英便成了懿贵妃的心腹。

除了忠心之外，谨慎处事，是李莲英求荣的又一条秘诀。李莲英虽被慈禧太后宠爱，但从不恃宠而骄，而是处处小心谨慎，"事上以敬，事下

李莲英（右）与崔玉贵（左）和慈禧太后等合影

以宽"，以收拢人心。靠这个人生秘诀，李莲英保持了终身的恩宠。

李莲英的值班室在慈禧太后的寝宫附近，慈禧太后偶尔会到他那里转转。每当慈禧太后走后，李莲英都会用黄布将慈禧太后坐过的椅子包起来。在清朝，黄色是皇室的专用颜色，用黄布包起的椅子别人就不能再坐了。时间一长，值班室的 10 把椅子，慈禧太后坐过 8 把，李莲英将这 8 把椅子全包了起来。慈禧太后见了十分高兴，觉得李莲英办事细谨，忠实可靠。

李莲英在紫禁城的东华门外，修建了一座占地 40 亩的宅院。他当了内廷大总管后，家人趾高气扬，为了显示权势，特地在宅前挂了一块大牌子，上书"总管李寓"四个醒目大字。一天，慈禧太后去恭亲王府时，路过李莲英家门口，看到这块牌子，不由得一怔。慈禧太后嘴上虽没说什么，但这细小的表情变化被李莲英看在眼里，李莲英已感到她心里的不快。到了恭亲王府后，李莲英即向慈禧太后告假，急忙赶回家中，把门上的牌子卸下来。然后，他又折回恭亲王府，跪在慈禧太后面前说："奴才进宫后很少回家，家中用人不知规矩，在门口挂了块牌子，我刚才看见了，急忙回家卸了下来。那自行其是的奴才已被我处罚了，请老佛爷送奴才去内务府，奴才愿意接受严厉处罚。"慈禧太后笑道："这件事你处理得很好，内务府就不必送了。"

由于慈禧太后对李莲英宠信日深，引起部分朝臣的不安。于是，各种

非议便随之出现了。有人说李莲英权倾朝野，营私纳贿，凡奔走其门者，便能得到高官。按照清制，这些指控如果属实，李莲英是要被砍头的。但李莲英为人谨慎，始终没给大臣们抓住把柄。

光绪十二年（1886年）四月，直隶总督兼北洋大臣李鸿章上奏，北洋海军已经训练成军，请朝廷派大员前来巡阅。慈禧太后派总理海军衙门大臣醇亲王奕譞前去天津、旅顺巡阅，并让李莲英随同前往。据《清稗类钞》记载，在阅兵时，醇亲王坐于前，李莲英立于后，海军将领丁汝昌、卫汝贵、卫汝成、叶志超等人皆奉侍李莲英门下，自称是李莲英的学生。于是，舆论哗然，说李莲英出尽了风头。其实，李莲英在巡视期间，一直牢记太监安德海的教训，办事非常谨慎。他不住淮军为他准备的华丽行馆，只随醇亲王起居。醇亲王见客时，李莲英穿着朴实，在一旁侍立伺候。退归私堂后，他也不见外客，一路保持低调。当时直隶、山东的一些官员，一心想巴结这位太后身边的"大红人"，但都没有机会。

李莲英返回京城后，朝臣的不满之声四起。御史朱一新拥护光绪帝变法，对以慈禧太后为首的保守派十分不满，尤其憎恨李莲英介入朝政和军事。他上书奏称："本朝二百余年，一贯严格禁止宦官预政。世祖曾在宫中树立铁牌，昭示后代严守祖法。自圣母垂帘听政以来，安德海借采办出京，被处重刑。今年夏天巡阅海军，太监李莲英又随至天津，道路哗传，士庶骇愕。阅军大典，本是件十分严肃的事，而让太监参加，不是破坏了祖宗的制度吗？如此下去，会出现唐代宦官监军的严重局面。"慈禧太后看了朱一新的奏折，找醇亲王问明情况后，勃然大怒，将朱一新降级，逐出京城。从此，杜绝了对李莲英的一切批评。

4. 慈禧之伴

李莲英于咸丰六年（1856年）进宫，先后在奏事处和东路景仁宫当差。同治三年（1864年），他才调到长春宫慈禧太后跟前。当时，太监安德海正受到慈禧太后的宠信。安德海死后，李莲英继任内廷大总管。从此，李莲英伴随慈禧太后走完了人生之路。

慈禧太后是一个权力欲极强的女人，同时又是一个感情脆弱、害怕孤寂的女人。她年轻守寡，寂寞难耐。而李莲英善解人意，成为她晚年生活中一个信得过、离不开的伴儿。两人一日三餐、朝夕起居，都要互致问候。有时，慈禧太后还亲自到李莲英的卧室去找他一同出去散步，两人在路上并肩而行,其他的太监只能远远地跟在后面。慈禧太后把李莲英昵称为"小李子",每天吃饭时,总要留一些好菜给他。有一天,慈禧太后看见李莲英面带病容,立即为他请来御医,并亲自为他尝药。

因为宠爱李莲英,慈禧太后不惜多次违反祖制。光绪二十年(1894年),慈禧太后不顾雍正皇帝规定的太监以四品为限的"家法",给李莲英赏戴二品顶戴花翎。正如李莲英的碑文中所说:"此掖庭人破格之举,自开国以来未有若是之光荣者。"李莲英过40岁生日时,慈禧太后援引总督和巡抚等大官的惯例,下令给李莲英制作皮袍子,还亲笔书写"福""寿"两字,恩宠无比。其他大臣一见,也纷纷给李莲英赠送寿礼。

在中国历史上,宦官娶妻的现象不乏其人,但清朝一直禁止这么做。李莲英倚仗与慈禧太后的特殊关系,向慈禧太后提出,自己也想讨个老婆,没想到竟然得到允许。于是,李莲英托军机大臣刚毅介绍,娶下了京城名妓马芙蓉为他的"大福晋"。御史朱一新向慈禧太后提出此事有违祖制,请慈禧太后制止。慈禧太后不以为然地驳斥说:"你可以娶妻养子。李莲英也是个人,就不能享受天伦之乐吗?"在慈禧太后的庇护下,李莲英妻妾满堂。他有四个义子,即福恒、福德、福立、福海,均为三品衔郎中,分居户、兵、刑、工四部。清朝灭亡后,李莲英的后人迁到天津居住。在1976年的唐山大地震中,震波延及天津,李莲英后人居住的房子也坍塌了。

慈禧太后是一个性格复杂的女人,纷繁的政事搅得她脾气暴躁,她身边的太监和宫女动辄得咎。慈禧太后曾与一个太监下棋,太监一时忘形,随口说了一句:"奴才杀老佛爷的马。"因为其中带有"杀"字,慈禧太后勃然大怒:"我杀你全家!"当即把这个太监拖到宫外,殴打致死。慈禧太后上了年纪后,脸上的皮肤松弛,不愿别人瞧自己的脸。有一天,一个太监不留神朝她脸上看了一眼,慈禧太后问他:"看什么?"太监无言以对,结果遭到一顿鞭打。其他太监听说后非常害怕,因此值班时不敢抬头。西太后又大怒:"为什么总看着下面?"太监无词以对,结果同样遭到鞭打。几十年来,慈禧太后身边的太监换了一茬又一茬,真正能令她满意的,只有安德海、李莲英等少数几名太监。其中,在她身边时间最长的便是李莲英了。伴君如伴虎,在如此可怕的"母老虎"身边,李莲英都能如鱼得水,可见其机灵程度。

5. 背靠大树

俗话讲，背靠大树好乘凉。李莲英对此深有体会。但他知道，如果头顶只有一棵大树，荫凉还不够；万一这棵大树倒了，自己就全完了。眼看着慈禧太后日益年迈，李莲英在对慈禧太后继续效忠的同时，开始暗中为自己物色新的主人。在他秘密结交的重要人物中，首当其冲的当然是光绪皇帝了。

李莲英与光绪皇帝的关系一直保持得不错。光绪皇帝从小就受到李莲英的看护，称他"谙达"（师傅），还夸他"忠心事主"。光绪皇帝即位后，李莲英将自己的亲妹妹送入后宫，希望能得到光绪皇帝的宠幸。可是，光绪皇帝看不上他的妹妹。李莲英无奈，只好让妹妹去伺候慈禧太后。慈禧太后特别喜欢她，称她"大姑娘"，吃饭和看戏时都要她陪伴在身边。

"戊戌变法"后，慈禧太后将光绪皇帝囚禁起来，自己临朝听政，母子关系交恶。在这对矛盾关系中，李莲英并没有一边倒，而是两面逢源，在夹缝中求生存。光绪二十六年（1900年），八国联军侵入北京。慈禧太后率光绪皇帝和王公大臣出逃，第二年回京途中在保定暂住。当时，慈禧太后的临时寝宫中，被褥铺陈洁净华美；李莲英住得也不错；而光绪皇帝连铺盖都没有，也没有太监值宿。时值隆冬季节，光绪皇帝冻得无法入睡，只好在孤灯前独坐。李莲英查夜时看到这种情况，抱着光绪皇帝的腿痛哭说："奴才罪该万死！"他赶紧把自己的被褥抱过来给光绪皇帝使用。光绪皇帝回到北京后，回忆西逃的苦楚时，曾感动地说："若无李谙达，我活不到今天。"

李莲英投靠的另一位新主人，便是隆裕皇后。光绪三十四年（1908年），光绪皇帝重病时，隆裕皇后很想探视丈夫，又害怕慈禧太后刁难，一时彷徨无计。李莲英为自己今后的利益考虑，主动对隆裕皇后说："皇上病得很重，皇后为何不去看看呢？"隆裕皇后说："只是没

李莲英（右）与崔玉贵（左）伺候慈禧太后乘舆照

有老佛爷的旨意。"李莲英说:"这都什么时候了,皇后速去。老佛爷要责怪,奴才我承担责任。"隆裕皇后这才有机会与光绪诀别。隆裕皇后本来并不喜欢李莲英,但因为这件事改变了对他的看法。

慈禧太后死后,李莲英被解除了内廷大总管的职务。宣统元年(1909年)二月初二,李莲英办完光绪皇帝和慈禧太后的丧事后,离开了生活50多年的皇宫。隆裕太后准其"原品休致",即带每月60两白银原薪退休。摄政王载沣看中了李莲英的财产,想乘机占为己有,由于隆裕太后的庇护,才没敢这么做。

宣统三年(1911年)二月,李莲英寿终正寝,终年64岁。他死后留下大批财产,仅银子就达到300万两。这笔钱后来归隆裕太后所有,用来购置珍贵的西洋器具。李莲英葬于北京阜成门外恩济庄太监墓地,坟墓修得非常豪华,但在"文化大革命"时被毁,现在只有李莲英墓志铭拓片被保留下来。

三、位卑忧国寇连材,为国死谏第一宦

寇连材(1868—1896年),名成元,直隶昌平州(今北京市昌平区)南七家庄人。清光绪年间太监。

寇连材之父寇士通,粗通文墨,豪爽仗义。他自幼随父在家乡务农,在村中私塾读过几年书。他还习练武术,读过一些维新志士的文章,痛恨八股文章。15岁时,即与邻村张氏的女儿结婚,生有两男一女。中法战争中,中国虽然在军事上取得了胜利,却依然与法国订立了妥协的不平等条约。这样,更助长了西方列强的侵略气焰。面对资本主义列强的侵略,他常与亲友表示要为国为民效力。

光绪十七年(1891年),其父寇士通被赵姓财主诬为私通盗匪,官司打到官府,因官场黑暗而败。寇士通气愤交加,卧病在家,不治而亡。父亲去世后,家中财产被赵姓财主所霸占,寇连材一家的生活更趋贫困。

国仇家恨,促使他决心自行净身,以争取入宫,希望能够面谏皇帝。后来他经人介绍拜文太监为师,入宫侍奉慈禧太后,成为梳头房里的一名小太监。

寇连材入宫后,除担任梳头房太监外,还担任奏事处太监和会计房太监,天天待在慈禧太后身边。由于其仪表不俗,聪明机敏,谈吐文雅,颇

得慈禧太后喜爱，待遇也十分优厚，每年有二三千金的收入。但是，寇连材对宫廷生活的腐败、黑暗十分不满，特别是对慈禧太后的专横和光绪皇帝的处境都有他自己的看法。当时，光绪帝"虽为天子，曾不及一孤儿"。寇连材对此十分同情。慈禧太后让其监视光绪帝，他却多次将慈禧太后的所作所为讲给光绪帝，同时还不断借机向慈禧太后进言，请其不要苛求光绪帝，由于慈禧太后对其宠信，仅是呵斥而已，并未加罪。在这样的环境下，寇连材目睹宫中的黑暗和慈禧太后的骄逸，忧心忡忡，愤愤不平。

光绪二十年（1894年），中日甲午战争爆发。腐朽的清政府在日本军事进攻和外交压力下，决意屈膝投降。光绪二十一年（1895年）三月二十日，李鸿章和伊藤博文分别代表中日两国签订了《马关条约》。据此条约，中国的辽东半岛、台湾全岛及附属各岛屿割让给日本，还要赔偿日本军费银2亿两。如此丧权辱国的条约，遭到朝野上下开明之士的反对，康有为等上书请求变法图强，光绪帝表示支持。但遭到以慈禧太后为首的后党的反对，慈禧太后为了限制光绪帝，黜杖珍妃，杀珍妃太监高万枝，大兴宫中狱。对此寇连材日夜忧虑，长吁短叹，其他太监还以为他得病了。

光绪二十二年（1896年）二月初十的早晨，慈禧太后刚刚起床还没下地，寇连材突然跪在床前，痛哭流涕。慈禧太后听到哭泣声，呵斥道："为什么大清早就哭泣？"寇连材回答说："国家危难到如此地步，老佛爷即使不为祖宗天下着想，难道也不为自己打算吗？怎么能不顾国难而恣意游乐呢？难道就不怕发生变乱吗？"甲午战争爆发那年，正是慈禧太后的60寿辰，她欲举行大典以饰太平，所以倾向议和。寇连材这番话就是针对此事而言。慈禧太后听后，冷冷一笑，以为寇连材真的患了狂疾，便将其斥骂出去。

寇连材哭谏无效后，决心以死进谏。他向内务府请了5天假，回到家乡与父母兄弟诀别，并拿出自己在宫中的记事册一本，交给弟弟保存。返回宫，将自己的积蓄分发给小太监们，然后关上房门，伏案疾书。二月十五日，向慈禧太后上了"条陈"，内容共10条，都是时人不敢议论的问题。

（1）统一货币，由国家在京师设立官票局，发放统一的货币，各私家钱铺一并撤销，不准出票。

（2）国家用人宜以利为先。

（3）以每庄为单位练兵；沿海地区，每二十里安炮台一座。

（4）多修工程，以养天下游民，游民少，则盗贼少。

（5）在全国各地设立学校，不拘男女，均十岁入学。半日习文，半日习枪。自此以后，不准女子缠脚。

（6）裁撤修铁路。海内战船宜用本国人。

（7）赦免罪犯。自此以后再有犯法者，从重治罪，决不宽恕。

（8）官员三年一任，不连任，京官、外官互调。

（9）统一度量衡，均用十进位制。

（10）选贤为嗣，以继皇位。自此以后再嗣均按才袭，无才不准封得王位。

慈禧太后阅奏，读至一半，大怒，立即将寇连材召前审问。慈禧太后认为寇连材只是一位太监，不可能写出如此有见地的奏折，必定有人背后指使。寇连材光明磊落地说是自己写的，与别人无关。慈禧太后还不相信，叫他口述一遍。寇连材开口直言，果然从头至尾地说得一字不差。慈禧太后没有想到寇连材会写出这样一个指责自己的折子，不禁怒火中烧，以"内监言事者斩"的朝例，加上"私通宫外，泄露宫内事"的罪名，下令把寇连材送交刑部，立即正法。

二月十七日，寇连材被押到北京菜市口刑场处决。临刑前，他神色镇静，整好衣冠，朝宫殿拜了9拜，又向远方的父母叩了头，坦然地说："如此足千古了！"围观的群众无不为寇连材爱国忧民、舍生就义的壮烈行动所感动，许多人泣不成声。就在寇连材就义的同一天，朝廷名士文廷式以交通内监被革职回故籍萍乡。时人作联语曰："寇太监从容临菜市，文学士驱逐返萍乡"，被京中人士传颂一时。据说，文廷式与寇连材的师傅文阔亭友好，而此次得罪不过是一个借口，主要原因是文廷式支持维新变法，引起后党的不满。

寇连材死时，年仅29岁。光绪皇帝闻耗，痛哭流涕。京城志士，莫不叹息。

在清朝，像寇连材这样

清代太监

为国忠谏而死，实无第二人。所以，梁启超为他作传，并说："如诸宦者，亦可以随六君子而千古矣！"人们为了纪念他，在京西百花山修建了寇公祠，每逢他的忌辰都举行祭奠。

四、贵敌王侯武小生，富埒天子小德张

张兰德（1876—1957年），名祥斋，字云亭。天津静海县南吕官屯人，清朝末代太监总管。在内宫太监里排辈兰字，慈禧太后赐名"恒泰"，宫号小德张。

张兰德幼年丧父，家境贫困，经常身无换洗衣，家无隔夜粮。他和安德海、李莲英一样，渴望暴发显贵，苦于没有门路。他的母亲说："穷人家想要发财，只有干皇差，当公公。"张兰德说："什么叫公公？怎样才能当上公公？"他的母亲把公公的含义和当公公的途径讲述了一遍。说者无心，听者有意。张兰德于是取了一把刀，钻进牲口棚，自己动手，阉割净身，通过此举以实现出人头地的美梦。

光绪十七年（1891年），皇宫补选太监。张兰德寻情钻眼，如愿入选。初进宫的小太监，实际上是小伙计小仆人。他被分派在茶房干杂活，同时拜哈哈李为师，学习宫中礼仪。张兰德长得眉清目秀，聪明伶俐，嘴巴很甜，很快转移到戏班学戏。这一学戏，使他有了接近上层人物的机会。

张兰德学戏很是用功，每天天不亮就起床吊嗓子，练拳脚。他的悟性很高，学戏不久，就演上了主角，唱腔悦耳动听，功夫洒脱利落。他和其他演员一样，有了自己的艺名，叫"小德张"。一次，戏班给慈禧太后演戏。张兰德使出浑身解数，特别投入，演得生动感人。慈禧太后兴致勃勃，说："这个小德张不错嘛！长相好，演技也好。"老佛爷一句话，张兰德时来运转，升任御前太监。

光绪二十七年（1901年），张兰德26岁。慈禧太后惦记着小德张，提拔他为御前膳房掌案，赐予三品顶戴。张兰德感恩戴德，费尽心机，努力调剂和改善慈禧太后的饮食。慈禧太后喜欢吃厚味油腻的食物，如烤肥鸭、爆羊肉之类。张兰德亲自下厨，烹、炒、煎、炸、蒸、煮，尽其所能，制作美味佳肴，最大限度地满足慈禧太后的口福。反正慈禧太后的膳费开支没有限制，花再多的钱也没有关系。天长日久，张兰德几乎成了慈禧太后的专职厨师，只有他做的饭菜，慈禧太后才吃得可口，吃得香甜。

张兰德的心眼非常灵活。他知道，慈禧太后是国家的主宰，光绪皇帝只是个傀儡而已。慈禧太后偏爱隆裕皇后，那么隆裕皇后日后极有可能成为又一个慈禧太后。因此，他打定主意，在逢迎慈禧太后的同时，不忘巴结隆裕皇后。一个太后，一个皇后，只有攀附这两个女人，自己才能有远大的前程。

张兰德

张兰德同时得到慈禧太后和隆裕皇后的宠信，身价一天高于一天。他原本就有野心和私欲，这时野心和私欲极度膨胀起来，急于要在政治上有所表现。为此，他开始结交朝臣，拉帮结派，发展势力。内务府大臣世续、景丰、增崇，军机大臣袁世凯等，乐于和他交往，彼此相依，互相利用。这样，宣统元年（1909年），张兰德就继李莲英之后，登上了内监大总管的位置，成了一个炙手可热、举足轻重的新权贵。

张兰德上台伊始，首先拿他的同类开刀。当时皇宫中有个太监集团，号称"三十六友"，以隆裕太后寝宫总管万宝斋为头领，遇事常在一起嘀嘀咕咕。张兰德为了实现内宫大权独揽，容不得这个集团的存在，所以故意找碴儿，无事生非，胡乱捏造罪名，残酷打击和迫害"三十六友"。他使用的手段异常凶狠，杖击、鞭笞、砍手、断足等，以致许多人被折磨致死。侥幸活命的降职降俸，罚做苦役，每月工钱只有2两银子。

隆裕太后政治上短视，生活上却很奢侈，国难当头之时，仍然大兴土木，建佛堂，修宫宇。她没有几个可以信赖的人，大小事情只能委托张兰德全权负责。张兰德趁机虚报冒领，贪污受贿，侵吞的财物无数。他还鼓动隆裕太后卖官鬻爵，甚至盗卖国宝，中饱私囊。

张兰德最走红的时候，生活待遇和皇帝、太后一样，都吃御膳房做的饭菜，每餐40道菜和汤，仅伺候用膳的太监有20余人。高车大马，锦衣玉食，颐指气使，擅作威福——这就是张兰德生活的真实写照。

宣统三年（1911年），辛亥革命爆发，各省纷纷独立。载沣、隆裕太后只得任命袁世凯为内阁总理大臣，由他出来收拾摇摇欲坠的局面。袁世凯老奸巨猾，用重金贿赂张兰德，随后两人串通一气，要挟隆裕太后，逼迫清帝退位。张兰德眼见清朝气数已尽，乐得大量受贿，置田产，盖楼房，创办当铺和商号。1912年元旦，孙中山在南京就任临时大总统，宣告中华民国成立。二月十二日，隆裕太后迫不得已，代宣统皇帝颁布了《退位诏书》，清帝正式退位，标志着清朝灭亡和中国封建帝制就此结束。

1913年，居住在紫禁城的隆裕太后病死。张兰德内监大总管的职衔已经变成历史陈迹，没有任何用场了。他怀着几多伤感、几多留恋的心情，离开北京，悄悄到了天津。天津有他早就安排好了的安乐窝，那里有富丽堂皇的公馆，有成群结队的奴仆，甚至还有四个年轻貌美的老婆。张兰德在天津过着地头蛇式的生活，威震一方，富得流油。数十年后，溥仪已被改造成为人民中的一员，曾用八个字评说张兰德："贵敌王侯，富埒（等同）天子。"中华宦官史上最后一个内监大总管，能够如此的"贵"和"富"，说明他很狡猾很贪婪，他用权术和智谋为自己安排了一个很不错的结局。

第三编

封建余晖

　　清朝经济较弱,人口大减,乾隆时期恢复到2亿,相对使粮食作物的产量需要更加提升。清朝采取开垦荒地、移民边区及推广新作物等办法以提高产量。由于国内与国外的贸易提升,经济农业也相对发达。手工业方面改工匠的徭役制为代税役制。产业以纺织和瓷器业为重,棉织业超越丝织业,瓷器以珐琅画在瓷胎上,江西景德镇为瓷器中心。清朝商业发达,分成十大商帮。其中晋商、徽商支配中国的金融业,闽商、潮商掌握海外贸易。清朝曾实施海禁政策,直到收复台湾后,沿海贸易才稍为活络,货币方面采银铜双本位制。康熙晚期为防止民变,推行禁矿政策，在一定程度上阻碍工商业的发展。

清代中央集权制发展到极致，社会结构不曾形成突破性的变化，传统的思想、学术、风俗、心态趋于烂熟，致思、内向、非竞争性的国民性格完全定型，阔大、精巧与空疏、呆滞逐渐衍化成为某种带有普遍性的氛围。于是，清代的文化便具有了不同于以往的特色，它没有创新的冲动，却显示了系统、缜密的风格。它也没有汉唐时代的稚气天真，没有两宋时期的纤秾得体。相比之下，清代的文化显得成熟凝重。

第一章 社会经济

一、严防死守固统治，调和矛盾新举措

　　清朝入关时，采取了一些野蛮的掠夺政策。如在京畿大规模圈占土地，分配给满族的王公、官僚和将士。在直隶圈地遍及 70 余州县，总数估计接近 2000 万亩。官庄旗地，由奴仆、壮丁耕作，这些下层劳动者承担着苛重的剥削，遭受非人的待遇，逃亡者甚多。清朝政府重申逃人法，严厉处罚逃人及隐匿的窝主，使各阶层惴惴不安。在政治上，清朝"首崇满洲"，强迫汉族按照满俗剃发易服，以表示对新朝的忠顺，违者处死。虽经汉族强烈反抗，清廷坚持这一政策，毫不退让。为了防止占人口很少数的满族被汉族同化，严立满汉界限，不许满汉通婚，在满族中努力保持骑射、满语及其他习俗。还保障满族的特权，王公亲贵，按爵职领取银米，待遇优厚，一般正身旗人也有少量俸饷。刑法方面，满汉之间、各个等级之间量刑标准亦不同。许多汉人虽在政府中任官，但实权掌握在满族官员手中。清廷特别对汉族乡绅和知识分子严加控制防范，利用种种机会打击各地士绅。江浙发生的通海案（与郑成功相通）、科场案（科举考试中舞弊）、奏销案（欠交钱粮）、文字狱（如庄廷𨰾明史案），诛杀流放许多乡绅士子，打击和削弱了明末地方地主阶级的势力和特权。为了防止郑成功从海上

清代剃头场景

进攻，又颁布迁海令，从江苏到广东的漫长海岸线上，沿海50里内居民，均迫令迁移，不准商船渔船出海，使许多人破家失业。

清初为适应新占领区的形势，不断调整各种措施，政策也有其开明和进步的一面。入关伊始，即取消明末苛重的"三饷"（辽饷、剿饷、练饷），奖励垦荒，招集流亡，减轻赋役，使农业生产有所恢复，耕地和人口数字逐渐回升。在政治上，打着为明朝复仇的旗号，礼葬崇祯帝，收罗人心。招降明朝的文官武将，委以职任，发挥他们的才能。在清初建立全国统治中，汉军旗起了重要的作用。他们名属旗籍，实为汉人，掌握兵力，具有知识，了解内地的民情内俗。依靠他们，才能征服更多的地方，确立牢固的统治。所以，清初的地方督抚中汉军占十之七，满族占十之三，为了笼络知识界，又开科取士，为他们开辟入仕做官的途径；尊重汉族大部分原有的制度和习俗，崇尚孔子和儒家文化。清朝政权，虽属满族当权，却逐渐形成满汉地主阶级的联合专政。顺治四年（1647年）以后，停止了大规模圈地，更后，又放宽了逃人法，减少了社会的不安定因素。清朝上层内虽存在着严重的矛盾，却能用温和的手段，解决分歧，避免了公开分裂和剧烈动荡。顺治即位和多尔衮摄政就是满族上层统治者内部矛盾调和的结果。顺治帝对多尔衮怀着仇怨，故多尔衮死后被贬，但各种政策仍沿袭未变。

顺治十八年（1661年），顺治帝逝世，其子年仅8岁的玄烨（即清圣祖玄烨）即位，由索尼、苏克萨哈、遏必隆、鳌拜四大臣辅政。鳌拜掌握实权，思想趋于保守，企图恢复满族的祖制旧章，又专横跋扈，擅自杀戮大臣。玄烨不甘当傀儡皇帝，康熙八年（1669年），计擒鳌拜，夺回权力。

康熙帝面临的首要问题是三藩割据。平西王吴三桂、定南王尚可喜、靖南王耿精忠，占有云南、贵州、广东、广西、福建等广大地区，兵多财足，朝廷号令不行。康熙十二年（1673年），康熙帝毅然下撤藩之令，削去他们的权力，收回他们盘踞的地盘。吴三桂、耿精忠和尚可喜的儿子尚之信悍然发动叛乱。经八年战争，康熙二十年（1681年），平定了三藩叛乱。

皇太极时调兵用的满文信牌

这时，郑成功已死，其子郑

经统治台湾，内部矛盾发展，内讧不息。自从南明灭亡后，郑氏集团失去了政治方向，一度曾与三藩中的耿精忠合，后又发生矛盾。郑经死后，诸子争立，郑克塽继位，力量已大大削弱。清政府在平定三藩之后，决定收复台湾，任用姚启圣、施琅等练兵造船，积极准备。康熙二十二年（1683年）施琅统率舟师出海，先攻澎湖，击败郑氏军的反抗，兵至台湾。郑氏集团的防御瓦解，郑克塽出降，台湾遂统一于清朝中央政权之下。

二、多策并举稳民生，经济恢复得发展

明清之际，经过长期战乱，经济残破，土地荒废，人口锐减。清朝确立全国统治之后，采取各种措施使经济得到了恢复和发展。

1. 农业和水利

在农业方面，清廷奖励垦荒，招集流民授以土地，资助农具种子，延长垦荒升科的年限，并以垦地多少衡量地方官的治绩。故中原无地的人民纷纷向地广人稀的四川、云贵、台湾、新疆、东北、内蒙古流动。全国耕地面积增加，顺治中只有5亿多亩，乾隆时达到7亿多亩。康熙八年（1669年），实行更名田，将明朝王公勋戚、官僚地主占有的大批土地给予原耕之人，永为世业，刺激了农民的生产积极性。又减轻赋税，除遇水旱灾荒豁免和减收外，多次普免全国钱粮，减轻人民的负担。在水利方面，投入大量财力物力治理黄河、淮河、运河、长江、钱塘江、永定河，努力减轻水灾，保护人民的生命财产，提高农业产量，保持运输畅通。重要的水利工程有以束水攻沙的方式治理黄淮、修固荆江大堤、修筑江浙海塘工程等。农业生产方面，在传统农业技术的基础上，对耕作方法、灌溉、施肥、选种均有某些改进。北方试行区田法种植水稻、南方种植双季稻，也获得一些成效。特别在各地推广高产作物番薯、玉米，对于提高产量防止灾荒，供应口粮，保障人民生活具有重大作用。经济作物方面，棉花种植甚盛，长江三角洲和东南沿海是著名的产棉区。江浙、广东种桑养蚕，获利甚厚。此外，茶叶、烟草、甘蔗、苎麻、蓼蓝等作物生产也很繁盛。

2. 手工业和抑商政策

手工业也逐渐恢复并有所发展，生产工具有某些改进，织丝机具比较复杂精巧，采矿工具、地质方面的知识亦有进步，但仍是手工劳动，不是机器生产，没有摆脱对自然能源（人力、畜力、水力、风力）的依赖。

最重要的手工业是纺织业，包括棉纺织业、丝织业及相关的染踹业。棉纺织业处在家庭副业和小商品生产阶段，但包买商相当活跃，掌握着棉花原料的收购和纱布产品的运销，棉纺织手工业者处在商业资本的控制之下。布匹的踹光染色也有发展，苏州一地即有染坊、踹坊数百家，踹匠多至1万余人。丝织业较为集中的南京、苏州、杭州等地，"机户出资经营，机匠计工受值"。最大的机户拥有织机四五百张，规模可观。矿冶业中，云南铜矿的规模最大，资本雄厚，工人众多，组织严密，采炼技术达到相当水平，全省铜产量最高时（乾隆中叶）达一千数百万斤，但在官府的严密控制下，发展速度十分缓慢。采铁、冶铁，既供军需，亦供民用，清廷的控制也很严格，官府资金虽未渗入铁矿业，一般均由商民申请开采，但开采、冶铁、招工、设炉、运销均须报官批准、发给执照。广东佛山是冶铁中心，佣工数万；汉口铁业亦盛，有铁匠5000余人。煤炭为民用必需，各地小煤窑很多，但清廷对采矿的总政策长期摇摆，金铜煤铁利益甚薄，为官方民间之必需，不能禁绝，但又害怕聚集大批矿工，反抗闹事，故矿场时而被禁、时而准开。制瓷是重要的传统手工业，景德镇瓷业最发达，内部分工很细密，工艺精致，在色彩、厚度、形制、上釉方面达到了很高的水平。此外，熬盐、伐木、制烟、榨糖、造纸等手工行业均有相当的发展。

清代手工业很繁荣，无论生产规模、雇工数量、分工细密、技术水平、产品质量方面，都达到了中国封建社会历史上的最高水平，并出现了资本主义的萌芽。但是，较先进的经济因素集中在长江、珠江下游和某些地区、某些行业内。广大的腹地、山区、边疆，经济文化很落后。整个中国，农业和小手工业相结合的自给自足的自然经济占主要地位，封建经济远没有解体。中国和当时先进的西欧国家相比，存在着很大差距。

清政府把工商视为末业，执行"抑商"政策。对于那些有大利可图及

清《盛世滋生图》

有关国计军需的手工行业，政府插手干预，指定官商，实行垄断。对于其他手工行业，允许商民经营，但控制亦严，且高额征税，低价收购，无偿摊派。手工业中还普遍存在着有浓厚的地域性、排他性的行会组织，这些都妨碍手工业的自由发展。

清朝商业发达，分成十大商帮。其中晋商、徽商支配中国的金融业，闽商、潮商掌握海外贸易。清朝曾实施海禁政策，直到占领台湾后，沿海贸易才稍为活络，货币方面采银铜双本位制。康熙晚期为防止民变，推行禁矿政策，在一定程度上阻碍工商业的发展。

清朝前期的手工业生产比明朝更加发达。顺治时，政府禁民间开矿，后来不断放宽开矿政策。乾隆时，政府鼓励商人开矿，矿冶业迅速发展。云南的铜矿数量多、规模大，乾隆年间有 500 余处。

那时候，苏州仍以丝织业闻名。而南京、广州等地的丝织业也后来居上，超过了苏州。南京有织机 3 万多台，所产绸缎行销全国。景德镇制瓷业的规模比过去扩大了。边疆少数民族的手工业也发展起来。在农业和手工业发展的基础上，商业繁荣起来。北京是当时全国性的贸易市场。东南各省和苏州、扬州等城镇都很繁华。西北、西南各地也出现了不少商业城市。

那时的北京汇集了全国各地的特产。东北的貂皮、人参，江南的水果、绸缎，西藏的麝香、红花，新疆的毡毯，蒙古的皮货，云南和贵州的名贵中药，都出现在北京的市场上。清朝前期，北京最繁华的地区在宣武、正阳、崇文 3 座门外，那里的富商大贾拥有成千累万的资本。乾隆年间，正阳门外大栅栏一带，已经是店铺、酒楼林立的热闹街市。乾隆时候，扬州的商业十分繁盛，许多行业形成集中的街市，有专营绸缎的"缎子街"，专设茶肆酒楼的北门桥等。

3. 大城市的出现

在农业、手工业和商业发展的基础上，许多大城市得以繁荣。北京是全国的首都和政治文化中心，士商群集，各地商货荟萃，传统的手工艺产品有景泰蓝、雕漆、玉器等，前门外是繁华的商业区。北京城在明朝修建的基础上，屡加修葺，形成了西郊园林区，有三山五园（畅春园、圆明园、万寿山清漪园、玉泉山静明园、香山静宜园）。宫殿坛庙、街道河流亦经大力改建修浚，形成了近代的北京城。扬州位于长江北岸，濒临运河，是淮盐的集散地，经济发达，财货殷富，多富商大贾。南京、苏州、杭州都

清·粉彩瓷塑

是丝绸、布匹及其他手工业品的产地，产品远销各地，城内商铺林立，作坊星罗棋布，附近土地肥沃，富农桑鱼米之利；且文化发达，风景优美，苏州有园林之趣，杭州有自然之胜。广州是对外贸易的口岸，是封闭的封建中国通向世界的主要窗口。每年来往的商船很多，进出口商品聚散于此，号称"金山珠海，天子南库"。此外，景德镇的制瓷，佛山镇的冶铁，盛泽镇的缫丝，产品精良，远近驰名。汉口居长江中游，四通八达，为米谷、木材、食盐、药材和各种货物的集散地。除了这些繁荣的大城市以外，广大农村有许多小城镇以及定期集散的墟场、市集、庙会，形成广阔的商业网，是农民群众和行商坐贾进行交易的场所。

4. 赋役制度的改革

清初经济的发展，与赋役制度的改革密切相关。清朝建立后，即逐步着手整顿混乱的赋役制度。顺治和康熙时，编定《赋役全书》，以明万历年间的赋役额为准，取消苛捐杂税，归并税收名目。又颁发"易知由单""串票"，简化征收手续，改进纳税制度。但由于传统的赋役制度是按土地数量和人丁数目两个标准征收，分别为"地银""丁银"，全国土地数目已难确知，人丁则死亡增殖，隐匿流动，变动频繁，无法统计。随着生产的恢复和发展，国库有了赢余，清政府考虑不再增收人丁税。康熙五十一年（1712年），宣布滋生人丁永不加赋，将丁税总额固定下来，不再随人口的增加而增收，稳定了全国的丁税负担。为了进一步解决赋役混乱和负担不均，又于雍正元年（1723年）制定"摊丁入地"政策，在各省陆续推广实行。此项政策将丁银平均分摊于地亩之内，不再按人丁和地亩双重标准收税，变成了单一的土地税。这是一项意义重大的改革，从此废除了中国历史上长期存在的人头税，简化了收税标准和手续，有利于丁多地少的贫苦农民。农民的人身依附关系也有所削弱。雍正时还进行了其他改革，如耗羡归公，"耗羡"是为了补偿征收银米的亏损，于正税之外增收的附加税。各级官吏往往借此谋利，任意加征，名目繁多，流弊极大。清廷将"耗羡"改为正税，数额固定，由国家统一征收。此项收入即发给官吏作为养廉银和办公用费，以提高官吏的微薄官俸，对改善吏治起了一些积极作用。此外，雍正时,又将各地"贱民",如晋陕的"乐户"、浙江的"惰民"、江苏的"丐户"、安徽的"世仆"、广东的蜑户开豁为良,编为民籍,废除了残存的奴隶制。

5. 火耗归公与养廉银制度

清统治者为了欺骗劳动人民,"正赋"的额数并不为高,但"正赋"之外,另有种种名目的"附加税"。有些地区,"附加税"往往比"正赋"高达三五倍不等。所谓"催纳之数不多,供亿之数更繁",劳动人民"不苦于赋,而苦于赋外之赋"。

清初的"附加税"名目很多。如"耗羡"(亦称"羡余"或"火耗"),就是官府将征收来的散碎银子,要经过再加工铸造,熔炼成一定数量的银锭,再上缴国库。其中的损耗,解运费用,名曰"耗羡",再如交纳粮食入仓的损耗,称之为"雀耗""鼠耗",都算在劳动人民的身上,要向人民多征收一部分粮食、银钱。

雍正帝反对地方官吏横征加派,但也不同意让他们"枵腹从事……令天下人视官场为畏途"。相反,他主张要使官吏丰足,"督抚司道亦皆饶余",所以,在他推行火耗归公的同时,又建立了养廉银制度。

雍正帝规定了火耗归公后的用途一是官员养廉;二是弥补官号的亏空;三是留作地方公用。无论弥补亏空,还是留作地方公用,都与官员养廉有关,都是为了整饬吏治。

养廉银制度,最先在地方文官中实行。各省官员的养廉银数额,根据各省、道、府、州县所辖区域大小、冲僻、繁简、贫富等情况,多寡不一,总督最高达 3 万两,最低也 13000 两;知府、知县数百至 3000 两不等,连从九品的典史也有数十两。全国直省文官养廉银每年达 280 万两。随后到乾隆朝,八旗、京官、武职都实行了养廉制度。

雍正帝推行火耗归公和养廉银制度的头几年,又大力清查亏空,严惩贪赃,的确收到了整肃吏治的效果。但是,随着时间的推移,养廉银也完全变成了官员的个人收入,耗外加耗,养廉银

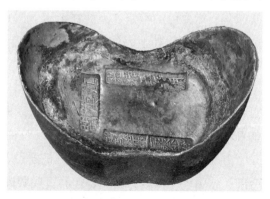

清代湖北江汉关五十两银锭一枚

不养廉的问题又渐趋严重。火耗归公无形中加重了老百姓的负担。

三、近代工业路多舛，资产无产阶级生

1. 近代工业与新阶级的产生

19世纪下半叶，中国对外贸易发生了重大变化。鸦片战争以前，中国进出口贸易总值每年不超过银2000万两。光绪二十年（1894年）增加到银2.9亿两，即半个世纪增长近15倍。其中进口的增长尤其迅速。这年进口值1.6亿两，出口值1.2亿两，入超4000万两，相当于清政府当年财政总收入的一半，因而赤字巨大。而且这种不利的贸易趋势继续发展，到民国元年（1912年），即清朝覆亡这一年，对外贸易总值增至银8.4亿两，18年间又增加3倍。其中进口值4.7亿两，出口值3.7亿两，入超达1亿两。

外国输入的主要商品是棉纱和棉布。其纱布价格低廉，大量倾销，中国传统的纱布手工业受到严重打击，手工业作坊闭歇，农户失去副业，造成生计艰难。中国输出的主要商品茶和生丝的市场，操纵在外国资本家手中，特别是以后印度、锡兰推广种茶，日本发展缫丝，中国传统丝茶业遭到激烈的竞争，至20世纪已一蹶不振。

外国商品输入和中国农产品输出，促进了国内商品经济的活跃，使市场迅速扩大。同时，传统手工业的崩解又使大批农民手工业者破产失业，这就给资本主义的生长提供了市场和劳动力的条件，近代机器工业应运而生。

2. 近代工业发展艰难

中国土地上的机器工厂最初是由外国人投资创办的。大批外国船只运货来华，需要停泊检修，因此在上海、广州、香港等地出现了一些外资的船舶修造工厂，如上海的耶松船厂。以后，由于出口农副产品需要加工，在缫丝、制茶等行业中也出现了外资工厂。但中日甲午战争之前，清政府不准许外商公开设厂，加之上述工厂仍属于修理、加工性质，因此，中国近代机器制造工业实开始于镇压太平天国时政府创办的军事工业，如上海的江南制造局、南京的金陵机器局以及福建的船政局等。这些军事工业是官办企业，资金由清政府拨付，机器设备、生产技术则依靠外国，聘用"洋匠"，生产的枪炮、军舰、弹药直接调拨给军队使用，不计算产品价值，不参加市场交换，企业本身没有从利润转化来的资本积累。这些企业内，

贪污浪费惊人，效益很低，冗员充斥。清政府虽耗费了大量资金，官办军事工业仍难以存在和发展。

金陵制造局

稍后，近代工业逐渐在运输、采矿、纺织等行业中萌生，如上海轮船招商局、直隶开平煤矿、台湾基隆煤矿、上海织布局等。这些企业都由官府和商人合作，或为官商合办，或为官督商办，在政府支持下，能有一些优惠和特权。如贷款、减税、专利等，但官府势力渗入企业内，遗患无穷，在人事任用、经营管理、利润分配上，都存在着一系列问题。官商间发生严重摩擦，企业得不到正常发展。历史经验证明：官商合办、官督商办严重窒息了近代工业的活力，阻碍了社会经济的发展。

纯粹商办企业最早在一些加工企业中发生，如缫丝业、制茶业、碾米业、纺织业等。甲午战前，资本不多，规模较小。甲午战后，商办工厂逐渐增加，从光绪二十一年至民国二年（1895—1913年）的18年间，共设立厂矿549个，资本总额达1.2亿元。其中官办、官商合办、官督商办的企业86个，资本额约3000万元，其他均为商办的厂矿。民族资本主义工业绝大部分是轻工业，尤以纺织业所占比重最大。其他则为矿冶、面粉、卷烟、金属加工等行业。较大的工厂有张謇创办的南通大生纱厂等，祝大椿创办的上海源昌碾米厂、缫丝厂等，张振勋创办的烟台张裕酿酒公司，聂缉椝创办的上海恒丰纱厂，无锡荣氏兄弟创办的面粉厂、纺织厂，华侨简氏兄弟创办的南洋兄弟烟草公司。总的来说，中国近代的民族工业的发展极为缓慢，在创办过程中碰到一系列困难。

中国工业发展的困难主要来自帝国主义和封建主义。中国的近代工业，从机器、技术甚至某些原料都要依赖外国，但又和外国存在着矛盾。帝国主义倾销大量商品，夺去了中国民族工业的市场；它们又在中国设厂制造，资本雄厚，实力强大，弱小的中国工业面临其强有力的竞争，难以立足。许多创办不久的中国企业亏损严重，或者倒闭，或者被外资并吞。清朝封建政权奉行压抑工商的传统政策，所行厘金税，税制混乱，征收苛重，税率和征收地点、征收范围均无明确规定，逢关抽厘，遇卡留难，亦成为工商业的重大负担。中国又缺乏正常的金融市场，借贷利率很高，资金筹集困难，企业资金不易周转。还有封建官府的勒索，地方士绅的刁难。这些都使近代民族工业遇到极大的阻力，其诞生和发展经历了漫长而痛苦的过程。

3. 早期资产阶级和无产阶级的出现

新经济的产生和初步发展，导致中国的资产阶级和无产阶级得以出现。

中国资产阶级的前身是封建社会里的一部分商人、地主、官僚，还有通商口岸的买办。他们开始投资于近代工商业，向资产阶级转化。在他们身上，封建性极为浓厚，有的人本身就是大官僚、大地主，他们开办工厂矿山，由清政府保护，利用了政治特权；另一些投资者和清政府关系稍疏远，也要仰政府的鼻息，本人则捐买官衔，挤进官场以提高自己的地位，便于企业的活动。资产阶级又和帝国主义有密切关系。他们的机器设备来自外国，生产技术依靠"洋匠"，经营管理借鉴外国工厂，有的企业甚至原料来源、产品销售、资金筹集也离不开外国。但另一方面中国幼弱的近代工业又受到帝国主义、封建主义的沉重压迫，不能正常发展。因此，新兴的资产阶级又和帝国主义、封建主义存在着矛盾。

除了一部分商人、地主、官僚向资产阶级转化外，一部分农民和手工业者也转化成为无产阶级。鸦片战争以后，外商在中国通商口岸设厂，这些外资企业中出现了中国最早的产业工人。此后清政府和私人陆续投资设厂，中国无产阶级的人数日益增加。估计中日甲午战争以前已有10万人，到清朝覆亡时已发展到60万人。

中国的无产阶级不但要受资本主义的剥削，而且首先要受帝国主义、封建主义的压迫。他们工资极低，工时很长，工作条件恶劣。很多工厂任用封建把头，使用暴力、刑具惩罚工人。他们处在社会最底层，受压迫最重，斗争最英勇坚决。由于外资或中国的工厂都设立在沿江沿海的大城市中，中国无产阶级也就集中在上海、广州、天津、汉口等地。从行业说，纺织、缫丝、采矿、海员、铁路工人的数目最多。无产阶级在全国总人口中的比例还很小，但它集中在新式企业中，代表新的生产力，因此，最有生机和前途。在清朝灭亡以前，中国无产阶级还没有独立地登上历史舞台，但追随着资产阶级革命派，已显示出巨大的声势和潜力。例如，中法战争中，香港工人拒绝法国军舰到香港停驻而发动了一个多月的总罢工，使繁华的香港陷于瘫痪；辛亥革命中，上海和汉阳的工人支援起义，参加战斗，成为旧民主主义革命中的重要力量。

四、对外贸易往来频，闭关锁国天朝衰

1. 清朝与邻国的贸易往来

清朝的中前期，海外贸易还很频繁，与邻国的关系也很友好。

清朝与朝鲜，不但通过使臣进行贸易，在义州、会宁、庆源等地，还设有定期的贸易市场。清朝商人运去绸缎、皮货、布匹、文具等，贩回纸张、苎布、人参、牛马和食盐等物品。朝鲜开城的松商和义州的湾商，都以跟清朝通商而著名。当时朝鲜还常派使节团来中国，随行的人员总要买很多中国书籍回去。

清代康熙年间，中日之间的贸易也十分繁盛。中国商船赴日，最多时一年达100余艘。所携带的商品种类繁多，包括生丝、绸缎、瓷器、茶叶、药材、纸张、砂糖、染料、工艺品以及书籍、文具等。从日本输入的货物，以铜为大宗，其余则有金银、海味、漆器等。随着贸易的发展，旅居日本的中国商人日益增多，像著名学者朱舜水，他在日本开创的讲学的风气，对日本学术界有很大影响。

当时还有不少人移居越南，多定居在越南南部的嘉定、定祥、边和一带。他们在那里垦辟耕种，经营商业。当时越南开采金、银、铜、锡等矿，也多招募中国工人。

此时，中国和暹罗（今泰国）之间的关系也有进一步发展，贸易往来极为频繁。每年从上海、宁波、泉州、厦门和潮州等地前往经商的货船有五六十只之多。当时，暹罗的米输入中国的数量也很大。

清朝和缅甸虽然在清朝初年发生过战争，但在乾隆年间双方和好，中

清代瓷器

缅之间的往来也开始频繁起来。清朝每年到缅甸经商的不下千人，他们常带着铜器、铁锅到缅甸贩卖，剪刀和针都是缅甸需要的大宗商品。而缅甸的棉花和食盐等，也大量运入云南。

2. 闭关锁国

清朝中前期，一直和西方保持着良好的贸易、文化往来。

康熙帝对西方的科学技术比较重视，他本人就十分勤奋地学习西方的各种知识，也注意招徕具有各种科学技能的西方人才来为清朝效力，并给他们以优厚的待遇。

在康熙四十七年（1708 年）开始的全国地图的大测绘工作中，就有杜德美等西方传教士参加。在钦天监中，也长时期有西方传教士供职，如长于天文历法的西方教士汤若望、南怀仁等。南怀仁还曾受命为朝廷铸造火炮，他著有《神武图说》一书，详细讲解西方的造炮技术，受到了康熙帝的赞扬和赏赐。

清代西欧来华的耶稣会士，曾先后把《大学》《中庸》《论语》《孟子》等中国古代经典译为拉丁文加以刊行。德国著名文学家歌德，曾试图以元剧《赵氏孤儿》为蓝本编写剧本。那时候的巴黎、维也纳、罗马等欧洲大城市，曾上演了不少中国题材的歌舞剧。欧洲人还对当时清朝的瓷器和漆器特别喜欢，而中国的园林建筑艺术更是让他们大为惊叹。

此时的西方，尤其是英国和法国，已完成了工业革命，机器工业代替了工场手工业，商品被成批成批地生产出来。开辟新的更大的市场，成了英国人最迫切的要求。可是在跟中国的贸易中，总是英国、法国买回大量瓷器、丝绸和茶叶，将白花花的银子送入了清政府的腰包。

英国和法国都竭力想打通清朝的广大市场，可此时的清政府，害怕外来思想动摇它的统治，开始

马戛尔尼

实行闭关政策，限制贸易，也限制不同文化的侵入。乾隆五十七年（1792年），英国政府以给乾隆帝祝寿为名，派使臣马戛尔尼来中国交涉通商事宜。第二年，马戛尔尼在热河行宫朝见乾隆帝时，提出了"准许英国派使臣驻北京；准许英国人在各省传教"等几项要求，当即遭到乾隆帝的拒绝。嘉庆二十一年（1816年），英国政府又派阿美士德使华，重申前请。但由于在朝见的礼节上发生争执，嘉庆帝根本就没接见他。

在企图以外交手段来达到扩大通商的目的失败后，英国开始更多地派遣商船到中国沿海进行走私活动，甚至可耻地向中国输入鸦片。鸦片的大量输入，给中国带来了严重危害。

嘉庆帝死后，他的儿子旻宁即位，就是清宣宗，也叫道光帝。此时的清王朝越来越衰落，西方国家更是乘机加紧侵略，民族危机十分严重。到了道光二十年（1840年），爆发了鸦片战争。自此以后，中国人开始了长达一个世纪的、为赢得民族独立的不屈斗争。

第二章 / 清代的思想与科技

一、思想控制文字狱，尊孔崇儒汉学兴

1.清前期的文化政策

清初的经济发展和社会状况尚不能使思想界得到充分发展。当清朝重建起封建政治体制，加强了对思想的控制，后继的思想家们也不得不随之转向。如阎若璩、胡渭继承了清初务实的学风，博学多识，不尚空谈，而研究方法则趋细密，只在诠释古籍、辨别真伪方面做出了突出的成绩。阎若璩考证《古文尚书》为伪书，胡渭考证《河图洛书》为晚出，廓清了封建学术界长期的迷信盲从，但在清朝的高压政策下，埋头古籍，变得谨小慎微，失去了前辈思想家那种干预现实、评议朝政、臧否人物的战斗精神。

清朝为了巩固思想统治，笼络知识界，大力尊孔崇儒，给孔子加上"大成至圣先师"的尊号。儒家思想是理政、治学、处世、待人的标准，程朱理学又被视为孔子的真传、儒学的正统，因此朱熹备受尊重，四书及五经中的一部分均以朱熹的注释为准。清

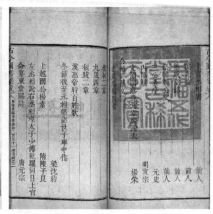

《古今图书集成》书影

朝的统治安定以后,大规模编纂书籍,最著名的有《古今图书集成》(1万卷)和《四库全书》(7.9万余卷)。《四库全书》收集历代经、史、子、集各类书籍3400余种,其中有很多是从《永乐大典》中辑出的已经失传的书籍,包罗宏大,丰富浩瀚,为中国古代思想文化遗产之总汇。但在编纂过程中,清政府对全国图书做了一次大检查,大批书籍被认为对清朝统治不利,归入悖逆、违碍之列,遭到销毁或篡改。

除了传统的儒学以外,很多外国耶稣会传教士来华,带来了西方的科学文化,包括数学、天文、历法、物理、医药、地图绘制、武器制造、绘画、建筑等,编写了一些书籍。康熙帝本人还学习过西方科学,但清廷未用力提倡,知识界沉溺在儒家经典中,不了解西方科学的内容和价值。

2. 清朝的文字狱

清朝对文化思想的控制十分严厉,发生了许多次文字狱,惩治极重,株连极广。康熙时有庄廷鑨明史案,雍正时有吕留良、曾静案。乾隆时,文字狱更多,获罪的人大多是下层知识分子。他们或腹有牢骚,爱发议论,或僻居乡村,不知忌讳;或乱上条陈,干禄幸进;或吟诗作文,用字不慎,都招来了杀身破家之祸。这些案件多是捕风捉影,望文生义,滥杀无辜,以确立封建专制统治的淫威。哪里发生了重大的文字狱,地方官也要受处分。因此官吏们稍见文字违碍,即捕人抄家,罗织罪状,株连宁多勿少,处理宁严勿宽。文人士子,惴惴自危,不敢议论当代的政治和社会问题,也不敢编写历史、研究现实,只得埋首故纸堆中,消磨智慧和志气,使知识界思想麻木,万马齐喑。许多人便在考据学方面下功夫,这使得清朝的考据学相对发达起来。

清朝的文字狱,大批文人因此而丧命。翰林官徐骏因"清风不识字,何事乱翻书"两句诗中"清风"二字,被雍正帝认为"清风"就是指清朝,也丢掉了性命。文字狱造成了严重的恐怖气氛,对社会的影响是十分有害的。

3. 汉学的兴起

由于清廷文化政策的严格控制,知识分子既不满于作为官方哲学的理学,又不敢评论政事、研究实际,只得把智慧和精力专注于整理、注释古籍。乾隆时,汉学兴起。这一学派以儒家经典作为主要的研究对象,考其真伪,正其讹误,辨其音读字义,校勘异同。他们做了许多踏实的基本工作,消除了古代典籍在长期流传中产生的错漏、误解和故意的篡改。在治学的态度、方法上，强调博学多闻，尊重客观事实，力戒主观武断，运用归纳法，重视证据，在一定程度上改变了宋明理学读书但观大意，随意发挥，游谈无根，注重内心修省的弊病。

汉学中有两大派别：

一是以惠栋为代表的吴派，尊信和固守汉代儒者的说经。他们认为，汉人离古不远，遗说尚存，要弄清古代圣贤的经典，必须遵循汉儒的注疏诠释。惠栋专精《周易》，对汉人的遗说搜辑研究甚勤，而较少发挥自己的见解。所以这一学派被统称为"汉学"，以与专治理学的"宋学"相区别。其他学者有沈彤、余萧客、江声、王鸣盛、钱大昕，他们都是苏州附近人，故称"吴派"。吴派的宗旨被认为"凡古必真，凡汉皆好"。其中钱大昕的学术成就较高，能稍稍摆脱墨守古训的痼疾。

二是以戴震为代表的皖派，治学宗旨和研究态度与吴派相似，不同的是戴震等有自己的见解和是非标准，并不专崇汉儒。戴震学问渊博，识断精审，擅长音韵训诂、典章制度、天文、地理、数学等。他还和其他汉学家不同，写了许多"义理"文章，阐述唯物主义思想，发挥人性论和理欲说，正面与"宋学"对抗。他认为，"欲"是人类与生俱来的自然要求，应该在理智的指导下，合理地得到满足，这就是"善"；反对理学家提倡的"存天理，灭人欲"。指出程朱理学把老百姓的"饥寒愁怨""常情隐曲"都说成是万恶的"人欲"，因而抹杀了群众正当的生存要求，是残忍而虚伪的说教。又指出，理学家所说的"天理"，并不是真理，而不过是主观偏见，是强者欺凌和压迫群众的口实。他沉痛地喊出了"后儒以理杀人"的呼声。戴震的弟子与后辈多安徽和扬州附近人，有段玉裁、王念孙、王引之、洪榜、汪中、焦循、凌廷堪、阮元等，各在自己的专门领域中做出了贡献。乾嘉之际，汉学大盛，

戴 震

治经、考史、文字、声韵、天文、历算、地理、金石以及目录、校勘、辑佚、辨伪、版本等学蔚起，都取得了较高的成就。

汉学家具有比较踏实的科学态度，发展了客观而精密的研究方法。但是他们的研究领域狭小，局限在儒家经典的范围内，不接触现实，不研究自然科学、生产技术，也不敢谈论政治和社会问题。研究的方法陷于孤立、静止，缺少从事物的相互联系和运动中去考察，注意微观研究，忽视宏观研究，只见树木，不见森林。因此，虽然对古代典籍爬梳考证，做出了成绩，却不能提供新鲜理论和系统的思想体系，也不易接受、消化西方刚传来的科学技术。到了鸦片战争前夕，一个新的学派开始兴起，这就是清今文经学。其代表人物有庄存与、刘逢禄、宋翔凤，下及龚自珍、魏源。主要研究对象虽仍是儒家经典，但主张通经致用，留心实务，议论政事，强调变革，形成了区别于汉学的新学风。

二、学术兴盛趋实用，文艺复兴新思潮

清朝学术兴盛，文人学者对明朝以前各朝代的种种学术都加以钻研、演绎而重加阐释，集历代之大成，梁启超称清朝为中国的"文艺复兴时代"。鉴于晚明政治腐败、内忧外患不断，宋明理学流于空泛虚伪，致使清初学者多留心经世致用的学问。明朝亡于流寇、清朝定鼎中原后，一时学者痛定思痛，排斥空谈心性的宋明理学与阳明学，推究各朝代治乱兴衰的轨迹，提出种种改造政治与振兴社会的方案，使清初学术思想呈现实用主义的风气，发展出实事求是的考据学，清朝的四大学术目录、训诂、考据、金石得到了迅速的发展。

1. 考据学

考据学在清代被称为汉学，也叫朴学，主要是从文字音韵、名物训诂、校勘辑佚等方面从事经书古义的考证，并由此推广到其他书籍。简言之，就是用一本古书来研究另一本古书。

清代考据学全盛时期的代表人物有惠栋、戴震、段玉裁、王引之、王念孙等。

考据学大体分为吴、皖两大派。吴派以苏州元和人惠栋为首，他著有《古文尚书考》等书。其治学方法是信家法而尚古训，一切务在恢复汉人的说法。但由于墨守汉人的成说，比较保守，所以其成就不大。皖派以戴震为首，

惠栋书法

在治学上比较富有创造性，不拘泥于一家之言。采取"由声音文字以求训诂，由训诂以寻义理，实事求是，不偏主一家"的考据方法，对中国古典文献的整理作出了较大贡献。

清代考据学在整理和考订古代经书方面的论著很多，像段玉裁撰写的《说文解字注》，王念孙撰写的《广雅疏证》和《读书杂志》，都是有关训诂、校勘的代表作。考据学远宗两汉的经师，有异于宋明理学，故又称为"汉学"。以顾炎武、黄宗羲、王夫之并为明末清初三大儒，与方以智、朱舜水等人并称清初五大师，颜元也是这一时期的大师。顾炎武提倡"经学即理学"，提出以"实学"代替宋明理学，要学者直接研习六经。提倡天下兴亡，匹夫有责。著有《日知录》《音学五书》等，其学说发展成乾嘉学派。黄宗羲有"中国思想启蒙之父"的誉称，著有《明儒学案》《宋元学案》，是中国学术史之祖。他保护阳明学，排斥宋明理学，力主诚意慎独之说，蔚为浙东学派。王夫之强调实际行动是知识的基础，认为历史发展具有规律性，是"理势相成"。其思想发展成船山学，后人编为《船山遗书》。

2. 民主思想

以民为主的思想于清初也升始萌芽，黄宗羲和顾炎武、王夫之提倡民权，所著的《明夷待访录》攻击君主专制体制，提倡天下为主，君为客的观点，倍受清末革命党的推崇。部分学者认为黄宗羲的思想是近代民主主义的思想，有西方学者称黄宗羲为"中国自由主义的先驱"。清初思想家唐甄所著《潜书》描述："清兴五十年来，四海之内，日益困穷，农空、工空、市空、仕空。"并指出皇帝是一切罪恶的根源，认为"自秦以来，凡帝王者皆贼也"。

3. 六经皆史

清代中期的考据学崇尚研究历史典籍，对中国历史从天文地理到金石铭文无一不反复考证。当时分成吴、皖两派。吴派以惠栋父子、段玉裁、王引之与王念孙为主，以"博学好古"为宗旨，恪守儒家法则；皖派以戴震为首，以"实事求是""无征不信"为宗旨。他们"毕注于名物训诂之考订，所成就亦超出前儒之上"。桐城派健将姚鼐提倡"义理、考据、词章，三者不可偏废"。道光与咸丰年间，曾国藩又把经济与义理、考据、词章并列。然而考据学到后来过分重视琐碎事物的探究，为学问而学问，知古不知今。当时章学诚提出"六经皆史"，注重六经蕴含的义理，并使用于当代政治上，意图矫正此歪风。鸦片战争后西学大量流入中国，考据学逐渐式微。

4. 西方思想

明末清初，随着欧洲耶稣会传教士来华，西学输入中国，对于当时的学风由浮虚转为务实，也有相当的激励作用。他们将西方科技介绍给中国人，扩大其知识领域，使中国的学术思想增添不少新成分。鸦片战争之后，大量西方科技与思想带动中国近代化革新。此时学者如龚自珍、魏源与康有为等人继承章学诚的说法，并进一步要求改革祖宗的法制，来应付内忧外患的局势。龚自珍讲求经世之务，志存改革，追求"更法"。魏源的《海国图志》主张"师夷长技以制夷"，冯桂芬的《校邠庐抗议》主张"以中国之伦常名教为原本，辅以诸国富强之术"。康有为与梁启超主张君主立宪。他们吸收来自西方的知识，先后推动自强运动与维新运动，这一波改革风潮最后引发清末新政与辛亥革命。

三、北大前身同文馆，高等教育大学堂

咸丰十年（1861年），清政府设立了总理各国事务衙门（简称总理衙门），负责对外事务。次年，咸丰皇帝应总理衙门大臣奕䜣的奏请，设立京师同文馆，作为附属于总理衙门的一所外国语学校，培养对外人员。同治元年（1862年），京师同文馆在北京正式开办，最初设英文、法文、俄文三馆，只招收14岁以下的八旗子弟。同治五年（1866年），总理衙门又奏请皇帝，要增设天文、算学科目，聘请洋人来教习，于是陆续增设了算学（包括天文）、化学、格致（包括力学、水学、声学、气学、火学、光学、电学）、医学四馆。录取学生的方法也相应变动。规定由京内外各衙门保举30岁以下的翰林院庶吉士、编修、检讨及五品以下由进士出身的官员，或举人、贡士等未仕人员，最后由总理衙门考取入学。学生的生活待遇从优，先是每月每人给膏火银3两，后改为每人每月薪水银10两，并供给饭食。

同文馆设立之初遭到清政府内极端守旧派人士的反对。监察御史张盛

京师同文馆

藻认为强盛中国的办法依旧是尧舜之道，只有通过精读孔孟之书，明体达用，才能使国家规模宏大，所以他极力反对向洋人学习制造轮船、洋枪技术，大学士倭仁也不断提出"立国之道当以礼义人心为本，未有专恃术数而能起衰振弱者。天文、算学只为末议，即不讲习，于国家大计亦无所损"。从此，守旧派与洋务派在同文馆的设立上发生了激烈争论。倭仁的声望在当时学界很高，是理学权威，他的响应者颇多。这样，京师同文馆虽然设立了讲习天文、算学等自然科学的科目，但投考的人却寥寥无几。

同治十三年（1874 年），在以李鸿章为首的实力派的大肆倡导下，办洋务已成为一种时尚，于是同文馆也随之逐步兴盛起来。在此之前曾增设了德文馆。这以后又增设了东文馆。规定学生增加到 120 人。后改学制 3 年为 8 年，课程包括汉文、外文、天文、算学、物理、化学、世界史地和万国公法等科目。此外设有为教学服务的化学实验室、物理实验室和博物馆、天文台等。在此之前，还于同治十二年（1873 年）设立了印书处，有中体和罗马体活字 4 套，手摇机 7 部，承印同文馆和总理衙门所翻译的数、理、化、医学、历史等书籍和文件等。

京师同文馆的总教习多由外国人担任。同文馆的经费、人事等方面多为总税务司英国人赫德所控制。同文馆先后聘请了外国传教士包尔腾、傅兰雅、丁韪良等担任教习或总教习，其中由赫德提名的总教习美国传教士丁韪良总管校务近 30 年。按规定，同文馆不允许传播西方宗教，但实际上洋教习们总是借机进行传播。

光绪二十七年（1901 年）初，京师同文馆并入京师大学堂。

京师大学堂是中国近代最早的实施高等教育的学校，成立于光绪二十四年（1898 年）八月初九，是戊戌变法的"新政"措施之一，今北京大学的前身。初由孙家鼐管理，以"广育人才、讲求实务"为宗旨，拟设道、政、农、工、商等科。戊戌变法失败后，在顽固派控制下，只设

《诗》《书》《易》《礼》四班和《春秋》两班，性质与旧式书院相同。八国联军进占北京后被迫停办，光绪二十八年（1902年）复办，陆续增设预备科、速成科、进士馆、译学馆及医学实习馆。毕业生分别授予贡生、举人、进士衔。光绪二十七年（1901年）开设经、法、文、格致、农、工、商7科。1912年改为北京大学。

四、卷帙浩繁集古典，《四库全书》存七阁

清代统治者自入关后很重视搜集和编纂古代典籍，顺治、康熙、雍正时期编修书籍甚多，其中如大型类书《古今图书集成》，荟萃群书，融贯古今，有1万卷之巨。到乾隆年间，清朝进入鼎盛阶段，国家富足，社会也较为安定，为更大规模的书籍编纂工作提供了条件。

乾隆帝跟他祖父、父亲一样，不仅注意武功，还十分重视文治。他一面继续招收文人学者做官；一面又大兴文字狱，镇压有反清嫌疑的文人。乾隆时期文字狱之多，大大超过了康熙、雍正两朝。

但是，乾隆帝明白，光靠文字狱来实行文化统治去不了根，还有成千上万的书籍贮藏在民间。如果里面有不利于他们统治的内容，那就无可奈何了。

后来，他想出一个一举两得的办法，就是集中全国的藏书，来编辑一部规模空前巨大的丛书。这样做，一来可以进一步笼络大批知识分子，显示皇帝重视文化；二来借这个机会正好可以把民间藏书统统审查一下。

乾隆三十八年（1773年），乾隆帝正式下令开设四库全书馆。派了一些皇亲国戚和大学士担任总管，那些皇亲国戚大多是挂名监督的。真正担任编纂官的都是当时一些有名的学者，像戴震、姚鼐、纪昀等人。要编纂

文津阁《四库全书》

的那套丛书名称就叫《四库全书》。

要编这样一套规模巨大的丛书，先得收集大量的书籍。乾隆帝下了命令，叫各省官员搜集、收购各种图书，并且定出了奖励办法，私人进献图书越多，奖励越大。这道命令一下，各地图书便源源不绝送到北京。两年之中，就聚集了2万多种，再加上宫廷里收藏的大量图书，数量就很可观了。

书收集得差不多了，乾隆帝就下令四库全书馆的编纂官员对图书进行认真检查。凡是有"违碍"（对清统治者不利）字句的，一律毁掉。经查发现在明朝后期的大臣奏章里，提到清皇族的上代，不那么尊重，乾隆帝认为这是很不体面的，就下令把这类图书一概烧毁。据不完全统计，在编《四库全书》的同时，被查禁烧毁的图书也有3000多种。

后来，这部规模巨大的《四库全书》终于编出来了。编纂者们对大批图书进行编辑、校勘、抄写，足足花了10年工夫，到乾隆四十七年（1782年）正式完成。这套丛书共收图书3503种，79337卷。不论乾隆帝当初的动机怎样，这部书对后代人研究我国古代丰富的文化遗产，毕竟是一项重大而珍贵的贡献。

《四库全书》卷帙浩繁，没有刊印本，编成后仅抄写了7份，各装订成36000多册，分别于北京大内文渊阁、圆明园文源阁、承德避暑山庄文津阁、沈阳故宫文溯阁和扬州文汇阁、镇江文宗阁、杭州文澜阁。抄成后又多次重校、补校。后来由于战乱，文源阁本、文汇阁本和文宗阁本都荡然无存；文澜阁本毁损过半后补抄完整，与文渊阁本、文津阁本、文溯阁本现在分别珍藏在杭州、台北、北京和甘肃兰州。

五、轻视科技致落伍，积贫积弱缓发展

清朝的官方和学术界都不重视科学技术和生产技术，这方面的成就和同时代的西方国家相比落后甚远。明末清初有不少外国传教士传来西方的科学，但并未得到重视，所以没有广泛传播推广。清中叶，由于政治和意识形态的原因，外国传教士中止来华，从此，和外部世界的联系更加阻隔。清代科学技术的落后是中国积贫积弱的重要原因之一，但在某些传统的科学技术领域中比前也有所进展。

1. 数学

在数学方面，大量传教士进入中国，相当一部分进入中央朝廷，这一

时期伴随他们进入中国的还有大量的西方数学著作。比如《数度衍》等。同时涌现了梅文鼎、年希尧、方中通、明安图、王元启、董佑诚等一批科学家。康熙年间举行一次历法大辩论。新历派以精确的数学运算战胜了旧历派，引起了朝廷的重视并不断聘请国外传教士传授几何、代数、物理等知识，推动数学发展。康熙末年，编纂的《数理精蕴》是一部总结性的数学著作，是研习清朝数学的必读书目。雍正后，掀起了古算复兴的浪潮，整理古算的事引起更多人关注，对古代传统算术的整理、校勘、注释蔚然成风，其中有李潢校注的

李善兰

《九章算术》；罗士琳费时 12 年对元代朱世杰的《四元玉鉴》和《算学启蒙》中的天元术和四元术进行了严密细致的钻研，写成《四元玉鉴细草》。

数学家李善兰（1811—1882 年），字壬叔，号秋纫，浙江海宁人。从小喜爱数学，咸丰二年（1852 年）到上海参加西方数学、天文学等科学著作的翻译。以后又任曾国藩的幕僚，同治七年（1868 年）后任北京同文馆天文学算馆总教习。他在数学方面的成果集中在《则古昔斋算学》中，包括 13 种数学著作。其中关于幂级数展开式方面的有《方圆阐幽》《弧矢启秘》《对数探源》。李善兰创造了一种"尖锥术"，即用尖锥的面积来表示 X^n，用求诸锥之和的方式来解决各种数学问题。虽然在此时他还没接触微积分，但实际上已得出了有关定积分公式。在《垛积比类》中，李善兰利用和"开方作法来源图"相类似的数表，列出一系列的高级等差级数求和的公式。这就是国际数学界感兴趣的"李善兰恒等式"。他在数论方面论证了著名的费尔玛定理（见《考数根法》）。而且，沿用至今的不少数学名词，如"代数""微积分""积分"等都是李善兰所创造的。当时与李善兰一起参加翻译工作的伟烈亚力对李工作评价颇高。所以，就当时中国科学各学科远远落后于西方而言，数学还算是有些成绩的。

2. 天文学

清朝入关后，汤若望、南怀仁等教士来华传教，带来西方科学与技术。

他们先后被任命为钦天监。康熙帝对于天文历算、火炮之学很有兴趣，曾令白晋、德玛诺等人，测绘全国地图，历时十年而成，康熙帝命名为《皇舆全览图》，它是中国第一部用经纬度测绘的地图。顺治帝多次向汤若望学习天文、历法、宗教等知识，以及治国之策。不久汤若望成为"钦天监"的负责人，掌管国家天文。在随后的100多年间，"钦天监"皆由耶稣会士掌管。由于需要新的历法，清政府遂下令根据汤若望所著的《西洋新法历书》，制定新历法并颁行全国，名为时宪历。

3. 器械

在器械方面，西方传教士曾为清廷造过不少大炮。康熙帝时，戴梓发明连珠铳、冲天炮，颇具威力。但中叶以后，国家承平，只强调刀矛骑射，不重视火器的改进。中国不乏聪明才智之士，能制造各种精巧的器具与机械，如眼镜、望远镜、温度计、钟表、水车，但这种研究和制作，被视为奇技淫巧，得不到提倡和推广。

4. 农学

清代的农书约有100多部，尤以康熙、雍正两朝为繁盛。有《钦定授时通考》《广群芳谱》《补农书》等著作，详细论述各种作物的栽种和农业生产技术。其中大型综合性农书《钦定授时通考》，是乾隆二年（1737年）由乾隆帝召集一班文人编纂的。全书规模比《农政全书》稍小。因是皇帝敕撰的官书，各省大都有复刻，流传很广。

5. 建筑

建筑学方面取得很高的成就，宫殿、园林、寺庙、宅宇、城垣的建筑，盛极一时。或雄伟庄严，或富丽典雅，彩绘藻饰，光彩照人，庭院草木，错落有致。著名匠师梁九、雷发达均有高超的设计和施工技艺。外国传教士蒋友仁、王致诚等带来西方的建筑技术，设计圆明园内西洋楼、大

圆明园大水法

水法等建筑群。

6. 医药

清初至鼎盛时期，医药学进步表现在很多方面，基本上是明朝医药盛况的延续。乾隆时官修的《医宗金鉴》90卷，征集了不少新的秘籍及经验良方，并对《金匮要略》《伤寒论》等书作了许多考订，是一部介绍中医临床经验的重要著作。清代名医王清任在医学上有突出的成就，著有《医林改错》一书。他强调解剖学知识对医病的重要性，并对古籍中有关脏腑的记载提出了疑问。他通过对尸体内脏的解剖研究，绘制成《亲见改正脏腑图》25种，改正了前人的一些错误，为中国解剖学的发展做出了有益的贡献。

清朝中叶后，西学的影响不像清初仅局限于个别传教士，西方科技的刺激显然变得十分具有影响力。尤其是西方国家有意识地把医药作为实现他们宗教目的、掠夺目的的手段，所以西方医学对中国的渗透变得比清初那时更为明显。那时中国人民也有吸收外来医药学的需求，于是中西医汇的主张应运而生。这种新的思想既有解放中医药学家保守思想的一面，也有压抑对传统中医药学继承和发展的一面。

7. 地理

另一受西方影响较大的是地图测绘学。康、雍、乾时期，国家统一，版图巩固，始绘制全国和各地的地图，派人到各处实地测量。外国传教士雷孝思、杜德美和清朝学者何国宗、明安图等参加这项工作，采用西方经纬度定位和梯形投影法，所制地图居当时世界水平的前列。

康熙时，曾组织人力对全国进行大地测量，邀请了何国宗、明安图等学者和白晋、士雷孝思、杜德美等法国传教士参与地图测绘工作，测量人员采用了经纬度测绘方法跋山涉水实地测量，经过30余年的筹划、测绘工作，用梯形投影法制成了《皇舆全览图》。这部地图"不但是亚洲当时所有的地图中最好的一幅，而且比当时所有的欧洲地图都更好、更精确"。最后乾隆时期在《皇舆全览图》的基础上，根据测绘的新资料，制成了《乾隆内府皇舆全图》。在这份地图里第一次详细地绘出了中国的新疆地区。

8. 铁路

清朝末年，中国的交通事业有所发展，詹天佑是中国第一位杰出的铁路工程师，他主持修建的京张铁路工程之艰巨是当时世界铁路史上罕见的。

詹天佑克服一道道难关，创造性地设计出"人"字形轨道，减缓坡度，降低造价，比原计划提前两年完工。詹天佑修建京张铁路期间，厘定各种铁路工程标准，并上书政府要求全国采用。中国现在仍然使用的4尺8寸半标准轨、郑氏自动挂钩等都是出自詹天佑的提议。此外詹天

京张铁路开通仪式

佑亦着重铁路人才的培训，制定工程师升转章程，对工程人员的考核和要求作出明文规定，并且定明工程师薪酬与考核成绩挂钩。京张铁路培训了不少中国的工程人员，詹天佑所制定的考核章程亦成为其他中国铁路的模仿对象。

9. 化学

徐寿（1818—1884年），江苏无锡人。咸丰十一年（1861年）入曾国藩幕（同治时入上海江南制造局，参加西方科技书籍的编译工作，时间长达17年之久）。所编译书籍为13种，大多数是化学方面的，《化学鉴原》是其中比较重要而流传较广的一部，它概略地论述了一些基本理论和各种重要元素的性质，对西方近代化学知识在中国的传播起了一定作用。在译书中，徐寿首创以西文第一音节造字的原则（即取西文名字第一音节造新字命名），被后来中国化学界所接受，一直沿用至今。除译书外，徐寿还与人发起创办了格致书院（1885年），并举办一些讲座或科学讨论会，向听讲者作示范的化学试验，可视作中国化学知识普及教育的最初尝试。徐寿不仅是当时国内的著名科学家，而且在国际上也颇有名气。日本曾派柳原前光等人来向其学习。当时主持江南制造局译书事宜的傅兰雅，对其也非常佩服。

徐寿的儿子徐建寅也是一位化学家，译过《化学分原》等多种科学著作。光绪二十七年（1901年），徐建寅在武汉试验无烟火药时，不幸身亡，为科学研究献出了自己的生命。

第三章 / 文学艺术

一、文学形式杂且广，学派纷繁新面貌

清朝文学多元发展，兼容并包历代之文学特色。明朝以前的文学发展多表现在声韵、格律、句法、结构的因袭或创变；清朝承接各代文学成果，先后形成许多学派，将各种在明朝以前已式微的文体重新复兴，并继明末进一步发展各类小说、戏曲；另外，因不同地区、民族互动而呈现出语言风格多样化之文学面貌，于古体诗、近体诗、骈体文、散文、赋、词、曲、小说、戏曲皆然。由于语言转变较微妙，往往被人忽视，造成清朝文学缺乏明显特征与创造力的一般印象。整体而言，清代文学相当复杂多样，但质量上也良莠不齐。

1. 小说

清朝小说是中国古代创作和传播的高峰时代。曹雪芹的《红楼梦》、吴敬梓的《儒林外史》、李绿园的《歧路灯》和石玉昆的《三侠五义》就是其中的杰出代表。此外还有蒲松龄的《聊斋志异》、邦额的《夜谭随录》、纪昀的《阅微草堂笔记》等志怪鬼神小说。它们的出现，标志着中

《脂砚斋重评石头》

国古代白话小说和文言小说艺术的最高成就。清朝末期，谴责小说的登场，给这个时期的小说增添了光彩。代表作为《官场现形记》《二十年目睹之怪现状》《老残游记》《孽海花》等。谴责小说进一点扩大了题材的范围，描写以官场为主，而遍及社会生活的各个方面。

清代小说中塑造了一些典型人物形象，展示了社会生活的万千气象。例如《红楼梦》中的贾宝玉、林黛玉、薛宝钗、王熙凤等，《儒林外史》中的范进、匡超人、马二先生等。和明代小说比较起来，这些成功的人物形象更接近于生活，缩短了和读者的距离。

2. 诗词

清诗是唐宋之后又一个重要时期，流派纷呈，诗学主张也多样，有其不可忽视的艺术价值。清初诗坛的主流是"遗民诗"，是富有反抗精神的。最著名的是钱谦益、吴伟业、龚鼎孳，称"江左三大家"。生活于乾隆后期和嘉庆时期的著名诗人有张问陶，他的七言律绝，佳句络绎。张问陶也好谈"性灵"，赞成袁枚论诗主张，可以算是"性灵派"的诗人，张问陶与袁枚、赵翼并称乾嘉"性灵派三大家"。

被称为"诗界革命"的诗歌改良运动产生于戊戌变法前后，其代表有黄遵宪的诗，其余如谭嗣同、唐才常、康有为、黄遵宪、蒋智由、丘逢甲、夏曾佑均有作品。

清词是中国古代词的中兴时期。康熙年间，出现王士禛、陈维崧、朱彝尊、顾贞观、厉鹗、纳兰性德等重要词人，清词进入鼎盛时期。清末词人王鹏运、郑文焯、朱孝臧、况周颐并称"晚清四词人"。

3. 散文

清朝前期出现风格率真、浪漫的小品文，以张岱、李渔与袁枚为主，又有侯方域、魏禧、汪琬合称"清初散文三大家"。但是他们的文风不受道学学者支持，这些学者发起复兴唐宋文风的古文运动，此即桐城派。创始人方苞与刘大櫆、姚鼐有"桐城三祖"之称。姚鼐是桐城派的集大成者，他的古文主张，提倡"义理（内容合理）、考据（材料确切）、词章（文辞精美），三者不可偏废"。讲究义法，提倡义理，要求语言雅洁，反对俚俗。后来曾国藩发展成湘乡派，恽敬、张惠言发展成阳湖派。

4. 戏剧

中国戏曲发展至清代乾隆年间，地方戏似雨后春笋，纷纷出现，蓬勃

同光十三绝

发展。昆腔经过魏良辅、李玉等剧作家的改进，执剧坛牛耳者已明显归于昆曲大宗。经过"花雅之争"，雅部昆曲最终衰落下来。

京剧之名始见于光绪二年（1876年）的《申报》，历史上曾有皮黄、二黄、黄腔、京调、京戏、平剧、国剧等称谓，系乾隆五十五年（1790年）四大徽班进京后与北京剧坛的昆曲、汉剧、弋阳、乱弹等剧种经过五六十年的融汇，演变而成。其剧目之丰富、表演艺术家之多、剧团之多、观众之多、影响之深均为全国之冠。

二、光照千秋书谈盛，异军突起碑学兴

清代，从"帖学"的渐次衰微至"碑学"的异军突起；从篆隶中兴至书法境界大开，中国书法全面繁荣，光照千秋。

为了标榜自己统治中国的合法性，清初统治者采取了一系列措施，融合满汉关系。除了大量吸收汉人进入统治阶层，最高统治者也努力学习汉文化，以体现"华夷无别""满汉一体"。所以，清代的政治、经济、文化的建设，基本上与明代一脉相承，而不是像元代与南宋那样呈现为断裂的状况。书法的发展，也是如此。

清代书法大体可分为两大流派：一派以阁帖为主，承接晋唐以来的书法传统，尤其是赵孟頫、董其昌的行楷的帖学。另一派是碑学的兴起与兴盛，借鉴两周钟鼎、秦篆、汉隶及六朝石刻的碑学，改变了书法衰微的状况，为书法艺术的发展开拓了新的天地。

清初的书坛，帖学占有重要地位，并基本上为明季书风所笼罩，出现了一批书风独特、个性鲜明的书法家，如傅山、朱耷、石涛等人。他们都是明末遗民，讲求奇崛、磊落的个性。傅山草书雄奇逸宕，追求"宁拙毋巧，宁支离毋轻滑，宁直率毋安排"的艺术趣味，反对以工巧为尚。其书法实践和艺术主张无疑是对董其昌等强调文人意趣、趋向清疏秀媚的矫正。

朱耷、石涛等画家的书法创作，却不再满足于以书为书，而是融入了绘画的意境情趣和造型观念，开创了前所未有的画学书法的新景观。

清初帖学的流行与统治阶级的提倡有关。康熙、乾隆二帝都专情于帖学。康熙帝好董其昌书法，这种清雅疏秀的书法风靡一时。我们现在看康熙帝书《岳阳楼记》《集王圣教序》的清雅洒脱，颇有帖学的风范。而乾隆帝好赵孟頫，他写字即仿圆腴丰润的赵书，他还下令将宫廷珍藏的古代书法名迹刻成《三希堂法帖》，并重刻《淳化阁帖》。上行下效，再加上科举时代写试卷的字体要求端庄整齐，而不能有丝毫违反，所以帖学之风炽热矣。初有帖学"四大家"（笪重光、姜宸英、汪士鋐、何焯），后有张照以及翁方纲、刘墉、梁同书、王文治，虽功力不输，但无甚建树，遂形成所谓"馆阁体"。

"馆阁体"追求"乌、光、方"，千人一面，缺乏个性，状如算子，端正、拘谨、呆板、整齐、毫无生气变化可言。所以近代对于"馆阁体"的研究大都持贬斥的态度。这虽有道理，但任何事物都有两面性。"馆阁体"虽然相比奇崛的个性派和碑学，缺乏个性和生动的变化，但它所涵容的雍容、平和和大度的气局却不可简单地予以全部否定。

乾隆年间，敢于突破帖学樊篱、自辟新路的书法家当推"扬州八怪"。他们有意识地从汉隶中吸取营养，并将绘画用笔融入书法使靡弱的帖书得以宽其骨气。汪士慎、金农、郑燮是其中的代表。汪士慎以画梅花著称，其草书清俊秀拔，与其所画梅的出枝行干相仿佛，体现了作者"要将胸中清苦吐，吐作纸上冰霜桠"的山林襟怀。金农书法各体皆能，以"漆书"闻名。所谓"漆书"，并不是说用漆来写，而是指墨浓如漆，用笔方扁如刷，具有漆简的意味，在"乌、光、方""馆阁体"流行的康雍书坛，显得十分新颖、奇特。郑燮擅画兰竹，独创"六分半书"，是一种介于隶、楷、草之间的新书体，所呈现出的面貌与传统大相径庭。他们变革帖学的尝试，无疑是碑学兴起的前奏。

于帖学之外，碑学的另辟户牖，乃是中国书法史上至为重要的事件。碑学的出现及其迅速兴盛，与时代风

郑燮《难得糊涂》

气之浸染有关。清代中叶以来，先秦青铜器、秦汉碑片的不断发现，引发了古文字学与金石学研究的高涨，也带动了书法艺术的变革，书法逐渐转向碑学。尤其有几位理论家，大力倡导碑学，著书立说，更推进了碑学的传播。如阮元的《南北书派论》、包世臣的《艺舟双楫》，在当时书坛上产生了巨大影响，从而在书坛上掀起尊碑浪潮，形成了碑学蓬勃发展的书道中兴局面，涌现出许多成就突出的书法家，如邓石如、伊秉绶、丁敬、黄易、包世臣、陈鸿寿等。其中以邓石如、伊秉绶两家造诣最深。邓石如篆隶双美，沉着雄厚；伊秉绶隶书面目独特，朴拙敦实。两人书名并重当世。

清代晚期，基本上是碑学一统天下，康有为的《广艺舟双楫》总结了前朝碑学的理论和实践，并竭力推崇北碑，尊魏卑唐。其作品亦吸收碑书之宏阔气息，下笔千钧，纵横开张。在其倡导下，篆隶、北魏书均获得空前的发展，名家辈出。其中以何绍基、赵之谦、吴昌硕最负盛名。何绍基以颜真卿为本融北碑，碑帖互济，行书最精；赵之谦擅篆隶之法而参北碑，笔法斩截稳健，其行书则是融碑帖于一体之巨擘；吴昌硕师《石鼓》，用笔苍辣，大气淋漓。他们的书法艺术对 20 世纪的书法起到了积极的推动作用。

三、流派云集清绘画，笔墨情趣写丹青

清代画坛文人画占主导地位，山水画和水墨写意画法盛行，更多画家追求笔墨情趣，在艺术形式上出奇翻新，涌现出诸多不同风格的流派。清代绘画发展的历史进程与整个社会的发展变迁相联系，可分为早、中、晚三个时期。

1. 清代早期绘画

这一时期约自顺治（1644—1661 年）至康熙（1662—1722 年）初年。这一时期，文人山水画兴盛，并形成两种截然不同的艺术追求。承续明末董其昌衣钵的四王画派，以摹古为宗旨，受到皇室的重视，居画坛正统地位。活动于江南地区的一批明代遗民画家，寄情山水，借画抒怀，艺术上具有开拓、创新精神，以金陵八家、"四僧"、新安派为代表。

"四王画派"主要指王时敏、王鉴、王翚、王原祁 4 人，有时亦加上吴历、恽寿平，合称"四王吴恽"或"清初六家"。他们大都奉董其昌的艺术主张为金科玉律，致力于摹古，推崇元四家，强调笔墨技法，追求蕴藉平和的意趣。由于"四王"社会地位显赫，交游广、门生多，在士大夫中影响大，

王时敏《丛林曲调图》

其艺术旨趣又受到统治者赞赏，因此，被视为画坛正统派，影响所及，直至近现代。他们在以临古为主的艺术实践中积累了较深厚的笔墨功夫，在笔墨、构图、气韵、意境等方面，也总结了一些规律性的经验，尤其是发展了干笔渴墨层层积染的技法，丰富了中国画的艺术表现力。然而，他们忽视师法自然，回避现实生活，缺乏具体感受，致使作品大多单调、空洞，缺少生气和新意，阻碍了他们取得更高成就。"四王"之中，王时敏、王鉴、王原祁更重笔墨，主要宗法黄公望。王原祁被称为娄东派首领。王翚尚能体察自然，并兼容各家技法，面貌比较多样，后世称其为虞山派首领。四王画派至清代中期，影响遍及朝野，宗娄东派的有黄鼎、唐岱、董邦达、方士庶、张宗苍、钱维城等人；属虞山派的有杨晋、李世倬、宋骏业、唐俊、蔡远等人。此外，还有"小四王"（王昱、王愫、王宸、王玖）、"后四王"（王三锡、王廷周、王廷元、王鸣韶）等。

明末清初，聚集于江南地区的一批遗民画家，呈现出与正统派相左的艺术追求。南京的"金陵八家"，以龚贤为首，包括樊圻、高岑、邹喆、吴宏、叶欣、谢荪、胡慥。他们遁迹山林，洁身自好，重视师法自然，主要描写南京一带风光，揭示山川之美，抒发真切感受。他们广泛学习前人之长，以扎实的功力，力求突破成规，创立新意，风格虽各有不同，但均具有清新怡人的意趣。同时，称誉南京的还有陈卓、王概、张风等人。

"四僧"是指石涛、朱耷、髡残、弘仁四人。前两人是明宗室后裔，后两人是明代遗民，四人均抱有强烈的遗民意识。他们借画抒写身世之感和抑郁之气，寄托对故国山川的炽热之情。艺术上主张"借古开今"，重视生活感受，强调独抒性灵。他们冲破当时画坛摹古的樊篱，标新立异，创造出奇肆豪放、磊落昂扬、不守绳墨、独具风采的画风，振兴了当时画坛，也予后世以深远的影响。其中石涛、朱耷成就最为显著。石涛的山水不宗一家，夏然自立，景色郁勃新奇，构图大胆新颖，笔墨纵肆多变，格调昂扬雄奇，是清初最富有创造性的画家。朱耷以花鸟画著称，继承陈淳、徐渭传统，发展了泼墨写意画法。其作品往往缘物抒情，以象征、寓意和夸张的手法，塑造奇特的形象，抒发愤世嫉俗之情和国亡家破之痛；笔墨洗练雄肆，构图简约空灵，景象奇险，格调冷隽，达到了笔简意赅的艺术境地，对后来的扬州八怪和近现代大写意花鸟画影响重大。石涛的山水从黄公望、王蒙变化而出，以真景为粉本，描绘重山复水，繁密而不迫塞，用渴笔秃毫层层皴染，厚重而不板滞，具有雄伟壮阔、苍茫浑厚的气势。髡残与石涛并称"二石"、与程正揆并称"二溪"。渐江的山水取法倪瓒，多绘名山大川，尤善写黄山真景，构图简洁，丘壑奇崛，干笔渴墨劲峭整饬，境界荒寂，富有清新静穆之致，真实地表现了名山之质。他与石涛、梅清有黄山派之称，与查士标、孙逸、汪之瑞合称"海阳四家"，形成了新安派。

2. 清代中期绘画

康熙（1662—1722 年）、雍正（1723—1735 年）、乾隆（1736—1795 年）年间，是清代社会安定繁荣时期，绘画上也呈现兴隆景象，北京、扬州成为绘画两大中心。京城的宫廷绘画活跃一时，内容、形式都比较丰富多彩。在商业经济发达的扬州地区，崛起了"扬州八怪"，形成了一股新的艺术潮流。

清代宫廷绘画，在康熙、乾隆年间，随着全国统一，政权巩固，皇室除了罗致一些专业画手供奉内廷外，还变相地笼络了一些文人画家为其服务。宫内除了设立如意馆等机构以安置御用画家外，还用人值"南书房"的形式，以延纳学士、朝官身份的画家。有不少的学士、朝官，实际上成为宫廷画家，他们经常画些奉旨或进献之作。这些作品大多署有"臣"字款，统称为宫廷绘画。其内容主要有：描绘帝后、大臣、少数民族上层首领的人物肖像画，表现帝后生活的宫廷生活画，记录当代重大历史事件的历史纪实画，供装饰、观赏用的山水、花鸟画等，风格面貌比较多样。人物画有传统的工笔重彩和白描画法，还有吸收西法比较写实的画法；花鸟画有宗法黄筌的工笔写生和恽寿平的没骨法；山水画则多属"四王"派系，唯大写意画法则未在宫内传布。这一时期，最负盛名的人物画家有焦秉贞、冷枚、金廷标、姚文瀚等，山水画家有唐岱、徐扬、张宗苍、方琮等，花鸟画家有蒋廷锡、邹一桂等。还有一批供奉内廷的外国画家，如郎世宁、致诚、艾启蒙等人。他们带入西洋画的明暗、透视法，创造了中西合璧的新画风，还培养了不少弟子，深受皇帝器重。清代宫廷绘画自嘉庆（1796—1820 年）以后，日趋衰微，已无可以

郎世宁《百骏图》(局部)

称道的画家。

清代中期,南方商业城市扬州,富商聚集,人文荟萃,经济、文化迅速发展,成为东南沿海地区的一大都会。各地画家亦纷至沓来,卖画献艺,"扬州八怪"就是其间最著名的一批画家。"八怪"并不限于8个人,而是代表了艺术个性鲜明、风格怪异的一批画家。他们接过石涛、朱耷的旗帜,重视生活感受,强调抒发性灵,作品多写梅、兰、竹、石,善用泼墨写意,具有较深刻的思想和炽热的感情,形式也不拘一格,狂放怪异,在画坛上独树一帜,富有新意。主要画家有金农、黄慎、汪士慎、李蝉、郑燮、李方膺、高翔、罗聘以及华岩、高凤翰、边寿民、闵贞、陈撰等人。这些画家多有相近的生活经历和社会体验,或宦途失意、被贬遭黜,或功名不就、一生布衣,或出身贫寒、卖画为生,他们对腐败的官场,炎凉的世态、民间的疾苦都有切身的体会,其性格、行径也比较独特,或迂怪,或狂放,或高傲,或孤僻,寄情于画,遂形成艺术上的"怪"。他们多取梅、兰、竹、菊和山石、野花、蔬果为题材,以寓意手法比拟清高的人品、孤傲的性格、野逸的志趣,使作品具有较深的思想性和激荡难平的情愫。艺术形式上继承陈淳、徐渭、石涛、朱耷的水墨写意传统,不拘成法,泼辣奔放,自由挥洒,进一步发展了破笔泼墨技法,形成个性鲜明、神韵独具的风格。"八怪"之中,金农的水墨梅、竹、人物、山水,郑燮的兰、竹,汪士慎和李方膺的墨梅,李蝉的写意花卉,黄慎和罗聘的人物,华岩的小写意花鸟等成就最为突出,对后世有深远影响。

此一时期扬名画坛的还有镇江地区的张崟、顾鹤庆创立的丹徒派(亦称京江派、镇江派),高其佩自成一家的指头画派,以花鸟、竹石见称的沈铨、张锡宁等,兼长金石学的山水画家黄易、奚冈、赵之琛等。

3.清代晚期绘画

自嘉庆(1796—1820年)、道光(1821—1850年)至清末,随着封建社会的没落衰亡，中国逐步沦为半殖民地半封建社会，伴随政治的衰败，以怡情养性为尚的士大夫画逐渐衰微，在新开辟的通商口岸上海、广州等地，越来越多的画家聚居于此。为了适应新兴的市民阶层的需要，在题材内容、风格技巧方面都发生了新的变化。绘画领域也发生了新的变化，视为正宗的文人画流派和皇室扶植的宫廷画日渐衰微，而辟为通商口岸的上海和广州，这时已成为新的绘画要地，出现了海派和岭南画派。

上海自近百年来，成为中国最大的工商业城市，文人、画家纷纷聚集此地。为适应新兴市民阶层需要，绘画在题材内容、风格技巧方面都形成了新的风尚，被称为海派。其代表画家有赵之谦、虚谷、任熊、任颐、吴昌硕。赵之谦和吴昌硕作为文人画家，在大写意花鸟画方面有重大发展，他们继承了前人传统，将书法、篆刻等艺术表现形式融于绘画，以遒劲酣畅的笔力、淋漓浓郁的墨气、鲜艳强烈的色彩以及书法金石的布局，创造出气魄宏大、豪迈不羁的绘画艺术形象，兼之诗书画的有机结合，为文人画开拓了新的天地。任熊、任颐是以画谋生的职业画家，在人物肖像和小写意花鸟画方面成就突出，作品取材广泛，立意新颖，构思巧妙，笔墨灵活，以清新明快、雅俗共赏的格调，博得了广大市民阶层的喜爱。其中任颐技巧全面，变化丰富，在海派中最负盛名。虚谷以画花鸟草虫著称，善用枯笔秃锋，干墨淡彩，线条多战掣，风格清逸冷隽，独具一格。他们的绘画对近现代影响甚大。

广东的岭南画派，形成时间较晚，晚清居巢、居廉兄弟开其先声，民国初高剑父、高奇峰、陈树人创立新派。他们汲取素描、水彩画法所形成的中西结合画风，为中国画的新发展作出了有益尝试。

4. 清代民间绘画

清代民间绘画以乾隆（1736—1795 年）、嘉庆（1796 年—1820 年）年间最为发达，尤其在工商业经济繁荣的小城镇比较活跃。民间画工还组织了各种行会。主要有壁画、版画、年画等画种。壁画不如前代发达，各地寺庙、道观、宗祠、会馆留存遗迹不少，但足以代表时代水平者不多。民间画像较明代有所提高，在写实技法、表现形式等方面均有进一步发展，存世作品也相当多。版画创作在康熙、乾隆时期曾兴盛一时，由皇家主持的"殿版"版画，出现了许多宏帙巨制，多由著名画家起稿。典型代表作有焦秉贞的《耕织图》、郎世宁等外国画家绘制的《乾隆平定准部回部战图》、上官周主绘的《南巡盛典图》以及《皇清职贡图》等。民间版画也很繁荣，由名画家绘图的木刻画像、画谱，计有数十种之多，著名的有刘源《凌烟阁功臣图像》、上官周《晚笑堂画传》、王概《芥子园画传》、任熊《剑侠传》《于越先贤像传》《高士传》和《列仙酒牌》等。同时，在小说、戏曲等书籍的木刻插图中也有不少精品。

焦秉贞《农耕图》

　　清代木版年画最为兴隆，获得前所未有的发展。制作地区遍及大江南北的一些城镇乡村，并形成杨柳青、桃花坞、杨家埠、绵竹、佛山等富有地方特色的年画。天津的杨柳青是北方的年画中心，初创于明代中期，盛行于清代早、中期，主要继承北宋雕版印刷、宋元明绘画和清代画院的传统；多绘喜庆吉祥题材，内容通俗，画面耐看，构图饱满，色彩鲜明，造型简练，富有装饰性。山东潍县杨家埠年画，属于杨柳青年画系统，注重原色，对比鲜明，风格淳朴，更适合广大农村需要。江苏苏州桃花坞是南方年画中心，产生于明末清初，清初至太平天国时期一直保持繁盛；作品在描绘传统的喜庆吉祥题材的同时，还表现繁华的都市风貌；风格既有仿古的传统面貌，也有讲究透视、明暗的仿西洋画法。四川绵竹年画，始创于明末清初，盛行于光绪（1875—1908年）年间，造型质朴，色彩艳丽。广东佛山年画始于明永乐（1403—1424年）年间，盛于清乾隆至抗日战争期间，多绘门画，销行于华南、南洋等地。